DGB
대구은행

필기전형

PREFACE

우리나라 기업들은 1960년대 이후 현재까지 비약적인 발전을 이루었다. 이렇게 급속한 성장을 이룰 수 있었던 배경에는 우리나라 국민들의 근면성 및 도전정신이 있었다. 그러나 빠르게 변화하는 세계 경제의 환경에 적응하기 위해서는 근면성과 도전정신 이외에 또 다른 성장 요인이 필요하다.

한국기업들이 지속가능한 성장을 하기 위해서는 혁신적인 제품 및 서비스 개발, 선도 기술을 위한 R&D, 새로운 비즈니스 모델 개발, 효율적인 기업의 합병·인수, 신사업 진출 및 새로운 시장 개발 등 다양한 대안을 구축해 볼 수 있다. 하지만, 이러한 대안들 역시 훌륭한 인적자원을 바탕으로 할 때에 가능하다. 최근으로 올수록 기업체들은 자신의 기업에 적합한 인재를 선발하기 위해 기존의 학벌 위주의 채용을 탈피하고 기업 고유의 인·적성검사 제도를 도입하고 있는 추세이다.

DGB대구은행에서도 업무에 필요한 역량 및 책임감과 적응력 등을 구비한 인재를 선발하기 위하여 고유의 인·적성검사를 치르고 있다. 본서는 DGB대구은행 채용 대비를 위한 필독서로 DGB대구은행의 인·적성검사의 출제경향을 철저히 분석하여 응시자들이 보다 쉽게 시험유형을 파악하고 효율적으로 대비할 수 있도록 구성하였다.

신념을 가지고 도전하는 사람은 반드시 그 꿈을 이룰 수 있습니다. 처음에 품은 신념과 열정이 취업 성공의 그 날까지 빛바래지 않도록 서원각이 수험생 여러분을 응원합니다.

STRUCTURE

01 언어능력

>> 언어유추

|1~6| 단어의 상관관계를 파악하여 A와 B에 들어갈 단어가 바르게 연결된 것을 고르시오.

1

| 오징어 : (A) = (B) : 떼 |

① A : 축   B : 북어
② A : 바다   B : 면물
③ A : 회   B : 생선
④ A : 두   B : 소

TIP ① 대상과 그 대상을 세는 단위의 관계이다.

2

| 제망매가 : (A) = (B) : 고려가요 |

출제예상문제

각 영역별 다양한 유형의 출제예상문제를 다수 수록하여 실전에 완벽하게 대비할 수 있습니다.

---

01 인성검사의 개요

1 인성(성격)검사의 개념과 목적

인성(성격)이란 개인을 특징짓는 평범하고 일상적인 사회적 이미지, 즉 지속적이고 일관된 공적 성격(Public - personality)이며, 환경에 대응함으로써 선천적 · 후천적 요소의 상호작용으로 결정화된 심리적 · 사회적 특성 및 경향을 의미한다.

인성검사는 직무적성검사를 실시하는 대부분의 기업체에서 병행하여 실시하고 있으며, 인성검사만 독자적으로 실시하는 기업도 있다.

기업체에서는 인성검사를 통하여 각 개인이 어떠한 성격 특성이 발달되어 있고, 어떤 특성이 얼마나 부족한지, 그것이 해당 직무의 특성 및 조직문화와 얼마나 맞는지를 알아보고 이에 적합한 인재를 선발하고자 한다. 또한 개인에게 적합한 직무 배분과 부족한 부분을 교육을 통해 보완하도록 할 수 있다.

인성검사의 측정요소는 검사방법에 따라 차이가 있다. 또한 각 기업체들이 사용하고 있는 인성검사는 기존에 개발된 인성검사방법에 각 기업체의 인재상을 적용하여 자신들에게 적합하게 재개발하여 사용하는 경우가 많다. 그러므로 기업체에서 요구하는 인재상을 파악하여 그에 따른 대비책을 준비하는 것이 바람직하다. 본서에서 제시된 인성검사는 크게 '특성'과 '유형'의 측면에서 측정하게 된다.

인성검사 및 면접

인성검사의 개요와 실전 인성검사로 인성검사에 대비할 수 있습니다. 성공취업을 위한 면접의 기본과 면접기출을 수록하여 취업의 마무리까지 깔끔하게 책임집니다.

CONTENTS

DGB대구은행 소개

DGB대구은행의 소개 및 채용 정보를 수록하여 서류와 면접에
대비할 수 있도록 하였습니다.

DGB대구은행 소개

01 기업소개 및 채용안내

1 은행안내

(1) 경영이념 및 경영비전

① 경영이념 … "꿈과 풍요로움을 지역과 함께"

　　㉠ '꿈'은 성장발전, '풍요로움'은 수익확대를 의미

　　㉡ '지역과 함께'는 경영성과의 지역사회 환원을 통하여 지역사회와 동반성장에 적극 이바지하겠다는 의미

② 경영비전 … '글로벌 스탠다드 뱅크'(100년 은행을 지향하는 글로벌 100대 은행)

	글로벌 스탠다드 뱅크	
경제적 수익성	사회적 책임성	환경적 건전성

　　㉠ '지속가능 경영'은 경제적 수익성, 환경적 건전성, 사회적 책임성을 균형적으로 통합하여 장기적인 성장을 추구

　　㉡ '글로벌 스탠다드 뱅크'는 고객만족, 윤리의식, 기업문화, 영업방식 등 지속가능 경영을 위한 핵심역량 분야에서 세계적으로 모범이 되는 은행을 의미

(2) 슬로건 : 더 가까이 더 큰 혜택

　'더 가까이, 더 큰 혜택' 현장과 실용의 정신을 바탕으로 항상 고객에게 더 가까이 다가가서, 더 듣고, 더 큰 혜택을 드리겠다는 DGB의 신념이자 일하는 방식

(3) DGB 핵심가치

① **섬김** ··· 직원 상호 간에 소통의 문화를 지향하고 고객과 지역사회를 섬기는 따뜻한 기업

② **열정** ··· 창의적인 사고와 주인의식을 바탕으로 새로운 가치를 창출하는 역동적인 기업

③ **정직** ··· 정직과 윤리를 바탕으로 굳건한 신뢰를 형성하고 고객과 지역사회, 나아가 금융의 모범이 되는 기업

(4) DGB핀테크센터

① **소개** ··· 핀테크의 'F'와 이노베이션의 'I'를 합쳐 '핀테크의 혁신을 꽃피우겠다'는 의미를 담은 DGB 금융그룹의 핀테크센터 브랜드

② **업무**
　　㉠ 제휴상담
　　㉡ 사업 컨설팅
　　㉢ 법률 · 구제안내
　　㉣ 사업부서 연계
　　㉤ 자금 지원

(5) 기업경영컨설팅센터

① **소개** ··· 대구은행이 45년간 축적해온 지역기업에 대한 풍부한 정보를 토대로 기업에 적합한 경영컨설팅을 제공

② **서비스제공 분야**
　　㉠ 비전 · 전략
　　㉡ 인사 · 조직
　　㉢ 재무 · 회계
　　㉣ 영업 · 마케팅
　　㉤ BPR · IT

2 채용안내

(1) 인재상

핵심가치 (Core-value)	섬김(Respect)	열정(Passion)	정직(Integrity)
	고객지향 직원존중 소통 사회적 책임	열정 주인의식 변화와 혁신	윤리성
핵심역량 (Competency)	서비스 Mind 전문성 사명감 팀워크 목표달성 의지	자긍심(Pride) 통찰력 창의 도전의식(Open mind)	원칙에 대한 이해 정직과 신뢰 소명의식
인재상	Respect	Passion	Integrity
	사람을 존중하고 지역과 고객을 위해 봉사할 줄 아는 인간미 넘치는 인재	창의적으로 생각하고 주체적으로 행동하며 도전하는 인재	책임감이 강하고 신뢰감을 주는 정직한 인재
Statement	섬김과 정직을 바탕으로 새로운 가치를 창출하는 인재		

(2) 채용

① 채용 분야 ··· 일반직 신입행원

② 채용 전형 및 응시자격

구분		내용
공통자격		• 4년제 정규대학 졸업자 및 졸업예정자 [석사 이상 학위 소지자 지원 가능(학력 추가 인정)] • 연령 및 성별 제한 없음 • 군필자 또는 군면제자로 해외여행에 결격사유가 없는 자
지역 인재	개인금융분야 (신입)	• 대구, 경북지역 소재 정규대학 졸업자 및 졸업예정자 (학사 기준 대구, 경북지역만 해당) ※ 전공 제한 없음
	IT분야 (신입 및 경력)	• 대구, 경북지역 소재 정규대학 졸업자 및 졸업예정자 (학사 기준 대구, 경북지역만 해당) ※ IT 관련 전공자 또는 IT업종 근무경험자만 지원 가능

	디지털분야 (신입 및 경력)	• 대구, 경북지역 소재 정규대학 졸업자 및 졸업예정자 　(학사 기준 대구, 경북지역만 해당) ※ IT/이공계/자연계 또는 관련분야 경험자 지원 가능 　(동아리 활동, 복수전공, 기업체근무경력 등) ※ 전공 제한 없음
일반	개인금융분야 (신입)	• 대구, 경북지역 外 소재 정규대학 졸업자 및 졸업예정자 　(학사 기준 대구, 경북지역 外 해당) ※ 전공 제한 없음
	IT분야 (신입 및 경력)	• 대구, 경북지역 外 소재 정규대학 졸업자 및 졸업예정자 　(학사 기준 대구, 경북지역 外 해당) ※ IT 관련 전공자 또는 IT업종 근무경험자만 지원 가능
	디지털분야 (신입 및 경력)	• 대구, 경북지역 外 소재 정규대학 졸업자 및 졸업예정자 　(학사 기준 대구, 경북지역 外 해당) ※ IT/이공계/자연계 또는 관련분야 경험자 지원 가능 　(동아리 활동, 복수전공, 기업체근무경력 등) ※ 전공 제한 없음

③ 전형절차

㉠ 전형 단계

서류전형 ⇨ 필기전형 ⇨ 실무자면접 ⇨ 최종면접

㉡ 필기전형 과목

개인금융	• 직무종합평가(인성 210문항, 적성 70문항) • 시사상식(20문항) • 경제지식(20문항)
IT분야 디지털분야	• 직무종합평가(인성 210문항, 적성 70문항) • IT · 디지털상식(40문항)

※ 지원 분야별로 필기전형 과목이 일부 상이함
※ 필기전형 이후 세부일정은 합격자에 한해 개별 통지

02 관련기사

−DGB대구은행, 바젤Ⅲ 금리리스크 시스템 구축 노력−

DGB금융그룹의 주력사인 대구은행이 바젤위원회 IRRBB 규제 대응에 능동적으로 대처하고 시스템 운영 효율화를 위한 바젤Ⅲ 금리리스크 시스템 구축에 나섰다.

13일 금융계에 따르면, 대구은행은 지난 9일 대구은행 본점에서 '대구은행 바젤Ⅲ 금리리스크 시스템 구축'을 위한 착수 보고회를 가지고 관련 시스템에 대한 본격적인 개발에 나섰다. 대구은행 이 프로젝트를 위해 리스크관리 및 컴플라이언스 전문기업인 (주)유니타스를 주사업자로 선정했다.

이 프로젝트는 약 5개월간의 일정으로 진행되며 현행 업무 및 시스템 분석을 시작으로 분석, 설계, 구현, 테스트, 이행 및 안정화 단계를 거쳐 올 연말까지 완료될 예정이다.

내년 1월부터 시행될 예정인 IRRBB는 시장에서 거래가 용이하지 않은 예금과 대출 업무를 수행한 결과 발생하는 것으로 은행계정의 금리리스크를 의미한다.

주사업인 유니타스에 따르면, 대구은행은 이번 프로젝트를 통해서 신(新) 금리리스크(IRRBB) 규제 대비, 유동성규제 변화에 따른 시스템 개선, 감독 수준 강화에 따른 장기적인 패러다임 변화 대비, 시스템 운영 효율화 및 내부 활용도 제고를 기대하고 있다.

− 2018. 8. 13

-DGB대구은행, '제8회 DGB 독도사랑 골든벨' 개최-

　　DGB대구은행은 국토사랑 정신 수호와 지역사랑, 애국심 고취를 위해 30일(화) 경북여자고등학교 체육관에서 '제8회 DGB독도사랑 골든벨' 대회를 개최했다.

　　올해로 8회째를 맞이하는 DGB 독도사랑 골든벨은 지난 2011년부터 시작해 지역 고교생이 참여하는 지성과 재미의 장으로 자리잡았다. 올해 골든벨 행사는 지난 6월부터 참가자 접수를 시작했는데, 500명 선착순으로 모집한 올해는 역대 가장 많은 참가자들이 몰렸다.

　　금일 개최된 행사에는 지역학생 및 응원단, 학교 관계자 등 600여 명이 참석했으며 독도를 비롯해 역사, 지역의 문화. 예술, 금융상식 등 폭넓은 분야의 문제가 출제되었다. 또한 독도관련 페이스페인팅, 베스트드레서 선발, 사행시 짓기 대회, 댄스 경연과 응원전 등이 푸짐한 상품을 걸고 진행돼 볼거리를 더했다.

　　제8회 영예의 골든벨 대상자는 경주고 1학년 김대훈 학생으로 최종 선정됐다. 김대훈 학생은 "뜻밖의 큰상을 받게 되어 너무 기쁘고 이번 대회를 계기로 독도와 역사에도 많은 관심을 갖게 되었다"는 소감을 밝혔다. 김대훈 학생에게는 대구시교육감상과 대학입학 시 300만 원의 장학금이 전달될 예정이다. 2~3위 수상자 4명 및 장려상 수상자 5명에게도 DGB대구은행장상과 장학금이 지급되고, 참가자 전원에게는 기념품이 전달됐다.

　　DGB대구은행 관계자는 "지역대표기업으로 진행하고 있는 DGB독도사랑 골든벨 행사는 입시에 지친 지역학생들에게 즐거운 이벤트의 장을 마련해주었다는 점에서 뜻깊다"며 "지역을 이끌어나갈 지역 인재를 위해 다양한 후원을 진행하고 있는 DGB대구은행은 앞으로도 지역인재 육성과 애향심 고취를 위해 다방면으로 노력하겠다"고 밝혔다

- 2018. 7. 31

적성검사

영역별 적중률 높은 출제예상문제를 상세하고 꼼꼼한 해설과 함께 수록하여
학습효율을 확실하게 높였습니다.

적성검사

언어능력

〉〉 언어유추

┃1~6┃ 단어의 상관관계를 파악하여 A와 B에 들어갈 단어가 바르게 연결된 것을 고르시오.

1

> 오징어 : (A) = (B) : 쾌

① A : 축   B : 북어
② A : 바다   B : 민물
③ A : 회   B : 생선
④ A : 두   B : 소

> ✿**TIP** ① 대상과 그 대상을 세는 단위의 관계이다.

2

> 제망매가 : (A) = (B) : 고려가요

① A : 신라   B : 백제
② A : 서동요   B : 쌍화점
③ A : 향가   B : 청산별곡
④ A : 향가   B : 어부사시사

> ✿**TIP** ③ 국문학의 장르와 그 대표적인 작품의 관계이다.

3

가람 : (A) = (B) : 날개

① A : 강   B : 나려

② A : 강   B : 나래

③ A : 마루   B : 언덕

④ A : 뫼   B : 깃

    ✿TIP   ② '가람'은 강의 고어이며, 날개의 고어는 '나래'이다.

4

프랑스 : (A) = (B) : 오색홍기

① A : 일본   B : 성조기

② A : 이탈리아   B : 태극기

③ A : 성조기   B : 중국

④ A : 삼색기   B : 중국

    ✿TIP   ④ 국가와 그 나라의 국기(國旗) 이름의 관계이다.

5

상록수 : (A) = 날개 : (B)

① A : 이효석   B : 염상섭

② A : 심훈   B : 이상

③ A : 현진건   B : 황순원

④ A : 김동리   B : 박경리

    ✿TIP   제시된 관계는 작품과 작가의 관계이다.

ANSWER 〉 1.①   2.③   3.②   4.④   5.②

6

통일신라 : (A) = 발해 : (B) = 조선 : 사헌부

① A : 사간원   B : 정당성

② A : 어사대   B : 홍문관

③ A : 중추원   B : 어사대

④ A : 사정부   B : 중정대

❈**TIP** ④ 각 시대별 감찰기관을 나타내는 것이다. 조선의 감찰기관은 사헌부, 고려는 어사대, 발해는 중정대, 통일신라 시기는 사정부에서 감찰기능을 담당하였다.

▌7~10▐ 다음에 제시된 단어들을 통해 연상되는 것을 고르시오.

7

백로, 처서, 상강, 한로

① 봄   ② 여름

③ 가을   ④ 겨울

❈**TIP** ③ 백로(白露), 처서(處暑), 상강(霜降), 한로(寒露)는 가을의 절기이다.

PLUS tip

가을의 절기

㉠ 백로(白露) : 처서(處暑)와 추분(秋分) 사이에 들며, 9월 8일경이다.

㉡ 처서(處暑) : 입추와 백로 사이에 들며, 태양이 황경 150도에 달한 시각으로 양력 8월 23일경이다.

㉢ 상강(霜降) : 한로(寒露)와 입동(立冬) 사이에 들며, 아침과 저녁의 기온이 내려가고, 서리가 내리기 시작할 무렵으로 10월 23일경이다.

㉣ 한로(寒露) : 추분과 상강 사이에 들며, 태양의 황경(黃經)이 195도인 때이다. 10월 8일경이다.

8

곽망풍, 된바람, 삭풍, 호풍

① 동풍(東風) 　　　　　　　② 서풍(西風)

③ 남풍(南風) 　　　　　　　④ 북풍(北風)

✿**TIP** ④ 곽망풍, 된바람, 삭풍, 호풍은 북풍의 다른 이름이다.

9

뼘, 발, 길, 자, 마장

① 길이 　　　　　　　② 넓이

③ 부피 　　　　　　　④ 무게

✿**TIP** ① 뼘, 발, 길, 자, 마장은 모두 길이에 관한 표현이다.

10

봉래, 풍악, 개골

① 삼각산 　　　　　　　② 두류산

③ 지리산 　　　　　　　④ 금강산

✿**TIP** 제시된 단어는 금강산의 다른 이름이다. 봄에는 금강산, 여름에는 봉래산, 가을에는 풍악산, 겨울에는 개골산이라고 불린다.
① 삼각산은 북한산의 다른 이름이다.
②③ 두류산은 지리산의 다른 이름이다.

‖ 11~14 ‖ 다음 중 단어의 관계가 다른 것을 고르시오.

11 ① 동백꽃 : 만무방

② 카인의 후예 : 학

③ 난쟁이가 쏘아올린 작은 공 : 꺼삐딴 리

④ 우리들의 일그러진 영웅 : 황제를 위하여

> ❀**TIP** ③ 난쟁이가 쏘아올린 작은 공 : 조세희, 전광용 : 꺼삐딴 리
> ① 작가 김유정
> ② 작가 황순원
> ④ 작가 이문열

12 ① 장미 : 식물　　　　　　② 사마귀 : 곤충

③ 인천 : 도시　　　　　　④ 소금 : 시장

> ❀**TIP** ④ 다른 보기들은 왼쪽의 단어가 오른쪽 단어의 범위에 포함되는 관계이다.

13 ① 밥 : 쌀　　　　　　② 연필 : 나무

③ 고속도로 : 길　　　　　　④ 두부 : 콩

> ❀**TIP** 다른 보기들은 오른쪽의 단어가 왼쪽 단어의 원료 또는 재료가 되는 관계이다.

14 ① 공자 : 인(仁)　　　　　　② 맹자 : 예(禮)

③ 노자 : 무위자연　　　　　　④ 순자 : 성선설

> ❀**TIP** ④ 순자는 '성악설'을 주장하였다.
> ①②③ 중국의 사상가들과 그들이 주장한 이론의 관계이다.

┃15~16┃ 다음 ( )안에 알맞은 접속어를 ㉠과 ㉡에 차례대로 고르시오.

15

> 곤충에도 뇌가 있다. 뇌에서 명령을 받아 다리나 날개를 움직이고, 음식물을 찾거나 적에게서 도망친다. (㉠) 인간의 뇌에 비하면 그다지 발달되어 있다고는 말할 수 없다. (㉠) 인간은 더욱 더 복잡한 일을 생각하거나, 기억하거나, 마음을 움직이게 하기 때문이다.

① 왜냐하면, 게다가
② 하지만, 왜냐하면
③ 그렇지만, 아니면
④ 또, 그런데

❀**TIP** '곤충에도 뇌가 있다(인간과 같다).'는 문장과 '인간의 뇌만큼 발달되어 있지 않다(차이).'는 문장으로 역접의 관계를 나타내는 접속어를 선택한다. 두 번째 팔호에는 '때문이다'로 보아 원인을 나타내는 접속사가 들어가야 한다.

16

> 한국 한자음이 어느 시대의 중국 한자음에 기반을 두고 있는지에 대해서는 학자들에 따라 이견이 있다. 어느 한시대의 한자음에 기반을 두고 있을 수도 있고, 개별 한자들이 수입된 시차에 따라서 여러 시대의 중국 한자음에 기반을 두고 있을 수도 있다. (㉠) 확실한 것은 한국 한자음은 중국 한자음과도 다르고 일본 한자음과도 다르고 베트남 옛 한자음과도 다르다는 것이다. 물론 그것이 그 기원이 된 중국 한자음과 아무런 대응 관계도 없는 것은 아니다. (㉡) 그것은 한국어 음운체계의 영향으로 독특한 모습을 띠는 경우가 많다. 그래서 한국 한자음을 영어로는 'Sino-Korean'이라고 한다. 이것은 우리말 어휘의 반 이상을 차지하고 있는 한자어가, 중국어도 아니고 일본어도 아닌 한국어라는 것을 뜻한다.

	㉠	㉡
①	그러나	그러나
②	그런데	그리고
③	그래서	그리고
④	게다가	그래도

❀**TIP** 앞 뒤의 내용이 다르므로 반대어인 '그러나'가 정답이다.

┃17~20┃ 다음 (   ) 안에 들어갈 어휘로 바른 것을 고르시오.

17

> 맞배지붕은 기와지붕 중에서 구조가 가장 간결한 형식으로서 상대로부터 주심포집에서 가장 많이 쓰인 유형으로 지붕의 면을 건축물의 전후로 경사지게 한 것이다. 커다란 지붕면이 서로 팔자형으로 모여 삼각형을 이루고 이 삼각벽면을 박공면이라 하여 박공지붕이라고도 한다. 측면은 대부분 노출되기 때문에 구조체가 (   ) 드러나 아름다운 구조미를 이루고 있다.

① 희미하게   ② 완연하게

③ 묘연하게   ④ 장황하게

✿TIP ② 눈에 보이는 것처럼 아주 뚜렷하다.
　　　　① 분명하지 못하고 어렴풋하다.
　　　　③ 그윽하고 멀어서 눈에 아물아물하다.
　　　　④ 매우 길고 번거롭다.

18

> 인형은 사람처럼 박자에 맞춰 춤을 추고 노래도 부르고 심지어 공연이 끝날 무렵에는 구경하던 후궁들에게 윙크를 하며 추파를 던지기까지 했다. 인형의 추태에 화가 난 목왕이 그 기술자를 죽이려고 하자 그는 서둘러 인형을 해체했고 그제야 인형의 (   )가 드러났다.

① 실체   ② 솜씨

③ 편지   ④ 정부

✿TIP 괄호 앞 '인형의'와 어울리는 단어는 '실체'이다.

19

> 영국 국경관리국(UK Border Agency)은 최근 맨체스터공항을 통과하는 여행객들을 검색하기 위해 안면인식기술(Facial Recognition Technology)을 시범 적용했다. 우선 여행객은 전자여권 (㉠)와 본인 (㉡)를 확인받는다. 다음으로 안면인식 스캐닝 장비가 장착된 심사대에서 사진을 찍은 여행객은 여권 칩에 기록된 자신의 이미지와 실제 이미지를 비교하는 과정을 거친다. 이 단계를 통과하지 못하는 여행객은 정밀한 추가 조사를 받거나 입국을 거부당하게 된다.

① ㉠ 진의(眞意) ㉡ 여부(與否)　　② ㉠ 진의(眞意) ㉡ 여하(如何)
③ ㉠ 진위(眞僞) ㉡ 여부(與否)　　④ ㉠ 진위(眞僞) ㉡ 여하(如何)

✺TIP　진의와 진위
　　　㉠ 진의(眞意): 속에 품고 있는 참뜻, 또는 진짜 의도를 말한다.
　　　㉡ 진위(眞僞): 참과 거짓 또는 진짜와 가짜를 통틀어 이르는 말이다.

PLUS tip
여부와 여하
㉠ 여부(與否): 그러함과 그러하지 아니함을 이르는 말이다.
㉡ 여하(如何): 그 형편이나 정도가 어떠한가의 뜻을 나타내는 말이다.

20

> 우리의 조상들은 심성이 달의 속성과 일치한다고 믿었기 때문에 달을 풍년을 주재하는 신으로 숭배하였다. 그리고 천체의 운행 시간과 변화에 매우 지혜로웠다. 천체 가운데에서도 가장 잘 (　　　)할 수 있는 달의 모양이 뚜렷했기 때문에 음력 역법을 쓰는 문화권에서는 달이 이지러져서 완전히 차오르는 상태가 시간을 측정하는 기준이 된다는 중요한 의미를 알게 되었다. 농경사회가 아닌 현대 산업사회인 요즘도 음력으로 결혼과 이삿날을 잡고 또 설을 지내는 풍습은 물론 모든 생활 자체가 달의 순환 리듬에 따르고 있다.

① 성찰(省察)　　　　　　② 고찰(考察)
③ 간과(看過)　　　　　　④ 첨삭(添削)

✺TIP　② 어떤 것을 깊이 생각하고 연구함을 이르는 말이다.
　　　① 자기 마음을 반성하여 살핀다는 뜻이다.
　　　③ 큰 관심 없이 대강 보아 넘기는 것을 뜻한다.
　　　④ 내용 일부를 보태거나 삭제하여 고치는 것을 이르는 말이다.

ANSWER 〉 17.② 18.① 19.③ 20.②

>> 언어사용

┃1~5┃ 다음 단어의 발음이 옳지 않은 것을 고르시오.

1　① 맑게[막께]　　　　　② 읽거나[일꺼나]
　　③ 앓던[안턴]　　　　　④ 닳지[달치]

　　　　◈**TIP**　① 맑게[말께]

2　① 늙지[늑찌]　　　　　② 넓죽하다[넙쭈카다]
　　③ 여덟[여덜]　　　　　④ 읊다[을따]

　　　　◈**TIP**　④ 읊다[읍따]

3　① 밭다[받따]　　　　　② 값을[가블]
　　③ 훑는[훌른]　　　　　④ 밑지다[믿찌다]

　　　　◈**TIP**　② 값을[갑쓸]

4　① 미닫이[미다지]　　　② 몫몫이[목목씨]
　　③ 옷맵시[온맵씨]　　　④ 침략[침냑]

　　　　◈**TIP**　② 몫몫이[몽목씨]

5 ① <u>무릎과[무릅꽈]</u> 무릎을 맞대고 이야기를 했다.

② 무엇에 홀렸는지 <u>넋이[넉씨]</u> 나갔다.

③ <u>차례[차레]</u>대로 줄을 서야 한다.

④ 우리는 서로를 <u>웃기기도[욷끼기도]</u> 한다.

　　❀TIP　예/례의 발음은 [예/례]이다. ③ '차례'는 [차례]로 발음한다.

┃6~11┃ 다음 중 맞춤법이 옳지 않은 것을 고르시오.

6 ① 늑장　　　　　　　② 부엌

③ 맵쌀　　　　　　　④ 강낭콩

　　❀TIP　② 부엌

7 ① 사라지다　　　　　② 맡잡다

③ 높아지다　　　　　④ 서있다

　　❀TIP　② 맡잡다→맞잡다

8 ① 버젓하다　　　　　② 번거롭다

③ 무단하다　　　　　④ 정경하다

　　❀TIP　④ 정경하다 → 정결하다

ANSWER 〉 1.① 2.④ 3.② 4.② 5.③ 6.② 7.② 8.④

9 ① 가만히   ② 대수로이
　　 ③ 각별히   ④ 틈틈히

　　　　✿TIP ④ 틈틈히→틈틈이

10 ① 오뚝이   ② 널빤지
　　 ③ 넓다랗다   ④ 구레나룻

　　　　✿TIP ③ 널따랗다

11 ① <u>위층</u>에 강아지가 있다.
　　 ② 덕분에 <u>합격률</u>이 높아졌다.
　　 ③ 공급을 <u>늘려야</u> 수요가 상승한다.
　　 ④ 그에 대한 소문은 <u>금새</u> 퍼졌다.

　　　　✿TIP '지금 바로'의 뜻으로 쓰이는 부사 '금세'는 '금시에'가 줄어든 말이다.
　　　　　　　 ④ 금새→금세

┃12~14┃ 다음 중 띄어쓰기가 옳지 않은 것을 고르시오.

12 ① 그 아이는 아픈척을 한다.
② 비가 내릴 듯하다.
③ 홍수에 떠내려가 버렸다.
④ 이 동물은 고래입니다.

    ✿TIP ① 그 아이는 아픈척을 한다. → 그 아이는 아픈 척을 한다.

13 ① 먹을만큼 먹어라.
② 나를 알아주는 사람은 너밖에 없다.
③ 북어 한 쾌를 샀다.
④ 가든지 오든지 마음대로 해라.

    ✿TIP 의존명사는 띄어 쓴다.
        ① 먹을만큼 먹어라. → 먹을 만큼 먹어라.

PLUS tip ....

보조 용언의 띄어쓰기
보조 용언은 띄어 씀을 원칙으로 하되, 경우에 따라 붙여 씀도 허용한다〈한글맞춤법 제47항〉.
다만 앞말에 조사가 붙거나 합성 동사인 경우, 그리고 중간에 조사가 들어갈 적에는 그 뒤에 오는 보조 용
언은 띄어 쓴다. 또한 앞말에 '-아/-어/-여' 이외의 보조적 연결어미가 온 경우에도 붙여 쓸 수 없다.
• 앞말에 조사가 붙는 경우
  예 책을 읽어도 <u>보고</u>, 잘도 놀아만 <u>나는구나</u>.
• 앞말이 합성 동사인 경우
  예 덤벼들어 <u>보아라</u>, 떠내려가 <u>버렸다</u>.
• 중간에 조사가 들어간 경우
  예 그가 올 듯도 <u>하다</u>, 잘난 체를 <u>한다</u>.
• 앞말에 '-아/-어/-여' 이외의 보조적 연결어미가 온 경우
  예 먹게 <u>되었다</u>, 웃지 <u>마라</u>, 가고 <u>있다</u>.

ANSWER > 9.④ 10.③ 11.④ 12.① 13.①

14 ① <u>사과는 커녕</u> 오히려 화를 내다니.

② <u>아빠뿐만</u> 아니라 엄마도 그래.

③ 버스가 끊겨 <u>걸어갈 수밖에</u> 없었다.

④ 그 친구는 말로만 <u>큰소리친다</u>.

> ✪**TIP** '커녕'은 조사이므로 붙여 쓴다.
> ① 사과는 커녕 → 사과는커녕

| 15~17 | 다음의 문장과 동일한 관계에 있는 것을 고르시오.

15

> 인생은 짧고 예술은 길다.

① 봄이 오니 날씨가 따뜻하다.

② 바람은 시원하며 햇살은 따스하다.

③ 인정은 차고, 사납고, 매몰스러웠다.

④ 봄이 왔는데, 날씨는 쌀쌀하다.

> ✪**TIP** 제시문은 둘 이상의 독립된 문장이 연결 어미 '-고'에 의해 대등하게 이어진 문장이다.
> ①④ 종속적으로 이어진 문장
> ② '-며'에 의해 대등하게 이어진 문장이다.
> ③ 서술어 여럿이 덩어리가 되어 있는 서술어 병렬문이다.
>
> **PLUS** tip ··
>
> 대등적 이어짐과 종속적 이어짐의 구별 : 자리 옮김 여부에 따라 구분할 수 있다.
> • 앞뒤로 자리 옮김이 가능하면 대등, 불가능하면 종속
> • 가운데로 자리 옮김이 가능하면 종속, 불가능하면 대등

16

> 그가 오늘 오후에 돌아오면, 그에게 이별을 고할 것이다.

① 엄마는 식탁을 정리하고 있었고, 아버지는 설거지를 하고 있었다.
② 그는 돈을 자동차에 투자하지만, 그녀는 가방에 투자한다.
③ 그는 머리를 높이 들고 하늘을 바라보았다.
④ 표정이 어두운 걸 보니 여자 친구와 무슨 일이 있었음에 틀림없어.

> ✽TIP 제시된 문장은 주절(그에게 이별을 고할 것이다)과 종속절(그가 오늘 오후에 돌아오면)이 종속적으로 이어진 문장이다.
> ①②③ 두 개의 대등한 절로 구성된 문장이다.
> ④ 종속절(표정이 어두운 걸 보니)과 주절(여자 친구와 무슨 일이 있었음에 틀림없어)이 종속적으로 이어진 문장이다.

17

> 몸은 비록 늙었지만 마음은 젊다.

① 하늘은 높고, 바다는 푸르다.
② 벼는 익을수록 고개를 숙인다.
③ 까마귀 날자 배 떨어진다.
④ 아내가 귀여우면 처갓집 문설주도 귀엽다.

> ✽TIP 제시된 문장은 대조의 의미 관계로 대등적으로 이어진 문장이다.
> ① 나열의 의미 관계로 대등적으로 이어진 문장이다.
> ②③④ 종속적으로 이어진 문장이다.

ANSWER 〉 14.① 15.② 16.④ 17.①

| 18~20 | 단어의 형성법이 다른 하나를 고르시오.

18 ① 밤낮
② 물병
③ 햇보리
④ 큰아버지

✖**TIP** ①②④ 합성어
③ '햇(접사) + 보리(어근)'의 형태로 되어 있는 파생어이다.

PLUS tip ··

합성어와 파생어의 구분
• 합성어 : 어근 + 어근
• 파생어 : 어근 + 접사

19 ① 마소
② 좁쌀
③ 까막까치
④ 시나브로

✖**TIP** 시나브로는 단일어이다.
① 말(실질) + 소(실질) : 합성어
② 조(실질) + 쌀(실질) : 합성어
③ 까막(실질) + 까치(실질) : 합성어

PLUS tip ··

단일어와 복합어
단일어는 단일 형태소로 성립된 단어이고 복합어는 둘 이상의 형태소로 이루어진 단어다. 복합어는 다시 파생어와 합성어로 나뉜다. 파생어는 실질 형태소에 단어 형성의 형식 형태소가 결합된 것이고, 합성어는 두 개 이상의 실질 형태소가 결합된 것이다.

20 ① 힘들다   ② 덮밥

       ③ 뛰놀다   ④ 부슬비

❀TIP   ① 통사적 합성어

         ②③④ 비통사적 합성어

PLUS tip ....

통사적 합성어와 비통사적 합성어

통사적 합성어는 우리말의 일반적 단어 배열과 같은 유형의 합성어이고, 비통사적 합성어는 우리말의 일반적 단어 배열에 어긋나는 합성어이다.

• 통사적 합성어

   ㉠ 명사 + 명사 : 돌다리(돌 + 다리)

   ㉡ 용언의 어간+관형사형 어미 + 명사 : 작은형(작 + 은 + 형)

   ㉢ 명사 + 용언 : 힘들다(힘 + 들다)

• 비통사적 합성어

   ㉠ 용언의 어간 + 명사 : 늦더위(늦 + 은(생략) + 더위) → 우리말은 용언의 어간 뒤에 어미가 나와야 하는데 바로 명사가 나와 비통사적이다.

   ㉡ 부사 + 명사 : 부슬비(부슬 + 비) → 우리말의 부사는 용언(동사, 형용사)을 수식해야 하는데 체언인 명사를 수식하고 있어 비통사적이다.

   ㉢ 용언의 어간 + 용언의 어간 : 굳세다(굳 + 고(생략) + 세다) → 우리말은 용언의 어간 뒤에 어미가 나와야 하는데 바로 용언의 어간이 이어지므로 비통사적이다.

1 다음의 두 자료를 통해 추론할 수 있는 내용이 아닌 것은?

> (가) 근래 부녀자들이 경쟁하는 것 중에 능히 기록할 만한 것으로 패설(소설)이 있는데, 이를 좋아함이 나날이 늘고 달마다 증가하여 그 수가 천백 종에 이르렀다. 쾌가(서적 중개상)는 이것을 깨끗이 베껴 쓰고 빌려 주는 일을 했는데, 번번이 그 값을 받아 이익으로 삼았다. 부녀자들은 식견이 없어 비녀나 팔찌를 팔거나 빚을 내면서까지 서로 싸우듯이 빌려가서 그것으로 긴 해를 보냈다.
>
> —채제공, 「여사서」서문—
>
> (나) 한글로 번역한 소설을 읽느라 집안일을 내버려두거나 여자가 해야 할 일을 게을리 해서는 안 된다. 심지어는 돈을 주고 그것을 빌려 보면서 깊이 빠져 그만두지 못하고 가산을 탕진하는 자까지 있다. 소설의 내용은 모두 투기와 음란한 일이어서 부인의 방탕함과 방자함이 여기서 비롯되기도 한다.
>
> —이덕무, 「사소절」—

① 소설의 인기 이면에 이로 인한 사회적 파장이 작지 않았구나.
② 이 시기에 이미 서적의 상업적 유통 경로가 존재했구나.
③ 지식인 가운데 부녀자의 소설 독서에 비판적 시각을 가진 이들이 있었구나.
④ 당시 소설의 독자층은 사대부 여성에서 하층 여성에 이르기까지 광범위했구나.

> ⊗TIP 소설의 독자층에 관한 설명은 글에서 언급되지 않았다.
> ① 가산을 탕진하거나 집안일에 소홀해지는 사람이 있었고, 소설의 내용이 문제가 되기도 했다는 것을 유추할 수 있다.
> ② '쾌가(서적중개상)'가 존재했고, 돈을 주고 빌려 보았다는 내용을 통해 알 수 있다.
> ③ (가)(나)를 전반적인 내용을 통해 부정적인 시각이 존재하였음을 알 수 있다.

2 ㉠~㉣에 들어갈 말로 가장 적절한 것은?

> 태평양전쟁이 격화되자 일제는 식민지 조선 내에서 황국신민화정책을 강화함과 동시에 일본인으로서의 투철한 국가관과 '국민' 의식을 주입하는 데 주력하게 되었다.
> (㉠) '국민'이란 말이 일본 내에서 실체적인 함의를 지니게 된 것은 청일전쟁 이후였다. (㉡) 이 경우 천황 아래 모두가 평등한 신민, 즉 일본의 '국민'으로서 재탄생하여야 한다는 당위적 명제는 다른 면에서는 '비국민'으로 낙인찍힐지도 모른다는 불안감을 조장하는 일이기도 했다. (㉢) 이러한 사정은 식민지 조선 내에서도 마찬가지로 작용하였다. (㉣) '국민' 의식의 강조는 이때까지만 해도 여전히 민족적인 이질감을 유지하고 있었던 조선인들에게는 심리적인 포섭의 원리인 동시에 '비국민'으로서의 공포감을 동반한 강력한 배제의 원리로 작용하였던 셈이다.

	㉠	㉡	㉢	㉣
①	사실	게다가	또한	그러므로
②	사실	그런데	그리고	요컨대
③	실제로	또한	게다가	그러므로
④	실제로	그리고	그러나	요컨대

✤**TIP** 문맥상 ②가 정답이다.
㉠은 '사실', '실제로' 모두 가능하다.
㉡은 앞문장과 관련되고 다른 방향으로 이끌어 나가는 '그런데'가 어울린다.
㉢은 앞문장과 뒤 문장이 병렬적으로 연결되는 '그리고'가 어울린다.
㉣은 앞 내용을 정리하기 위해 '그러므로'와 '요컨대' 모두 가능하다.

ANSWER 〉 1.④ 2.②

❚3~5❚ 다음 글을 읽고 물음에 답하시오.

⑦ 서당의 교육 방법으로는 강(講)이 주된 것이었다. 강이란 배운 글을 소리 높여 읽고, 그 뜻을 질의 응답하는 방법이다. 강에는 암송하여 낭독하는 배강(背講)과 교재를 보면서 읽는 면강(面講)이 있 다. 질의응답은 철저한 개인 교습의 대면 학습으로 능력에 따른 수업이 가능하였고, 사제 간에 인 격적인 교류가 이루어져 친근함을 유지할 수 있었다.

⑭ 날마다 학생의 실력 정도에 따라 학습량을 정하고, 그 내용을 익혔는지 여부를 이튿날 배송(拜誦) 을 통해 확인을 받은 후 새 학습으로 나아갔다. 만일 학습 진도가 완전히 이해되지 않았다고 판단 되면 자정이 넘도록 야독(夜讀)을 통해 보충하게 했다. 이처럼 '강(講)'은 개별 학생의 능력에 따른 완전 학습을 가능하게 하는 것으로, 부자 관계처럼 서로를 잘 아는 친밀한 사제 관계 속에서 학습 이 이루어졌기에 가능한 일이었다.

⑭ 글의 뜻인 문리(文理)를 통하는 방법은 먼저 구두(句讀)를 익히고 한 문장의 뜻을 이해하는 점진적 방법을 통해 스스로 공부할 수 있는 단계로 나아가게 하는 것이다. 글공부는 글자에 얽매이는 것이 아니라 문장의 뜻을 이해하는 것, 즉 통달하는 것을 목표로 한다.

⑭ 한편, 계절과 학습 내용을 조화시켜 가르쳤다. 예를 들면, 겨울에는 경사(經史)에 속하는 비교적 어 려운 학습을 시키고, 여름에는 시율(詩律)과 같은 흥미 본위의 학습을 시켰으며, 봄가을로는 사기 와 명문장을 학습시켜 선비의 기상을 길러 주었다. 글공부의 단조로움을 덜기 위해 서예를 시켰는 데 대개 오후에 행해졌다.

⑭ 여름철이면 산천 자연을 가까이 해서 장소를 옮겨 교육하고 거기에서 흥을 돋우기 위해 조촐한 잔 치를 열어 인정을 나누기도 했다. 서당에서의 엄격함과 야외에서의 자유스러움을 병행하되 오늘날 과 같은 형식적인 만남이 아니라 함께 종유(從遊)하며 생활 속에서 가르침을 베푼 것이었다. 도제 (徒弟) 교육이 가능했던 것이다.

⑭ 또한, 이른바 유희 학습을 통해 놀이를 가르침으로써 심성을 곱게 하는 방법을 시행하였다. 쌍육 (雙陸) 놀이로 정사를 돌보는 종정(宗政) 놀이를 함으로써 장래의 관심거리를 익히게 하고 각 고을 의 이름 외기, 시짓기, 투호(投壺) 놀이 등을 통해 집중력을 높이고 한가로움을 즐길 줄 아는 능력 을 키워 주었다. 서당 교육은 '능력별 학습', '사고력을 길러 주는 학습', '소집단에 관심 있는 교육'을 통해 가정교육과 다를 바 없는 학교 교육을 배려함으로써 인간 교육을 목표로 삼았다. 암기 위주의 수험(受驗)을 위한 공부가 아니라 스스로의 의문을 갖고 학습 동기를 부여하여 자발적인 자세로 생 각하는 교육이 되게 하였고, 사제 간에 서로 아끼는 마음을 나누며 인생의 한 과정 속에서 교육이 이루어지게 하였다. 그러나 스승의 능력도 천차만별이어서 ㉠가르침과 행동이 다른 훈장도 있었 으며, 자신만을 꼭 닮게 하는 묵수적 지도를 통해 규격 속에 갇힌 인간을 길러 내는 등 부정적인 측면이 전혀 없었던 것은 아니다.

⑭ 지식과 인성의 관계가 모호하여 교육받은 사람이 반드시 인격적으로 훌륭한 사람은 아니라는 믿음 이 당연하게 받아들여지는 요즈음, '지식'과 '인성'이 조화를 이루는 인간을 만들려 했던 과거 우리 전통 교육의 미덕을 재음미해 보고, 비록 극도로 달라진 교육 환경이지만 그러한 교육 환경과 방법 에 스며있는 '정신'을 오늘에 되살려 보려는 노력은 의미 있으리라 본다.

― 서경요, 「교학상장(教學相長)의 교육」―

3 이 글의 제목으로 가장 적절한 것은?

① 학교 교육의 중요성

② 참다운 교육 문화

③ 서당의 전통 교육 방법으로서의 '강(講)'

④ 서당의 역할과 의의

    ✽**TIP** ① 서당교육의 방법에 대한 글이므로 거리가 멀다.
        ② 너무 포괄적인 제목이다.
        ④ 서당의 교육방법에 대한 글이지, 서당 자체의 역할이나 의미에 대한 언급은 없다.

4 ㉠의 상황에 가장 적절한 말은?

① 스승보다 나은 제자 없다.   ② 나는 바담 풍 해도 너는 바람 풍 해라.

③ 모로 가도 서울만 가면 된다.   ④ 개구리가 올챙이 적 생각 못한다.

    ✽**TIP** '가르침과 행동이 다른 훈장'이란 학생들에게 입으로는 올바른 것을 말하면서도 정작 자신
        의 삶이나 태도는 그렇지 못한 경우를 말한다.
        ① 제자가 아무리 똑똑해도 스승의 능력을 뛰어넘지 못한다.
        ② 자기는 잘못하면서도 남만 잘 하라고 요구하는 삶을 풍자하는 뜻이다.
        ③ 목적을 이룰 수만 있다면 어떤 수단이라도 쓴다.
        ④ 과거의 일을 생각하지 않고 잘난 척한다.

5 이 글의 내용과 일치하지 않는 것은?

① 서당에서는 주로 강(講)을 통하여 교육을 실시하였다.

② 서당의 엄격함을 가끔 야외에서의 자유스러움으로 유화(宥和)시켰다.

③ 서당에서의 유희 학습은 교육적 효과는 적었으나 심성을 곱게 길러 주었다.

④ 서당에서는 가정교육을 하는 것처럼 밀착된 관계를 형성하여 학생을 교육하였다.

    ✽**TIP** 제시된 글은 인성적 교육이 소홀히 되고 있는 오늘날의 교육방법에 대하여 인성과 지식의
        조화를 추구한 우리 전통교육방법의 의미를 강조하고 있다.
        ③ 유희학습에서도 인성적 교육이 이루어졌으며 그 교육적 효과는 컸다.

ANSWER 〉 3.③ 4.② 5.③

6 다음을 논리적 순서로 배열한 것은?

> ⊙ 그 덕분에 인류의 문명은 발달될 수 있었다.
> ⓛ 그 대신 사람들은 잠을 **빼앗겼고** 생물들은 생체 리듬을 잃었다.
> ⓒ 인간은 오랜 세월 태양의 움직임에 따라 신체 조건을 맞추어 왔다.
> ② 그러나 밤에도 빛을 이용해 보겠다는 욕구가 관솔불, 등잔불, 전등을 만들어 냈고,
>   이에 따라 밤에 이루어지는 인간의 활동이 점점 많아졌다.

① ⊙ⓛⓒ②   ② ⓛ⊙②ⓒ
③ ⓒ②⊙ⓛ   ④ ②ⓒⓛ⊙

✾**TIP** ⓒ인간은 태양의 움직임에 따라 신체 조건을 맞춤→②그러나 전등의 발명으로 밤에도 활
동→⊙인류의 문명이 발달→ⓛ생체 리듬을 잃음

7 다음은 '우리말 사랑하고 가꾸기'라는 주제로 글을 쓰기 위해 작성한 개요이다. 밑줄 친 부
분에 들어갈 내용으로 적절하지 않은 것은?

> 〈제목 : 우리말 사랑하고 가꾸기〉
> ① 서론 : 우리말의 오용 실태
> ② 본론 : 우리말 오용 원인
>   ⊙ 개인적 측면
>   • 우리말에 대한 사랑과 긍지 부족
>   • 외국어의 무분별한 사용
>   ⓛ 사회적 측면
>   • _____
>   • 우리말 연구 기관에 대한 정책적 지원 부족
>   ⓒ 우리말을 가꾸는 방법
>   • 개인적 차원
>   −우리말에 대한 이해와 적극적인 관심
>   −외국어의 무분별한 사용 지양
>   • 사회적 차원
>   −바른 우리말 사용 캠페인
>   −대중 매체에 사용되는 우리말의 순화
> ③ 결론 : 우리말을 사랑하고 가꾸기 위한 노력 제고

① 대중 매체가 미치는 부정적 영향에 대한 인식 부족

② 외래 문물에 대한 능동적 수용

③ 교육적 지원 부족

④ 외국어 순화 작업의 중요성 간과

> ✪TIP ② 주어진 자료의 '우리말을 가꾸는 방법'을 통해 '우리말 오용 원인'을 유추할 수 있다. '우
> 리말에 대한 이해와 적극적 관심'에서 '교육의 필요성'을, '대중 매체에 사용되는 우리말의 순
> 화'에서 '대중 매체가 미치는 부정적 영향에 대한 인식 부족'을, '외국어의 무분별한 사용 지
> 양'에서 '외국어 순화 작업의 중요성 간과'를 유추할 수 있으나, '외래 문물에 대한 능동적 수
> 용'은 자료를 통해 유추할 수 없을 뿐만 아니라, 우리말 오용의 직접적 원인이 되지 않는다.

▌8~10▐ 먼저 주어진 지문을 읽고, 그 다음에 주어진 글이 참이면 ①, 거짓이면 ②, 주어진 지문
으로는 알 수 없으면 ③을 선택하시오.

8

> • 1919년 3 · 1운동 과정에서 일본의 식민 지배 실태가 기록된 사료가 처음으로 발견됐다.
> • 사료에는 일본군의 대표적 유혈 진압 사건인 수원 제암리 사건 은폐 과정과 독립운동
> 가에 대한 회유 공작 등 일본의 식민 지배 통치 방식이 생생히 담겨 있다.
> • 아사히 신문은 3 · 1운동 당시 조선군 사령관이었던 우쓰노미야 다로(宇都宮太郎, 1861
> ~ 1922) 대장이 쓴 일기와 서한 등을 입수해 28일 보도했다. 우쓰노미야는 육군대 졸
> 업 뒤 대본영 참모를 거쳐 영국, 중국 등에서 정보 분야 일을 하다 1918년 조선군 사
> 령관으로 임명된 인물이다.
> • 우쓰노미야는 1919년 4월 15일 발생한 제암리 사건에 대해 '학살과 방화는 없었다'라는
> 당시 일본군의 발표가 허위였음을 인정하고 있다. 그는 4월 18일자 일기에서 "서울 남
> 방에서 일본군이 약 30명을 교회에 가두고 학살, 방화했다."고 썼다. 이어 "사실을 사
> 실대로 하고 처분하면 간단하지만 학살, 방화를 자인하는 꼴이 돼 제국(帝國)의 입장에
> 심대한 불이익이 된다. 이 때문에 간부 회의에서 '조선인들이 저항해 살육한 것'으로
> 하되 학살, 방화 등은 인정하지 않기로 결정했다."고 적었다.

8-1 수원 제암리 사건은 학살, 방화 등이 일어나지 않았다. ① ② ③

8-2 우쓰노미야 다로 대장이 쓴 일기와 서한을 통해 제암리 사건에 대한 '학살과 방화는 없었
다.'라는 당시 일본군의 발표가 허위임을 알 수 있다. ① ② ③

> ✪TIP 8-1 1919년 4월 15일 수원 제암리에서 일본군은 조선인 약 30명을 교회에 가두고 학살,
> 방화했다.
>
> 8-2 당시 일본군 간부 회의는 제국의 입장에 불이익이 될 것을 우려하여 수원 제암리 사
> 건에 대하여 학살과 방화 등은 인정하지 않기로 결정한 것이라는 내용이 우쓰노미야
> 다도의 일기에 적혀있다.

ANSWER ▷ 6.③ 7.② 8-1.② 8-2.①

9

> 어느 대학의 심리학 교수가 그 학교에서 강의를 재미없게 하기로 정평이 나 있는 한 인류학 교수의 수업을 대상으로 듣기의 효과에 관한 실험을 하였다. 그 심리학 교수는 인류학 교수에게는 이 사실을 철저히 비밀로 하고 그 강의를 수강하는 학생들에게만 사전에 다음의 몇 가지 주의 사항을 전달했다. 첫째, 교수의 말 한 마디 한 마디에 주의를 집중하면서 열심히 들을 것. 둘째, 얼굴에는 약간의 미소를 띠면서 눈을 반짝이며 고개를 끄덕이기도 하고 간간이 질문도 하면서 강의가 매우 재미있다는 반응을 겉으로 드러나게 할 것. 한 학기 동안 계속된 이 실험의 결과는 매우 흥미로운 것이었다. 우선 그 재미없던 인류학 교수는 줄줄 읽어 나가던 강의 노트에서 드디어 눈을 떼고 학생들과 시선을 마주치기 시작했고, 가끔씩은 한두 마디 유머 섞인 농담을 던지기도 하더니 그 학기가 끝날 즈음엔 가장 열의 있게 강의하는 교수로 면모를 일신하게 되었다. 더욱 놀라운 것은 학생들의 변화였다. 처음에는 단순히 실험 차원에서 재미 삼아 강의를 열심히 듣는 척하던 학생들은 이 과정을 통해서 정말로 강의를 흥미롭게 듣게 되었고, 그 가운데는 소수이긴 하지만 아예 전공을 인류학으로 바꾸기로 결심하게 된 학생들도 나오게 되었다.

9-1 어느 대학의 인류학 교수는 한 심리학 교수의 수업을 대상으로 듣기의 효과에 관한 실험을 하였다.　① ② ③

9-2 실험자 교수는 피실험자 교수에게는 이 사실을 비밀로 하였다.　① ② ③

9-3 실험 전에 인류학 교수는 강의하면서 학생들과 시선을 맞추지 않았다.　① ② ③

9-4 실험에 참여한 학생들은 듣기의 효과를 미리 알고 있었다.　① ② ③

9-5 심리학 강의를 듣는 인류학과 학생들이 듣기 실험에 참여하였다.　① ② ③

✿**TIP** 9-1 어느 대학의 심리학 교수는 한 인류학 교수의 수업을 대상으로 듣기의 효과에 관한 실험을 하였다.
9-2 심리학 교수(실험자)는 인류학 교수(피실험자)에게는 이 사실을 비밀로 하였다.
9-3 실험 전에 인류학 교수는 대부분 강의 노트를 줄줄 읽어내려 갔으며 학생들과 시선을 맞추지 않았다.
9-4 실험에 참여한 학생들은 듣기의 효과를 미리 알고 있는지는 알 수 없다.
9-5 인류학 수업을 듣는 학생들이 심리학 강의를 듣는지는 알 수 없다.

10

요즘 우리나라에서도 비윤리적인 범죄들이 빈발하고 있는데, 그 주된 원인을 현대 가족제도의 혼란에서 찾는 사람들이 많습니다. 그래서 그 해결방안을 모색하는 데 도움이 됐으면 하는 마음으로 우리나라의 전통적인 가족제도에 대해 한 말씀 드릴까 합니다. 우리나라는 전통적으로 농경사회와 유교적 이념을 배경으로 하여 가부장적인 대가족제도를 유지해 왔습니다. 전통사회에서 '가정'이라는 말보다는 '집안'이나 '문중'이라는 말이 일반적일 정도로 가족의 범위가 현대사회에 비해 훨씬 넓었으며, 그 기능도 다양하였습니다. 가족은 농경사회에서의 생산이나 소비의 단위일 뿐만 아니라 교육의 기본단위이기도 하였습니다. 이 가족 안에서의 교육을 바탕으로 사회나 국가의 윤리와 질서가 유지되던 것입니다. 물론 전통적 가족제도는 상하관계를 중시하는 수직구조였으나, 그것이 강압에 의한 것이 아니라 서로 간의 애정과 이해를 바탕으로 한 것임은 말할 필요도 없습니다. 예컨대 남편은 남편으로서, 아내는 아내로서, 자식은 자식으로서 자신의 본분을 지켜가며 서로를 신뢰하고 존중하는 것을 기본전제로 해서 형성된 것이 전통적인 가족제도였습니다. 물론 이러한 전통적 가족제도가 현대의 기술·공업사회에 적합한 것은 결코 아닙니다. 그러나 현대사회의 한 특징인 핵가족화와 그로 인한 가정의 기능상실, 더 나아가 여기에서 파생되는 사회기초윤리의 소멸 등이 문제점으로 부각되고 있는 지금 전통적인 가족제도는 우리에게 많은 암시를 주고 있다고 할 것입니다.

10-1 많은 사람들이 요즘 발생하는 비윤리적인 범죄들의 주된 원인을 현대 가족제도의 혼란에서 찾고 있다. ① ② ③

10-2 우리나라는 전통적으로 유목사회와 유교적 이념을 배경으로 하여 가부장적인 대가족제도를 유지해 왔다. ① ② ③

10-3 전통사회에서 가족의 범위는 현대사회에 비해 훨씬 넓었으며, 그 기능도 다양하였다. ① ② ③

10-4 농경사회에서 가족은 교육의 기본단위이기도 하였다. ① ② ③

10-5 전통적 가족제도는 현대의 기술·공업사회에 절대적으로 적합하다. ① ② ③

✪TIP 10-1 보기의 내용은 지문과 일치한다.
10-2 우리 나라는 전통적으로 농경사회와 유교적 이념을 배경으로 하여 가부장적인 대가족제도를 유지해 왔다.
10-3 전통사회에서는 '가정'이라는 말보다는 '집안'이나 '문중'이라는 말이 일반적일 정도로 가족의 범위가 현대사회에 비해 훨씬 넓었다.
10-4 보기의 내용은 지문과 일치한다.
10-5 지문에서는 전통적 가족제도가 현대의 기술·공업사회에 적합한 것은 결코 아니라고 하고 있다.

ANSWER 〉 9-1.② 9-2.① 9-3.① 9-4.③ 9-5.③ 10-1.① 10-2.② 10-3.① 10-4.① 10-5.②

>> **기초수리**

┃1~3┃ 다음 수식 중 계산의 결과가 가장 작은 값을 고르시오.

1 ① $3 \times 5 + 7 \div 1$ ② $4 \times 2 - 1 \div 1$

   ③ $5 \times 3 + 4 \times 5$ ④ $13 \times 4 - 1 \times 5$

TIP ① $(3 \times 5) + (7 \div 1) = 15 + 7 = 22$
   ② $(4 \times 2) - (1 \div 1) = 8 - 1 = 7$
   ③ $(5 \times 3) + (4 \times 5) = 15 + 20 = 35$
   ④ $(13 \times 4) - (1 \times 5) = 52 - 5 = 47$

2 ① $4 \times 3 + 2 \div 1$ ② $6 \times 7 - 8 \div 2$

   ③ $5 \times 3 + 1 \times 7$ ④ $6 \times 4 - 2 \times 6$

TIP ① $(4 \times 3) + (2 \div 1) = 12 + 2 = 14$
   ② $(6 \times 7) - (8 \div 2) = 42 - 4 = 38$
   ③ $(5 \times 3) + (1 \times 7) = 15 + 7 = 22$
   ④ $(6 \times 4) - (2 \times 6) = 24 - 12 = 12$

3 ① $9 \times 5 + 6 \div 3$ ② $5 \times 6 - 2 \div 1$

   ③ $6 \times 8 + 5 \times 2$ ④ $7 \times 9 - 6 \times 2$

TIP ① $(9 \times 5) + (6 \div 3) = 45 + 2 = 47$
   ② $(5 \times 6) - (2 \div 1) = 30 - 2 = 28$
   ③ $(6 \times 8) + (5 \times 2) = 48 + 10 = 58$
   ④ $(7 \times 9) - (6 \times 2) = 63 - 12 = 51$

┃4~7┃ 다음 등식이 성립하도록 ( ) 안에 해당하는 연산기호를 고르시오.

4

$$12 \times 3(\quad)72 \div 4 = 54$$

① +　　　　　　　　　　② −

③ ×　　　　　　　　　　④ ÷

✿TIP $(12 \times 3) + (72 \div 4) = 54$

5

$$15(\quad)5 - 23 = 52$$

① +　　　　　　　　　　② −

③ ×　　　　　　　　　　④ ÷

✿TIP $(15 \times 5) - 23 = 52$

6

$$25(\quad)3 - 53 = 22$$

① +　　　　　　　　　　② −

③ ×　　　　　　　　　　④ ÷

✿TIP $(25 \times 3) - 53 = 22$

7

$$\frac{3}{4} \times 2(\quad)\frac{1}{2} = 2$$

① +　　　　　　　　　　② −

③ ×　　　　　　　　　　④ ÷

✿TIP $\left(\frac{3}{4} \times 2\right) + \frac{1}{2} = 2$

ANSWER 〉 1.② 2.④ 3.② 4.① 5.③ 6.③ 7.①

▌8~11▐ 제시된 조건에 따라 크기를 비교하시오.

8

> • $A : 350_{(6)}$
> • $B : 215_{(8)}$

① $A > B$
② $A < B$
③ $A = B$
④ 비교할 수 없다.

❀**TIP** 두 수를 십진수로 바꾸어 크기를 비교한다.
$A : 350_{(6)} = 3 \times 6^2 + 5 \times 6^1 + 0 \times 6^0 = 138$
$B : 215_{(8)} = 2 \times 8^2 + 1 \times 8^1 + 5 \times 8^0 = 141$
$\therefore A < B$

9

> • $A : 10^2 - 9^2 - 8^2 - 7^2 - 6^2$
> • $B : 9^2 - 8^2 - 7^2 - 6^2 - 5^2$

① $A > B$
② $A < B$
③ $A = B$
④ 비교할 수 없다.

❀**TIP** $A : 10^2 - 9^2 - 8^2 - 7^2 - 6^2 = 100 - 81 - 64 - 49 - 36 = -130$
$B : 9^2 - 8^2 - 7^2 - 6^2 - 5^2 = 81 - 64 - 49 - 36 - 25 = -93$
$\therefore A < B$

10

> • A : 한 변의 길이가 2cm인 정육면체의 부피
> • B : 한 변의 길이가 1cm인 정육면체의 겉넓이

① $A > B$
② $A < B$
③ $A = B$
④ 비교할 수 없다.

❀**TIP** $A = 2^3 = 8$
$B = 6 \times 1^2 = 6$
$\therefore A > B$

11

• $A : 1^2 + 2^3 + 3^4$ • $B : 850 \times \dfrac{1}{10} + 5$

① $A > B$ ② $A < B$

③ $A = B$ ④ 알 수 없다.

✪TIP $A : 1^2 + 2^3 + 3^4 = 1 + 8 + 81 = 90$

$B: (850 \times \dfrac{1}{10}) + 5 = 85 + 5 = 90$

$\therefore A = B$

12 $1 * 2 = 4,\ 2 * 3 = 7,\ 3 * 4 = 10,\ 4 * 5 = 13$일 때, $A * 6 = 16$이라면 A의 값은?

① 5   ② 8

③ 10   ④ 12

✪TIP '*' 기호에 대한 규칙성을 찾아보면, $1 * 2 = 4$에서 $1 + 2 + 1 = 4$, $2 * 3 = 7$에서 $2 + 3 + 2 = 7$로 두 수를 더한 후 다시 앞의 수를 더하는 형태를 보이고 있다. 그러므로 $A * 6 = 16$에서, $A + 6 + A = 16$이므로 A는 5가 된다.

13 $a = \sqrt[15]{5},\ b = \sqrt[10]{3},\ c = \sqrt[6]{2}$ 의 크기를 비교하면?

① $a < b < c$ ② $a < c < b$

③ $c < a < b$ ④ $c < b < a$

✪TIP $a = 5^{\frac{1}{15}},\ b = 3^{\frac{1}{10}},\ c = 2^{\frac{1}{6}}$ 에 동시에 30제곱하면

$a^{30} = \left(5^{\frac{1}{15}}\right)^{30} = 5^2 = 25,\ b^{30} = \left(3^{\frac{1}{10}}\right)^{30} = 3^3 = 27,\ c^{30} = \left(2^{\frac{1}{6}}\right)^{30} = 2^5 = 32$

$\therefore a^{30} < b^{30} < c^{30}$이고, a, b, c는 모두 0보다 크므로 $a < b < c$이다.

14

4	13	23	40
7	11	9	27
2	9	11	23
13	33	44	90

① 7   ② 11

③ 23   ④ 44

✿TIP

4	13	23	40
7	11	9	27
2	9	**12**	23
13	33	44	90

15

12	35	39	86
16	25	41	82
32	49	53	135
61	109	133	303

① 35   ② 41

③ 32   ④ 53

✿TIP

12	35	39	86
16	25	41	82
33	49	53	135
61	109	133	303

16

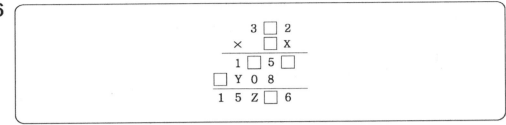

① 2, 8, 3 ② 3, 4, 1
③ 3, 1, 6 ④ 3, 2, 6

❀TIP 원래의 계산

```
      3 5 2
    ×   4 3
    ─────────
      1 0 5 6
    1 4 0 8
    ─────────
    1 5 1 3 6
```

∴ X, Y, Z = 3, 4, 1

17

① 8, 6, 7 ② 8, 6, 9
③ 7, 6, 9 ④ 7, 8, 9

❀TIP 원래의 계산

```
        9 5
      × 8 5
      ───────
        4 7 5
      7 6 0
      ───────
      8 0 7 5
```

∴ X, Y, Z = 8, 6, 7

ANSWER 〉 14.② 15.③ 16.② 17.①

18 2진법의 수 1102<u>0</u>에서 마지막 자리의 0이 나타내는 실제 수는?

① 0   ② 6

③ 9   ④ 11

> ✿**TIP**   10진법으로 바꾸면,
> $$1 \times 2^4 + 1 \times 2^3 + 0 \times 2^2 + 2 \times 2^1 + 0 \times 2^0$$
> $$= 16 + 8 + 0 + 4 + 0$$
> $$= 28$$

19 2진법의 수 11011과 5진법의 수 2120의 실제 수의 합은?

① 274   ② 289

③ 304   ④ 312

> ✿**TIP**   ㉠ $1 \times 2^4 + 1 \times 2^3 \times 0 \times 2^2 + 1 \times 2^1 + 1 \times 2^0 = 27$
> ㉡ $2 \times 5^3 + 1 \times 5^2 + 2 \times 5^1 + 0 \times 5^0 = 285$
> ∴ $27 + 285 = 312$

20 1, 2, 3, 4, 5 중의 다른 3개의 숫자를 사용하여 만들 수 있는 3자리의 짝수는 몇 개인가?

① 14개   ② 24개

③ 17개   ④ 18개

> ✿**TIP**   짝수가 되려면 일의 자리가 2, 4 중의 하나가 되어야 하고, 서로 다른 숫자를 사용하므로
> 선택된 일의 자리를 제외한 나머지에서 2개의 숫자를 골라야 한다.
> ∴ $2 \times {}_4P_2 = 2 \times 4 \times 3 = 24$(개)

>> 응용계산

1 14년 후에 아버지의 나이가 아들의 나이의 2배가 된다면, 현재 아버지와 아들의 나이의 합은? (단, 아버지의 현재 나이는 48세이다.)

① 51   ② 59

③ 65   ④ 73

     ✿**TIP** ㉠ 아들의 나이를 x라 하면,

                 $48 + 14 = 2(x + 14)$, $x = 17$살

           ㉡ 아버지의 나이 + 아들의 나이 $= 48 + 17 = 65$

2 노트북을 판매할 때, 원가에 2할의 이익이 남게 정가를 정했지만, 할인을 하여 정가의 1할 할인으로 판매하였더니 1대에 50만원의 이익을 얻었다. 이 노트북의 원가는 얼마인가?

① 525만원   ② 570만원

③ 595만원   ④ 625만원

     ✿**TIP** 원가를 x라고 한다면,

            $(1 + 0.2)x \times (1 - 0.1) = x + 500,000$

            $0.08x = 500,000$

            $\therefore x = 6,250,000$(원)

3 수족관에 세 개의 수조가 있다. 100리터의 수조에 A관으로 3시간, B관으로 5시간 물을 넣었더니 물이 가득 찼다. 70리터의 수조에 A관으로 2시간, B관으로 4시간 물을 넣었더니 물이 가득 찼다. A관만 사용하여 25리터의 수조에 물을 가득 채우려면 얼마나 소요되겠는가?

① 1시간   ② 1시간 30분

③ 2시간   ④ 2시간 30분

     ✿**TIP** A관에서 시간당 공급되는 물의 양을 x, B관에서 시간당 공급되는 물의 양을 y라고 한다면,

            $3x + 5y = 100 \cdots$ ㉠

            $2x + 4y = 70 \cdots$ ㉡

            ㉠㉡을 연립하면 $x = 25$, $y = 5$이다.

            $\therefore$ A관만 사용하여 25리터의 수조에 물을 가득 채우려면 1시간이 걸린다.

ANSWER 〉 18.①   19.④   20.② / 1.③   2.④   3.①

4 윤호는 토익시험을 3회 치른 후 성적표를 받았는데 받은 점수는 각각 달랐다. 2회는 1회보다 A점이 많았고, 3회는 2회보다 B점이 적었으며, 1회와 3회를 합한 점수는 5(A+B)점이었다. 윤호가 2회에서 받은 점수는 몇 점인가?

① A+B점   ② 2A+B점

③ 2(A+B)점   ④ 3(A+B)점

　　　⊗**TIP** 1회를 x, 2회를 y, 3회를 z라고 하면
　　　　　　$y=x+A$ … ㉠
　　　　　　$z=y-B$ … ㉡
　　　　　　$x+z=5(A+B)$ … ㉢
　　　　　　㉡㉢을 연립하면 $x+y-B=5(A+B)$, $x+y=5A+6B$
　　　　　　이를 다시 ㉠과 연립하면 $2x=4A+6B$, $x=2A+3B$
　　　　　　$\therefore y=3(A+B)$

5 재정이는 종이상자 아르바이트를 하고 있다. 만들어야 할 상자는 총 2,000개이며, 불량인 경우 박스 1개당 500원을 차감한다. 총 135,750원의 보수를 받았다면, 완성된 종이상자 1개당 얼마를 받는가? (단, 완성된 종이상자는 1,925개이다.)

① 70원   ② 80원

③ 90원   ④ 100원

　　　⊗**TIP** 종이상자 1개당 보수를 x라 하면,
　　　　　　$1925 \times x - 500 \times 75 = 135750$
　　　　　　$\therefore x=90$원

6 210m 길이의 가로수 양쪽 길에 15m의 간격으로 시작지점부터 끝까지 나무를 심을 경우, 총 몇 그루의 나무가 필요한가?

① 25   ② 30

③ 32   ④ 35

　　　⊗**TIP** 일직선에 나무를 심을 경우 양쪽 끝에 나무를 심어야 하기 때문에 간격보다 1개가 더 많은 점도 고려해야 한다.
　　　　　　한쪽의 나무 그루의 수는 210÷15=14(그루)
　　　　　　14+1=15(그루)
　　　　　　∴ 양쪽에 나무를 심어야 하므로 15×2=30(그루)이다.

7 500g의 소금물에 20%의 소금물 100g을 넣었더니 용액의 농도가 12%가 되었다. 이때 500g의 소금물 속의 소금의 양은 얼마인가?

① 48g

② 52g

③ 63g

④ 70g

❀**TIP** 500g의 소금물 속의 소금의 양을 x라 할 때,

섞인 소금물 속의 소금의 양 $=x+100g$의 소금물 속의 소금의 양

$(500g+100g)\times0.12=x+(100g\times0.2)$

∴ x(500g의 소금물 속의 소금의 양)는 52g이다.

8 지난해 A기업은 매출의 20%를 수익으로 남겼다. 올해는 경기 불황으로 판매가격을 지난해 보다 20% 낮춰서 판매했지만 판매한 개수가 작년과 같다고 한다. A기업은 원가를 얼마나 절감해야 작년과 같은 수익을 올릴 수 있는가?

① 1/2

② 1/3

③ 2/3

④ 1/4

❀**TIP** 판매가격을 x, 지난해 원가를 y, 올해 원가를 z, 판매개수를 N이라고 할 때,

• 지난해 수익 : $(x-y)N=0.2xN$

• 올해 수익 : $(0.8x-z)N=0.2xN$

위의 식을 정리해보면 $y=0.8x$, $z=0.6x$이다. 때문에 작년의 1/4만큼의 원가를 절감해야 작년과 같은 수익을 올릴 수 있다.

9 남자 5명, 여자 4명 중에서 3명을 고를 때 남자, 여자가 포함되어 조를 이루는 방법은 몇 가지인가?

① 60가지

② 70가지

③ 80가지

④ 90가지

❀**TIP** ㉠ 여자 1명, 남자 2명을 뽑을 경우 : $_4C_1\times{_5}C_2=\frac{4}{1}\times\frac{5\times4}{2\times1}=40$

㉡ 여자 2명, 남자 1명을 뽑을 경우 : $_4C_2\times{_5}C_1=\frac{4\times3}{2\times1}\times\frac{5}{1}=30$

∴ $40+30=70$(가지)

ANSWER 〉 4.④ 5.③ 6.② 7.② 8.④ 9.②

10 다음 그림에서 구분되는 네 부분에 서로 다른 색을 칠하려 한다. 7가지 색깔에서 4가지 색을 칠하려 한다면 방법의 수는?

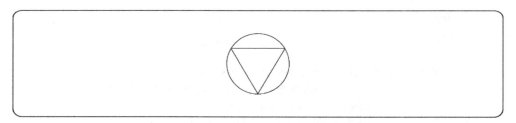

① 190가지　　　　　　　　　　② 230가지

③ 280가지　　　　　　　　　　④ 320가지

   ✿**TIP** 7가지 색에서 4가지 색을 선택하는 방법의 수는 $_7C_4$, 선택된 4가지 색에서 1가지 색을 선택하는 방법의 수는 $_4C_1$이고 이것을 가운데 ▽부분에 칠하며, 나머지 3가지 색을 둘레에 칠하는 방법의 수는 원순열에 해당하므로 $(3-1)!$
     ∴ $_7C_4 \times _4C_1 \times (3-1)! = 280$(가지)

11 그림처럼 4개의 평행선과 다른 3개의 평행선이 교차하고 있다. 이 직선으로 몇 개의 평행사변형을 만들 수 있는가?

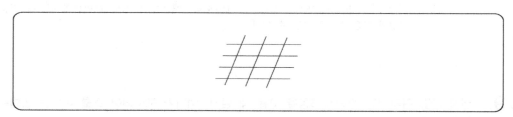

① 18개　　　　　　　　　　② 20개

③ 22개　　　　　　　　　　④ 25개

   ✿**TIP** 평행사변형이 만들어지기 위해서는 가로, 세로 2개의 평행선이 필요하다.
$$_4C_2 \times _3C_2 = \frac{4 \times 3}{2 \times 1} \times \frac{3 \times 2}{2 \times 1}$$
$$= 6 \times 3 = 18(\text{개})$$

12 서원 버스는 첫 차가 5시 50분에 출발하여 정해진 시간마다 배차가 된다. 여섯 번째 버스가 7시 5분에 출발했다면 배차시간은 몇 초인가?

① 900초   ② 950초

③ 1000초   ④ 1050초

    ❀TIP   5시 50분에 첫차를 시작으로 75분 동안 6대의 차가 배차되었으므로,
               15분 간격으로 배차가 된다. $(15 \times 60 = 900$초$)$

13 박스 안에 무작위로 섞인 흰 종이 6장과 검은 종이 3장 중 연속하여 2장을 꺼낼 때, 첫 번째 종이가 흰색이고 두 번째 종이가 검은색일 확률은? (단, 꺼낸 종이는 다시 넣지 않는다.)

① $\dfrac{1}{7}$ ② $\dfrac{1}{6}$

③ $\dfrac{1}{5}$ ④ $\dfrac{1}{4}$

    ❀TIP   • 첫 번째로 흰 종이를 뽑을 확률 $= \dfrac{6}{9}$

                • 두 번째로 검은 종이를 뽑을 확률 $= \dfrac{3}{8}$

                $\therefore \dfrac{6}{9} \times \dfrac{3}{8} = \dfrac{1}{4}$

14 아버지의 나이는 자식의 나이보다 24세 많고, 지금부터 6년 전에는 아버지의 나이가 자식의 나이의 5배였다. 아버지와 자식의 현재의 나이는 각각 얼마인가?

① 36세, 12세   ② 37세, 15세

③ 39세, 17세   ④ 40세, 19세

    ❀TIP   자식의 나이를 x라 하면,
                $(x+24-6) = 5(x-6)$
                $48 = 4x,\ x = 12$
                아버지의 나이는 $12+24 = 36$(세)
                $\therefore$ 아버지의 나이 36세, 자식의 나이는 12세

ANSWER 〉 10.③   11.①   12.①   13.④   14.①

15 영희의 재작년 나이의 $\frac{1}{4}$과 내년 나이의 $\frac{1}{5}$이 같을 때 민수가 21살이 되는 해는? (단, 올해는 2017년이다.)

① 2014년 ② 2020년

③ 2024년 ④ 2030년

※ **TIP** ㉠ 영희의 올해 나이를 x라 하면,
$\frac{1}{4}(x-2)=\frac{1}{5}(x+1)$, $x=14$살

㉡ 2017년에 14살이므로, 2024년에 21살이 된다.

16 진표는 6명의 친구들과 저녁 식사를 했다. 평균 한 사람당 12,000원씩 낸 것과 같다면 친구들은 얼마씩 낸 것인가? (단, 진표가 24,000원을 내고 친구들은 나머지 금액을 동일한 금액으로 나누어 냈다.)

① 10,000원 ② 15,000원

③ 20,000원 ④ 25,000원

※ **TIP** ㉠ 평균 한 사람당 12,000원이므로 총 금액은 12000×7=84,000원
㉡ 진표가 24,000원을 냈으므로 친구들이 내야 할 금액은 84000−24000=60,000원
㉢ 친구 6명이 각각 내야 할 금액은 60000÷6=10,000원

17 어떤 일을 영수가 혼자하면 6일, 순희가 혼자하면 12일 걸린다. 영수와 순희가 함께 동시에 일을 시작했지만 영수가 중간에 쉬어서 일을 끝마치는데 8일이 걸렸다고 한다. 이 때 영수가 쉬었던 기간은?

① 3일   ② 4일

③ 5일   ④ 6일

    ❀**TIP** 하루에 영수가 하는 일의 양은 $\frac{1}{6}$

하루에 순희가 하는 일의 양은 $\frac{1}{12}$

순희는 처음부터 8일 동안 계속해서 일을 하였으므로 순희가 한 일의 양은 $\frac{1}{12} \times 8$

(일의 양) − (순희가 한 일의 양) = (영수가 한 일의 양)

$1 - \frac{8}{12} = \frac{4}{12}$

영수가 일을 하는데 걸린시간은 $\frac{4}{12} \div \frac{1}{6} = 2$(일)

(작업기간) − (영수가 일한 기간) = (영수가 쉬었던 날)이므로 $8 - 2 = 6$

즉, 6일이 된다.

18 하나의 그래픽 작업을 하는데 민주 혼자는 6시간이 걸리고, 민주과 인영이 동시에 작업하면 2시간 24분이 걸린다. 다음 중 동일한 작업을 인영 혼자 진행할 때, 몇 시간이 걸리겠는가?

① 2시간   ② 3시간

③ 4시간   ④ 5시간

    ❀**TIP** $2\frac{24}{60}(\frac{1}{6} + \frac{1}{x}) = 1$

$\therefore x = 4$(시간)

19 서원산업 승진 시험에 남자사원이 75명, 여자사원이 25명이 응시하고, 시험 평균은 여자사원이 76점이다. 남녀 전체 평균 점수가 73점일 때 남자사원의 평균 점수는?

① 72점

② 74점

③ 76점

④ 78점

✿TIP 남자사원의 평균 점수를 x라 하면,

$$\frac{75x + 25 \times 76}{100} = 73$$

$$\therefore x = 72점$$

20 창고의 짐을 옮기는 데 첫째날은 A 혼자, 둘째날은 B와 C, 셋째날은 A와 C, 넷째날은 A와 B와 C, 마지막날엔 B 혼자 일하여 15일이 소요되었다. 처음부터 A와 B와 C가 같이 일했다면 며칠이 걸리겠는가? (단, A, B, C 세사람의 일의 양은 같다)

① 3일

② 4일

③ 5일

④ 6일

✿TIP A + (B+C) + (A+C) + (A+B+C) + B = 15(일)

3(A+B+C) = 15(일), A+B+C = 5(일)

A, B, C가 처음부터 함께 일하면 5일이 걸린다.

21 서원이는 집 앞 초등학교 정문에서 후문까지 달리기 운동을 한다. 정문에서 후문까지 500m/min으로 뛰어 7분이 걸리고, 돌아올 때는 걸어서 오는 것을 1회로 한다. 이 운동을 3번 반복하고 중간에 10분간 휴식을 취했을 경우 총 61분이 걸렸다고 하면, 후문에서 정문으로 돌아올 때의 속도는?

① 200m/min

② 250m/min

③ 300m/min

④ 350m/min

✿TIP ㉠ 정문에서 후문까지의 거리를 x라 하면, $x \div 500 = 7$, $x = 3500m$
㉡ 후문에서 정문으로 돌아오는 시간을 y라 하면, $3 \times 7 + 3y + 10 = 61$, $y = 10$분
㉢ 후문에서 정문으로 돌아오는 속도를 z라 하면, $3500 \div z = 10$, $z = 350m/min$

22 아날로그 시계에서 2시 25분일 때의 시침과 2시 40분일 때의 두 시침이 이루는 각은?

① 5°　　　　　　　　　　　　　　② 7.5°

③ 10°　　　　　　　　　　　　　④ 12.5°

　　✿TIP　1분당 시침이 이동하는 각은 $360° \div 12 \div 60 = 0.5°$
　　　　　두 시각은 15분 차이가 있으므로 두 시침이 이루는 각은
　　　　　$0.5° \times 15 = 7.5°$

23 지원이는 2017년 1월 1일부터 휴대폰을 개통하여 하루에 쓰는 통화요금은 1,800원이다. 3월 16일까지 사용한 양은 1,500분으로 총 135,000원이 누적되었을 때, 하루에 통화한 시간은?

① 15분　　　　　　　　　　　　② 20분

③ 25분　　　　　　　　　　　　④ 30분

　　✿TIP　㉠ 분당 사용 요금을 x라 하면,
　　　　　　$1500x = 135000$, $x = 90$원/min
　　　　　㉡ 하루에 통화한 시간을 y라 하면,
　　　　　　$90 \times y = 1800$, $y = 20$분

24 현재 시각이 오후 2시 20분이라면 9,600초 전의 시각은?

① 오전 10시 30분　　　　　　　② 오전 11시 40분

③ 오후 12시 10분　　　　　　　④ 오후 1시 15분

　　✿TIP　9,600초를 분으로 환산하면 $9600 \div 60 = 160$(분)
　　　　　160분은 2시간 40분이므로 2시 20분에서 2시간 40분 전을 계산해보면 오전 11시 40분이
　　　　　된다.

25 아날로그 시계를 보면 시침과 분침이 계속 움직이고 있다. 시침과 분침이 움직이면서 직각을 이루는 경우가 있는데 오전 9시부터 오후 6시까지 시침과 분침이 직각을 이루는 횟수는?

① 12번   ② 15번
③ 18번   ④ 21번

    ✤TIP 1시간에 시침과 분침이 이루는 각 중 180°인 경우가 1번 있으므로 시침과 분침이 이루는 각이 직각인 경우는 2번 있게 된다. 오전 9시부터 오후 6시까지의 시간 간격은 9시간이므로 $9 \times 2 = 18$(번)

26 동수는 동물 혈액검사를 통해 30분마다 3배로 분열하는 세포를 발견했다. 세포 관찰을 시작하여 3시간 후에 2187개였다면, 처음에 몇 개의 세포였는가?

① 1개   ② 2개
③ 3개   ④ 4개

    ✤TIP 처음 개수를 x라 하면,
30분 후에 $3x$개, 60분 후에 $9x$개, … 180분 후에 $729x$
$729x = 2187$, $x = 3$개

27 민지는 책 1권을 읽는데 2시간 48분이 걸린다. 30일 동안 75권을 읽는다면, 하루에 몇 시간씩 책을 읽어야 하는가?

① 7시간   ② 8시간
③ 9시간   ④ 10시간

    ✤TIP 하루에 책을 읽는 시간을 x라 하면,
$1 : 168 = 75 : x \times 30 \times 60$(분)
$\therefore x = \dfrac{168 \times 75}{30 \times 60} = 7$시간

28 양의 정수 x를 10배한 수는 50보다 크고, x를 5배한 수에서 20을 뺀 수는 50보다 작을 때, x값이 될 수 있는 것은?

① 2 ② 5
③ 10 ④ 15

&TIP
- $10x > 50$, $x > 5$
- $5x - 20 < 50$, $x < 14$
- 따라서 $5 < x < 14$이다.

29 민지, 대수, 철민이가 가위, 바위, 보를 한 번만 할 때, 대수가 가위를 내서 이길 확률은?

① $\dfrac{1}{27}$ ② $\dfrac{1}{9}$
③ $\dfrac{1}{6}$ ④ $\dfrac{1}{3}$

&TIP 전체 경우의 수는 $3 \times 3 \times 3 = 27$
대수가 가위를 내서 이길 경우는 민지와 철민이가 모두 보를 내는 경우 뿐이다.
따라서 대수가 가위를 내서 이길 확률은 $\dfrac{1}{27}$이다.

30 경희의 작년에 비해 기본급이 20% 인상되고 400만 원의 성과급까지 받았는데, 이 금액은 작년 연봉의 40%를 인상한 것과 같다면 경희의 작년 연봉은 얼마인가? (단, 연봉은 기본급과 성과급의 합으로 한다.)

① 1,800만 원 ② 2,000만 원
③ 2,200만 원 ④ 2,400만 원

&TIP 작년 연봉을 x라 하면,
$1.2x + 400 = 1.6x$
∴ $x = 2,000$만 원

ANSWER 〉 25.③ 26.③ 27.① 28.③ 29.① 30.②

03 분석능력

1 다음 내용을 통해 선발인원이 가장 많은 지역과 그 지역의 시설기술 분야에서 채용하는 인원으로 적절히 짝지어진 것은?

(단위 : 명)

선발지역	행정	시설기술	설비기술
A시	1	1	–
B시	1	–	1
C시	1	1	–
D시	1	–	1
E시	3	2	1
F시	1	–	1
G시	1	1	–
H시	1	–	1

	선발인원이 가장 많은 지역	시설기술 분야의 채용 인원
①	B시	5명
②	C시	4명
③	D시	3명
④	E시	2명

TIP 선발인원은 E시를 제외하고 모두 동일한 인원을 채용한다.

(단위 : 명)

선발지역	행정	시설기술	설비기술	총 인원
A시	1	1	–	2
B시	1	–	1	2
C시	1	1	–	2
D시	1	–	1	2
E시	3	2	1	6
F시	1	–	1	2
G시	1	1	–	2
H시	1	–	1	2

2 다음은 달러와 엔화의 환율 전망에 대한 자료이다. 다음 중 적절하지 않은 대처는? (단, 환율 전망과 실제는 일치한다고 가정한다.)

	2018년 10월	2018년 11월	2018년 12월
원 – 달러	1,100	1,080	1,120
원 – 엔화	12	12	10

※ 현재 환율은 2018년 10월에 해당한다.

① 12월에 예정이던 미국 여행 일정을 앞당긴다.
② 10월에 미국에 수출한 제품 대금을 12월에 환전한다.
③ 11월에 일본에 투자하기로 한 일정을 12월로 미룬다.
④ 일본에서 빌린 외채를 서둘러 상환한다.

    ❀**TIP**   ④ 일본에서 빌린 외채는 12월 상환하는 것이 유리하다.
            ① 12월에 달러 환율이 가장 높으므로 여행 일정을 이보다 앞당기는 것이 좋다.
            ② 10월 수출한 대금은 12월에 환전해야 더 이익을 볼 수 있다.
            ③ 11월보다 12월에 엔화 환율이 낮아지므로 일정을 미루는 것이 좋다.

ANSWER 〉 1.④ 2.④

3   甲 주식회사의 감사위원회는 9인으로 구성되어 있다. 다음에 제시된 법률 규정에서 밑줄 친 부분에 해당하지 않는 사람은?

> 감사위원회는 3인 이상의 이사로 구성한다. 다만 <u>다음 각 호에 해당하는 자</u>가 위원의 3분의 1을 넘을 수 없다.
> 1. 회사의 업무를 담당하는 이사 및 피용자(고용된 사람) 또는 선임된 날부터 2년 이내에 업무를 담당한 이사 및 피용자이었던 자
> 2. 최대 주주가 자연인인 경우 본인, 배우자 및 직계존·비속
> 3. 최대 주주가 법인인 경우 그 법인의 이사, 감사 및 피용자
> 4. 이사의 배우자 및 직계존·비속
> 5. 회사의 모회사 또는 자회사의 이사, 감사 및 피용자
> 6. 회사와 거래관계 등 중요한 이해관계에 있는 법인의 이사, 감사 및 피용자
> 7. 회사의 이사 및 피용자가 이사로 있는 다른 회사의 이사, 감사 및 피용자

① 甲 주식회사 최대 주주 A의 법률상의 배우자
② 甲 주식회사와 하청계약을 맺고 있는 乙 주식회사의 감사 B
③ 甲 주식회사 이사 C의 자녀
④ 甲 주식회사의 모회사인 丁 주식회사의 최대 주주 F

✖**TIP**   ① 2호 : 최대 주주가 자연인인 경우 본인, 배우자 및 직계존·비속
　　　　② 6호 : 회사와 거래관계 등 중요한 이해관계에 있는 법인의 이사, 감사 및 피용자
　　　　③ 4호 : 이사의 배우자 및 직계존·비속

┃4~6┃ 다음은 식품 분석표이다. 자료를 이용하여 물음에 답하시오.

(중량을 백분율로 표시)

영양소＼식품	대두	우유
탄수화물	31.6%	4.5%
단백질	34.6%	2.8%
수분	11.8%	88.4%
지방	(가)	3.5%
회분	4.8%	0.8%
합계	100.0%	100.0%

4 (가)에 들어갈 숫자로 올바른 것은?

① 15.4%   ② 17.2%

③ 20.3%   ④ 35.6%

    ✿**TIP** $100(\%) - 31.6(\%) - 34.6(\%) - 11.8(\%) - 4.8(\%) = 17.2(\%)$

5 우유의 회분 중에는 2%의 미량성분이 포함되어 있다고 할 때, 우유 속에 있는 미량성분의 중량 백분율은 얼마인가?

① 1.6×10^{-2} ② 1.6×10^{-3}

③ 1.6×10^{-4} ④ 1.6×10^{-5}

    ✿**TIP**   우유의 회분 중에 2%가 미량성분이므로 $0.8 \times 0.02 = 0.016(\%)$가 된다.

            이를 다시 나타내면 $\dfrac{1.6}{100}$ 이므로, 1.6×10^{-2}가 된다.

6 대두에서 수분을 제거한 후, 남은 영양소에 대한 중량 백분율을 새로 구할 때, 단백질 중량의 백분율은 약 얼마가 되는가? (단, 소수점 셋째 자리에서 반올림한다)

① 32.45%   ② 35.68%

③ 37.83%   ④ 39.23%

    ✿**TIP**   각각을 중량의 단위로 바꾸면, 탄수화물 31.6g, 단백질 34.6g, 지방 17.2g, 회분 4.8g이다. 이를 모두 합하면 88.2g이 된다.

            단백질의 중량의 백분율은 $\dfrac{34.6}{88.2} \times 100 \fallingdotseq 39.229$이므로 반올림하면 39.23(%)이 된다.

▌7~8▐ 최근 5년간 우리나라 여행객들이 5개 도시에서 분실한 분실물개수와 분실물 중 여권의 비율을 조사한 결과이다. 다음 표를 보고 물음에 답하시오.

〈표 1〉 도시별 분실물 습득현황

(단위 : 개)

도시＼연도	2009	2010	2011	2012	2013
파리	49	58	45	32	28
모스크바	23	25	27	28	24
홍콩	19	24	31	39	48
마드리드	35	52	48	54	61
런던	31	28	29	24	19

〈표 2〉 도시별 분실물 중 여권 비율

(단위 : %)

도시＼연도	2009	2010	2011	2012	2013
파리	40	41	44	49	50
모스크바	78	60	55	71	83
홍콩	47	45	74	58	54
마드리드	60	61	62	61	57
런던	48	39	48	50	68

7 다음 중 옳지 않은 것은?

① 분실물이 매년 가장 많이 습득되는 도시는 마드리드이다.

② 2013년 파리에서 발견된 여권의 개수는 14개이다.

③ 런던의 2012년 여권 분실물의 개수는 2011년에 비해 감소하였다.

④ 마드리드의 2013년 분실물 개수는 2009년과 비교하여 50% 이상 증가하였다.

　　❀**TIP** 마드리드는 2009년과 2010년에 파리보다 분실물이 더 적게 발견되었다.

8 다음 중 분실물로 여권이 가장 많이 발견된 도시와 그 연도는?

① 파리, 2013년

② 모스크바, 2013년

③ 홍콩, 2012년

④ 마드리드, 2013년

✿TIP ① 2013년, 파리 분실물 개수 : 28개

2013년, 파리 분실물 중 여권의 비율 : 50%, 28×0.5=14개

② 2013년, 모스크바 분실물 개수 : 24개

2013년, 모스크바 분실물 중 여권의 비율 : 83%, 24×0.83=19.92개

③ 2012년, 홍콩 분실물 개수 : 39개

2012년, 홍콩 분실물 중 여권의 비율 : 58%, 39×0.58=22.62개

④ 2013년, 마드리드 분실물 개수 : 61개

2013년, 마드리드 분실물 중 여권의 비율 : 57%, 61×0.57=34.77개

9 다음 〈표〉는 군 무기에 관한 자료이다. 이에 대한 설명으로 옳지 않은 것은?

제원 \ 종류	A1	A2	B1	B2
전체길이(cm)	129.0	89.5	79.0	50.4
약통길이(cm)	35.0	25.1	20.3	13.5
구경 내경(cm)	17.6	10.5	7.5	4.0
구경 외경(cm)	22.5	15.5	13.2	9.4
사정거리(km)	1.12	1.01	1.01	1.39
화약무게(g)	1,125	825	600	450
제품무게(kg)	271.5	93.0	53.4	21.6
제조년도	1555	1557	1596	1587

① 전체길이가 짧은 무기일수록 사용되는 화약무게가 가볍다.

② B2의 제품무게는 21.0kg 이하이다.

③ 제조년도가 가장 늦은 무기가 내경과 외경의 차이가 가장 크다.

④ 전체길이 대비 약통길이의 비율이 가장 큰 무기는 A2이다.

✿TIP ② B2의 제품무게는 21.6kg이다.

ANSWER 〉 7.① 8.④ 9.②

10 다음 〈표〉는 미국이 환율조작국을 지정하기 위해 만든 요건별 판단기준과 '가'~'카'국의 자료이다. 이에 대한 〈보기〉의 설명 중 옳은 것만을 모두 고르면?

〈표 1〉 요건별 판단기준

요건	A	B	C
	현저한 대미무역수지 흑자	상당한 경상수지 흑자	지속적 환율시장 개입
판단 기준	대미무역수지 200억 달러 초과	GDP 대비 경상수지 비중 3% 초과	GDP 대비 외화자산 순매수액 비중 2% 초과

※ 1) 요건 중 세 가지를 모두 충족하면 환율조작국으로 지정됨.
   2) 요건 중 두 가지만을 충족하면 관찰대상국으로 지정됨.

〈표 2〉 환율조작국 지정 관련 자료

(단위 : 10억 달러, %)

국가＼항목	대미무역수지	GDP 대비 경상수지 비중	GDP 대비 외화자산 순매수액 비중
가	365.7	3.1	−3.9
나	74.2	8.5	0.0
다	68.6	3.3	2.1
라	58.4	−2.8	−1.8
마	28.3	7.7	0.2
바	27.8	2.2	1.1
사	23.2	−1.1	1.8
아	17.6	−0.2	0.2
자	14.9	−3.3	0.0
차	14.9	14.6	2.4
카	−4.3	−3.3	0.1

<보기>
㉠ 환율조작국으로 지정되는 국가는 없다.

㉡ '나'국은 A요건과 B요건을 충족한다.

㉢ 관찰대상국으로 지정되는 국가는 모두 4개이다.

㉣ A요건의 판단기준을 '대미무역수지 200억 달러 초과'에서 '대미무역수지 150억 달러 초과'로 변경하여도 관찰대상국 및 환율조작국으로 지정되는 국가들은 동일하다.

① ㉠, ㉡

② ㉠, ㉢

③ ㉡, ㉣

④ ㉡, ㉢, ㉣

❀TIP ㉠ 환율조작국은 '다'국이다.

㉡ '나'국은 A요건과 B요건을 충족한다.

㉢ 관찰대상국으로 지정되는 국가는 '가, 나, 다, 마'국이다.

㉣ A요건이 '대미무역수지 150억 달러 초과'로 변경하여도 관찰대상국 및 환율조작국으로 지정되는 국가들은 동일하다.

ANSWER 〉 10.④

11 다음 〈표〉는 A국의 2000~2013년 알코올 관련 질환 사망자 수에 대한 자료이다. 이에 대한 설명으로 옳은 것은?

연도＼구분	남성		여성		전체	
	사망자 수	인구 10만명당 사망자 수	사망자 수	인구 10만명당 사망자 수	사망자 수	인구 10만명당 사망자 수
2003	4,400	18.2	340	1.4	4,740	9.8
2004	4,674	19.2	374	1.5	5,048	10.2
2005	4,289	17.6	387	1.6	4,676	9.6
2006	4,107	16.8	383	1.6	4,490	9.3

※ 인구 10만명당 사망자 수는 소수점 아래 둘째 자리에서 반올림한 값임.

① 2005년과 2006년의 전체 사망자 수는 같다.

② 여성 사망자 수는 매년 증가한다.

③ 전체 사망자 수의 전년대비 증가율은 2005년이 2004년보다 높다.

④ 남성 인구 10만명당 사망자 수가 가장 많은 해의 전년대비 남성 사망자 수 증가율은 5% 이상이다.

✪TIP ④ 남성 인구 10만명당 사망자 수가 가장 많은 해는 2004년이고, 전년대비 남성 사망자 수 증가율은 약 6.2%정도이다.
① 2005년과 2006년의 전체 사망자 수는 다르다.
② 2006년은 전년에 비해 사망자 수는 줄었다.
③ 전체 사망자 수의 전년대비 증가율은 2004년이 2005년보다 높다.

12 다음 〈표〉는 2013년 '갑'국의 자동차 매출에 관한 자료이다. 이에 대한 설명으로 옳은 것은?

〈표〉 2013년 10월 월매출액 상위 10개 자동차의 매출 현황

(단위 : 억 원, %)

순위	자동차	월매출액	시장점유율	전월대비 증가율
1	A	1,139	34.3	60
2	B	1,097	33.0	40
3	C	285	8.6	50
4	D	196	5.9	50
5	E	154	4.6	40
6	F	149	4.5	20
7	G	138	4.2	50
8	H	40	1.2	30
9	I	30	0.9	150
10	J	27	0.8	40

① 2013년 9월 C 자동차의 월매출액은 200억 원 이상이다.

② 2013년 10월 월매출액 전월대비 증가율이 가장 높은 자동차는 실제 월매출액도 가장 높다.

③ 2013년 10월 월매출액 시장점유율과 월매출액은 반비례한다.

④ 2013년 10월 '갑'국의 전체 자동차 매출액 총액은 4,000억 원 이하이다.

✿TIP ① 2013년 9월 C 자동차의 월매출액은 190억 원이다.
② 2013년 10월 월매출액 전월대비 증가율이 가장 높은 자동차는 I이지만 실제 월매출액은 A가 가장 높다.
③ 2013년 10월 월매출액 시장점유율과 월매출액은 비례한다.
④ 2013년 10월 '갑'국의 전체 자동차 매출액 총액은 3,255억 원이다.

13 다음 〈표〉는 '갑'국 맥주 수출 현황에 관한 자료이다. 〈보고서〉를 작성하기 위해 〈표〉 이외에 추가로 필요한 자료만을 〈보기〉에서 모두 고르면?

〈표〉 주요 국가에 대한 '갑'국 맥주 수출액 및 증가율

(단위 : 천 달러, %)

구분	2013년	전년 대비 증가율	2014년	전년 대비 증가율	2015년	전년 대비 증가율	2016년	전년 대비 증가율
맥주 수출 총액	72,251	6.5	73,191	1.3	84,462	15.4	48,011	3.7
일본	33,007	12.4	32,480	−1.6	35,134	8.2	19,017	0.8
중국	8,482	35.9	14,121	66.5	19,364	37.1	11,516	21.8
이라크	2,881	35.3	4,485	55.7	7,257	61.8	4,264	−15.9
싱가포르	8,641	21.0	3,966	−54.1	6,790	71.2	2,626	−31.3
미국	3,070	3.6	3,721	21.2	3,758	1.0	2,247	26.8
호주	3,044	4.2	3,290	8.1	2,676	−18.7	1,240	−25.1
타이	2,119	9.9	2,496	17.8	2,548	2.1	1,139	−12.5
몽골	5,465	−16.4	2,604	−52.4	1,682	−35.4	1,005	−27.5
필리핀	3,350	−49.9	2,606	−22.2	1,558	−40.2	2,257	124.5
러시아	740	2.4	886	19.7	771	−13.0	417	−10.6
말레이시아	174	144.0	710	308.0	663	−6.6	1,438	442.2
베트남	11	−	60	445.5	427	611.7	101	−57.5

〈보고서〉

중국으로의 수출 증가에 힘입어 2015년 '갑'국의 맥주 수출액이 맥주 수출을 시작한 1992년 이래 역대 최고치를 기록하였다. 또한 2016년 상반기도 역대 동기간 대비 최고치를 기록하고 있다. 2015년 맥주 수출 총액은 약 8천 4백만달러로 전년 대비 15.4% 증가하였다. 2013년 대비 2015년 맥주 수출 총액은 16.9% 증가하여, 같은 기간 '갑'국 전체 수출액이 5.9% 감소한 것에 비하면 주목할 만한 성과이다. 2016년 상반기 맥주 수출 총액은 약 4천 8백만달러로 전년 동기간 대비 3.7% 증가하였다.

2015년 '갑'국의 주요 맥주 수출국은 일본(41.6%), 중국(22.9%), 이라크(8.6%), 싱가포르(8.0%), 미국(4.4%) 순으로, 2012년부터 '갑'국의 맥주 수출액이 가장 큰 상대 국가는 일본이다. 2015년 일본으로의 맥주 수출액은 약 3천 5백만 달러로 전년대비 8.2% 증가하였다. 특히 중국으로의 맥주 수출액은 2013년부터 2015년까지 매년 두 자릿수 증가율을 기록하여, 2014년부터 중국이 싱가포르를 제치고 '갑'국 맥주 수출 대상국 중 2위로 자리매김하였다. 또한, 베트남으로의 맥주 수출액은 2013년 대비 2015년에 약 39배로 증가하여 베트남이 새로운 맥주 수출 시장으로 부상하고 있다.

〈보기〉

㉠ 1992~2012년 연도별 '갑'국의 연간 맥주 수출 총액
㉡ 1992~2015년 연도별 '갑'국의 상반기 맥주 수출액
㉢ 2015년 상반기 '갑'국의 국가별 맥주 수출액
㉣ 2013~2015년 연도별 '갑'국의 전체 수출액

① ㉠, ㉡ ② ㉡, ㉣
③ ㉠, ㉡, ㉣ ④ ㉡, ㉢, ㉣

TIP ㉠ "2015년 '갑'국의 맥주 수출액이 맥주 수출을 시작한 1992년 이래 역대 최고치를 기록하였다."에 나타나있다.
㉡ "또한 2016년 상반기도 역대 동기간 대비 최고치를 기록하고 있다."에 나타나있다.
㉢ 표에 이미 나타나있다.
㉣ "'갑'국 전체 수출액이5.9% 감소한 것에 비하면 주목할 만한 성과이다."에 나타나있다.

ANSWER › 13.③

14 다음 〈표〉는 2013~2015년 A국의 13대 수출 주력 품목에 관한 자료이다. 이에 대한 〈보기〉의 설명 중 옳은 것만을 모두 고르면?

〈표 1〉 전체 수출액 대비 13대 수출 주력 품목의 수출액 비중

(단위 : %)

연도 품목	2013	2014	2015
가전	1.83	2.35	2.12
무선통신기기	6.49	6.42	7.28
반도체	8.31	10.04	11.01
석유제품	9.31	8.88	6.09
석유화학	8.15	8.35	7.11
선박류	10.29	7.09	7.75
섬유류	2.86	2.81	2.74
일반기계	8.31	8.49	8.89
자동차	8.16	8.54	8.69
자동차부품	4.09	4.50	4.68
철강제품	6.94	6.22	5.74
컴퓨터	2.25	2.12	2.28
평판디스플레이	5.22	4.59	4.24

〈표 2〉 13대 수출 주력 품목별 세계수출시장 점유율

(단위 : %)

연도 품목	2013	2014	2015
가전	2.95	3.63	2.94
무선통신기기	6.77	5.68	5.82
반도체	8.33	9.39	8.84
석유제품	5.60	5.20	5.18
석유화학	8.63	9.12	8.42
선박류	24.55	22.45	21.21
섬유류	2.12	1.96	1.89
일반기계	3.19	3.25	3.27
자동차	5.34	5.21	4.82
자동차부품	5.55	5.75	5.50
철강제품	5.47	5.44	5.33
컴퓨터	2.23	2.11	2.25
평판디스플레이	23.23	21.49	18.50

⊙ 13대 수출 주력 품목 중 2014년 수출액이 큰 품목부터 차례대로 나열하면 반도체, 석유제품, 자동차, 일반기계, 석유화학, 선박류 등의 순이다.

ⓒ 13대 수출 주력 품목 중 2013년에 비해 2015년에 전체 수출액 대비 수출액 비중이 상승한 품목은 총 7개이다.

ⓒ 13대 수출 주력 품목 중 세계수출시장 점유율 상위 5개 품목의 순위는 2013년과 2014년이 동일하다.

① ⊙   ② ⓒ
③ ⊙, ⓒ   ④ ⓒ, ⓒ

✿TIP ⊙ 13대 수출 주력 품목 중 2014년 수출액이 큰 품목부터 차례대로 나열하면 '반도체, 석유제품, 자동차, 일반기계, 석유화학, 선박류 등'의 순이다.

ⓒ 13대 수출 주력 품목 중 2013년에 비해 2015년에 전체 수출액 대비 수출액 비중이 상승한 품목은 '가전, 무선통신기기, 반도체, 일반기계, 자동차, 자동차부품, 컴퓨터'이다.

ⓒ 13대 수출 주력 품목 중 2013년 세계수출시장 점유율 상위 5개 품목은 '선박류, 평판디스플레이, 석유화학, 반도체, 무선통신기기' 순이다. 2014년 세계수출시장 점유율 상위 5개 품목은 '선박류, 평판디스플레이, 반도체, 석유화학, 자동차' 순이다.

ANSWER 〉 14.③

15 다음 〈표〉는 학생 '갑'~'정'의 시험 성적에 관한 자료이다. 〈표〉와 〈순위산정방식〉을 이용하여 순위를 산정할 때, 〈보기〉의 설명 중 옳은 것만을 모두 고르면?

〈표〉 '갑'~'정'의 시험 성적

(단위 : 점)

학생＼과목	국어	영어	수학	과학
갑	75	85	90	97
을	82	83	79	81
병	95	75	75	85
정	89	70	91	90

〈순위산정방식〉
- A방식 : 4개 과목의 총점이 높은 학생부터 순서대로 1, 2, 3, 4위로 하되, 4개 과목의 총점이 동일한 학생의 경우 국어 성적이 높은 학생을 높은 순위로 함.
- B방식 : 과목별 등수의 합이 작은 학생부터 순서대로 1, 2, 3, 4위로 하되, 과목별 등수의 합이 동일한 학생의 경우 A방식에 따라 산정한 순위가 높은 학생을 높은 순위로 함.
- C방식 : 80점 이상인 과목의 수가 많은 학생부터 순서대로 1, 2, 3, 4위로 하되, 80점 이상인 과목의 수가 동일한 학생의 경우 A방식에 따라 산정한 순위가 높은 학생을 높은 순위로 함.

〈보기〉
㉠ A방식과 B방식으로 산정한 '병'의 순위는 동일하다.
㉡ C방식으로 산정한 '정'의 순위는 2위이다.
㉢ '정'의 과학점수만 95점으로 변경된다면, B방식으로 산정한 '갑'의 순위는 2위가 된다.

① ㉠
② ㉠, ㉡
③ ㉡, ㉢
④ ㉡, ㉢

✥**TIP** A, B, C방식을 적용해보면,

	갑	을	병	정
A방식	<u>347</u>	325	330	340
B방식	<u>8</u>	12	11	9
C방식	<u>3</u>	3	2	3

㉠ 병은 A, B방식 모두 3위에 해당한다.
㉡ 정은 C방식에서 2위에 해당한다.
㉢ '정'의 과학점수가 95점으로 변경되어도, B방식으로 산정한 '갑'의 순위는 변하지 않는다.

16 다음 〈표〉는 2014~2016년 추석연휴 교통사고에 관한 자료이다. 이에 대한 〈보고서〉의 설명 중 옳은 것만을 모두 고르면?

〈표 1〉 추석연휴 및 평소 주말교통사고 현황

(단위 : 건, 명)

추석연휴 하루 평균			평소 주말 하루 평균		
사고	부상자	사망자	사고	부상자	사망자
487.4	885.1	11.0	581.7	957.3	12.9

※ 2014~2016년 동안 평균 추석연휴기간은 4.7일이었으며, 추석연휴에 포함된 주말의 경우 평소 주말 통계에 포함시키지 않음.

〈표 2〉 추석 전후 일자별 하루 평균 전체교통사고 현황

(단위 : 건, 명)

구분	추석연휴전날	추석전날	추석당일	추석다음날
사고	822.0	505.3	448.0	450.0
부상자	1,178.0	865.0	1,013.3	822.0
사망자	17.3	15.3	10.0	8.3

〈보고서〉
㉠ 추석연휴전날에는 평소 주말보다 하루 평균 사고건수는 240.3건, 부상자 수는 220.7명 많았고, 사망자 수는 30% 이상 많은 것으로 나타났다.
㉡ 교통사고 건당 부상자 수와 교통사고 건당 사망자 수는 각각 추석당일이 추석전날보다 많았다.
㉢ 추석연휴 하루 평균 사고건수는 평소 주말보다 적었으나 추석연휴 하루 평균 부상자 수는 평소 주말보다 많았다.

① ㉠
② ㉠, ㉡
③ ㉠, ㉢
④ ㉠, ㉡, ㉢

✿TIP ㉠ • 추석연휴전날의 사고는 822건, 주말 하루 평균 사고는 581.7건이므로 사고건수는 240.3건 많다.
• 추석연휴전날의 부상자는 1,178명, 주말 하루 평균 부상자는 957.3명이므로 부상자 수는 220.7명 많다.
• 추석연휴전날의 사망자는 17.3명, 주말 하루 평균 사망자는 12.9명이므로 사망자 수는 약 34% 증가하였다.
㉡ 부상자 수는 추석당일이, 사망자수는 추석전날이 더 많다.
㉢ 추석연휴 하루 평균 사고건수는 약 556건으로 평소 주말보다 적었으나 부상자 수는 약 969.5명으로 평소 주말보다 많다.

17 다음 〈표〉는 중학생의 주당 운동시간 현황을 조사한 자료이다. 이에 대한 〈보기〉의 설명 중 옳은 것만을 모두 고르면?

〈표〉 중학생의 주당 운동시간 현황

(단위 : %, 명)

구분		남학생			여학생		
		1학년	2학년	3학년	1학년	2학년	3학년
1시간 미만	비율	10.0	5.7	7.6	18.8	19.2	25.1
	인원수	118	66	87	221	217	281
1시간 이상 2시간 미만	비율	22.2	20.4	19.7	26.6	31.3	29.3
	인원수	261	235	224	312	353	328
2시간 이상 3시간 미만	비율	21.8	20.9	24.1	20.7	18.0	21.6
	인원수	256	241	274	243	203	242
3시간 이상 4시간 미만	비율	34.8	34.0	23.4	30.0	27.3	14.0
	인원수	409	392	266	353	308	157
4시간 이상	비율	11.2	19.0	25.2	3.9	4.2	10.0
	인원수	132	219	287	46	47	112
합계	비율	100.0	100.0	100.0	100.0	100.0	100.0
	인원수	1,176	1,153	1,138	1,175	1,128	1,120

〈보기〉
㉠ '1시간 미만' 운동하는 3학년 남학생 수는 '4시간 이상' 운동하는 1학년 여학생 수보다 많다.
㉡ 동일 학년의 남학생과 여학생을 비교하면, 남학생 중 '1시간 미만' 운동하는 남학생의 비율이 여학생 중 '1시간 미만' 운동하는 여학생의 비율보다 각 학년에서 모두 낮다.
㉢ 남학생과 여학생 각각, 학년이 높아질수록 3시간 이상 운동하는 학생의 비율이 낮아진다.
㉣ 모든 학년별 남학생과 여학생 각각에서, '3시간 이상 4시간 미만' 운동하는 학생의 비율이 '4시간 이상' 운동하는 학생의 비율보다 높다.

① ㉠, ㉡
② ㉠, ㉢
③ ㉡, ㉢
④ ㉡, ㉢, ㉣

❈TIP ㉠ '1시간 미만' 운동하는 3학년 남학생 수는 87명, '4시간 이상' 운동하는 1학년 여학생 수는 45명이다.
㉡ '1시간 미만' 운동하는 남학생과 여학생의 비율은 1학년(10 : 18), 2학년(5.7 : 19.2), 3학년(7.6 : 25.1)이다.
㉢ '4시간 이상' 운동하는 남학생은 학년이 높아질수록 비율이 높아진다.
㉣ '3시간 이상 4시간 미만' 운동하는 3학년 남학생의 비율은 '4시간 이상' 운동하는 3학년 남학생의 비율보다 낮다.

18 다음 〈표〉는 서원이의 보수 지급 명세서이다. 이에 대한설명으로 옳지 않은 것은?

〈표〉 보수 지급 명세서

(단위 : 원)

실수령액 : ( )			
보수		**공제**	
보수항목	보수액	공제항목	공제액
봉급	2,530,000	소득세	160,000
중요직무급	150,000	지방소득세	16,000
시간외수당	510,000	일반기여금	284,000
정액급식비	130,000	건강보험료	103,000
직급보조비	250,000	장기요양보험료	7,000
보수총액	( )	공제총액	( )

① '봉급'이 '보수총액'에서 차지하는 비중은 70% 이상이다.

② '일반기여금'이 15% 증가하면 '공제총액'은 60만원 이상이 된다.

③ '실수령액'은 '봉급'의 1.3배 이상이다.

④ '건강보험료'는 '장기요양보험료'의 15배 이하이다.

❄**TIP** ③ '실수령액'은 '봉급'의 약 1.18배이다.

　　① '봉급'이 '보수총액'에서 차지하는 비중은 약 70%이다.

　　② '일반기여금'이 15% 증가하면 '공제총액'은 612,600원이다.

　　④ '건강보험료'는 '장기요양보험료'의 약 14.7배이다.

ANSWER 〉 17.① 18.③

19 다음 〈표〉는 A지역에서 판매된 가정용 의료기기의 품목별 판매량에 관한 자료이다. 이에 대한 〈보기〉의 설명 중 옳은 것만을 모두 고르면?

〈표〉 가정용 의료기기 품목별 판매량 현황

(단위 : 천 개)

판매량 순위	품목	판매량	국내산	국외산
1	체온계	271	228	43
2	부항기	128	118	10
3	혈압계	100	( )	( )
4	혈당계	84	61	23
5	개인용 전기자극기	59	55	4
	6위 이하	261	220	41
	전체	( )	( )	144

〈보기〉

㉠ 전체 가정용 의료기기 판매량 중 국내산 혈압계가 차지하는 비중은 8% 미만이다.
㉡ 전체 가정용 의료기기 판매량 중 국내산이 차지하는 비중은 80% 이상이다.
㉢ 가정용 의료기기 판매량 상위 5개 품목 중 국외산 대비 국내산 비율이 가장 큰 품목은 개인용 전기자극기이다.
㉣ 국외산 가정용 의료기기 중 판매량이 네번째로 많은 의료기기는 부항기이다.

① ㉠, ㉡
② ㉠, ㉢
③ ㉡, ㉢
④ ㉡, ㉢, ㉣

✖TIP ㉠ 전체 가정용 의료기기 판매량 중 국내산 혈압계가 차지하는 비중은 약 8.5%이다.
㉡ 전체 가정용 의료기기 판매량 중 국내산이 차지하는 비중은 약 84%이다.
㉢ 국외산 대비 국내산 비율이 가장 큰 품목은 개인용 전기자극기이다. (약 13.7배)
㉣ 국외산 가정용 의료기기 중 판매량의 순위를 매기려면 6위 이하 제품들도 있어야 가능하다.

20 다음 〈표〉는 한국, 중국, 일본 3개국의 배타적경제수역(EEZ) 내 조업현황을 나타낸 것이다. 이에 대한 설명으로 옳은 것은?

〈표〉한국, 중국, 일본의 배타적경제수역(EEZ) 내 조업현황

(단위 : 척, 일, 톤)

해역	어선 국적	구분	2010년 12월	2011년 11월	2011년 12월
한국 EEZ	일본	입어척수	30	70	57
		조업일수	166	1,061	277
		어획량	338	2,176	1,177
	중국	입어척수	1,556	1,468	1,536
		조업일수	27,070	28,454	27,946
		어획량	18,911	9,445	21,230
중국 EEZ	한국	입어척수	68	58	62
		조업일수	1,211	789	1,122
		어획량	463	64	401
일본 EEZ	한국	입어척수	335	242	368
		조업일수	3,992	1,340	3,236
		어획량	5,949	500	8,233

① 2011년 12월 중국 EEZ 내 한국어선 조업일수는 전월대비 감소하였다.

② 2011년 11월 한국어선의 일본 EEZ 입어척수는 전년 동월 대비 감소하였다.

③ 2011년 12월 일본어선의 한국 EEZ 내 입어척수당 조업일수는 전년 동월 대비 증가하였다.

④ 2011년 11월 일본어선과 중국어선의 한국 EEZ 내 어획량 합은 같은 기간 중국 EEZ와 일본 EEZ 내 한국어선 어획량 합의 20배 이상이다.

✿TIP ④ 2011년 11월 일본어선과 중국어선의 한국 EEZ 내 어획량 합은 같은 기간 중국 EEZ와 일본 EEZ 내 한국어선 어획량 합의 약 20.6배이다.
① 2011년 12월 중국 EEZ 내 한국어선 조업일수는 전월대비 증가하였다.
② 2010년 11월 입어척수가 없기 때문에 알 수 없다.
③ 2011년 12월 일본어선의 한국 EEZ 내 입어척수당 조업일수는 전년 동월 대비 감소하였다.

21 다음 〈표〉는 일제강점기 중 1930~1936년 소작쟁의 현황에 관한 자료이다. 이에 대한 〈보기〉의 설명 중 옳지 않은 것만을 모두 고르면?

〈표 1〉 소작쟁의 참여인원

(단위 : 명)

연도 구분	1930	1931	1932	1933	1934	1935	1936
지주	860	1,045	359	1,693	6,090	22,842	29,673
마름	0	0	0	586	1,767	3,958	3,262
소작인	12,151	9,237	4,327	8,058	14,597	32,219	39,518
전체	13,011	10,282	4,686	10,337	22,454	59,019	72,453

〈표 2〉 지역별 소작쟁의 발생건수

(단위 : 건)

연도 구분	1930	1931	1932	1933	1934	1935	1936
강원도	4	1	6	4	92	734	2,677
경기도	95	56	24	119	321	1,873	1,299
경상도	230	92	59	300	1,182	5,633	7,040
전라도	240	224	110	1,263	5,022	11,065	7,712
충청도	139	315	92	232	678	3,714	8,136
평안도	5	1	0	16	68	1,311	1,733
함경도	0	0	0	2	3	263	404
황해도	13	10	14	41	178	1,241	947
전국	726	697	305	1,977	7,544	25,834	29,948

〈보기〉

㉠ 소작쟁의 발생 건당 참여인원이 가장 적은 해는 1936년이다.
㉡ 1932년 이후 소작쟁의 발생건수가 매년 증가한 지역은 5곳이다.
㉢ 전체 소작쟁의 참여인원 중 지주가 차지하는 비중은 매년 증가하였다.
㉣ 전체 소작쟁의 참여인원 중 지주가 차지하는 비중이 가장 높은 시기는 1936년이다.

① ㉠, ㉡　　　　　　　　　② ㉠, ㉢

③ ㉠, ㉡, ㉢　　　　　　　④ ㉡, ㉢, ㉣

✿TIP　㉠ 소작쟁의 발생 건당 참여인원이 가장 적은 해는 1935년이다.
　　　㉡ 1932년 이후 소작쟁의 발생건수가 매년 증가한 지역은 경상도, 충청도, 평안도, 함경도이다.
　　　㉢ 전체 소작쟁의 참여인원 중 지주가 차지하는 비중은 1932년도에 감소하였다.
　　　㉣ 전체 소작쟁의 참여인원 중 지주가 차지하는 비중이 가장 높은 시기는 1936년이다.

|22~24 | 다음은 유가공업체별 제품 하루 생산량이다. 물음에 답하시오.

구분	우유	발효유	치즈
가 유업	180	120	50
나 유업	450	550	150
다 유업	70	40	50

22 가~다 유업의 치즈 평균 생산량은?

① 약 75개 ② 약 83개

③ 약 97개 ④ 약 103개

❖**TIP** $\dfrac{50+150+50}{3} ≒ 83.3$

23 전체 생산품 중 우유의 비중이 가장 낮은 업체는?

① 가 유업 ② 나 유업

③ 다 유업 ④ 모두 같음

❖**TIP** 가 유업 : $\dfrac{180}{180+120+50} = \dfrac{180}{350} ≒ 0.51$

나 유업 : $\dfrac{450}{450+550+150} = \dfrac{450}{1,150} ≒ 0.39$

다 유업 : $\dfrac{70}{70+40+50} ≒ 0.43$

24 가~다 업체 중 나 유업이 차지하는 치즈의 생산 비율은?

① 40% ② 50%

③ 60% ④ 70%

❖**TIP** $\dfrac{150}{50+150+50} \times 100 = 60$

ANSWER 〉 21.③ 22.② 23.② 24.③

25 다음 〈표〉는 2008~2012년 서울시 주요 문화유적지 A~D의 관람객 수에 대한 자료이다. 〈보고서〉의 내용을 근거로 A~D에 해당하는 문화유적지를 바르게 나열한 것은?

〈표 1〉 관람료별 문화유적지 관람객 수 추이

(단위 : 천 명)

문화유적지	관람료	2008	2009	2010	2011	2012
A	유료	673	739	1,001	1,120	1,287
	무료	161	139	171	293	358
B	유료	779	851	716	749	615
	무료	688	459	381	434	368
C	유료	370	442	322	275	305
	무료	618	344	168	148	111
D	유료	1,704	2,029	2,657	2,837	3,309
	무료	848	988	1,161	992	1,212

※ 유료(무료) 관람객 수=외국인 유료(무료) 관람객수+내국인 유료(무료) 관람객 수

〈표 2〉 외국인 유료 관람객 수 추이

(단위 : 천 명)

문화 유적지	2008	2009	2010	2011	2012
A	299	352	327	443	587
B	80	99	105	147	167
C	209	291	220	203	216
D	773	1,191	1,103	1,284	1,423

<보고서>

　　최근 문화유적지를 찾는 관람객이 늘어나면서 문화재청에서는 서울시 4개 주요 문화
유적지(경복궁, 덕수궁, 종묘, 창덕궁)를 찾는 관람객 수를 매년 집계하고 있다. 그 결
과, 2008년 대비 2012년 4개 주요 문화유적지의 전체 관람객 수는 약 30% 증가하였다.
　　이 중 경복궁과 창덕궁의 유료 관람객 수는 매년 무료 관람객 수의 2배 이상이었다.
유료 관람객을 내국인과 외국인으로 나누어 분석해 보면, 창덕궁의 내국인 유료관람객
수는 매년 증가하였다.
　　이런 추세와 달리, 덕수궁과 종묘의 유료 관람객 수와 무료 관람객 수는 각각 2008년
보다 2012년에 감소한 것으로 나타났다. 특히 종묘는 전체 관람객 수가 매년 감소하여
국내외 홍보가 필요한 것으로 분석되었다.

	A	B	C	D
①	창덕궁	덕수궁	종묘	경복궁
②	경복궁	종묘	덕수궁	창덕궁
③	종묘	창덕군	덕수궁	경복궁
④	덕수궁	종묘	경복궁	창덕궁

❈TIP　㉠ "경복궁과 창덕궁의 유료 관람객 수는 매년 무료 관람객 수의 2배 이상"으로 보아 경복
　　　　 궁과 창덕궁은 A 혹은 D에 해당한다. (따라서 덕수궁과 종묘는 B 혹은 C)
　　　 ㉡ "창덕궁의 내국인 유료 관람객 수는 매년 증가"로 보아 창덕궁은 A이다. (따라서 경복궁
　　　　 은 D)
　　　 ㉢ "종묘는 전체 관람객 수가 매년 감소"로 보아 종묘는 C이다. (따라서 덕수궁은 B)

ANSWER 〉 25.①

26 다음 〈표〉는 2005~2010년 IT산업 부문별 생산규모 추이에 관한 자료이다. 이에 대한 〈보고서〉의 설명 중 옳은 것만을 모두 고르면?

〈보고서〉

국가경제 성장의 핵심 역할을 하는 IT산업은 정보통신 서비스, 정보통신기기, 소프트웨어 부문으로 구분된다. ㉠2010년 IT산업의 생산규모는 전년대비 15% 이상 증가한 385.4조원을 기록하였다. 한편, 소프트웨어 산업은 경기위축에 선행하고 경기회복에 후행하는 산업적 특성 때문에 전년대비 2% 이하의 성장에 머물렀다.

2010년 정보통신서비스 생산규모는 IPTV 등 신규 정보 통신서비스 확대로 전년대비 4.6% 증가한 63.4조원을 기록하였다. ㉡2010년 융합서비스는 전년대비 생산규모 증가율이 정보통신서비스 중 가장 높았고, 정보통신서비스에서 차지하는 생산규모 비중도 가장 컸다.

IT산업 전체의 생산을 견인하고 있는 정보통신기기 생산 규모는 통신기기를 제외한 다른 품목의 생산 호조에 따라 2010년 전년대비 25.6% 증가하였다. 한편, ㉢2006~2010년 동안 정보통신기기 생산규모에서 통신기기, 정보기기, 음향기기, 전자부품, 응용기기가 차지하는 비중의 순위는 매년 변화가 없었다. 2010년 전자부품 생산규모는 174.4조원으로 정보통신기기 전체 생산규모의 59.0%를 차지한다. 전자부품 중 반도체와 디스플레이 패널의 생산규모는 전년대비 각각 48.6%, 47.4% 증가하여 전자부품 생산을 주도하였다. ㉣2005~2010년 동안 정보통신기기 부문에서 전자부품과 응용기기 각각의 생산규모는 매년 증가하였다.

구분	연도	2005	2006	2007	2008	2009	2010
정보통신서비스	통신서비스	37.4	38.7	40.4	42.7	43.7	44.3
	방송서비스	8.2	9.0	9.7	9.3	9.5	10.3
	융합서비스	3.5	4.2	4.9	6.0	7.4	8.8
	소계	49.1	51.9	55.0	58.0	60.6	63.4
정보통신기기	통신기기	43.4	43.3	47.4	61.2	59.7	58.2
	정보기기	14.5	13.1	10.1	9.8	8.6	9.9
	음향기기	14.2	15.3	13.6	14.3	13.7	15.4
	전자부품	85.1	95.0	103.6	109.0	122.4	174.4
	응용기기	27.7	29.2	29.9	32.2	31.0	37.8
	소계	184.9	195.9	204.6	226.5	235.4	295.7
소프트웨어		19.2	21.1	22.1	26.2	26.0	26.3
합계		253.2	268.9	281.7	310.7	322.0	385.4

① ㉠, ㉡

② ㉠, ㉢

③ ㉡, ㉢

④ ㉡, ㉢, ㉣

✿TIP ㉠ 2010년 IT산업의 생산규모는 전년대비 약 19.6% 증가하였다.

㉡ 정보통신서비스에서 차지하는 생산규모 비중은 통신서비스가 가장 크다.

㉢ 정보통신기기에서 차지하는 비중은 2006년부터 매년 '전자부품, 통신기기, 응용기기, 음향기기, 정보기기'순이다.

㉣ 정보통신기기 부문에서 응용기기의 생산규모는 2009년에 감소하였다.

27 다음 〈표〉는 화학경시대회 응시생 A~J의 성적 관련 자료이다. 이에 대한 설명 중 옳은 것만을 모두 고르면?

〈표〉 화학경시대회 성적 자료

구분 응시생	정답 문항수	오답 문항수	풀지않은 문항수	점수(점)
A	19	1	0	93
B	18	2	0	86
C	17	1	2	83
D	( )	2	1	( )
E	( )	3	0	( )
F	16	1	3	78
G	16	( )	( )	76
H	( )	( )	( )	75
I	15	( )	( )	71
J	( )	( )	( )	64

※ (1) 총 20문항으로 100점 만점임.
(2) 정답인 문항에 대해서는 각 5점의 득점, 오답인 문항에 대해서는 각 2점의 감점이 있고, 풀지 않은 문항에 대해서는 득점과 감점이 없음.

〈보기〉

㉠ 응시생 I의 '풀지 않은 문항 수'는 3이다.
㉡ '풀지 않은 문항 수'의 합은 20이다.
㉢ 80점 이상인 응시생은 4명이다.
㉣ 응시생 J의 '오답 문항 수'와 '풀지 않은 문항 수'는 동일하다.

---

① ㉠, ㉡

② ㉠, ㉢

③ ㉡, ㉢

④ ㉡, ㉢, ㉣

〈표〉화학경시대회 성적 자료

구분 응시생	정답 문항 수	오답 문항 수	풀지 않은 문항 수	점수(점)
A	19	1	0	93
B	18	2	0	86
C	17	1	2	83
D	17	2	1	81
E	17	3	0	79
F	16	1	3	78
G	16	2	2	76
H	15	0	5	75
I	15	2	3	71
J	14	3	3	64

※ (1) 총 20문항으로 100점 만점임.
(2) 정답인 문항에 대해서는 각 5점의 득점, 오답인 문항에 대해서는 각 2점의 감점이 있고, 풀지 않은 문항에 대해서는 득점과 감점이 없음.

㉠ 응시생 I의 풀지 않은 문항 수는 3개이다.
㉡ 풀지 않은 문항 수의 합은 19개이다.
㉢ 80점 이상인 응시생은 A, B, C, D 4명이다.
㉣ 응시생 J의 '오답 문항 수'와 '풀지 않은 문항 수'는 동일하다.

|28~29| 다음은 A기업의 주식 주가지수 변화를 나타낸 그래프이다. 물음에 답하시오.

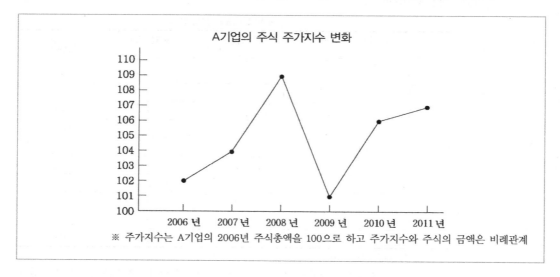

※ 주가지수는 A기업의 2006년 주식총액을 100으로 하고 주가지수와 주식의 금액은 비례관계

28 2006년도에 1주당 10,000원에 샀던 주식 2,000주를 2007년도에 팔았다면 이익 금액은?

① 392,000원
② 405,000원
③ 412,000원
④ 425,000원

✤**TIP** 주가지수가 104일 때 1주당 금액을 계산하면,
102 : 10,000 = 104 : x
∴ x ≒ 10,196
1주당 196원 이득이므로 이익 금액 = 196×2,000 = 392,000(원)

29 2008년도에 1주당 20,000원에 샀던 주식 10,000주를 2009년에 팔고 2010년도에 1주당 30,000원에 샀던 주식 60,000주를 2011년에 팔았다면 손익은?

① 200만 원 이익
② 230만 원 이익
③ 200만 원 손해
④ 230만 원 손해

✤**TIP** 주식판매 손익
㉠ 2009년 : 2009년 주가지수 101일 때 1주당 금액은
109 : 20,000 = 101 : x, x ≒ 18,532
1주당 1,468원씩 손해이므로 손해금액 = 1,468×10,000 = 1,468만(원)
㉡ 2011년 : 2011년 주가지수 107일 때 1주당 금액은
106 : 30,000 = 107 : x, x ≒ 30,283
1주당 283원씩 이익이므로 이익 금액 = 283×60,000 = 1,698만(원)
∴ 전체 손익은 230만 원 이익이다.

30 다음은 1970년부터 2010년까지 아시아 주요국 35~39세 여성의 미혼율을 나타낸 그래프이다. 이에 대한 설명으로 옳지 않은 것은?

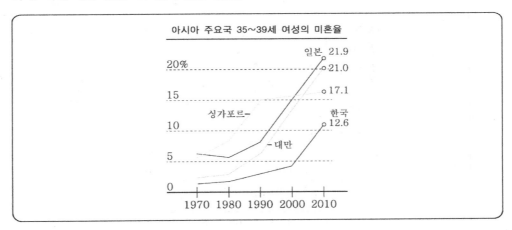

① 1970년 35~39세 여성의 미혼율이 가장 높은 국가는 일본이다.

② 2000년 35~39세 여성의 미혼율은 일본이 대만보다 낮다.

③ 1990년에서 2010년 사이 35~39세 여성의 미혼율이 가장 완만하게 변화한 국가는 싱가포르이다.

④ 2010년 35~39세 여성의 미혼율은 일본이 한국보다 9.3% 높다.

✖️**TIP** ② 2000년 35~39세 여성의 미혼율은 일본이 대만보다 높다.

31 다음은 어떤 해의 월 평균 기온과 낮의 평균 길이의 변화를 나타낸 그래프이다. 해석으로 올바른 것은?

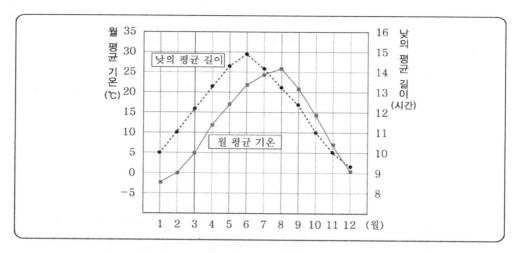

① 낮의 평균 길이가 가장 긴 달의 월 평균 기온이 가장 높다.

② 월 평균 기온이 가장 낮은 달의 낮의 평균 길이가 가장 짧다.

③ 4월과 5월의 월 평균 기온의 차이는 7월과 8월의 차이에 비해 더 크다.

④ 낮의 평균 길이가 가장 짧은 달의 월 평균 기온이 가장 낮다.

✿TIP   ① 낮의 평균 길이가 가장 긴 달은 6월이며, 월 평균 기온이 가장 높은 달은 9월이다.
②④ 월 평균 기온이 가장 낮은 달은 1월이며, 낮의 평균 길이가 가장 짧은 달은 12월이다.

32 다음은 두 국가의 지니계수에 관한 그래프이다. 다음 설명 중 옳은 것은?

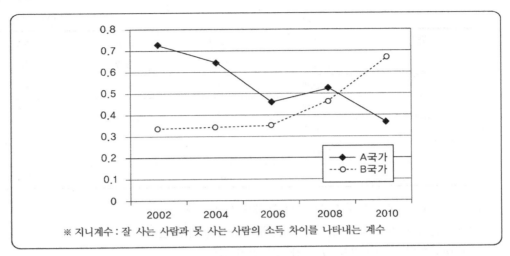

※ 지니계수: 잘 사는 사람과 못 사는 사람의 소득 차이를 나타내는 계수

① B국가는 A국가보다 2002년에 빈부 격차가 크다.

② A국가는 소득분배가 불평등해지는 추세이다.

③ B국가는 A국가보다 2006년에 소득차가 적었다.

④ A국가가 2004년에 B국가보다 국민의 불만이 적었다.

&TIP 지니계수가 클수록 소득격차가 크다.
    ① A국가가 2002년에 빈부격차가 더 크다.
    ② 지니계수가 점점 낮아지고 있으므로 소득분배가 평등해지고 있는 추세이다.
    ④ 2004년에 A국가의 빈부격차가 B국가보다 컸으므로 국민의 불만도 컸을 것이다.

33 다음은 한국과 3개국의 교역량을 나타낸 표이다. 내용을 잘못 해석한 것은?

(단위 : 백만 달러)

국가	항목	1988	1998	2008
칠레	수출액	153	567	3,032
	수입액	208	706	4,127
이라크	수출액	42	2	368
	수입액	146	66	4,227
이란	수출액	131	767	4,342
	수입액	518	994	9,223

① 칠레와의 교역은 무역적자에서 흑자로 바뀐 적이 있다.

② 최근 10년간 이라크에 대한 수출액 증가율이 가장 높다.

③ 이라크와의 교역액은 크게 감소한 적이 있다.

④ 세 국가 중 이란과의 무역 적자가 가장 심각하다

&TIP ① 항상 칠레와의 교역은 수출보다 수입의 비중이 더 크므로 무역적자에서 흑자로 바뀐 적이 없다.

② 칠레 약 6배, 이라크 약 150배, 이란 약 6배 증가하였으므로 최근 10년간 이라크의 수출액 증가율이 가장 높았다.

③ 이라크와의 교역액은 1998년에 크게 감소하였다.

④ 이란과의 무역적자는 50억 정도로 가장 심각하다.

┃34~35┃ 다음 그래프를 보고 물음에 답하시오.

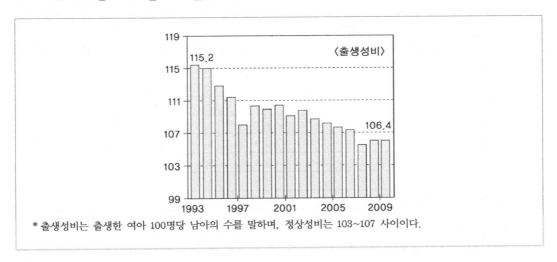

* 출생성비는 출생한 여아 100명당 남아의 수를 말하며, 정상성비는 103~107 사이이다.

34 위 그래프의 해석으로 적합한 것은?

① 아들과 딸이 태어날 확률은 동일하다.
② 1993년에 태어난 딸 대 아들의 비율은 100:115이다.
③ 1993년에 아들이 가장 많이 태어났다.
④ 오늘날에도 남아선호로 인해 출생성비는 정상성비가 되지 못하고 있다.

　✵TIP 출생성비가 여아 100명당 남아의 수를 말하는데, 1993년에 출생성비가 115.2이다.
　　　이는 여아가 100명 태어난다면 남아가 115명 정도 태어났다는 이야기이다.
　　　따라서 1993년에 태어난 딸 대 아들의 비율은 100:115가 적합하다.

35 위 그래프의 제목으로 적합한 것은?

① 출생성비의 변동　　　　　　② 출생성비와 정상성비의 대조
③ 연도별 출생성비의 변동　　　④ 연도별 출생성비와 정상성비의 변동

　✵TIP X축은 년도가 제시되어 있고 Y축은 성비가 제시되어 있는 것으로 보아 년도에 따른 출생
　　　성비의 변동을 나타낸 그래프로 볼 수 있다.

ANSWER 〉 33.① 　34.② 　35.③

36 다음은 남녀의 초혼 연령 구성비를 나타낸 도표이다. 이에 대한 해석으로 잘못된 것은?

구분	여성				남성			
	20~24	25~29	30~34	35~39	20~24	25~29	30~34	35~39
1994	51.5	38.2	4.2	0.8	15.8	63.2	17.8	1.7
1999	44.5	44.9	5.2	1.2	12.7	59.8	22.2	3.5
2002	35.7	52.2	6.6	1.5	10.5	58.6	24.0	4.6
2004	29.7	55.4	9.3	1.8	8.5	55.4	28.3	5.3
2009	18.9	56.8	17.7	2.9	5.6	41.7	38.2	9.5
2010	17.6	56.6	18.5	3.3	5.3	41.1	38.2	10.6
2011	15.5	57.6	19.7	3.8	4.7	40.3	38.5	11.7
2012	13.7	56.8	21.5	4.2	4.1	39.1	38.6	13.0

① 1994년 이후 20대 전반의 초혼 여성 비율은 계속 감소하였다.

② 2012년에는 초혼 여성 중 반 이상이 20대 후반에 결혼하였지만, 10년 전인 2002년에는 초혼 여성의 반 이상이 20대 전반에 결혼하였다.

③ 2004년 이전에는 초혼 남성의 반 이상이 30세 이전에 결혼하였다.

④ 1994년부터 2012년까지 18년 동안, 35~39세의 초혼 구성비는 남녀 모두 5배 이상 증가하였다.

❂TIP 도표를 해석하여 보면 2012년 초혼 여성 중 20대 후반이 56.8%, 2002년 초혼 여성의 20대 전반 35.7%, 20대 후반 52.2%로 2002년도에는 20대 후반에서 반 이상이 결혼한 것을 알 수 있다.

37 다음은 영·유아 수별 1인당 양육비 현황에 대한 표이다. 이를 보고 바르게 해석하지 못한 것은?

구분 \ 가구	영·유아 1인 가구	영·유아 2인 가구	영·유아 3인 가구
소비 지출액	2,141,000원	2,268,000원	2,360,000원
1인당 양육비	852,000원	662,000원	529,000원
총양육비	852,000원	1,324,000원	1,587,000원
소비 지출액 대비 총양육비 비율	39.8%	55.5%	69.0%

① 영·유아 수가 많은 가구일수록 1인당 양육비가 감소한다.

② 1인당 양육비는 영·유아가 3인 가구인 경우에 가장 많다.

③ 소비 지출액 대비 총양육비 비율은 영·유아 1인 가구인 경우에 가장 낮다.

④ 영·유아 1인 가구의 총 양육비는 영·유아 3인 가구의 총양육비의 절반을 넘는다.

✕**TIP** ① 1인 가구인 경우 852,000원, 2인 가구인 경우 662,000원, 3인 가구인 경우 520,000원으로 영·유아 수가 많을수록 1인당 양육비가 감소하고 있다.

② 1인당 양육비는 영·유가가 1인 가구인 경우에 852,000원으로 가장 많다.

③ 소비 지출액 대비 총양육비 비율은 1인 가구인 경우 39.8%로 가장 낮다.

④ 영·유아 3인 가구의 총양육비의 절반은 793,500원이므로 1인 가구의 총양육비는 3인 가구의 총양육비의 절반을 넘는다.

ANSWER 〉 36.② 37.②

38 다음은 국가별 자국 영화 점유율에 대한 도표이다. 이에 대한 설명으로 적절하지 않은 것은?

(단위 : %)

국가＼연도	2009	2010	2011	2012
한국	50.8	42.1	48.8	46.5
일본	47.7	51.9	58.8	53.6
영국	28.0	31.1	16.5	24.0
독일	18.9	21.0	27.4	16.8
프랑스	36.5	45.3	36.8	35.7
스페인	13.5	13.3	16.0	12.7
호주	4.0	3.8	5.0	4.5
미국	90.1	91.7	92.1	92.0

① 자국 영화 점유율에서, 유럽 국가가 한국을 앞지른 해는 한 번도 없다.

② 지난 4년간 자국 영화 점유율이 매년 꾸준히 상승한 국가는 하나도 없다.

③ 2009년 대비 2012년 자국 영화 점유율이 가장 많이 하락한 국가는 한국이다.

④ 2011년의 자국 영화 점유율이 해당 국가의 4년간 통계에서 가장 높은 경우가 절반이 넘는다.

⊗**TIP** ① 2010년에 프랑스가 45.3%로 한국의 42.1%를 앞질렀다.

39 서울시 유료 도로에 대한 자료이다. 산업용 도로 3km의 건설비는 얼마가 되는가?

분류	도로수	총길이	건설비
관광용 도로	5	30km	30억
산업용 도로	7	55km	300억
산업관광용 도로	9	198km	400억
합계	21	283km	730억

① 약 5.5억 원 ② 약 11억 원

③ 약 16.5억 원 ④ 약 22억 원

⊗**TIP** 300÷55 = 5.45≒5.5(억 원)이고 3km이므로 5.5×3 = 약 16.5(억 원)

|40~41| 다음 표는 국제결혼 건수에 관한 표이다. 물음에 답하시오.

(단위 : 명)

연도 \ 구분	총 결혼건수	국제 결혼건수	외국인 아내건수	외국인 남편건수
1990	399,312	4,710	619	4,091
1994	393,121	6,616	3,072	3,544
1998	375,616	12,188	8,054	4,134
2002	306,573	15,193	11,017	4,896
2006	332,752	39,690	30,208	9,482

40 다음 중 표에 관한 설명으로 가장 적절한 것은?

① 외국인과의 결혼 비율이 점점 감소하고 있다.
② 21세기 이전에는 총 결혼건수가 증가 추세에 있었다.
③ 총 결혼건수 중 국제 결혼건수가 차지하는 비율이 증가 추세에 있다.
④ 한국 남자와 외국인 여자의 결혼건수 증가율과 한국 여자와 외국인 남자의 결혼건수 증가율이 비슷하다.

　❀TIP　① 외국인과의 결혼 비율은 점점 증가하고 있다.
　　　　　② 1990년부터 1998년까지는 총 결혼건수가 감소하고 있었다.
　　　　　④ 한국 남자와 외국인 여자의 결혼건수 증가율이 한국 여자와 외국인 남자의 결혼건수 증가율보다 훨씬 높다.

41 다음 중 총 결혼건수 중 국제 결혼건수의 비율이 가장 높았던 해는 언제인가?

① 1990년　　　　　　　　　　　② 1994년
③ 1998년　　　　　　　　　　　④ 2002년

　❀TIP　① 1990년 : $\dfrac{4,710}{399,312} \times 100 ≒ 1.18(\%)$　　② 1994년 : $\dfrac{6,616}{399,121} \times 100 ≒ 1.68(\%)$

　　　　　③ 1998년 : $\dfrac{12,188}{375,616} \times 100 ≒ 3.24(\%)$　　④ 2002년 : $\dfrac{15,193}{306,573} \times 100 ≒ 4.96(\%)$

ANSWER 〉 38.① 39.③ 40.③ 41.④

42 다음은 서원고등학교 A반과 B반의 시험성적에 관한 표이다. 이에 대한 설명으로 옳지 않은 것은?

분류	A반 평균		B반 평균	
	남학생(20명)	여학생(15명)	남학생(15명)	여학생(20명)
국어	6.0	6.5	6.0	6.0
영어	5.0	5.5	6.5	5.0

① 국어과목의 경우 A반 학생의 평균이 B반 학생의 평균보다 높다.

② 영어과목의 경우 A반 학생의 평균이 B반 학생의 평균보다 낮다.

③ 2과목 전체 평균의 경우 A반 여학생의 평균이 B반 남학생의 평균보다 높다.

④ 2과목 전체 평균의 경우 A반 남학생의 평균은 B반 여학생의 평균과 같다.

✿**TIP**　① A반 평균 $= \dfrac{(20 \times 6.0) + (15 \times 6.5)}{20 + 15} = \dfrac{120 + 97.5}{35} \fallingdotseq 6.2$

　　　　B반 평균 $= \dfrac{(15 \times 6.0) + (20 \times 6.0)}{15 + 20} = \dfrac{90 + 120}{35} = 6$

　　② A반 평균 $= \dfrac{(20 \times 5.0) + (15 \times 5.5)}{20 + 15} = \dfrac{100 + 82.5}{35} \fallingdotseq 5.2$

　　　　B반 평균 $= \dfrac{(15 \times 6.5) + (20 \times 5.0)}{15 + 20} = \dfrac{97.5 + 100}{35} \fallingdotseq 5.6$

　　③④ A반 남학생 $= \dfrac{6.0 + 5.0}{2} = 5.5$, B반 남학생 $= \dfrac{6.0 + 6.5}{2} = 6.25$

　　　　A반 여학생 $= \dfrac{6.5 + 5.5}{2} = 6$, B반 여학생 $= \dfrac{6.0 + 5.0}{2} = 5.5$

▮43~44▮ 아래 두 표는 A, B 두 목격자의 도주자 성별에 대한 판정의 정확성을 정리한 것이다. 다음 물음에 답하시오.

A 목격자

실제성별 \ A의 결정	여자	남자	합
여자	35	15	50
남자	25	25	50
합	60	40	100

B 목격자

실제성별 \ B의 결정	여자	남자	합
여자	20	30	50
남자	5	45	50
합	25	75	100

43 B 목격자의 여성 도주자에 대한 판정 성공률은?

① 20%
② 30%
③ 40%
④ 80%

✖**TIP** B의 여성 도주자에 대한 결정 중에서 20%만이 정확했으므로

$$\therefore \frac{20}{50} \times 100 = 40(\%)$$

44 다음 기술 중 옳은 것을 모두 고르면?

㉠ 전체 판정성공률은 B가 A보다 높다.
㉡ 실제 도주자가 여성일 때 판정성공률은 B가 A보다 높다.
㉢ 실제 도주자가 남성일 때 판정성공률은 B가 A보다 높다.
㉣ A, B 모두 여성 도주자에 대한 판정성공률이 남성 도주자에 대한 판정성공률보다 높다.

---

① ㉠   ② ㉠㉢

③ ㉠㉡㉢   ④ ㉡㉢㉣

✿ **TIP** ㉠ 전체 판정성공률

• A : $\dfrac{35+25}{100}=60(\%)$

• B : $\dfrac{20+45}{100}=65(\%)$

∴ A < B

㉡ 실제 도주자가 여성일 때 판정성공률

• A : $\dfrac{35}{50}\times100=70(\%)$

• B : $\dfrac{20}{50}\times100=40(\%)$

∴ A > B

㉢ 실제 도주자가 남성일 때 판정성공률

• A : $\dfrac{25}{50}\times100=50(\%)$

• B : $\dfrac{45}{50}\times100=90(\%)$

∴ A < B

㉣ ㉡㉢에서 보면 A는 여성 도주자에 대한 판정성공률이 높고, B는 남성 도주자에 대한 판정성공률이 높다는 것을 알 수 있다.

|45~46| 다음은 아동·청소년의 인구변화에 관한 표이다. 물음에 답하시오.

(단위 : 명)

연령＼연도	2000년	2005년	2010년
전체 인구	44,553,710	45,985,289	47,041,434
0~24세	18,403,373	17,178,526	15,748,774
0~9세	6,523,524	6,574,314	5,551,237
10~24세	11,879,849	10,604,212	10,197,537

45 다음 중 표에 관한 설명으로 가장 적절한 것은?

① 전체 인구 수가 증가하는 이유는 0~9세 아동 인구 때문이다.

② 전체 인구 중 25세 이상보다 24세 이하의 인구 수가 많다.

③ 전체 인구 중 10~24세 사이의 인구가 차지하는 비율은 변화가 없다.

④ 전체 인구 중 24세 이하의 인구가 차지하는 비율이 지속적으로 감소하고 있다.

❀**TIP** ① 0~9세 아동 인구는 점점 감소하고 있으므로 전체 인구 수의 증가 이유와 관련이 없다.
② 연도별 25세의 인구 수는 각각 26,150,337명, 28,806,766명, 31,292,660명으로 24세 이하의 인구 수보다 많다.
③ 전체 인구 중 10~24세 사이의 인구가 차지하는 비율은 약 26.66%, 23.06%, 21.68%로 점점 감소하고 있다.

ANSWER 〉 44.② 45.④

46 다음 중 비율이 가장 높은 것은?

① 2000년의 전체 인구 중에서 0~24세 사이의 인구가 차지하는 비율

② 2005년의 0~24세 인구 중에서 10~24세 사이의 인구가 차지하는 비율

③ 2010년의 전체 인구 중에서 0~24세 사이의 인구가 차지하는 비율

④ 2000년의 0~24세 인구 중에서 10~24세 사이의 인구가 차지하는 비율

✪TIP

① $\frac{18,403,373}{44,553,710} \times 100 \fallingdotseq 41.37(\%)$

② $\frac{10,604,212}{17,178,526} \times 100 \fallingdotseq 61.73(\%)$

③ $\frac{15,748,774}{47,041,434} \times 100 \fallingdotseq 33.48(\%)$

④ $\frac{11,879,849}{18,403,373} \times 100 \fallingdotseq 64.55(\%)$

47 다음 자료는 연도별 자동차 사고 발생상황을 정리한 것이다. 다음의 자료로부터 추론하기 어려운 내용은?

연도＼구분	발생 건수(건)	사망자 수(명)	10만 명당 사망자 수(명)	차 1만 대당 사망자 수(명)	부상자 수(명)
1997	246,452	11,603	24.7	11	343,159
1998	239,721	9,057	13.9	9	340,564
1999	275,938	9,353	19.8	8	402,967
2000	290,481	10,236	21.3	7	426,984
2001	260,579	8,097	16.9	6	386,539

① 연도별 자동차 수의 변화

② 운전자 1만 명당 사고 발생 건수

③ 자동차 1만 대당 사고율

④ 자동차 1만 대당 부상자 수

✪TIP

① 연도별 자동차 수 = $\frac{\text{사망자 수}}{\text{차 1만 대당 사망자 수}} \times 10,000$

② 운전자수가 제시되어 있지 않아서 운전자 1만 명당 사고 발생 건수는 알 수 없다.

③ 자동차 1만 대당 사고율 = $\frac{\text{발생건수}}{\text{자동차 수}} \times 10,000$

④ 자동차 1만 대당 부상자 수 = $\frac{\text{부상자 수}}{\text{자동차 수}} \times 10,000$

48 표준 업무시간이 80시간인 업무를 각 부서에 할당해 본 결과, 다음과 같은 표를 얻었다. 어느 부서의 업무효율이 가장 높은가?

부서명	투입인원(명)	개인별 업무시간(시간)	회의	
			횟수(회)	소요시간(시간/회)
A	2	41	3	1
B	3	30	2	2
C	4	22	1	4
D	3	27	2	1

※ 1) 업무효율 = $\dfrac{\text{표준 업무시간}}{\text{총 투입시간}}$

2) 총 투입시간은 개인별 투입시간의 합임.
　개인별 투입시간 = 개인별 업무시간 + 회의 소요시간
3) 부서원은 업무를 분담하여 동시에 수행할 수 있음.
4) 투입된 인원의 업무능력과 인원당 소요시간이 동일하다고 가정함.

① A

② B

③ C

④ D

✵TIP ㉠ 총 투입시간 = 투입인원 × 개인별 투입시간
㉡ 개인별 투입시간 = 개인별 업무시간 + 회의 소요시간
㉢ 회의 소요시간 = 횟수(회) × 소요시간(시간/회)
∴ 총 투입시간 = 투입인원 × (개인별 업무시간 + 횟수 × 소요시간)
각각 대입해서 총 투입시간을 구하면,
A = 2×(41+3×1)=88
B = 3×(30+2×2)=102
C = 4×(22+1×4)=104
D = 3×(27+2×1)=87

업무효율 = $\dfrac{\text{표준 업무시간}}{\text{총 투입시간}}$ 이므로, 총 투입시간이 적을수록 업무효율이 높다. D의 총 투입시간이 87로 가장 적으므로 업무효율이 가장 높은 부서는 D이다.

|49~50| 다음은 60대 인구의 여가활동 목적추이를 나타낸 표(단위 : %)이고, 그래프는 60대 인구의 여가활동 특성(단위 : %)에 관한 것이다. 자료를 보고 물음에 답하시오.

여가활동 목적	2006년	2007년	2008년
개인의 즐거움	21	22	19
건강	26	31	31
스트레스 해소	11	7	8
마음의 안정과 휴식	15	15	13
시간 때우기	6	6	7
자기발전 자기계발	6	4	4
대인관계 교제	14	12	12
자아실현 자아만족	2	2	4
가족친목	0	0	1
정보습득	0	0	0

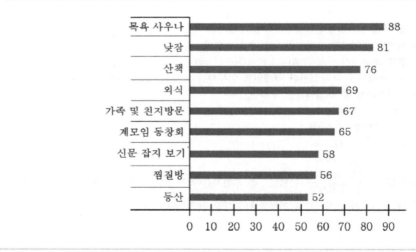

49 위의 자료에 대한 설명으로 올바른 것은?

① 60대 인구 대부분은 스트레스 해소를 위해 목욕 · 사우나를 한다.

② 60대 인구가 가족 친목을 위해 여가시간을 보내는 비중은 정보습득을 위해 여가시간을 보내는 비중만큼이나 작다.

③ 60대 인구가 여가활동을 건강을 위해 보내는 추이가 점차 감소하고 있다.

④ 여가활동을 낮잠으로 보내는 비율이 60대 인구의 여가활동 가운데 가장 높다.

　❀**TIP** ① 제시된 자료로는 60대 인구가 스트레스 해소로 목욕 · 사우나를 하는지 알 수 없다.
　　　　 ③ 60대 인구가 여가활동을 건강을 위해 보내는 비중이 2007년에 증가하였고 2008년은 전년과 동일한 비중을 차지하였다.
　　　　 ④ 여가활동을 목욕 · 사우나로 보내는 비율이 60대 인구의 여가활동 가운데 가장 높다.

50 60대 인구가 25만 명이라면 여가활동으로 등산을 하는 인구는 몇 명인가?

① 13만 명　　　　　　　　② 15만 명

③ 16만 명　　　　　　　　④ 17만 명

　❀**TIP** $\dfrac{x}{25만} \times 100 = 52\%$

　　　　 $x = 13만$ 명

인성검사

인성검사의 개요와 실제 인성검사 유형과 유사한
실전 인성검사를 수록하였습니다.

인성검사

01 인성검사의 개요

1 인성(성격)검사의 개념과 목적

인성(성격)이란 개인을 특징짓는 평범하고 일상적인 사회적 이미지, 즉 지속적이고 일관된 공적 성격(Public-personality)이며, 환경에 대응함으로써 선천적·후천적 요소의 상호작용으로 결정화된 심리적·사회적 특성 및 경향을 의미한다.

인성검사는 직무적성검사를 실시하는 대부분의 기업체에서 병행하여 실시하고 있으며, 인성검사만 독자적으로 실시하는 기업도 있다.

기업체에서는 인성검사를 통하여 각 개인이 어떠한 성격 특성이 발달되어 있고, 어떤 특성이 얼마나 부족한지, 그것이 해당 직무의 특성 및 조직문화와 얼마나 맞는지를 알아보고 이에 적합한 인재를 선발하고자 한다. 또한 개인에게 적합한 직무 배분과 부족한 부분을 교육을 통해 보완하도록 할 수 있다.

인성검사의 측정요소는 검사방법에 따라 차이가 있다. 또한 각 기업체들이 사용하고 있는 인성검사는 기존에 개발된 인성검사방법에 각 기업체의 인재상을 적용하여 자신들에게 적합하게 재개발하여 사용하는 경우가 많다. 그러므로 기업체에서 요구하는 인재상을 파악하여 그에 따른 대비책을 준비하는 것이 바람직하다. 본서에서 제시된 인성검사는 크게 '특성'과 '유형'의 측면에서 측정하게 된다.

2 성격의 특성

(1) 정서적 측면

정서적 측면은 평소 마음의 당연시하는 자세나 정신상태가 얼마나 안정하고 있는지 또는 불안정한지를 측정한다.

정서의 상태는 직무수행이나 대인관계와 관련하여 태도나 행동으로 드러난다. 그러므로 정서적 측면을 측정하는 것에 의해, 장래 조직 내의 인간관계에 어느 정도 잘 적응할 수 있을까 (또는 적응하지 못할까)를 예측하는 것이 가능하다.

그렇기 때문에, 정서적 측면의 결과는 채용 시에 상당히 중시된다. 아무리 능력이 좋아도 장기적으로 조직 내의 인간관계에 잘 적응할 수 없다고 판단되는 인재는 기본적으로는 채용되지 않는다.

일반적으로 인성(성격)검사는 채용과는 관계없다고 생각하나 정서적으로 조직에 적응하지 못하는 인재는 채용단계에서 가려내지는 것을 유의하여야 한다.

① **민감성(신경도)** … 꼼꼼함, 섬세함, 성실함 등의 요소를 통해 일반적으로 신경질적인지 또는 자신의 존재를 위협받는다는 불안을 갖기 쉬운지를 측정한다.

질문	그렇다	약간 그렇다	그저 그렇다	별로 그렇지 않다	그렇지 않다
• 배려적이라고 생각한다. • 어지러진 방에 있으면 불안하다. • 실패 후에는 불안하다. • 세세한 것까지 신경쓴다. • 이유 없이 불안할 때가 있다.					

▶측정결과

㉠ '그렇다'가 많은 경우(상처받기 쉬운 유형) : 사소한 일에 신경 쓰고 다른 사람의 사소한 한마디 말에 상처를 받기 쉽다.
• 면접관의 심리 : '동료들과 잘 지낼 수 있을까?', '실패할 때마다 위축되지 않을까?'
• 면접대책 : 다소 신경질적이라도 능력을 발휘할 수 있다는 평가를 얻도록 한다. 주변과 충분한 의사소통이 가능하고, 결정한 것을 실행할 수 있다는 것을 보여주어야 한다.
㉡ '그렇지 않다'가 많은 경우(정신적으로 안정적인 유형) : 사소한 일에 신경 쓰지 않고 금방 해결하며, 주위 사람의 말에 과민하게 반응하지 않는다.
• 면접관의 심리 : '계약할 때 필요한 유형이고, 사고 발생에도 유연하게 대처할 수 있다.'
• 면접대책 : 일반적으로 '민감성'의 측정치가 낮으면 플러스 평가를 받으므로 더욱 자신감 있는 모습을 보여준다.

② **자책성(과민도)** … 자신을 비난하거나 책망하는 정도를 측정한다.

질문	그렇다	약간 그렇다	그저 그렇다	별로 그렇지 않다	그렇지 않다
• 후회하는 일이 많다. • 자신이 하찮은 존재라 생각된다. • 문제가 발생하면 자기의 탓이라고 생각한다. • 무슨 일이든지 끙끙대며 진행하는 경향이 있다. • 온순한 편이다.					

▶측정결과
㉠ '그렇다'가 많은 경우(자책하는 유형) : 비관적이고 후회하는 유형이다.
• 면접관의 심리 : '끙끙대며 괴로워하고, 일을 진행하지 못할 것 같다.'
• 면접대책 : 기분이 저조해도 항상 의욕을 가지고 생활하는 것과 책임감이 강하다는 것을 보여준다.
㉡ '그렇지 않다'가 많은 경우(낙천적인 유형) : 기분이 항상 밝은 편이다.
• 면접관의 심리 : '안정된 대인관계를 맺을 수 있고, 외부의 압력에도 흔들리지 않는다.'
• 면접대책 : 일반적으로 '자책성'의 측정치가 낮아야 좋은 평가를 받는다.

③ **기분성(불안도)** … 기분의 굴곡이나 감정적인 면의 미숙함이 어느 정도인지를 측정하는 것이다.

질문	그렇다	약간 그렇다	그저 그렇다	별로 그렇지 않다	그렇지 않다
• 다른 사람의 의견에 자신의 결정이 흔들리는 경우가 많다. • 기분이 쉽게 변한다. • 종종 후회한다. • 다른 사람보다 의지가 약한 편이라고 생각한다. • 금방 싫증을 내는 성격이라는 말을 자주 듣는다.					

▶측정결과
㉠ '그렇다'가 많은 경우(감정의 기복이 많은 유형) : 의지력보다 기분에 따라 행동하기 쉽다.
• 면접관의 심리 : '감정적인 것에 약하며, 상황에 따라 생산성이 떨어지지 않을까?'
• 면접대책 : 주변 사람들과 항상 협조한다는 것을 강조하고 한결같은 상태로 일할 수 있다는 평가를 받도록 한다.
㉡ '그렇지 않다'가 많은 경우(감정의 기복이 적은 유형) : 감정의 기복이 없고, 안정적이다.
• 면접관의 심리 : '안정적으로 업무에 임할 수 있다.'
• 면접대책 : 기분성의 측정치가 낮으면 플러스 평가를 받으므로 자신감을 가지고 면접에 임한다.

④ **독자성(개인도)** … 주변에 대한 견해나 관심, 자신의 견해나 생각에 어느 정도의 속박감을 가지고 있는지를 측정한다.

질문	그렇다	약간 그렇다	그저 그렇다	별로 그렇지 않다	그렇지 않다
• 창의적 사고방식을 가지고 있다. • 융통성이 있는 편이다. • 혼자 있는 편이 많은 사람과 있는 것보다 편하다. • 개성적이라는 말을 듣는다. • 교제는 번거로운 것이라고 생각하는 경우가 많다.					

▶측정결과

㉠ '그렇다'가 많은 경우 : 자기의 관점을 중요하게 생각하는 유형으로, 주위의 상황보다 자신의 느낌과 생각을 중시한다.
 • 면접관의 심리 : '제멋대로 행동하지 않을까?'
 • 면접대책 : 주위 사람과 협조하여 일을 진행할 수 있다는 것과 상식에 얽매이지 않는다는 인상을 심어준다.

㉡ '그렇지 않다'가 많은 경우 : 상식적으로 행동하고 주변 사람의 시선에 신경을 쓴다.
 • 면접관의 심리 : '다른 직원들과 협조하여 업무를 진행할 수 있겠다.'
 • 면접대책 : 협조성이 요구되는 기업체에서는 플러스 평가를 받을 수 있다.

⑤ **자신감**(자존심도) … 자기 자신에 대해 얼마나 긍정적으로 평가하는지를 측정한다.

질문	그렇다	약간 그렇다	그저 그렇다	별로 그렇지 않다	그렇지 않다
• 다른 사람보다 능력이 뛰어나다고 생각한다. • 다소 반대의견이 있어도 나만의 생각으로 행동할 수 있다. • 나는 다른 사람보다 기가 센 편이다. • 동료가 나를 모욕해도 무시할 수 있다. • 대개의 일을 목적한 대로 헤쳐나갈 수 있다고 생각한다.					

▶**측정결과**

㉠ '그렇다'가 많은 경우 : 자기 능력이나 외모 등에 자신감이 있고, 비판당하는 것을 좋아하지 않는다.
 • **면접관의 심리** : '자만하여 지시에 잘 따를 수 있을까?'
 • **면접대책** : 다른 사람의 조언을 잘 받아들이고, 겸허하게 반성하는 면이 있다는 것을 보여주고, 동료들과 잘 지내며 리더의 자질이 있다는 것을 강조한다.
㉡ '그렇지 않다'가 많은 경우 : 자신감이 없고 다른 사람의 비판에 약하다.
 • **면접관의 심리** : '패기가 부족하지 않을까?', '쉽게 좌절하지 않을까?'
 • **면접대책** : 극도의 자신감 부족으로 평가되지는 않는다. 그러나 마음이 약한 면은 있지만 의욕적으로 일을 하겠다는 마음가짐을 보여준다.

⑥ **고양성**(분위기에 들뜨는 정도) … 자유분방함, 명랑함과 같이 감정(기분)의 높고 낮음의 정도를 측정한다.

질문	그렇다	약간 그렇다	그저 그렇다	별로 그렇지 않다	그렇지 않다
• 침착하지 못한 편이다. • 다른 사람보다 쉽게 우쭐해진다. • 모든 사람이 아는 유명인사가 되고 싶다. • 모임이나 집단에서 분위기를 이끄는 편이다. • 취미 등이 오랫동안 지속되지 않는 편이다.					

▶측정결과

㉠ '그렇다'가 많은 경우 : 자극이나 변화가 있는 일상을 원하고 기분을 들뜨게 하는 사람과 친밀하게 지내는 경향이 강하다.
  • 면접관의 심리 : '일을 진행하는 데 변덕스럽지 않을까?'
  • 면접대책 : 밝은 태도는 플러스 평가를 받을 수 있지만, 착실한 업무능력이 요구되는 직종에서는 마이너스 평가가 될 수 있다. 따라서 자기조절이 가능하다는 것을 보여준다.
㉡ '그렇지 않다'가 많은 경우 : 감정이 항상 일정하고, 속을 드러내 보이지 않는다.
  • 면접관의 심리 : '안정적인 업무 태도를 기대할 수 있겠다.'
  • 면접대책 : '고양성'의 낮음은 대체로 플러스 평가를 받을 수 있다. 그러나 '무엇을 생각하고 있는지 모르겠다' 등의 평을 듣지 않도록 주의한다.

⑦ **허위성(진위성)** … 필요 이상으로 자기를 좋게 보이려 하거나 기업체가 원하는 '이상형'에 맞춘 대답을 하고 있는지, 없는지를 측정한다.

질문	그렇다	약간 그렇다	그저 그렇다	별로 그렇지 않다	그렇지 않다
• 약속을 깨뜨린 적이 한 번도 없다. • 다른 사람을 부럽다고 생각해 본 적이 없다. • 꾸지람을 들은 적이 없다. • 사람을 미워한 적이 없다. • 화를 낸 적이 한 번도 없다.					

▶측정결과

㉠ '그렇다'가 많은 경우 : 실제의 자기와는 다른, 말하자면 원칙으로 해답할 가능성이 있다.

• **면접관의 심리** : '거짓을 말하고 있다.'

• **면접대책** : 조금이라도 좋게 보이려고 하는 '거짓말쟁이'로 평가될 수 있다. '거짓을 말하고 있다.'는 마음 따위가 전혀 없다 해도 결과적으로는 정직하게 답하지 않는다는 것이 되어 버린다. '허위성'의 측정 질문은 구분되지 않고 다른 질문 중에 섞여 있다. 그러므로 모든 질문에 솔직하게 답하여야 한다. 또한 자기 자신과 너무 동떨어진 이미지로 답하면 좋은 결과를 얻지 못한다. 그리고 면접에서 '허위성'을 기본으로 한 질문을 받게 되므로 당황하거나 또다른 모순된 답변을 하게 된다. 겉치레를 하거나 무리한 욕심을 부리지 말고 '이런 사회인이 되고 싶다.'는 현재의 자신보다, 조금 성장한 자신을 표현하는 정도가 적당하다.

㉡ '그렇지 않다'가 많은 경우 : 냉정하고 정직하며, 외부의 압력과 스트레스에 강한 유형이다. '대쪽 같음'의 이미지가 굳어지지 않도록 주의한다.

(2) 행동적인 측면

행동적 측면은 인격 중에 특히 행동으로 드러나기 쉬운 측면을 측정한다. 사람의 행동 특징 자체에는 선도 악도 없으나, 일반적으로는 일의 내용에 의해 원하는 행동이 있다. 때문에 행동적 측면은 주로 직종과 깊은 관계가 있는데 자신의 행동 특성을 살려 적합한 직종을 선택한다면 플러스가 될 수 있다.

행동 특성에서 보여 지는 특징은 면접장면에서도 드러나기 쉬운데 본서의 모의 TEST의 결과를 참고하여 자신의 태도, 행동이 면접관의 시선에 어떻게 비치는지를 점검하도록 한다.

① 사회적 내향성 … 대인관계에서 나타나는 행동경향으로 '낯가림'을 측정한다.

질문	선택
A : 파티에서는 사람을 소개받은 편이다. B : 파티에서는 사람을 소개하는 편이다.	
A : 처음 보는 사람과는 어색하게 시간을 보내는 편이다. B : 처음 보는 사람과는 즐거운 시간을 보내는 편이다.	
A : 친구가 적은 편이다. B : 친구가 많은 편이다.	
A : 자신의 의견을 말하는 경우가 적다. B : 자신의 의견을 말하는 경우가 많다.	
A : 사교적인 모임에 참석하는 것을 좋아하지 않는다. B : 사교적인 모임에 항상 참석한다.	

▶측정결과

㉠ 'A'가 많은 경우 : 내성적이고 사람들과 접하는 것에 소극적이다. 자신의 의견을 말하지 않고 조심스러운 편이다.
- 면접관의 심리 : '소극적인데 동료와 잘 지낼 수 있을까?'
- 면접대책 : 대인관계를 맺는 것을 싫어하지 않고 의욕적으로 일을 할 수 있다는 것을 보여준다.

㉡ 'B'가 많은 경우 : 사교적이고 자기의 생각을 명확하게 전달할 수 있다.
- 면접관의 심리 : '사교적이고 활동적인 것은 좋지만, 자기주장이 너무 강하지 않을까?'
- 면접대책 : 협조성을 보여주고, 자기주장이 너무 강하다는 인상을 주지 않도록 주의한다.

② 내성성(침착도) … 자신의 행동과 일에 대해 침착하게 생각하는 정도를 측정한다.

질문	선택
A : 시간이 걸려도 침착하게 생각하는 경우가 많다. B : 짧은 시간에 결정을 하는 경우가 많다.	
A : 실패의 원인을 찾고 반성하는 편이다. B : 실패를 해도 그다지(별로) 개의치 않는다.	
A : 결론이 도출되어도 몇 번 정도 생각을 바꾼다. B : 결론이 도출되면 신속하게 행동으로 옮긴다.	
A : 여러 가지 생각하는 것이 능숙하다. B : 여러 가지 일을 재빨리 능숙하게 처리하는 데 익숙하다.	
A : 여러 가지 측면에서 사물을 검토한다. B : 행동한 후 생각을 한다.	

▶측정결과

㉠ 'A'가 많은 경우 : 행동하기 보다는 생각하는 것을 좋아하고 신중하게 계획을 세워 실행한다.
• 면접관의 심리 : '행동으로 실천하지 못하고, 대응이 늦은 경향이 있지 않을까?'
• 면접대책 : 발로 뛰는 것을 좋아하고, 일을 더디게 한다는 인상을 주지 않도록 한다.

㉡ 'B'가 많은 경우 : 차분하게 생각하는 것보다 우선 행동하는 유형이다.
• 면접관의 심리 : '생각하는 것을 싫어하고 경솔한 행동을 하지 않을까?'
• 면접대책 : 계획을 세우고 행동할 수 있는 것을 보여주고 '사려깊다'라는 인상을 남기도록 한다.

③ **신체활동성** … 몸을 움직이는 것을 좋아하는가를 측정한다.

질문	선택
A : 민첩하게 활동하는 편이다. B : 준비행동이 없는 편이다.	
A : 일을 척척 해치우는 편이다. B : 일을 더디게 처리하는 편이다.	
A : 활발하다는 말을 듣는다. B : 얌전하다는 말을 듣는다.	
A : 몸을 움직이는 것을 좋아한다. B : 가만히 있는 것을 좋아한다.	
A : 스포츠를 하는 것을 즐긴다. B : 스포츠를 보는 것을 좋아한다.	

▶측정결과

㉠ 'A'가 많은 경우 : 활동적이고, 몸을 움직이게 하는 것이 컨디션이 좋다.

• 면접관의 심리 : '활동적으로 활동력이 좋아 보인다.'

• 면접대책 : 활동하고 얻은 성과 등과 주어진 상황의 대응능력을 보여준다.

㉡ 'B'가 많은 경우 : 침착한 인상으로, 차분하게 있는 타입이다.

• 면접관의 심리 : '좀처럼 행동하려 하지 않아 보이고, 일을 빠르게 처리할 수 있을까?'

④ **지속성(노력성)** … 무슨 일이든 포기하지 않고 끈기 있게 하려는 정도를 측정한다.

질문	선택
A : 일단 시작한 일은 시간이 걸려도 끝까지 마무리한다. B : 일을 하다 어려움에 부딪히면 단념한다.	
A : 끈질긴 편이다. B : 바로 단념하는 편이다.	
A : 인내가 강하다는 말을 듣는다. B : 금방 싫증을 낸다는 말을 듣는다.	
A : 집념이 깊은 편이다. B : 담백한 편이다.	
A : 한 가지 일에 구애되는 것이 좋다고 생각한다. B : 간단하게 체념하는 것이 좋다고 생각한다.	

▶측정결과

㉠ 'A'가 많은 경우 : 시작한 것은 어려움이 있어도 포기하지 않고 인내심이 높다.
• 면접관의 심리 : '한 가지의 일에 너무 구애되고, 업무의 진행이 원활할까?'
• 면접대책 : 인내력이 있는 것은 플러스 평가를 받을 수 있지만 집착이 강해 보이기도 한다.

㉡ 'B'가 많은 경우 : 뒤끝이 없고 조그만 실패로 일을 포기하기 쉽다.
• 면접관의 심리 : '질리는 경향이 있고, 일을 정확히 끝낼 수 있을까?'
• 면접대책 : 지속적인 노력으로 성공했던 사례를 준비하도록 한다.

⑤ **신중성(주의성)** … 자신이 처한 주변상황을 즉시 파악하고 자신의 행동이 어떤 영향을 미치는지를 측정한다.

질문	선택
A : 여러 가지로 생각하면서 완벽하게 준비하는 편이다. B : 행동할 때부터 임기응변적인 대응을 하는 편이다.	
A : 신중해서 타이밍을 놓치는 편이다. B : 준비 부족으로 실패하는 편이다.	
A : 자신은 어떤 일에도 신중히 대응하는 편이다. B : 순간적인 충동으로 활동하는 편이다.	
A : 시험을 볼 때 끝날 때까지 재검토하는 편이다. B : 시험을 볼 때 한 번에 모든 것을 마치는 편이다.	
A : 일에 대해 계획표를 만들어 실행한다. B : 일에 대한 계획표 없이 진행한다.	

▶측정결과
㉠ 'A'가 많은 경우 : 주변 상황에 민감하고, 예측하여 계획 있게 일을 진행한다.
• 면접관의 심리 : '너무 신중해서 적절한 판단을 할 수 있을까?', '앞으로의 상황에 불안을 느끼지 않을까?'
• 면접대책 : 예측을 하고 실행을 하는 것은 플러스 평가가 되지만, 너무 신중하면 일의 진행이 정체될 가능성을 보이므로 추진력이 있다는 강한 의욕을 보여준다.
㉡ 'B'가 많은 경우 : 주변 상황을 살펴보지 않고 착실한 계획 없이 일을 진행시킨다.
• 면접관의 심리 : '사려 깊지 않고, 실패하는 일이 많지 않을까?', '판단이 빠르고 유연한 사고를 할 수 있을까?'
• 면접대책 : 사전준비를 중요하게 생각하고 있다는 것 등을 보여주고, 경솔한 인상을 주지 않도록 한다. 또한 판단력이 빠르거나 유연한 사고 덕분에 일 처리를 잘 할 수 있다는 것을 강조한다.

(3) 의욕적인 측면

의욕적인 측면은 의욕의 정도, 활동력의 유무 등을 측정한다. 여기서의 의욕이란 우리들이 보통 말하고 사용하는 '하려는 의지'와는 조금 뉘앙스가 다르다. '하려는 의지'란 그 때의 환경이나 기분에 따라 변화하는 것이지만, 여기에서는 조금 더 변화하기 어려운 특징, 말하자면 정신적 에너지의 양으로 측정하는 것이다.

의욕적 측면은 행동적 측면과는 다르고, 전반적으로 어느 정도 점수가 높은 쪽을 선호한다. 모의검사의 의욕적 측면의 결과가 낮다면, 평소 일에 몰두할 때 조금 의욕 있는 자세를 가지고 서서히 개선하도록 노력해야 한다.

① **달성의욕** … 목적의식을 가지고 높은 이상을 가지고 있는지를 측정한다.

질문	선택
A : 경쟁심이 강한 편이다. B : 경쟁심이 약한 편이다.	
A : 어떤 한 분야에서 제1인자가 되고 싶다고 생각한다. B : 어느 분야에서든 성실하게 임무를 진행하고 싶다고 생각한다.	
A : 규모가 큰일을 해보고 싶다. B : 맡은 일에 충실히 임하고 싶다.	
A : 아무리 노력해도 실패한 것은 아무런 도움이 되지 않는다. B : 가령 실패했을 지라도 나름대로의 노력이 있었으므로 괜찮다.	
A : 높은 목표를 설정하여 수행하는 것이 의욕적이다. B : 실현 가능한 정도의 목표를 설정하는 것이 의욕적이다.	

▶측정결과
㉠ 'A'가 많은 경우 : 큰 목표와 높은 이상을 가지고 승부욕이 강한 편이다.
• 면접관의 심리 : '열심히 일을 해줄 것 같은 유형이다.'
• 면접대책 : 달성의욕이 높다는 것은 어떤 직종이라도 플러스 평가가 된다.
㉡ 'B'가 많은 경우 : 현재의 생활을 소중하게 여기고 비약적인 발전을 위하여 기를 쓰지 않는다.
• 면접관의 심리 : '외부의 압력에 약하고, 기획입안 등을 하기 어려울 것이다.'
• 면접대책 : 일을 통하여 하고 싶은 것들을 구체적으로 어필한다.

② **활동의욕** … 자신에게 잠재된 에너지의 크기로, 정신적인 측면의 활동력이라 할 수 있다.

질문	선택
A : 하고 싶은 일을 실행으로 옮기는 편이다. B : 하고 싶은 일을 좀처럼 실행할 수 없는 편이다.	
A : 어려운 문제를 해결해 가는 것이 좋다. B : 어려운 문제를 해결하는 것을 잘하지 못한다.	
A : 일반적으로 결단이 빠른 편이다. B : 일반적으로 결단이 느린 편이다.	
A : 곤란한 상황에도 도전하는 편이다. B : 사물의 본질을 깊게 관찰하는 편이다.	
A : 시원시원하다는 말을 잘 듣는다. B : 꼼꼼하다는 말을 잘 듣는다.	

▶측정결과
㉠ 'A'가 많은 경우 : 꾸물거리는 것을 싫어하고 재빠르게 결단해서 행동하는 타입이다.
• 면접관의 심리 : '일을 처리하는 솜씨가 좋고, 일을 척척 진행할 수 있을 것 같다.'
• 면접대책 : 활동의욕이 높은 것은 플러스 평가가 된다. 사교성이나 활동성이 강하다는 인상을 준다.
㉡ 'B'가 많은 경우 : 안전하고 확실한 방법을 모색하고 차분하게 시간을 아껴서 일에 임하는 타입이다.
• 면접관의 심리 : '재빨리 행동을 못하고, 일의 처리속도가 느린 것이 아닐까?'
• 면접대책 : 활동성이 있는 것을 좋아하고 움직임이 더디다는 인상을 주지 않도록 한다.

3 성격의 유형

(1) 인성검사유형의 4가지 척도

정서적인 측면, 행동적인 측면, 의욕적인 측면의 요소들은 성격 특성이라는 관점에서 제시된 것들로 각 개인의 장·단점을 파악하는 데 유용하다. 그러나 전체적인 개인의 인성을 이해하는 데는 한계가 있다.

성격의 유형은 개인의 '성격적인 특색'을 가리키는 것으로, 사회인으로서 적합한지, 아닌지를 말하는 관점과는 관계가 없다. 따라서 채용의 합격 여부에는 사용되지 않는 경우가 많으며, 입사 후의 적정 부서 배치의 자료가 되는 편이라 생각하면 된다. 그러나 채용과 관계가 없다고 해서 아무런 준비도 필요없는 것은 아니다. 자신을 아는 것은 면접 대책의 밑거름이 되므로 모의검사 결과를 충분히 활용하도록 하여야 한다.

본서에서는 4개의 척도를 사용하여 기본적으로 16개의 패턴으로 성격의 유형을 분류하고 있다. 각 개인의 성격이 어떤 유형인지 재빨리 파악하기 위해 사용되며, '적성'에 맞는지, 맞지 않는지의 관점에 활용된다.

- 흥미관심의 방향 : 내향형 ←———————→ 외향형
- 사물에 대한 견해 : 직관형 ←———————→ 감각형
- 판단하는 방법 : 감정형 ←———————→ 사고형
- 환경에 대한 접근방법 : 지각형 ←———————→ 판단형

(2) 성격유형

① 흥미 · 관심의 방향(내향⇆외향) … 흥미 · 관심의 방향이 자신의 내면에 있는지, 주위환경 등 외면에 향하는 지를 가리키는 척도이다.

질문	선택
A : 내성적인 성격인 편이다. B : 개방적인 성격인 편이다.	
A : 항상 신중하게 생각을 하는 편이다. B : 바로 행동에 착수하는 편이다.	
A : 수수하고 조심스러운 편이다. B : 자기 표현력이 강한 편이다.	
A : 다른 사람과 함께 있으면 침착하지 않다. B : 혼자서 있으면 침착하지 않다.	

▶측정결과

㉠ 'A'가 많은 경우(내향) : 관심의 방향이 자기 내면에 있으며, 조용하고 낯을 가리는 유형이다. 행동력은 부족하나 집중력이 뛰어나고 신중하고 꼼꼼하다.

㉡ 'B'가 많은 경우(외향) : 관심의 방향이 외부환경에 있으며, 사교적이고 활동적인 유형이다. 꼼꼼함이 부족하여 대충하는 경향이 있으나 행동력이 있다.

② 일(사물)을 보는 방법(직감↔감각) … 일(사물)을 보는 법이 직감적으로 형식에 얽매이는지, 감각적으로 상식적인지를 가리키는 척도이다.

질문	선택
A : 현실주의적인 편이다. B : 상상력이 풍부한 편이다.	
A : 정형적인 방법으로 일을 처리하는 것을 좋아한다. B : 만들어진 방법에 변화가 있는 것을 좋아한다.	
A : 경험에서 가장 적합한 방법으로 선택한다. B : 지금까지 없었던 새로운 방법을 개척하는 것을 좋아한다.	
A : 호기심이 강하다는 말을 듣는다. B : 성실하다는 말을 듣는다.	

▶측정결과
㉠ 'A'가 많은 경우(감각) : 현실적이고 경험주의적이며 보수적인 유형이다.
㉡ 'B'가 많은 경우(직관) : 새로운 주제를 좋아하며, 독자적인 시각을 가진 유형이다.

③ 판단하는 방법(감정↔사고) … 일을 감정적으로 판단하는지, 논리적으로 판단하는지를 가리키는 척도이다.

질문	선택
A : 인간관계를 중시하는 편이다. B : 일의 내용을 중시하는 편이다.	
A : 결론을 자기의 신념과 감정에서 이끌어내는 편이다. B : 결론을 논리적 사고에 의거하여 내리는 편이다.	
A : 다른 사람보다 동정적이고 눈물이 많은 편이다. B : 다른 사람보다 이성적이고 냉정하게 대응하는 편이다.	
A : 다른 사람보다 동정적이고 눈물이 많은 편이다. B : 다른 사람보다 이성적이고 냉정하게 대응하는 편이다.	

▶측정결과
㉠ 'A'가 많은 경우(감정) : 일을 판단할 때 마음감정을 중요하게 여기는 유형이다. 감정이 풍부하고 친절하나 엄격함이 부족하고 우유부단하며, 합리성이 부족하다.
㉡ 'B'가 많은 경우(사고) : 일을 판단할 때 논리성을 중요하게 여기는 유형이다. 이성적이고 합리적이나 타인에 대한 배려가 부족하다.

④ 환경에 대한 접근방법 ⋯ 주변상황에 어떻게 접근하는지, 그 판단기준을 어디에 두는지를 측정한다.

질문	선택
A : 사전에 계획을 세우지 않고 행동한다. B : 반드시 계획을 세우고 그것에 의거해서 행동한다.	
A : 자유롭게 행동하는 것을 좋아한다. B : 조직적으로 행동하는 것을 좋아한다.	
A : 조직성이나 관습에 속박당하지 않는다. B : 조직성이나 관습을 중요하게 여긴다.	
A : 계획 없이 낭비가 심한 편이다. B : 예산을 세워 물건을 구입하는 편이다.	

▶측정결과

㉠ 'A'가 많은 경우(지각) : 일의 변화에 융통성을 가지고 유연하게 대응하는 유형이다. 낙관적이며 질서보다는 자유를 좋아하나 임기응변식의 대응으로 무계획적인 인상을 줄 수 있다.

㉡ 'B'가 많은 경우(판단) : 일의 진행시 계획을 세워서 실행하는 유형이다. 순차적으로 진행하는 일을 좋아하고 끈기가 있으나 변화에 대해 적절하게 대응하지 못하는 경향이 있다.

(3) 성격유형의 판정

성격유형은 합격 여부의 판정보다는 배치를 위한 자료로써 이용된다. 즉, 기업은 입사시험 단계에서 입사 후에도 사용할 수 있는 정보를 입수하고 있다는 것이다. 성격검사에서는 어느 척도가 얼마나 고득점이었는지에 주시하고 각각의 측면에서 반드시 하나씩 고르고 편성한다. 편성은 모두 16가지가 되나 각각의 측면을 더 세분하면 200가지 이상의 유형이 나온다.

여기에서는 16가지 편성을 제시한다. 성격검사에 어떤 정보가 게재되어 있는지를 이해하면서 자기의 성격유형을 파악하기 위한 실마리로 활용하도록 한다.

① 내향 – 직관 – 감정 – 지각(TYPE A)

관심이 내면에 향하고 조용하고 소극적이다. 사물에 대한 견해는 새로운 것에 대해 호기심이 강하고, 독창적이다. 감정은 좋아하는 것과 싫어하는 것의 판단이 확실하고, 감정이 풍부하고 따뜻한 느낌이 있는 반면, 합리성이 부족한 경향이 있다. 환경에 접근하는 방법은 순응적이고 상황의 변화에 대해 유연하게 대응하는 것을 잘한다.

② 내향 - 직관 - 감정 - 사고(TYPE B)

관심이 내면으로 향하고 조용하고 쑥쓰러움을 잘 타는 편이다. 사물을 보는 관점은 독창적이며, 자기나름대로 궁리하며 생각하는 일이 많다. 좋고 싫음으로 판단하는 경향이 강하고 타인에게는 친절한 반면, 우유부단하기 쉬운 편이다. 환경 변화에 대해 유연하게 대응하는 것을 잘한다.

③ 내향 - 직관 - 사고 - 지각(TYPE C)

관심이 내면으로 향하고 얌전하고 교제범위가 좁다. 사물을 보는 관점은 독창적이며, 현실에서 먼 추상적인 것을 생각하기를 좋아한다. 논리적으로 생각하고 판단하는 경향이 강하고 이성적이지만, 남의 감정에 대해서는 무반응인 경향이 있다. 환경의 변화에 순응적이고 융통성 있게 임기응변으로 대응할 수가 있다.

④ 내향 - 직관 - 사고 - 판단(TYPE D)

관심이 내면으로 향하고 주의깊고 신중하게 행동을 한다. 사물을 보는 관점은 독창적이며 논리를 좋아해서 이치를 따지는 경향이 있다. 논리적으로 생각하고 판단하는 경향이 강하고, 객관적이지만 상대방의 마음에 대한 배려가 부족한 경향이 있다. 환경에 대해서는 순응하는 것보다 대응하며, 한 번 정한 것은 끈질기게 행동하려 한다.

⑤ 내향 - 감각 - 감정 - 지각(TYPE E)

관심이 내면으로 향하고 조용하며 소극적이다. 사물을 보는 관점은 상식적이고 그대로의 것을 좋아하는 경향이 있다. 좋음과 싫음으로 판단하는 경향이 강하고 타인에 대해서 동정심이 많은 반면, 엄격한 면이 부족한 경향이 있다. 환경에 대해서는 순응적이고, 예측할 수 없다해도 태연하게 행동하는 경향이 있다.

⑥ 내향 - 감각 - 감정 - 판단(TYPE F)

관심이 내면으로 향하고 얌전하며 쑥쓰러움을 많이 탄다. 사물을 보는 관점은 상식적이고 논리적으로 생각하는 것보다도 경험을 중요시하는 경향이 있다. 좋고 싫음으로 판단하는 경향이 강하고 사람이 좋은 반면, 개인적 취향이나 소원에 영향을 받는 일이 많은 경향이 있다. 환경에 대해서는 영향을 받지 않고, 자기 페이스 대로 꾸준히 성취하는 일을 잘한다.

⑦ 내향 - 감각 - 사고 - 지각(TYPE G)

관심이 내면으로 향하고 얌전하고 교제범위가 좁다. 사물을 보는 관점은 상식적인 동시에 실천적이며, 틀에 박힌 형식을 좋아한다. 논리적으로 판단하는 경향이 강하고 침착하지만 사람에 대해서는 엄격하여 차가운 인상을 주는 일이 많다. 환경에 대해서 순응적이고, 계획적으로 행동하지 않으며 자유로운 행동을 좋아하는 경향이 있다.

⑧ 내향 – 감각 – 사고 – 판단(TYPE H)

관심이 내면으로 향하고 주의 깊고 신중하게 행동을 한다. 사물을 보는 관점이 상식적이고 새롭고 경험하지 못한 일에 대응을 잘 하지 못한다. 논리적으로 생각하고 판단하는 경향이 강하고, 공평하지만 상대방의 감정에 대해 배려가 부족할 때가 있다. 환경에 대해서는 작용하는 편이고, 질서 있게 행동하는 것을 좋아한다.

⑨ 외향 – 직관 – 감정 – 지각(TYPE I)

관심이 외향으로 향하고 밝고 활동적이며 교제범위가 넓다. 사물을 보는 관점은 독창적이고 호기심이 강하며 새로운 것을 생각하는 것을 좋아한다. 좋음 싫음으로 판단하는 경향이 강하다. 사람은 좋은 반면 개인적 취향이나 소원에 영향을 받는 일이 많은 편이다.

⑩ 외향 – 직관 – 감정 – 판단(TYPE J)

관심이 외향으로 향하고 개방적이며 누구와도 쉽게 친해질 수 있다. 사물을 보는 관점은 독창적이고 자기 나름대로 궁리하고 생각하는 면이 많다. 좋음과 싫음으로 판단하는 경향이 강하고, 타인에 대해 동정적이기 쉽고 엄격함이 부족한 경향이 있다. 환경에 대해서는 작용하는 편이고 질서 있는 행동을 하는 것을 좋아한다.

⑪ 외향 – 직관 – 사고 – 지각(TYPE K)

관심이 외향으로 향하고 태도가 분명하며 활동적이다. 사물을 보는 관점은 독창적이고 현실과 거리가 있는 추상적인 것을 생각하는 것을 좋아한다. 논리적으로 생각하고 판단하는 경향이 강하고, 공평하지만 상대에 대한 배려가 부족할 때가 있다.

⑫ 외향 – 직관 – 사고 – 판단(TYPE L)

관심이 외향으로 향하고 밝고 명랑한 성격이며 사교적인 것을 좋아한다. 사물을 보는 관점은 독창적이고 논리적인 것을 좋아하기 때문에 이치를 따지는 경향이 있다. 논리적으로 생각하고 판단하는 경향이 강하고 침착성이 뛰어나지만 사람에 대해서 엄격하고 차가운 인상을 주는 경우가 많다. 환경에 대해 작용하는 편이고 계획을 세우고 착실하게 실행하는 것을 좋아한다.

⑬ 외향 – 감각 – 감정 – 지각(TYPE M)

관심이 외향으로 향하고 밝고 활동적이고 교제범위가 넓다. 사물을 보는 관점은 상식적이고 종래대로 있는 것을 좋아한다. 보수적인 경향이 있고 좋아함과 싫어함으로 판단하는 경향이 강하며 타인에게는 친절한 반면, 우유부단한 경우가 많다. 환경에 대해 순응적이고, 융통성이 있고 임기응변으로 대응할 가능성이 높다.

⑭ 외향 – 감각 – 감정 – 판단(TYPE N)

관심이 외향으로 향하고 개방적이며 누구와도 쉽게 대면할 수 있다. 사물을 보는 관점은 상식적이고 논리적으로 생각하기보다는 경험을 중시하는 편이다. 좋아함과 싫어함으로 판단하는 경향이 강하고 감정이 풍부하며 따뜻한 느낌이 있는 반면에 합리성이 부족한 경우가 많다. 환경에 대해서 작용하는 편이고, 한 번 결정한 것은 끈질기게 실행하려고 한다.

⑮ 외향 – 감각 – 사고 – 지각(TYPE O)

관심이 외향으로 향하고 시원한 태도이며 활동적이다. 사물을 보는 관점이 상식적이며 동시에 실천적이고 명백한 형식을 좋아하는 경향이 있다. 논리적으로 생각하고 판단하는 경향이 강하고, 객관적이지만 상대 마음에 대해 배려가 부족한 경향이 있다.

⑯ 외향 – 감각 – 사고 – 판단(TYPE P)

관심이 외향으로 향하고 밝고 명랑하며 사교적인 것을 좋아한다. 사물을 보는 관점은 상식적이고 경험하지 못한 새로운 것에 대응을 잘 하지 못한다. 논리적으로 생각하고 판단하는 경향이 강하고 이성적이지만 사람의 감정에 무심한 경향이 있다. 환경에 대해서는 작용하는 편이고, 자기 페이스대로 꾸준히 성취하는 것을 잘한다.

4 **인성검사의 대책**

(1) 미리 알아두어야 할 점

① 출제 문항 수 … 인성검사의 출제 문항 수는 특별히 정해진 것이 아니며 각 기업체의 기준에 따라 달라질 수 있다. 보통 100문항 이상에서 500문항까지 출제된다고 예상하면 된다.

② 출제형식

　㉠ '예' 아니면 '아니오'의 형식

다음 문항을 읽고 자신에게 해당되는지 안 되는지를 판단하여 해당될 경우 '예'를, 해당되지 않을 경우 '아니오'를 고르시오.

질문	예	아니오
1. 자신의 생각이나 의견은 좀처럼 변하지 않는다.	○	
2. 구입한 후 끝까지 읽지 않은 책이 많다.		○

다음 문항에 대해서 평소에 자신이 생각하고 있는 것이나 행동하고 있는 것에 ○표를 하시오.

질문	그렇다	약간 그렇다	그저 그렇다	별로 그렇지 않다	그렇지 않다
1. 시간에 쫓기는 것이 싫다.		○			
2. 여행가기 전에 계획을 세운다			○		

　㉡ A와 B의 선택형식

A와 B에 주어진 문장을 읽고 자신에게 해당되는 것을 고르시오.

질문	선택
A : 걱정거리가 있어서 잠을 못 잘 때가 있다.	(○)
B : 걱정거리가 있어도 잠을 잘 잔다.	( )

(2) 임하는 자세

① **솔직하게 있는 그대로 표현한다** … 인성검사는 평범한 일상생활 내용들을 다룬 짧은 문장과 어떤 대상이나 일에 대한 선로를 선택하는 문장으로 구성되었으므로 평소에 자신이 생각한 바를 너무 골똘히 생각하지 말고 문제를 보는 순간 떠오른 것을 표현한다.

② **모든 문제를 신속하게 대답한다** … 인성검사는 시간 제한이 없는 것이 원칙이지만 기업체들은 일정한 시간 제한을 두고 있다. 인성검사는 개인의 성격과 자질을 알아보기 위한 검사이기 때문에 정답이 없다. 다만, 기업체에서 바람직하게 생각하거나 기대되는 결과가 있을 뿐이다. 따라서 시간에 쫓겨서 대충 대답을 하는 것은 바람직하지 못하다.

▮1~250▮ 다음 (   ) 안에 자신에게 적합하다면 YES, 그렇지 않다면 NO를 선택하시오(인성검사는 응시자의 인성을 파악하기 위한 자료이므로 정답이 존재하지 않습니다).

YES NO

1. 조금이라도 나쁜 소식은 절망의 시작이라고 생각해버린다. ……………………(   )(   )
2. 언제나 실패가 걱정이 되어 어쩔 줄 모른다. ……………………………………(   )(   )
3. 다수결의 의견에 따르는 편이다. ……………………………………………………(   )(   )
4. 혼자서 커피숍에 들어가는 것은 전혀 두려운 일이 아니다. ……………………(   )(   )
5. 승부근성이 강하다. …………………………………………………………………(   )(   )
6. 자주 흥분해서 침착하지 못하다. …………………………………………………(   )(   )
7. 지금까지 살면서 타인에게 폐를 끼친 적이 없다. ………………………………(   )(   )
8. 소곤소곤 이야기하는 것을 보면 자기에 대해 험담하고 있는 것으로 생각된다. ‥(   )(   )
9. 무엇이든지 자기가 나쁘다고 생각하는 편이다. …………………………………(   )(   )
10. 자신을 변덕스러운 사람이라고 생각한다. ………………………………………(   )(   )
11. 고독을 즐기는 편이다. ……………………………………………………………(   )(   )
12. 자존심이 강하다고 생각한다. ……………………………………………………(   )(   )
13. 금방 흥분하는 성격이다. …………………………………………………………(   )(   )
14. 거짓말을 한 적이 없다. ……………………………………………………………(   )(   )
15. 신경질적인 편이다. …………………………………………………………………(   )(   )
16. 끙끙대며 고민하는 타입이다. ……………………………………………………(   )(   )
17. 감정적인 사람이라고 생각한다. …………………………………………………(   )(   )
18. 자신만의 신념을 가지고 있다. ……………………………………………………(   )(   )
19. 다른 사람을 바보 같다고 생각한 적이 있다. ……………………………………(   )(   )
20. 금방 말해버리는 편이다. …………………………………………………………(   )(   )

21. 싫어하는 사람이 없다. ··( )( )

22. 대재앙이 오지 않을까 항상 걱정을 한다. ································( )( )

23. 쓸데없는 고생을 하는 일이 많다. ··( )( )

24. 자주 생각이 바뀌는 편이다. ··( )( )

25. 문제점을 해결하기 위해 여러 사람과 상의한다. ····················( )( )

26. 내 방식대로 일을 한다. ··( )( )

27. 영화를 보고 운 적이 많다. ···( )( )

28. 어떤 것에 대해서도 화낸 적이 없다. ·······································( )( )

29. 사소한 충고에도 걱정을 한다. ···( )( )

30. 자신은 도움이 안 되는 사람이라고 생각한다. ·······················( )( )

31. 금방 싫증을 내는 편이다. ···( )( )

32. 개성적인 사람이라고 생각한다. ···( )( )

33. 자기 주장이 강한 편이다. ···( )( )

34. 뒤숭숭하다는 말을 들은 적이 있다. ···( )( )

35. 학교를 쉬고 싶다고 생각한 적이 한 번도 없다. ···················( )( )

36. 사람들과 관계맺는 것을 보면 잘하지 못한다. ·······················( )( )

37. 사려깊은 편이다. ··( )( )

38. 몸을 움직이는 것을 좋아한다. ···( )( )

39. 끈기가 있는 편이다. ··( )( )

40. 신중한 편이라고 생각한다. ··( )( )

41. 인생의 목표는 큰 것이 좋다. ···( )( )

42. 어떤 일이라도 바로 시작하는 타입이다. ································( )( )

43. 낯가림을 하는 편이다. ··( )( )

44. 생각하고 나서 행동하는 편이다. ···( )( )

45. 쉬는 날은 밖으로 나가는 경우가 많다. ································( )( )

46. 시작한 일은 반드시 완성시킨다. ···( )( )

47. 면밀한 계획을 세운 여행을 좋아한다. ····································( )( )

YES NO

48. 야망이 있는 편이라고 생각한다. ··( ) ( )

49. 활동력이 있는 편이다. ··( ) ( )

50. 많은 사람들과 왁자지껄하게 식사하는 것을 좋아하지 않는다. ··············( ) ( )

51. 돈을 허비한 적이 없다. ··( ) ( )

52. 운동회를 아주 좋아하고 기대했다. ··( ) ( )

53. 하나의 취미에 열중하는 타입이다. ··( ) ( )

54. 모임에서 회장에 어울린다고 생각한다. ··( ) ( )

55. 입신출세의 성공이야기를 좋아한다. ··( ) ( )

56. 어떠한 일도 의욕을 가지고 임하는 편이다. ··( ) ( )

57. 학급에서는 존재가 희미했다. ··( ) ( )

58. 항상 무언가를 생각하고 있다. ··( ) ( )

59. 스포츠는 보는 것보다 하는 게 좋다. ··( ) ( )

60. '참 잘 했네요'라는 말을 듣는다. ··( ) ( )

61. 흐린 날은 반드시 우산을 가지고 간다. ··( ) ( )

62. 주연상을 받을 수 있는 배우를 좋아한다. ··( ) ( )

63. 공격하는 타입이라고 생각한다. ··( ) ( )

64. 리드를 받는 편이다. ··( ) ( )

65. 너무 신중해서 기회를 놓친 적이 있다. ··( ) ( )

66. 시원시원하게 움직이는 타입이다. ··( ) ( )

67. 야근을 해서라도 업무를 끝낸다. ··( ) ( )

68. 누군가를 방문할 때는 반드시 사전에 확인한다. ··( ) ( )

69. 노력해도 결과가 따르지 않으면 의미가 없다. ··( ) ( )

70. 무조건 행동해야 한다. ··( ) ( )

71. 유행에 둔감하다고 생각한다. ··( ) ( )

72. 정해진 대로 움직이는 것은 시시하다. ··( ) ( )

73. 꿈을 계속 가지고 있고 싶다. ··( ) ( )

74. 질서보다 자유를 중요시하는 편이다. ··( ) ( )

75. 혼자서 취미에 몰두하는 것을 좋아한다. ································( )( )

76. 직관적으로 판단하는 편이다. ···································( )( )

77. 영화나 드라마를 보면 등장인물의 감정에 이입된다. ···········( )( )

78. 시대의 흐름에 역행해서라도 자신을 관철하고 싶다. ···········( )( )

79. 다른 사람의 소문에 관심이 없다. ································( )( )

80. 창조적인 편이다. ··( )( )

81. 비교적 눈물이 많은 편이다. ·····································( )( )

82. 융통성이 있다고 생각한다. ······································( )( )

83. 친구의 휴대전화 번호를 잘 모른다. ····························( )( )

84. 스스로 고안하는 것을 좋아한다. ································( )( )

85. 정이 두터운 사람으로 남고 싶다. ·······························( )( )

86. 조직의 일원으로 별로 안 어울린다. ····························( )( )

87. 세상의 일에 별로 관심이 없다. ·································( )( )

88. 변화를 추구하는 편이다. ··( )( )

89. 업무는 인간관계로 선택한다. ····································( )( )

90. 환경이 변하는 것에 구애되지 않는다. ··························( )( )

91. 불안감이 강한 편이다. ··( )( )

92. 인생은 살 가치가 없다고 생각한다. ····························( )( )

93. 의지가 약한 편이다. ··( )( )

94. 다른 사람이 하는 일에 별로 관심이 없다. ······················( )( )

95. 사람을 설득시키는 것은 어렵지 않다. ··························( )( )

96. 심심한 것을 못 참는다. ···( )( )

97. 다른 사람을 욕한 적이 한 번도 없다. ··························( )( )

98. 다른 사람에게 어떻게 보일지 신경을 쓴다. ·····················( )( )

99. 금방 낙심하는 편이다. ··( )( )

100. 다른 사람에게 의존하는 경향이 있다. ·························( )( )

101. 그다지 융통성이 있는 편이 아니다. ···························( )( )

YES NO

102. 다른 사람이 내 의견에 간섭하는 것이 싫다. ·····················( )( )

103. 낙천적인 편이다. ·····················( )( )

104. 숙제를 잊어버린 적이 한 번도 없다. ·····················( )( )

105. 밤길에는 발소리가 들리기만 해도 불안하다. ·····················( )( )

106. 상냥하다는 말을 들은 적이 있다. ·····················( )( )

107. 자신은 유치한 사람이다. ·····················( )( )

108. 잡담을 하는 것보다 책을 읽는 게 낫다. ·····················( )( )

109. 나는 영업에 적합한 타입이라고 생각한다. ·····················( )( )

110. 술자리에서 술을 마시지 않아도 흥을 돋굴 수 있다. ·····················( )( )

111. 한 번도 병원에 간 적이 없다. ·····················( )( )

112. 나쁜 일은 걱정이 되어서 어쩔 줄을 모른다. ·····················( )( )

113. 금세 무기력해지는 편이다. ·····················( )( )

114. 비교적 고분고분한 편이라고 생각한다. ·····················( )( )

115. 독자적으로 행동하는 편이다. ·····················( )( )

116. 적극적으로 행동하는 편이다. ·····················( )( )

117. 금방 감격하는 편이다. ·····················( )( )

118. 어떤 것에 대해서는 불만을 가진 적이 없다. ·····················( )( )

119. 밤에 못 잘 때가 많다. ·····················( )( )

120. 자주 후회하는 편이다. ·····················( )( )

121. 뜨거워지기 쉽고 식기 쉽다. ·····················( )( )

122. 자신만의 세계를 가지고 있다. ·····················( )( )

123. 많은 사람 앞에서도 긴장하는 일은 없다. ·····················( )( )

124. 말하는 것을 아주 좋아한다. ·····················( )( )

125. 인생을 포기하는 마음을 가진 적이 한 번도 없다. ·····················( )( )

126. 어두운 성격이다. ·····················( )( )

127. 금방 반성한다. ·····················( )( )

128. 활동범위가 넓은 편이다. ·····················( )( )

                                                          YES   NO

129. 자신을 끈기 있는 사람이라고 생각한다. ························( )( )

130. 좋다고 생각하더라도 좀 더 검토하고 나서 실행한다. ···········( )( )

131. 위대한 인물이 되고 싶다. ·····································( )( )

132. 한 번에 많은 일을 떠맡아도 힘들지 않다. ·····················( )( )

133. 사람과 만날 약속은 부담스럽다. ·······························( )( )

134. 질문을 받으면 충분히 생각하고 나서 대답하는 편이다. ·········( )( )

135. 머리를 쓰는 것보다 땀을 흘리는 일이 좋다. ···················( )( )

136. 결정한 것에는 철저히 구속받는다. ····························( )( )

137. 외출 시 문을 잠갔는지 몇 번을 확인한다. ·····················( )( )

138. 이왕 할 거라면 일등이 되고 싶다. ····························( )( )

139. 과감하게 도전하는 타입이다. ·································( )( )

140. 자신은 사교적이 아니라고 생각한다. ·························( )( )

141. 무심코 도리에 대해서 말하고 싶어진다. ·······················( )( )

142. '항상 건강하네요'라는 말을 듣는다. ·····························( )( )

143. 단념하면 끝이라고 생각한다. ·································( )( )

144. 예상하지 못한 일은 하고 싶지 않다. ···························( )( )

145. 파란만장하더라도 성공하는 인생을 걷고 싶다. ···············( )( )

146. 활기찬 편이라고 생각한다. ····································( )( )

147. 소극적인 편이라고 생각한다. ·································( )( )

148. 무심코 평론가가 되어 버린다. ·································( )( )

149. 자신은 성급하다고 생각한다. ·································( )( )

150. 꾸준히 노력하는 타입이라고 생각한다. ·······················( )( )

151. 내일의 계획이라도 메모한다. ·································( )( )

152. 리더십이 있는 사람이 되고 싶다. ····························( )( )

153. 열정적인 사람이라고 생각한다. ·······························( )( )

154. 다른 사람 앞에서 이야기를 잘 하지 못한다. ···················( )( )

155. 통찰력이 있는 편이다. ··( )( )

	YES	NO
156. 엉덩이가 가벼운 편이다.	( )	( )
157. 여러 가지로 구애됨이 있다.	( )	( )
158. 돌다리도 두들겨 보고 건너는 쪽이 좋다.	( )	( )
159. 자신에게는 권력욕이 있다.	( )	( )
160. 업무를 할당받으면 기쁘다.	( )	( )
161. 사색적인 사람이라고 생각한다.	( )	( )
162. 비교적 개혁적이다.	( )	( )
163. 좋고 싫음으로 정할 때가 많다.	( )	( )
164. 전통에 구애되는 것은 버리는 것이 적절하다.	( )	( )
165. 교제 범위가 좁은 편이다.	( )	( )
166. 발상의 전환을 할 수 있는 타입이라고 생각한다.	( )	( )
167. 너무 주관적이어서 실패한다.	( )	( )
168. 현실적이고 실용적인 면을 추구한다.	( )	( )
169. 내가 어떤 배우의 팬인지 아무도 모른다.	( )	( )
170. 현실보다 가능성이다.	( )	( )
171. 마음이 담겨 있으면 선물은 아무 것이나 좋다.	( )	( )
172. 여행은 마음대로 하는 것이 좋다.	( )	( )
173. 추상적인 일에 관심이 있는 편이다.	( )	( )
174. 일은 대담히 하는 편이다.	( )	( )
175. 괴로워하는 사람을 보면 우선 동정한다.	( )	( )
176. 가치기준은 자신의 안에 있다고 생각한다.	( )	( )
177. 조용하고 조심스러운 편이다.	( )	( )
178. 상상력이 풍부한 편이라고 생각한다.	( )	( )
179. 의리, 인정이 두터운 상사를 만나고 싶다.	( )	( )
180. 인생의 앞날을 알 수 없어 재미있다.	( )	( )
181. 밝은 성격이다.	( )	( )
182. 별로 반성하지 않는다.	( )	( )

183. 활동범위가 좁은 편이다. ···(   )(   )

184. 자신을 시원시원한 사람이라고 생각한다. ······················(   )(   )

185. 좋다고 생각하면 바로 행동한다. ···································(   )(   )

186. 좋은 사람이 되고 싶다. ···(   )(   )

187. 한 번에 많은 일을 떠맡는 것은 골칫거리라고 생각한다. ·····(   )(   )

188. 사람과 만날 약속은 즐겁다. ···(   )(   )

189. 질문을 받으면 그때의 느낌으로 대답하는 편이다. ···········(   )(   )

190. 땀을 흘리는 것보다 머리를 쓰는 일이 좋다. ··················(   )(   )

191. 결정한 것이라도 그다지 구속받지 않는다. ·····················(   )(   )

192. 외출 시 문을 잠갔는지 별로 확인하지 않는다. ···············(   )(   )

193. 지위에 어울리면 된다. ···(   )(   )

194. 안전책을 고르는 타입이다. ··(   )(   )

195. 자신은 사교적이라고 생각한다. ···································(   )(   )

196. 도리는 상관없다. ···(   )(   )

197. '침착하네요'라는 말을 듣는다. ·····································(   )(   )

198. 단념이 중요하다고 생각한다. ······································(   )(   )

199. 예상하지 못한 일도 해보고 싶다. ·································(   )(   )

200. 평범하고 평온하게 행복한 인생을 살고 싶다. ················(   )(   )

201. 몹시 귀찮아하는 편이라고 생각한다. ····························(   )(   )

202. 특별히 소극적이라고 생각하지 않는다. ·························(   )(   )

203. 이것저것 평하는 것이 싫다. ··(   )(   )

204. 자신은 성급하지 않다고 생각한다. ·······························(   )(   )

205. 꾸준히 노력하는 것을 잘 하지 못한다. ·························(   )(   )

206. 내일의 계획은 머릿속에 기억한다. ·······························(   )(   )

207. 협동성이 있는 사람이 되고 싶다. ·································(   )(   )

208. 열정적인 사람이라고 생각하지 않는다. ·························(   )(   )

209. 다른 사람 앞에서 이야기를 잘한다. ·····························(   )(   )

YES NO

210. 행동력이 있는 편이다. ···( )( )

211. 엉덩이가 무거운 편이다. ···( )( )

212. 특별히 구애받는 것이 없다. ···( )( )

213. 돌다리는 두들겨 보지 않고 건너도 된다. ·································( )( )

214. 자신에게는 권력욕이 없다. ···( )( )

215. 업무를 할당받으면 부담스럽다. ···( )( )

216. 활동적인 사람이라고 생각한다. ···( )( )

217. 비교적 보수적이다. ··( )( )

218. 손해인지 이익인지로 정할 때가 많다. ···································( )( )

219. 전통을 견실히 지키는 것이 적절하다. ···································( )( )

220. 교제 범위가 넓은 편이다. ··( )( )

221. 상식적인 판단을 할 수 있는 타입이라고 생각한다. ···················( )( )

222. 너무 객관적이어서 실패한다. ···( )( )

223. 보수적인 면을 추구한다. ··( )( )

224. 내가 누구의 팬인지 주변의 사람들이 안다. ····························( )( )

225. 가능성보다 현실이다. ···( )( )

226. 그 사람이 필요한 것을 선물하고 싶다. ··································( )( )

227. 여행은 계획적으로 하는 것이 좋다. ······································( )( )

228. 구체적인 일에 관심이 있는 편이다. ······································( )( )

229. 일은 착실히 하는 편이다. ··( )( )

230. 괴로워하는 사람을 보면 우선 이유를 생각한다. ·······················( )( )

231. 가치기준은 자신의 밖에 있다고 생각한다. ····························( )( )

232. 밝고 개방적인 편이다. ···( )( )

233. 현실 인식을 잘하는 편이라고 생각한다. ································( )( )

234. 공평하고 공적인 상사를 만나고 싶다. ···································( )( )

235. 시시해도 계획적인 인생이 좋다. ···( )( )

236. 적극적으로 사람들과 관계를 맺는 편이다. ····························( )( )

237. 활동적인 편이다. ··(   )(   )

238. 몸을 움직이는 것을 좋아하지 않는다. ························(   )(   )

239. 쉽게 질리는 편이다. ··(   )(   )

240. 경솔한 편이라고 생각한다. ···(   )(   )

241. 인생의 목표는 손이 닿을 정도면 된다. ····················(   )(   )

242. 무슨 일도 좀처럼 시작하지 못한다. ·························(   )(   )

243. 초면인 사람과도 바로 친해질 수 있다. ···················(   )(   )

244. 행동하고 나서 생각하는 편이다. ·······························(   )(   )

245. 쉬는 날은 집에 있는 경우가 많다. ·························(   )(   )

246. 완성되기 전에 포기하는 경우가 많다. ····················(   )(   )

247. 계획 없는 여행을 좋아한다. ·······································(   )(   )

248. 욕심이 없는 편이라고 생각한다. ·······························(   )(   )

249. 활동력이 별로 없다. ··(   )(   )

250. 많은 사람들과 왁자지껄하게 식사하는 것을 좋아한다. ·······(   )(   )

시사상식

시사상식 핵심용어와 출제예상문제를 수록하였습니다.

시사상식

01 핵심용어정리

1 정치 · 법률

〉〉 화이트리스트(White List)

친정부 성향의 단체에 지원해 주는 것을 의미한다. 즉 제거하거나 보복할 인물들의 명단을 뜻하는 블랙리스트와 반대되는 개념이다. 다른 의미로는 개인정보 유출을 시도하는 피싱 사이트나 허위사이트가 아닌 검증된 사이트들을 별도로 등록한 리스트를 말하기도 한다.

〉〉 국민소환제

부적격한 국회의원을 임기 전 파면할 수 있도록 하는 제도를 말한다. 일정 기준 이상의 유권자가 지역구 · 비례대표 국회의원에 대한 국민소환투표에 찬성하면, 투표가 진행되고 그 결과에 따라 해임이 가능하다. 국민의 손으로 선출된 대표를 다시 국민의 손으로 내칠 수 있다는 것으로 '국민파면' 혹은 '국민해직'이라고도 한다.

〉〉 CVID

CVID(Complete, Verifiable, Irreversible Dismantlement)는 완전하고 검증가능하며 돌이킬 수 없는 핵 폐기를 뜻한다. 미국이 북한에 대해 유지하고 있는 비핵화 원칙으로 과거 조지 W 부시 대통령 집권 1기 때 수립되었다. 당시 미국은 북한을 '악의 축'으로 지목하며 초강경 노선을 펼친 바 있다.

〉〉 공수처

'고위 공직자 비리 수사처'를 줄여서 부르는 말로, 고위공직자들의 범죄행위를 상시적으로 수사 · 기소할 수 있는 독립기관을 뜻한다. 수사 대상은 주로 국회의원 및 장차관, 판사, 검사 등 고위직 공무원이다. 공수처 법은 검찰이 독점하고 있는 수사권 및 기소권 일부를 공수처로 분산해 검찰의 정치 권력화를 막고자 하는 취지로 도입이 추진 중이다.

>> 위수령

육군 부대가 한 지역에 계속 주둔하면서 치안을 유지하고 시설물 등을 보호할 것을 규정한 대통령령을 말한다. 군사 정권 시절 군부대가 집회나 시위를 진압하는 근거 법령이 되어왔으며, 국회 동의 없이 군을 출동시킬 수 있다는 점에서 계엄령과는 차이가 있다.

>> 거국내각

여당과 야당이 함께 내각에 참여해 초당적으로 정부를 운영하는 내각 형태로, 중립내각이라고도 한다. 즉, 여당과 야당이 협의를 통해 결정한 인물들을 중심으로 꾸려지는 형태로 특정 정당이나 정파에 한정되지 않은 중립적 내각이다. 거국내각은 일반적으로 국가가 위기 상황에 놓여 있거나 전시 등 비상시에 구성하는데 2011년 11월 그리스 경제 위기가 진행되던 당시 거국내각이 꾸려진 바 있다.

>> 시국선언

지식인이나 종교계 인사 등이 나라의 시대 상황에 대해서 자신들의 우려를 표명하며 해결하기를 촉구하는 것을 일컫는다. 정치 또는 사회적으로 큰 혼란이 있거나 심각한 문제가 있다고 판단될 때 지식인이나 종교계 인사 등이 한날한시에 정해진 장소에 모여 현안에 대한 우려를 표명하고 사태 해결을 촉구하는 것을 말한다.

>> 비선실세

비선실세란 비선과 실세의 합성어이다. '비선'이란 몰래 어떤 인물이나 단체와 관계를 맺고 있는 것을 말하며, '실세'란 실제 세력 또는 그것을 지닌 사람을 말한다. 그러므로 '비선실세'란 공식적으로 인정되지 않았지만, 실질적인 권세를 갖고 있는 사람을 뜻한다. 이는 최순실 게이트 사건으로 널리 쓰이게 된 단어이다.

>> 탄핵소추권(彈劾訴追權)

대통령과 고위 공직자를 대상으로 법적인 책임을 헌법이 정하는 특별한 소추절차에 따라 추궁하여 헌법침해로부터 헌법을 보호하기 위한 헌법재판제도로 국회의 권리이다. 국회는 헌법과 법률의 규정에 따라 대통령이나 특정 고위 공무원의 위법행위에 대해 탄핵의 소추를 의결할 수 있다. 탄핵소추는 재적의원 3분의 1 이상의 발의에 재적의원 과반수의 찬성으로 의결하고, 대통령의 경우 국회 재적의원 과반수의 발의에 재적의원 3분의 2 이상의 찬성이 필요하다.

〉〉 헌법소원(憲法訴願)

공권력의 행사 또는 불행사에 의해 헌법상 보장된 기본권을 침해당했다고 생각되는 개인이나 법인이 권리를 되찾기 위해 헌법재판소에 그 심판을 요구하는 것을 말한다. 이때의 공권력에는 입법·사법·행정이 모두 포함되는 것이 원칙이지만, 현행 「헌법재판소법」법원의 판결을 대상에서 제외하고 있어 법원의 판결을 뒤엎는 헌법소원을 낼 수는 없다.

〉〉 헌법재판소(憲法裁判所)

헌법에 관한 분쟁 또는 의의를 사법적으로 풀어나가는 재판소로, 1960년 제2공화국 헌법에 헌법재판소 설치가 규정되었으나 무산되고, 1987년 10월 말 공포된 개정 헌법에서 헌법위원회가 헌법재판소로 바뀌어 1988년 최초로 구성되었다. 헌법재판소는 대통령·국회·대법원장이 각각 3명의 위원을 선임해 9인의 재판관으로 구성되고 대통령이 국회의 동의를 얻어 재판관 중에서 위원장을 임명한다. 헌법재판소는 법원의 제청에 의한 법률의 위헌여부 심판, 탄핵의 심판, 정당의 해산 심판, 국가기관 상호간과 국가기관과 지방자치단체 및 지방자치단체 상호간의 권한쟁의에 관한 심판, 법률이 정하는 헌법소원에 관한 심판을 담당한다.

〉〉 퍼블리시티권(Right of Publicity)

퍼블리시티권은 사람이 그가 가진 성명, 초상이나 그 밖의 동일성을 상업적으로 이용하고 통제할 수 있는 배타적 권리를 의미한다. 유명인의 경우 정당한 사용계약을 체결하면 얻을 수 있었던 경제적 이익을 상대의 무단 사용으로 인해 재산상 손해를 입게 된다는 경제적 측면의 권리라는 점에서 인격권으로서의 성격을 가지는 전통적 의미의 초상권과는 구별된다.

〉〉 죄수의 딜레마(prisoner's dilemma)

2명 이상의 공범을 분리하여 경찰관이 취조할 경우 범인이 자백하지도, 또 끝까지 범행을 부인하지도 못하는 심리적 모순 상태를 말한다. 죄를 인정하는 자백을 할 수도 없고, 끝까지 부인하자니 다른 공범의 자백에 자신이 더 큰 피해를 당할까 두렵기 때문에 범인은 난처한 입장에 처하게 된다. 이때 대부분의 피의자들은 심리적인 갈등상태에서 자백을 선택하는 경우가 많다. 이는 각 개인이 자기의 이득만을 생각하고 의사결정을 내릴 때, 사회 전체에 손실을 야기시킬 수 있다는 것을 설명하는 좋은 예가 된다.

〉〉 플리 바겐(plea bargain)

사전형량조정제도를 말한다. 유죄를 인정하는 대신 형량을 경감받는 것으로 '플리 길티(plea guilty)'라고도 한다. 우리나라의 경우 플리 바겐에 대한 법적 근거는 없으나 기소에 대한 검사의 재량을 폭넓게 인정하는 기소편의주의와 기소독점주의를 채택하고 있어 수사의 형태가 암묵적으로 플리 바겐과 비슷하게 이루어지고 있다. 뇌물사건이나 마약범죄 등의 수사에 주로 활용된다.

>> 책임총리제

한국은 대통령제를 채택하면서도 부통령 대신 국무총리라는 직책을 두고 있다. 헌법상 국무총리는 국정의 2인자로 행정부를 통괄하고, 국무회의 부의장으로서 국무위원의 임명 · 제청권, 해임 건의권 등을 행사할 수 있다.

>> 불소추특권

대통령은 재직기간 중 헌법 제84조에 의해 내란 · 외환의 죄 이외의 범죄에 대하여 대통령의 재직기간 중 형사상 소추(訴追)를 받지 않는다. 이는 외국에 대하여 국가를 대표하는 지위에 있는 대통령의 신분과 권위를 유지하고 국가원수 직책의 원활한 수행을 보장하기 위함이다. 그러나 재직 중이라도 민사상, 행정상의 소추, 국회에 의한 탄핵소추는 받을 수 있다.

>> 테러방지법

2001년 미국의 9 · 11테러 이후 국가정보원의 발의에 의해 국회에 제출된 법으로, 정부 차원에서의 대(對)테러 활동을 위한 국가정보원의 기능 강화가 주된 내용이다.

>> 공소시효(公訴時效)

확정판결 전에 시간의 경과에 의하여 형벌권이 소멸하는 제도를 말한다. 공소시효의 기산점은 범죄행위가 종료된 때부터 시작된다. 현행법상 인정되는 공소시효는 7종류가 있으며, 공소가 제기된 범죄는 판결의 확정이 없이 공소를 제기한 때로부터 25년을 경과하면 공소시효가 완성한 것으로 간주한다.

PLUS tip

공소시효의 종류

- 사형에 해당되는 범죄 … 25년
- 무기징역 또는 무기금고 … 15년
- 장기 10년 이상의 징역 또는 금고 … 10년
- 장기 10년 미만의 징역 또는 금고 … 7년
- 장기 5년 미만의 징역 또는 금고, 장기 10년 이상의 자격정지 또는 벌금 … 5년
- 장기 5년 이상의 자격정지에 해당하는 범죄 … 3년
- 장기 5년 미만의 자격정지, 구류, 과료 또는 몰수에 해당하는 범죄 … 1년

≫ 캐스팅보트(casting vote)

의회의 표결에 있어서 가부동수(可否同數)인 경우 의장이 던지는 결정권 투표나, 2대 정당의 세력이 거의 같을 때 그 승패를 결정하는 제3당의 투표를 말한다.

≫ 선거의 4원칙

보통선거, 평등선거, 직접선거, 비밀선거의 네 가지 원칙을 말한다. '보통선거'는 일정한 연령에 달하면 어떤 조건에 따른 제한이 없이 모든 국민에게 선거권을 주는 제도이며, '평등선거'는 선거인의 투표가치를 평등하게 취급하는 것이다. '직접선거'는 선거권자가 대리인이 아닌 자신이 직접 투표 장소에 나가 투표하는 제도를 말하며, '비밀선거'는 선거인이 누구에게 투표했는지 알 수 없게 하는 제도이다. 여기에 선거인의 자유로운 의사표현을 보장하는 '자유선거'의 원칙을 더해 선거의 5원칙이라 하기도 한다.

≫ 매니페스토(manifesto)

대통령 선거나 국회의원 선거 등 선거와 관련하여 유권자에게 계획의 추진 일정과 예산 확보의 근거 등을 구체적으로 제시한 공약을 지칭하는 말로서, 어원은 '증거'라는 의미의 라틴어 '마니페스투스(manifestus)'에서 나온 말이다. 우리나라에서는 2006년 5·31 지방선거에서 처음 사용되었으며, 매니페스토가 일반적인 공약과 다른 점은 구체적인 실천방안, 우선순위, 예산방침까지 제시한다는 것이다.

≫ 게리맨더링(gerrymandering)

선거구를 특정 정당이나 후보자에게 유리하게 인위적으로 획정하는 것을 말한다. 이것은 1812년 미국의 게리(Gerry)라는 매사추세츠 주지사가 자기의 소속 정당에 유리하게 선거구를 획정한 결과 샐리맨더(salamander : 희랍신화 속의 도롱뇽)와 비슷한 기형의 선거구가 된 데서 유래되었다.

≫ 로그롤링(logrolling)

선거를 도와주고 그 대가를 받거나 이권을 얻는 행위를 의미한다. 원래는 '통나무 굴리기'라는 뜻으로, 서로 협력하여 통나무를 모은다든가 강물에 굴려 넣는 놀이에서 연유된 것이다.

≫ 포크배럴(Pork-Barrel)

배럴(Barrel)이란 가축에게 먹이를 담아 주는 그릇으로 포크배럴은 돼지 먹이통을 의미한다. 포크배럴은 정치인들이 지역주민 인기를 얻고자 지역구 선심사업을 위해 중앙정부의 예산을 최대한 확보하기 위한 행태를 가리킨다. 정치인들의 이러한 모습이 마치 1870년 미국 남북전쟁 이전 흑인 노예들에게 백인 주인들이 돼지고기를 노예들에게 주던 모습과 흡사하다고 하여 붙여지게 되었다.

〉〉 스핀닥터(spin doctor)

특정 정치인이나 고위 관료의 최측근에서 그들의 대변인 구실을 하는 사람을 의미한다. 일반적으로 정치 지도자나 고위 관료들이 몸을 사릴 때 스핀닥터들이 자신이 마치 정책결정자인 것처럼 이야기하며 언론조작을 서슴지 않는 것이 특징이다.

〉〉 스윙보터(swing voter)

부동층 유권자를 의미하는 용어로, 선거에서 어떤 후보에게 투표할지 결정하지 못한 유권자를 말한다. 과거에는 언디사이디드보터(undecided voter), 미결정 투표자라는 용어를 사용했지만 지금은 마음이 흔들린다는 의미의 스윙보터(swing voter) 또는 플로팅보터(floating voter)로 사용된다. 스윙보터들은 지지하는 정당과 정치인이 없기 때문에 정치 상황과 이슈에 따라 투표하며 특히, 주요 정당의 힘이 균형을 이루고 있을 때 선거의 승패를 가름하는 요인으로 작용한다.

〉〉 도미노이론(domino theory)

도미노 골패가 차례로 넘어지듯이 한 지역의 공산주의화가 차례로 인접지역에 파급되어 간다고 하는 논리를 말한다. 예컨대 베트남이 공산화되면 타이·캄보디아 등 동남아시아의 국가들이 차례로 공산세력에 점령당하게 되고, 이것은 결국 미국의 안보를 위태롭게 한다는 것이다. 미국이 베트남 내전에 개입한 것을 정당화하는 이론으로서, 1960년대에 미국 델레스 국무장관에 의하여 제창되었다.

〉〉 치킨게임(chicken game)

상대방이 항복해서 물러날 때까지 양보하지 않는 게임을 말한다. 이 이론은 자동차를 탄 두 명의 경쟁자가 서로 마주보고 돌진하다가 먼저 핸들을 꺾는 사람이 지는 게임에서 유래된 것으로 이때 진사람은 치킨(겁쟁이)로 낙인이 찍히기 때문에 위험을 감수하고서 정면으로 돌진하게 되고 결국 공멸하게 되는 것을 말한다. 1950~60년대 미국과 구소련의 지나친 군비경쟁을 비판한데서 차용돼 국제정치용어로 쓰이게 되었으며 오늘날에는 극단적 상황으로 치닫음에도 경쟁하기를 멈추지 않는 국제 간 경쟁이나 기업 간의 가격경쟁을 표현할 때 사용된다.

〉〉 논 제로 섬 게임(non zero sum game)

한 쪽의 이익과 다른 쪽의 손실을 합하면 제로로 되지 않는 현상을 말한다. 실제로 주권국가와 주권국가의 관계로 이룩되는 국제정치의 장에서는 한 쪽의 이익은 다른 쪽의 손해로 간주되는 일이 많다. 제각기 국가이익을 위하여 조금의 양보도 꺼려 하는 국제정치의 장에서는 종종 '제로 섬 게임(zero sum game)'으로 설명되는 현상이 나타난다.

》》 포퓰리즘(populism)

본래의 목적보다는 대중의 인기를 얻는 것을 목적으로 하는 정치의 행태로, 다수의 일반 대중을 정치의 전면에 내세워 집권세력의 권력을 유지하지만 실제로는 소수 집권세력의 권력을 공고히 하는 정치체제다. 포퓰리즘은 정치 지도자들의 정치적 편의주의(便宜主義)·기회주의(機會主義)를 근본으로 하여 개혁을 내세우므로 대중을 위함이 아닌 지나친 인기 영합주의에 빠지기 쉽고, 합리적인 개혁이 아닌 집권세력의 권력유지나 비 집권세력의 권력획득 수단으로서 악용되기도 한다. 엘리트주의와 대립되는 개념이다.

》》 아그레망(agr gment)

어떤 나라가 특정 인물을 타국에 대사 또는 공사로 파견하기 전에 상대 접수국에 이의의 유무에 관한 의사를 문의하는데, 이 경우 그 상대국이 그 인물에 대하여 승인하는 절차를 말한다. 프랑스어로 '동의'라는 뜻으로 어떠한 인물을 외교사절로 파견하느냐는 파견국의 임의이나, 접수국이 거절할 수 있는 것은 국제관례사항이다. 아그레망을 거부할 경우에는 파견국에 그 이유를 고지할 필요가 있다.

》》 페르소나 논 그라타(persona non grata)

대사나 공사 등의 외교사절, 기타 외교직원이 어떤 이유로 접수국 정부로서 받아들이기 어렵게 되었을 때 이유를 밝히지 않고 '호감이 가지 않는 사람(persona non grata)' 또는 '받아들이기 곤란한 자'임을 선언할 수 있다. 이 선언이 있을 때 파견국은 즉시 소환 또는 해임해야 한다.

》》 비정부기구(NGO : Non-Government Organization)

지역·국가·국제적으로 조직된 자발적인 비영리시민단체를 말한다. 본래 UN헌장 제17조에 있는 용어로 경제사회이사회의 자문기관으로 인정되고 있다. 공동의 이해를 가진 사람들이 특정 목적을 위해 조직한 NGO는 다양한 서비스와 인도주의적 기능을 수행하며, 정부정책을 감시하고 정보제공을 통해 시민의 정치참여를 장려하며, 인권·환경·보건·성차별 등의 특정 이슈를 추구하기도 한다. UN기구와는 조직의 목적에 따라 다양한 관계에 있는데, 중요한 문제를 제기하고 참신한 기획과 실천적인 프로그램을 제공하며 총회에서 결의되는 내용을 의뢰받아 자문과 운영상의 문제점을 지적하고 프로그램을 제작한다. 국제적으로 대중의 연대가 활발해짐에 따라 인권·환경·빈곤추방·부패방지 등의 문제에서 역할이 커지고 있다.

》》 한반도 에너지 개발기구(KEDO : korean peninsula energy development organization)

1995년 3월 9일에 발족된 북한의 경수형 원자로 제공 관련기구로, 북한이 흑연감속형 원자로 2기를 동결하는 대가로 미국이 1,000MW급 경수로 2기를 건설하기 위해 설립된 국제 컨소시업이다. 한·미·일 3개국이 북미간 제네바협의에 따라 대북경수로 건설에 중심적인 역할을 하고 있다.

〉〉 국제연합안전보장이사회(UNSC : United Nations Security Council)

국제평화와 안전유지에 책임과 권한을 갖는 국제연합의 주요기관으로 5개의 상임이사국(미국·프랑스·영국·러시아·중국)과 10개의 비상임이사국으로 구성된다. 비상임이사국의 임기는 2년, 재선 불가능하며 총회에서 선출된다. 안전보장이사회의 권한으로는 국제평화를 위협하는 분쟁이 있을 시 분쟁당사자국들이 평화적 방법으로 해결하도록 권고하고 이 권고의 효력이 없을 시에 강제적 개입이 가능하며, 평화에 대한 위협·침략행위가 있을 시에 평화유지와 회복을 위해 잠정이나 군 개입의 강제조치 결정을 할 수 있다. 이 강제조치는 법적 구속력을 지닌다.

〉〉 영토분쟁(領土紛爭)

근대 주권국가 건설의 과정에서 발생한 국경선을 둘러싼 분쟁을 말한다. 근대국가는 주권을 확립하기 위해 우선 영역주권이라고도 하는 주권이 미치는 범위, 즉 국경을 확정해야 한다. 그 과정에서 국경선의 위치가 정치적 위신, 군사적 이득, 경제적 권익 또는 역사나 종교 등의 문제와 관련될 때 영토분쟁이 발생한다. 대표적인 영토분쟁의 예는 다음과 같다.

① **중동 전쟁** ··· 1948년 이후 지금까지 계속되고 있는 유대교를 믿는 이스라엘과 이슬람교를 믿는 팔레스타인과의 분쟁이다.

② **카슈미르 분쟁** ··· 영국의 식민지였던 인도가 1947년 인도와 파키스탄으로 분리 독립되면서 시작된, 힌두교와 회교도 간의 종교적 갈등으로 인해 발생한 영토분쟁이다.

③ **조어도(釣魚島) 분쟁** ··· 일본 오키나와 서남쪽 약 400km, 중국 대륙 동쪽 약 350km, 대만 북동쪽 190km 정도 떨어진 동중국해상에 위치한 8개 섬으로 이뤄진 조어도(중국명 댜오위다오)를 둘러싸고 일본과 중국·대만이 벌이고 있는 영유권분쟁이다.

④ **포클랜드 분쟁** ··· 아르헨티나 해안에서 약 200마일 떨어져 200여 개의 크고 작은 섬들로 이뤄진 포클랜드 군도를 두고 영국과 아르헨티나 사이에서 벌어지고 있는 영유권분쟁이다.

⑤ **난사군도(南沙群島) 분쟁** ··· 남중국해 남단에 위치한 난하이 제도 중의 하나인 난사군도를 둘러싸고 중국·대만·베트남·말레이시아·필리핀·브루나이 등 주변 6개국이 이곳의 전부 또는 일부에 대해 영유권을 주장하고 있는 분쟁이다. 현재 50여 개의 섬을 각 분쟁국들이 점유하고 있다.

⑥ **쿠릴 열도 분쟁** ··· 일본의 홋카이도와 러시아의 캄차카 반도를 잇는 쿠릴 열도 20개 도서 중 최남단 4개 섬은 홋카이도 바로 옆에 있는 쿠나시르, 하보마이 군도, 시코탄, 이투루프에 대한 일본과 러시아 간의 영유권분쟁이다.

〉〉 파노플리 효과

파노플리효과는 상품을 소비함으로써 그것을 소비할 것으로 여겨지는 계층 및 집단과 동일시되는 현상을 가리킨다. 이것은 어린아이가 의사놀이세트를 통해 마치 의사가 된 듯한 기분을 느끼는 효과와 비슷한데, 여기서 파노플리(Panoplie)는 '집합(Set)'이라는 뜻으로, 판지에 붙어있는 장난감 세트처럼 동일한 맥락을 가진 상품의 집단을 가리킨다. 프랑스의 사회철학자 장 보드리야르(Jean Baudrillard)는 상품을 통해 특정 계층에 속한다는 사실을 과시하는 것을 가리켜 이 용어를 사용했다. 대표적인 사례로는 상품이 사람을 평가한다는 생각에 스타벅스 등의 브랜드 커피를 마시거나 명품을 소비하는 현상 등이 있다.

〉〉 붉은 여왕효과

어떤 대상이 변화하려고 해도 주변 환경과 경쟁 대상 역시 끊임없이 변화하기 때문에 상대적으로 뒤쳐지거나 제자리에 머무는 현상을 말한다. 주로 기업의 혁신경쟁이나 각국의 군비경쟁, 진화론 등을 설명할 때 유용하게 사용된다.

〉〉 노노개호(老老介護)

노인이 노인을 돌본다는 뜻으로 일본에서 처음 등장한 용어이다. 일본에서는 간병과 수발을 포함해 돌보는 일을 '개호(介護)'라고 한다. 여기에 노인을 뜻하는 늙을 노(老)를 두 번 겹쳐서 만들어졌다. 노노개호(老老介護)는 60대의 자녀가 80~90대 부모를 돌보거나 노인 부부가 서로를 돌보는 상황을 가리킨다.

〉〉 맞춤형 보육제도

만 48개월 이하 영아에 대한 보육 체계를 하루 12시간까지 이용할 수 있는 '종일반'과 하루 최대 6시간 이용이 가능한 '맞춤반'으로 이원화한 제도이다. 2013년 1월 1일 이후 태어난 아동(어린이집 만0~2세반)을 대상으로 2016년 7월부터 시행됐다. 맞춤형 보육 시행 이전까지는 국가 완전 무상보육 원칙에 따라 가구의 특성이나 실제 어린이집 이용시간과 관계없이 모든 아이에게 12시간 종일반 보육서비스를 제공해 왔다. 7:30~19:30까지 12시간 이용이 가능한 종일반은 맞벌이 가정이나 구직 · 돌봄 필요사유가 있는 가정이 대상이다. 9:00~15:00까지 이용 가능한 맞춤반은 전업주부의 자녀가 주 대상이다. 맞춤반의 경우 긴급보육바우처(월 15시간)를 도입했는데, 이는 맞춤반 보육시간 이외의 시간에 병원 방문 등으로 추가 보육서비스가 필요한 경우 사용할 수 있다.

>> 고령사회(高齡社會)

　고령화사회는 노령인구의 비율이 현저히 높아져 가는 사회를 말하나 고령사회는 노령인구의 비율이 높은 수준에서 기복이 없는 안정된 사회를 말한다. 인구의 고령화 요인은 출생률과 사망률의 저하에 있다. 사회가 발전함에 따라 선진국에서는 평균수명이 연장돼 장수하는 노령인구가 늘고 있어 고령에 따르는 질병·고독·빈곤 등의 사회경제적 대책이 시급한 상황에 이르고 있다. 고령에 대한 정의는 일정치 않은데, 우리나라의 경우 「고용상 연령차별금지 및 고령자고용촉진에 관한 법률」 시행령에서 55세 이상을 고령자, 50~55세 미만을 준고령자로 규정하고 있다. 우리나라는 지난 2000년 65세 이상 인구가 총인구의 7%를 넘어 고령화사회로 진입했다.

PLUS tip ....

UN이 분류한 고령에 대한 정의
- **고령화사회**(aging society)…65세 이상 인구가 총인구를 차지하는 비율이 7% 이상
- **고령사회**(aged society)…65세 이상 인구가 총인구를 차지하는 비율이 14% 이상
- **초고령사회**(post-aged society)…65세 이상 인구가 총인구를 차지하는 비율이 20% 이상

>> 잊힐 권리(Right to Be Forgotten)

　아날로그 시대와 달리 디지털 시대에선 모든 정보와 자료가 웹 상에서 계속 남아있게 되는 특성을 갖고 있어 부끄러운 기억이나 잊고 싶은 옛 추억이 나의 의지와 상관없이 그대로 남아 괴롭히게 되는데 이러한 디지털 흔적을 자기가 통제할 수 있는 권리를 온라인에서 잊힐 권리라 할 수 있다. 즉 인터넷상에서 자신과 관련된 각종 정보에 대해 삭제를 요청할 수 있는 권리로 공공의 알권리와 표현의 자유 때문에 잊힐 권리는 제한되어야 한다는 주장과 프라이버시권 보호를 위해 잊힐 권리를 존중해야 한다는 대립이 존재한다.

>> 아노미(anomie)

　규범의 부재 또는 혼란의 상태를 뜻하는 개념으로, 프랑스의 사회학자 뒤르켐(E. Durkheim)이 그의 저서 '분업론'과 '자살론'에서 처음 사용한 용어이다. 흔히 사회학적 용어로 쓰이며 급격한 사회 변동속에서 기존의 가치관은 붕괴되었으나 새로운 규범이 성립되지 않아 사회구성원들이 가치관의 혼란을 일으키는 상태를 의미한다.

Point >> **아노미 이론**…뒤르켐과 머턴의 이론으로, 사람들의 목표성취를 위한 사회문화구조의 긴장상태가 범죄의 원인이라고 본다. 즉, 사회해체 등의 원인으로 문화적 목표가 과잉 강조되거나 제도적 수단에 대한 접근 기회가 차단될 때 범죄가 발생한다고 한다.

>> 고용허가제

외국인 근로자의 합법적 취업을 보장, 국내 근로자처럼 노동관계법에 따라 임금과 복지 등에서 동등하게 대우받도록 하는 제도이다. 시행 중인 '산업연수생제도'가 외국인 근로자들에 대한 인권침해와 불법체류자를 양산하고 있다는 인식 아래 그 대안으로 중소기업의 인력난 완화와 외국인 근로자의 인권보호를 목적으로 도입이 추진되고 있다. 고용허가제는 기업이 직접 외국인 근로자를 채용하고 외국인 근로자는 국내 근로자와 같은 지위를 가지게 된다. 그러나 임금상승을 우려한 경제단체들은 반대의사를 밝히고 있다.

>> 총액임금제

근로자가 연간 지급받는 수당·상여금 등의 모든 합계를 12개월로 나눈 액수에 의해 임금인상률을 결정하는 것을 의미한다. 총액임금에는 기본급, 고정상여금, 직무수당 등 지급금액이 확정되어 있는 모든 수당이 포함되며, 지급 금액이 확정되지 않은 야간·휴일근무수당, 시간외수당, 상여금 등은 포함되지 않는다. 임금인상은 일반적으로 단체교섭을 통해 결정되며, 우리나라는 1992년부터 저임금업체를 제외한 대기업, 공무원, 국영기업 등은 총액임금을 기준으로한 임금인상을 실시하고 있다.

>> 워크셰어링(work sharing)

불황기의 고용문제 해결방법으로, 노동자 1인당 노동시간을 단축함으로써 전체고용자수를 유지·증대하려는 형태의 업무분담을 말한다. 구체적으로 노동시간 단축, 작업량 삭감, 휴일·휴가 증가, 퇴직연령 인하, 교육·직업훈련기간 연장 등이 있다.

>> 최저임금제(最低賃金制)

일정금액 이상의 임금을 노동자에게 지불하도록 법적으로 강제하는 제도로, 노동자의 생활안정·노동력의 질적 향상·사업의 공정한 경쟁확보를 목적으로 한다. 최저임금 이하로 임금을 지급할 때는 사업주를 형사처벌할 수 있다. 1986년 12월 「최저임금법」이 제정되면서부터 시행되고 있다. 최저임금의 결정은 동종산업에 있어서의 공정임금, 노동자의 생활임금, 고용자의 지급능력 등이 기준이 된다.

>> 플렉스 타임제(flextime system)

샐러리맨들이 원하는 시간에 출퇴근할 수 있도록 하는 제도로, 기본공동시간만 함께 일하고 나머지는 자율적으로 이용함으로써 근무의욕을 높이는 제도로 평가되고 있다. 이 제도는 회사측으로서는 불필요한 근무시간을 삭감해 인건비를 축소시킬 수 있고 사원들은 업무에 맞춰 유연하게 자기시간을 관리함으로써 개인생활에 융통성이 생긴다.

>> 티핑 포인트(Tipping Point)

갑자기 뒤집히는 점이라는 뜻으로 어떤 것들이 균형을 깨고 한 순간에 번지는 것을 이르는 말이다. 티핑 포인트가 이뤄지는 데는 '소수 법칙', '고착성 법칙', '상황의 힘 법칙' 이 세 가지 요인이 크게 작용하는데 소수 법칙은 영향력 있는 소수가 전파한다는 것이고 고착성 법칙은 전해지는 메시지가 흡인력이 있어서 사람들 기억 속에 잘 고착돼야 행동을 변하게 한다는 것이고, 상황의 힘 법칙은 주변의 상황이 맞아떨어져야 잘 전파될 수 있다는 것을 의미한다. 인기 없던 제품이 어떤 일이 계기가 돼 폭발적으로 인기를 끌게 되는 것이 티핑 포인트의 예에 해당된다고 볼 수 있다.

>> 소시오패스(Sociopath)

반(反)사회적 인격 장애의 일종으로 사회를 의미하는 '소시오(socio)'와 병리 상태를 뜻하는 '패시(pathy)'의 합성어이다. 반사회적인 범죄를 저지르고 자신의 행동에 대한 죄책감이 없다는 점에서 사이코패스(Psychopath)와 비슷하지만, 유전적·생물학적 요인에 의해 다른 사람의 고통에 대한 개념 자체가 부족한 사이코패스와 달리 잘못된 행동이란 것을 알면서도 반사회적인 행위를 한다는 특징이 있다.

>> 프로보노(pro bono)

'공익을 위하여'라는 의미의 라틴어 'pro bono publico'의 줄임말로, 전문적인 서비스를 공익 차원에서 무료로 제공하는 것을 말한다. 변호사의 무료 법률자문 사회공헌에서 비롯한 것으로 최근에는 IT, 마케팅, 디자인 등 다양한 분야의 전문가들이 자신의 재능을 기부하는 것을 포괄적으로 일컫는 용어로 사용된다. 프로보노는 봉사자가 자신이 전문적인 분야에서 도움을 준다는 점에서 일반적인 자원봉사와는 다르다.

>> 도넛현상(doughnut)

대도시의 거주지역과 업무의 일부가 외곽지역으로 집중되고 도심에는 상업기관·공공기관만 남게 되어 도심은 도넛모양으로 텅 비어버리는 현상이다. 이는 도시 내의 집값상승·생활환경의 악화·교통혼잡 등이 원인이 되어 발생하는 현상으로 도심 공동화현상이라고도 한다.

>> 스프롤현상(sprawl)

도시의 급격한 팽창에 따라 대도시의 교외가 무질서·무계획적으로 주택화되는 현상을 말한다. 교외의 도시계획과는 무관하게 땅값이 싼 지역을 찾아 교외로 주택이 침식해 들어가는 현상으로 토지이용면에서나 도시시설정비면에서 극히 비경제적이다.

〉〉 효과별 분류

구분	내용
베르테르효과 (werther effect)	유명인이나 자신이 롤 모델로 삼고 있던 사람이 자살할 경우, 자신과 동일시해서 자살을 시도하는 현상. 독일의 문호 괴테가 1774년에 출간한 「젊은 베르테르의 슬픔」에서 유래했는데, 이 작품에선 남주인공 베르테르가 여주인공 로테를 사랑하지만 그녀에게 약혼자가 있다는 것을 알고 실의에 빠져 권총자살을 하게 된다. 시대와의 단절로 고민하던 젊은 세대의 공감으로 자살이 급증하자 이를 연구한 미국의 사회학자 필립스(D. Phillips)가 이름을 붙였다.
루핑효과 (looping effect)	사람들이 이전에 관심이 없다가 새로운 사실을 인식하게 되면 이러한 사실들이 상호작용하게 되어 사람이 변해 새로운 사실에 영향을 받은 다른 종류의 사람이 만들어지는 현상. 예를 들어 유명인의 자살을 언론보도를 통해 접하고 관심을 갖게 돼 개개인의 불안심리가 조성되면서 우울감이나 단절감이 자살로 이어지게 된다.
나비효과 (butterfly effect)	브라질에 있는 나비의 날갯짓이 미국 텍사스에 토네이도를 발생시킬 수도 있다는 과학이론. 기상 관측한 데이터를 통해 처음 이야기된 효과로, 어떤 일이 시작될 때 있었던 아주 미묘한 양의 차이가 결과에서는 매우 큰 차이를 만들 수 있다는 이론이다. 이는 후에 카오스 이론의 토대가 되었다.
낭떠러지효과	자신이 정통한 분야에 대해서는 임무수행능력이 탁월하지만 조금이라도 그 분야를 벗어나면 낭떠러지에서 떨어지듯이 일시에 모든 문제해결능력이 붕괴되는 현상을 말한다. 낭떠러지효과는 기계문명에 대한 맹신에서 벗어날 것을 인류에게 촉구하는 미래학자들의 경고이기도 하다.
넛지효과 (nudge effect)	어떠한 금지나 인텐시브 없이도 인간 행동에 대한 적절한 이해를 바탕으로 타인의 행동을 유도하는 부드러운 개입을 뜻하는 말. 행동경제학자인 선스타인(C.R. Sunstein)과 리처드 탈러(R.H. Thaler)가 공저한 「넛지」에 의하면, 팔을 잡아끄는 것처럼 강제에 의한 억압보다 팔꿈치로 툭 치는 부드러운 개입으로 특정 행동을 유도하는 것이 더 효과적이라고 한다.
디드로효과 (diderot effect)	하나의 제품을 구입하면 그 제품과 연관된 제품을 연속적으로 구입하게 되는 현상. 소비자는 단순히 기능적인 연관성뿐만 아니라 제품과 제품 사이에 정서적 동질성을 느껴서 구입하게 된다.
피그말리온효과 (pygmalion effect)	타인의 관심이나 기대로 인해 능률이 오르거나 결과가 좋아지는 현상. 그리스 신화에 나오는 조각가 피그말리온의 이름에서 유래한 심리학 용어로 '로젠탈효과'라고도 한다.
스티그마효과 (stigma effect)	타인에게 무시당하거나 부정적인 낙인이 찍히면 행태가 나빠지는 현상. 스티그마효과가 부정적 행태를 보인다면 피그말리온효과는 긍정적 행태를 보인다. '낙인효과'라고도 한다.
래칫효과 (ratchet effect)	소득수준이 높았을 때의 소비성향이 소득수준이 낮아져도 낮아진 만큼 줄어들지 않게 하는 저지작용

〉〉 U턴현상

대도시에 취직한 시골 출신자가 고향으로 되돌아가는 노동력 이동을 말한다. 대도시의 과밀·공해로 인한 공장의 지방 진출로 고향에서의 고용기회가 확대되고 임금이 높아지면서 노동력의 이동현상이 나타나고 있다.

>> J턴현상

대도시에 취직한 시골출신자가 고향으로 돌아가지 않고 지방도시로 직장을 옮기는 형태의 노동력 이동을 말한다. U턴현상에 비해 이 현상은 출신지에서의 고용기회가 적을 경우 나타나는 현상이다.

>> 쿼터리즘(quarterism)

4분의 1을 뜻하는 영어 쿼터(quarter)에서 나온 말로, 인내심을 잃어버린 요즘 청소년의 사고·행동양식을 지칭한다. 최근의 10대들은 자극에는 즉각 반응을 하지만 금새 관심이 바뀌는 감각적 찰나주의가 한 특징으로, 이는 순간적 적응력을 요구하는 고속정보통신과 영상매체의 급격한 팽창이 한 가지 일에 진지하게 접근하고 집중하는 능력을 점차 잃게 한 원인으로 지적되고 있다. 그러나 직관적 사고나 감각적이고 순발력이 필요한 아이디어를 창안해내는 데는 천재적이라는 긍정적 결과도 있다.

>> 엘리트이론(elite theory)

모든 사회조직에서의 정책은 집단 사이의 갈등 또는 요구를 통해 만들어지는 것이 아니라 파워엘리트나 지배엘리트 등의 특정한 소수로 국한되어 정책이 좌우된다는 이론이다. 엘리트이론은 세 가지로 나뉜다.
① **고전적 엘리트이론** … 어떤 사회에서 집단이 생기면 책임·사명·능력의 3가지 요소를 가진 소수 엘리트가 사회를 통치하고 다수의 대중들은 이들의 의견이나 결정을 따라 결국 소수 엘리트에 의한 지배가 이루어질 수밖에 없다는 입장
② **신 엘리트이론** … 정치권력에는 이중성이 있어서 하나는 정책결정을 할 때 힘을 발휘하고, 다른 하나는 정책결정을 위한 정책문제의 선택에 있어서 그 영향력을 행사한다는 입장
③ **급진적 엘리트이론** … 1950년대 밀스(C.W. Mills)가 주장한 미국 권력구조에 대한 이론으로 파워엘리트는 단일지배계급이 아닌 기업체, 정부 내 행정관료기구, 군대 요직에 있는 간부를 지칭하며 이들의 밀접한 결합이 심화되고 있다고 보았다.

>> 시간선택제 일자리

시간선택제 일자리란 정부에서 2017년까지 고용률 70%를 달성하기 위한 하나의 취업대책으로 만든 제도로서 자신의 상황에 맞게 주 20~30시간 범위 내에서 탄력적으로 근무할 수 있도록 하여 많은 사람들이 경제활동에 참여할 수 있는 기회를 제공하기 위한 제도이다. 정규직과 비정규직을 구분하지 않고 정규직이지만 기업이 원하고 구직자가 원하는 시간이 되는 사람을 선발하여 모두에게 윈-윈(win-win)할 수 있는 시스템을 갖추는 것이 시간선택제 일자리의 핵심이라고 할 수 있다. 공무원, 교사, 공기업 등 공공부문은 물론 삼성, 롯데, 신세계, 포스코 등 대기업들도 시간선택제 일자리 제도를 통해 구직자를 선발할 예정이며 정부에서도 시간선택제 일자리를 적극적으로 활용하는 기업에게 지원을 할 예정이다. 시간선택제 일자리를 통해 취업을 하는 인구는 주로 경력이 단절된 여성들, 퇴직한 중장년층으로 예상된다.

>> 무리별 분류

구분	내용
여피족(yuppie)	young urban, professional. 도시에서 자란 젊고 세련된 전문직업인
더피족(duppie)	depressed urban professional. 우울한 도시 전문직 종사자들
이피족(yiffie)	young(젊은), individualistic(개인주의적인), freeminded(자유분방한), few(사람 수가 적은). 1990년대 여피에 이어 등장, 여유있는 삶, 가족관계, 다양한 체험 등 자신의 목적을 위해 직장을 마다하고 자신의 행복과 만족을 추구하는 청년들
예티족(yettie)	young(젊고), entrepreneurial(기업가적인), tech-based(기술에 바탕을 둔), internet elite. 신경제에 발맞춰 일에 대한 열정으로 패션에 신경을 쓰지 않는 20~30대의 신세대 인간형
댄디족(dandy)	자신이 벌어서 규모 있는 소비생활을 즐기는 젊은 남자들. 방송·광고·사진작가·컴퓨터 프로그래머 등의 전문직에 종사
시피족(cipie)	character(개성), intelligence(지성), professional(전문성). 오렌지족의 소비 지향적·감각적 문화행태에 반발, 지적 개성을 강조하고 검소한 생활을 추구하는 젊은이
슬로비족(slobbie)	slower but better working people. 성실하고 안정적인 생활에 삶의 가치를 더 부여하는 사람들
니트족(neet)	not in education, employment or training. 교육이나 훈련을 받지 않고 일도 하지 않으며 일할 의지도 없는 청년 무직자
좀비족(zombie)	대기업·방대한 조직체에 묻혀 무사안일에 빠져있는 비정상적인 사람
딩크족(dink)	double income, no kids. 정상적인 부부생활을 영위하면서 의도적으로 자녀를 갖지 않는 젊은 맞벌이 부부
딘스족(dins)	dual income, no sex couples. 성생활이 거의 없는 맞벌이 부부
듀크족(dewks)	dual employed with kids. 아이가 있는 맞벌이 부부
딘트족(dint)	double income no time. 경제적으로 풍족하지만 바쁜 업무로 소비생활을 할 시간이 없는 신세대 맞벌이
네스팅족(nesting)	단란한 가정을 가장 중시하고 집안을 가꾸는 신가정주의자들
싱커즈족(thinkers)	젊은 남녀가 결혼 후 맞벌이를 하면서 아이를 낳지 않고 일찍 정년퇴직해 노후생활을 즐기는 신계층
통크족(tonk)	two only no kids. 자식은 있되 자식뒷바라지에 의존하지 않고 취미·운동·여행 등으로 부부만의 생활을 즐기는 계층
우피족(woopie)	well of older people. 자식에게 의지하지 않고 경제적인 여유로 풍요롭게 사는 노년세대
유미족(yummy)	young upwardly mobile mummy. 상향 지향적이고 활동적인, 특히 자녀에 대해 정열을 쏟는 젊은 어머니들
나오미족	not old image. 안정된 결혼생활을 누리며 신세대 감각과 생활을 보여주는 30대 중반 여성들
루비족(ruby)	refresh(신선함), uncommon(비범함), beautiful(아름다움), young(젊음). 평범·전통적인 아줌마를 거부해 자신을 꾸미는 40~50대 여성들
나우족(now)	new old women. 40~50대에도 젊고 건강하며 경제력이 있는 여성들
노무족(nomu)	no more uncle. 나이와 상관없이 자유로운 사고와 생활을 추구하고 꾸준히 자기개발을 하는 40~50대 남자들

〉〉 세대별 분류

구분	내용
A세대	aspirations(욕구)의 첫 글자에서 따온, 아시아·라틴아메리카 등의 신흥경제국가의 도시에 살고, 연간 2천만 파운드를 벌며 계속 소득이 늘어 소비욕구가 강해 세계경제의 메가트렌드를 주도하는 30~40대 중산층
C세대	컴퓨터 보급의 일반화로 탄생하여 반도체칩과 카드, 케이블 속에 사는 컴퓨터 세대. 또는 자신이 직접 콘텐츠를 생산·인터넷 상에서 타인과 자유롭게 공유하며 능동적으로 소비에 참여하는 콘텐츠 세대.
E세대	enterpriser(기업가)의 첫 글자에서 따온, 스스로가 사업체를 세워 경영인이 되고 싶어 하는 사람들
G세대	green과 global의 첫 글자에서 따온, 건강하고 적극적이며 세계화한 젊은 세대
L세대	luxury(사치)의 첫 글자에서 따온, 세계적으로 유명한 고가의 고급 브랜드를 일상적으로 소비하는 명품족
M세대	휴대전화를 통화 이외의 다양한 용도로 사용하는 나홀로족인 모바일세대 또는 1980년대 초반 이후 출생한 덜 반항적, 더 실질적, 팀·의무·명예·행동을 중시하는 밀레니엄세대
N세대	1977~1997년 사이에 태어나 디지털 기술과 함께 성장, 기기를 능숙하게 다룰 줄 아는 자율성·능동성·자기혁신·개발을 추구하는 디지털 문명세대
P세대	passion(열정)·potential power(힘)·participation(참여)·paradigm-shifter(패러다임의 변화를 일으키는 세대)의 첫 글자에서 따온, 열정과 힘을 바탕으로 사회 전반에 적극적으로 참여해 사회 패러다임의 변화를 일으키는 세대. 자유로운 정치체제 하에서 성장하여 긍정적인 가치관을 가지며, 386세대의 사회의식·X세대의 소비문화·N세대의 생활양식·W세대의 공동체의식 등이 모두 포괄해서 나타난다.
Y세대	컴퓨터를 자유자재로 다루고 다른 나라 문화나 인종에 대한 거부감이 없는, 전후 베이비붐 세대가 낳은 2세들인 10대 전후의 어린이
X세대	50% 정도가 이혼·별거한 맞벌이 부모 사이에서 자라 가정에 대한 동경과 반발 심리를 가지며 개인적인 삶에 큰 의미를 두는 1961~1984년 사이에 출생한 세대
IDI세대 (I Deserve Its generation)	내 몫 챙기기에 철저한 미국의 젊은 세대. 산업화·현대화 이후 개인주의적 태도와 함께 드러나기 시작한 이기적인 사고가 매우 심해진 형태로 개인적인 요구와 욕망, 자기 권리만 내세운다.
부메랑세대	사회에 진출했다가 곧 독립을 포기하고 부모의 보호 아래로 돌아가는 젊은이들. 실패한 성인, 훈련 중인 성인으로 불린다.
캥거루세대	경제적·정신적으로 부모에 의존해 생활을 즐기는 젊은 세대. 자라증후군
미 제너레이션 (me generation)	자기주장이 강하고 자기중심적으로 생각하고 행동하는 요즘의 젊은층

>> 증후군의 분류

구분	내용
빈 둥지 증후군 (empty nest syndrome)	공소증후군. 중년의 가정주부가 어느 날 갑자기 빈 둥지를 지키고 있는 듯 허전함을 느끼며 자신의 정체성에 대해 회의를 품게 되는 심리적 현상
모라토리엄 증후군 (moratorium syndrome)	지식 수준이나 육체적으로 한 사람의 몫을 충분히 할 수 있음에도 불구하고 사회인으로서 책무를 기피하는 현상. 대개 고학력 청년들로 대학 졸업 후 사회로 나가기 두려워 취직하지 않고 빈둥거리는 것을 말한다.
파랑새 증후군 (bluebird syndrome)	현재의 일에 만족이나 정열을 느끼지 못하고 미래의 행복만을 꿈꾸는 증후군
피터팬 증후군 (peter pan syndrome)	무기력증을 보이는 남성들의 심적 증후군. 어른이면서도 어린이 같은 언행을 일삼는 현상을 말한다.
슈퍼우먼 증후군 (superwoman syndrome)	직장여성 중 엘리트를 지향하는 여성들에게서 보이는 스트레스 증후군. 모든 일에 완벽하려고 지나친 신경을 써서 지쳐버리게 되는 증상을 말한다.
신데렐라콤플렉스 (cinderella complex)	자신의 능력으로 자립할 자신이 없는 여성이 일시에 자신의 일생을 변화시켜 줄 존재의 출현만을 기다리는 심리로, 남자의 인생에 의지하여 마음의 안정을 찾고 보호받기를 원하는 여성의 심리적 의존을 말한다.
LID 증후군 (loss isolation depression syndrom)	핵가족화로 인해 노인들에게 발생할 수 있는 고독병의 일종. 자녀들은 분가해서 떠나고 주변의 의지할 사람들이 세상을 떠나면 그 손실에 의해 고독감과 소외감을 느낀다. 이런 상태가 지속되면 우울증에 빠지게 되는데 이를 고독고(孤獨苦)라 한다. ※ 노인의 4고(苦) : 빈고(貧苦), 고독고(孤獨苦), 병고(病苦), 무위고(武威苦)

>> 스마트 워크(smart work)

업무의 효율성을 높이기 위해 기존의 사무실 근무를 벗어나 언제 어디서나 일할 수 있는 업무개념을 말한다. 스마트 워크는 모바일 기기를 이용한 업무 수행방법으로 모바일 오피스, 영상회의 시스템을 활용하는 원격근무, 재택근무가 포함된다. 모바일 기기의 발달로 유럽에서는 새로운 근무형태가 확대되는 추세이며, 우리나라에서는 KT가 집이나 사무실에 출근하지 않고도 근무할 수 있는 '스마트 워크제'를 실시했다.

>> 포스트 포디즘

미숙련 노동자를 투입하여 표준화된 제품을 생산했던 예전의 경직된 생산 라인에서 벗어나서 시장의 변화에 적절히 대처할 수 있는 범용 기계와 숙련 노동자들로 구성되는 혁신적인 생산 체제를 일컫는 말이다. 분업을 최소화시켜 직무를 수평적, 수직적으로 통합하고 권위주의적인 수직적 의사 결정 구조를 수평적으로 전환하며, 노동자들에게는 직무에 대한 폭넓은 자율권을 보장하는 등 생산의 효율성을 높이면서도 보다 인간적인 작업 환경을 마련하려는 특징을 가지고 있다.

〉〉 숍제도의 분류

노동조합이 사용자와 체결하는 노동협약에 조합원 자격과 종업원 자격의 관계를 규정한 조항(shop clause)을 넣어 조합의 유지와 발전을 도모하는 제도를 숍제도(shop system)라 한다.

구분	내용
오픈숍(open shop)	조합가입 여부에 관계없이 고용이나 해고에 차별대우를 하지 않은 제도로, 사용자는 노동자를 자유로 채용할 수 있고 노동자의 조합가입 여부도 자유의사인 것
유니언숍(union shop)	회사와 노동조합의 협정에 의해 일단 채용된 노동자는 일정한 기간 내에 의무적으로 조합에 가입해야 하는 제도로, 미가입자·조합탈퇴자 및 조합에서 제명된 자는 사용자가 해고하도록 하는 것
클로즈드숍(closed shop)	이해(利害)를 공통으로 하는 모든 노동자를 조합에 가입시키고 조합원임을 고용의 조건으로 삼는 노사 간의 협정제도로, 노동조합의 단결 및 사용자와의 교섭력을 강화하여 유리한 노동조건을 획득하려는 의도에서 나온 것
프레퍼렌셜숍(preferential shop)	조합원 우선숍 제도로, 조합원은 채용이나 해고 등 단체협약상의 혜택을 유리하게 대우하기로 하고, 비조합원에게는 단체협약상의 혜택을 주지 않는 것
메인터넌스숍 (maintenance of membership shop)	조합원 유지숍 제도로, 조합원이 되면 일정기간 동안 조합원자격을 유지해야 하고, 종업원은 고용계속조건으로 조합원 자격을 유지해야 하는 것
에이전시숍(agency shop)	조합이 조합원과 비조합원에게도 조합비를 징수하여 단체교섭을 맡는 것

〉〉 근로기준법(勤勞基準法)

노동자의 생활을 보장·향상시키기 위해 기본적 노동조건을 규정한 법률이다. 1952년 6·25 전쟁 중 발생한 조선방직쟁의를 직접적 계기로 하여 1953년 5월에 공포, 8월부터 시행되었다. 이 법률의 목적은 근로자의 기본적 생활보장에 있으며 이 법에서 정하는 근로조건은 최저기준임을 명시하고 있다. 즉, 근로조건을 개선하려는 주체적인 요구가 헌법의 정신에 부합되는 합법적인 것임을 간접적으로 뒷받침하고 또한 이 법이 정한 최저기준을 악용하여 노동조건을 악화시켜선 안됨을 못박고 있다. 또한 단체교섭의 뒷받침에 의한 노사간 대등결정의 원칙, 노동자의 국적·신앙·사회적 신분을 이유로 차별대우를 못한다고 규정한 균등대우의 원칙, 남녀간 동일노동 동일임금의 원칙, 중간착취의 배제, 강제노동의 금지, 폭행의 금지도 명시했다.

〉〉 단체협약(團體協約)

근로자단체인 노동조합과 사용자 사이에서 노동조건 또는 기타에 관하여 맺는 계약이다. 근로관계를 규율하는 규범적 부분과 그 규범을 실시하는데 있어서의 당사자가 준수하여야 할 의무를 규정하는 채권법적 부분으로 성립되는데, 규범적인 부분이 핵심이 된다.

>> 실업의 종류

노동할 능력과 의욕을 가진 자가 노동의 기회를 얻지 못하고 있는 상태를 실업(失業)이라고 한다. 대표적으로 실업의 원리를 설명하는 이론에는 J.M. 케인스의 유효수요의 이론과 K. 마르크스의 산업예비군 이론이 있다.

구분	내용
자발적 실업 (自發的 失業)	취업할 의사는 있으나, 임금수준이 생각보다 낮다고 판단하여 스스로 실업하고 있는 상태를 말한다. 케인스(J.M. Keynes)가 1930년 전후 대공황기에 발생한 대량실업에 대해 완전고용을 전제로 설명하려 했을 때 분류한 개념의 하나로 비자발적 실업과 대비된다.
비자발적 실업 (非自發的 失業)	자본주의에서 취업할 의사는 있으나 유효수요(有效需要)의 부족으로 취업하지 못하는 상태를 말한다. 수요부족실업 또는 케인스적 실업이라고도 한다. 케인스는 불황기의 대량실업 구제책으로 확장적 금융·재정정책에 의한 유효수요 증가정책을 써야한다고 주장했다.
마찰적 실업 (摩擦的 失業)	일시적인 결여나 산발적인 직업 간의 이동에서 발생하는 시간적 간격 등에 의해 발생하는 실업형태이다. 기업의 부도로 근로자들이 직장을 잃는 경우가 해당되며 케인스가 분류했다.
경기적 실업 (景氣的 失業)	경기변동의 과정에 따라 공황이 발생하면 실업이 급증하고 번영기가 되면 실업이 감소하는 실업형태로, 장기적 성격을 가진다.
계절적 실업 (季節的 失業)	산업의 노동력 투입이 자연적 요인이나 수요의 계절적 편재에 따라 해마다 규칙적으로 변동하는 경우에 생기는 실업형태이다.
구조적 실업 (構造的 失業)	일반적으로 선진국에서 자본주의의 구조가 변화하여 생기거나 자본축적이 부족한 후진국에서 생산설비의 부족과 노동인구의 과잉으로 생기는 실업형태이다. 경제구조의 특질에서 오는 만성적·고정적인 실업이며 경기가 회복되어도 빨리 흡수되지 않는 특징이 있다.
기술적 실업 (技術的 失業)	기술진보에 의한 자본의 유기적 구성의 고도화로 인해 발생하는 실업형태이다. 주로 자본주의적 선진국에서 나타나며 자본수요의 상대적 부족으로 인해 발생한다. 마르크스형 실업이라고도 하며 실물적 생산력의 향상으로 노동수요가 감소한데 기인한다.
잠재적 실업 (潛在的 失業)	원하는 직업에 종사하지 못하여 부득이 조건이 낮은 다른 직업에 종사하는 실업형태로 위장실업이라고도 한다. 노동자가 지닌 생산력을 충분히 발휘하지 못하여 수입이 낮고, 그 결과 완전한 생활을 영위하지 못하는 반(半) 실업상태로, 영세농가나 도시의 소규모 영업층의 과잉인구가 이에 해당한다.
산업예비군 (産業豫備軍)	실업자 및 반실업자를 포함하는 이른바 상대적 과잉인구를 말한다. 자본주의가 발달해 자본의 유기적 구성이 고도화함에 따라 노동을 절약하는 자본집약적인 생산방법이 널리 채용되어 노동력이 실업으로 나타나는 것을 말한다. 마르크스는 이것을 자본주의 발전에 따르는 필연적 산물이라 하였다.

〉〉 노동자의 분류

구분	내용
골드 칼라 (gold collar)	두뇌와 정보를 황금처럼 여기는 신세대를 상징하는 고도 전문직 종사자. 창의적인 일로 부가가치를 창출하는 인재로서 빌 게이츠와 스티븐 스필버그 감독 등이 있다. ※ **골드회사** : 직원의 창의성을 높이기 위해 근무시간과 복장에 자율성을 보장해 주는 회사
다이아몬드 칼라 (diamond collar)	지혜, 봉사심, 체력, 인간관계, 자기관리 능력의 다섯 가지 미덕을 고루 갖춘 인간형으로 성공할 가능성이 큰 경영인 또는 관리자
화이트 칼라 (white collar)	육체적 노력이 요구되더라도 생산과 전혀 무관한 일을 하는 샐러리맨이나 사무직노동자. 블루칼라와 대비된다.
블루 칼라 (blue collar)	생산, 제조, 건설, 광업 등 생산현장에서 일하는 노동자. 노동자들의 복장이 주로 청색인 점에 착안하여 생겨나 화이트칼라와 대비된다.
그레이 칼라 (gray collar)	화이트 칼라와 블루 칼라의 중간층으로 컴퓨터·전자장비·오토메이션 장치의 감시나 정비에 종사하는 근로자
논 칼라 (non collar)	손에 기름을 묻히는 것도 서류에 매달려 있는 것도 아닌 즉, 블루 칼라도 화이트 칼라도 아닌 무색세대로 컴퓨터 세대
핑크 칼라 (pink collar)	가정의 생계를 위해 사회로 진출하는 주부. 예전에는 점원이나 비서직에 종사하는 여성들을 뜻했으며 자아 성취를 위해 일하는 직장 여성과는 거리가 있다. 남성 노동자인 블루 칼라와 대비된다.
퍼플 칼라 (purple collar)	빨강과 파랑이 섞인 보라색으로 가정과 일의 균형과 조화를 추구하는 근로자
레인보우 칼라 (rainbow collar)	참신한 아이디어와 개성으로 소비자의 욕구를 만족시켜주는 기획관련 업종을 지칭하는 광고디자인, 기획, 패션업계 종사자. 1993년 제일기획(광고회사)에서 '무지개 색깔을 가진 젊은이를 찾는다.'는 신입사원 모집공고에서 유래됐다.
네오블루 칼라 (neo-blue collar)	새로운 감성미학을 표현해내고 개성을 추구하는 등 특유의 신명으로 일하는 영화·CF 업계의 감성세대
르네상스 칼라 (renaissance collar)	세계 정치·경제·문화의 다양한 콘텐츠들을 섭렵하여 자신의 꿈을 좇아 변신한 인터넷 사업가
일렉트로 칼라 (electro collar)	컴퓨터의 생활화에 따라 새롭게 등장하고 있는 직종으로 컴퓨터에 대한 이해도와 기술 수준이 뛰어난 엘리트
실리콘 칼라 (silicon collar)	창의적인 아이디어와 뛰어난 컴퓨터 실력으로 언제라도 벤처 창업이 가능한 화이트 칼라의 뒤를 잇는 새로운 형태의 고급 노동자
스틸 칼라 (steel collar)	사람이 하기 힘든 일이나 단순 반복 작업을 하는 산업용 로봇. 국내에서 전자와 자동차 업종을 중심으로 1만여 로봇이 산업현장에 배치됐다.

》 알파고 제로

구글 딥 마인드가 공개한 새로운 인공지능(AI)이다. 지난해 3월 이세돌 9단을 꺾었던 인공지능 '알파고'보다 더 강력한 버전이다. 알파고제로는 바둑 규칙 이외에 정석이나 기보 등 어떠한 사전 지식도 없는 백지상태에서 발한다. 그리고 스스로 바둑을 두면서 데이터를 쌓고 바둑의 원리를 터득했다.

》 언택트 기술

직원을 통하지 않고 상품이나 서비스를 구입할 수 있는 첨단 IT기술을 말한다. 접촉을 뜻하는 영단어 '컨택트(contact)'에 부정의 의미인 '언(un)'을 붙인 신조어로, '접촉하지 않는다'는 의미를 담고 있다. 언택트 기술은 개인주의 성향이 확산되면서 불편한 소통 대신 편한 단절을 원하는 사람들이 많아지면서 나타난 현상이다.

》 다크 웹(Dark Web)

일반적인 검색 엔진으로는 찾을 수 없어 주로 불법적인 정보가 거래되는 심층 웹을 말한다. 우리가 흔히 쓰는 익스플로러(Explorer)나 크롬(Chrome) 등으로 접속할 수 없으며 다른 별도의 인터넷 망을 이용한다. 다크 웹에서는 익명이 보장되고 IP추적 등의 검열을 피할 수 있어 마약, 권총 같은 불법적인 물품이 거래된다.

》 디지털 디바이드(Digital Divide)

디지털 경제에서 나타나는 계층 간 정보격차를 말한다. 소득이나 교육 · 지역 등 사회 경제적 여건의 차이에 의해 주로 발생한다. 디지털이 보편화되면서 이를 제대로 활용하는 계층은 지식과 소득이 증가하는 반면, 이를 이용하지 않거나 잘 활용하지 못하는 사람은 지식과 소득이 줄어들고 있다.

》 라이고(LIGO, 고급레이저간섭계중력파관측소)

고급레이저간섭계중력파관측소로 100여 년 전 아인슈타인이 주장했던 중력파를 최초로 검출한 것은 라이고 중력파 검출기를 통해서다. 라이고는 2016년 2월 워싱턴 D.C. 외신기자클럽에서 기자회견을 열어 공간과 시간을 일그러뜨리는 것으로 믿어지는 중력파의 존재를 직접 측정 방식으로 탐지했다고 발표했다. 이번에 검출된 중력파는 블랙홀 두 개로 이뤄진 쌍성이 지구로부터 13억 광년 떨어진 곳에서 충돌해 합쳐지는 과정에서 나온 것으로, 중력파가 직접 검출된 것은 인류 과학역사상 처음이다.

›› 보행자 알림(Pedestrian Notifications)

무인자동차가 주변 행인에게 음성이나 전광판으로 위험을 알리는 기술로 구글에서 개발했다. 구글에 따르면 차량 내 인공지능(AI)을 이용해 차량 주변 사람 및 사물을 파악하고 어떻게 대처할 지를 결정하며 이를 보행자에게 알리는 시스템으로, 보행자는 무인차가 속도를 줄일 것인지, 더 빨리 교차로를 지날 것인지 아니면 차량을 멈추고 사람이 지나는 것을 기다릴 것인지 등의 내용을 확인할 수 있다. 구글은 2017년까지 무인차를 상용화할 예정이다.

›› 패스트 폰(fast phone)

스마트폰 시장에서 통신업체들이 기획·판매하는 가성비(가격 대비 성능)가 좋은 스마트폰을 말한다. 패션 업종에서 유행한 SPA(Specialty store retailer of Private label Apparel, 제조·유통 일괄형 의류) 브랜드는 유행에 따라 빠르게 제작되어 즉시 유통된다는 의미로 '패스트 패션(fast fashion)'이라고 불렸는데, 이것이 통신업계에 접목되면서 '패스트 폰'이라는 용어가 탄생했으며 하나의 흐름으로 자리 잡았다.

›› 안드로이드

세계적 검색엔진 업체인 구글(Google)사가 작은 회사인 안드로이드사를 인수하여 개발하였으며, 따라서 '구글 안드로이드'라고도 한다. 안드로이드는 리눅스(Linux) 2.6 커널을 기반으로 강력한 운영체제(OS ; operating system)와 포괄적 라이브러리 세트, 풍부한 멀티미디어 사용자 인터페이스, 폰 애플리케이션 등을 제공한다.

›› 시냅스(synapse)

한 뉴런에서 다른 세포로 신호를 전달하는 연결 지점이다. 시냅스(synapse)라는 단어는 찰스 셰링턴이 만든 합성어 "synaptein"에서 온 것이다. "synaptein"는 그리스어 "syn-"(함께)과 "haptein"(결합하다)의 합성어이다. 시냅스는 뉴런이 작동하는데 있어 중요한 역할을 한다. 뉴런이 신호를 각각의 표적 세포로 전달하는 역할을 한다면, 시냅스는 뉴런이 그러한 역할을 할 수 있도록 하는 도구이다.

〉〉 빛의 성질

종류	내용
직진(直進)	빛이 입자이기 때문에 일어나는 현상(일식, 월식, 그림자 등)
반사(反射)	빛이 입자이기 때문에 어떤 매질의 경계면에서 다시 처음 매질 속으로 되돌아가는 현상
굴절(屈折)	한 매질에서 다른 매질로 통과할 때 그 경계면에서 방향이 바뀌는 현상(무지개, 아지랑이, 신기루 등)
간섭(干涉)	빛이 파동성을 갖기 때문에 일어나는 현상(물이나 비누방울 위에 뜬 기름의 얇은 막이 여러 색으로 보이는 것)
회절(回折)	빛이 파동성을 갖기 때문에 일어나는 현상으로, 틈이 좁거나 장애물의 크기가 작을수록 잘 발생
분산(分散)	빛이 복색광이기 때문에 굴절체를 통과하면서 굴절률에 따라(파장의 길이에 따라) 여러 개의 단색광으로 되는 현상(프리즘에 의한 분산 등)
산란(散亂)	빛이 공기 속을 통과할 때 공기 중의 미립자에 부딪쳐서 흩어지는 현상(저녁노을, 하늘이 파랗게 보이는 현상 등)
편광(偏光)	자연광은 여러 방향의 진동면을 갖지만, 전기석과 같은 결정축을 가진 편광판을 통과시키면 결정축에 나란한 방향으로 진동하는 빛만 통과(입체영화, 광통신 등)

〉〉 쿼크(quark)

소립자의 기본 구성자로 업·다운·스트레인지·참·보텀·톱의 6종(種)과 3류(類)가 있다. 종(種)은 향(flavor)을 류(類)는 색(color)을 말하며, 하나의 향은 세 가지의 색을 가지고 있다. 업과 다운, 스트레인지와 참, 보텀과 톱은 각각 쌍을 이뤄 존재한다.

〉〉 동위원소(同位元素)

원자번호는 같으나 질량수가 다른 원소로 일반적인 화학반응에 화학적 성질은 같지만 물리적 성질이 다르다. 1906년 방사성원소의 붕괴과정에서 처음 발견되었으며 방사성 동위원소, 안정 동위원소가 있다. 예를 들면 수소의 동위원소로는 경수로($_1H^1$)·중수소($_1H^2$)·3중수소($_1H^3$) 등이 있다.

〉〉 방사성원소(放射性元素)

원자핵으로부터 방사선(α선, β선, γ선)을 방출하고 붕괴하는 방사능을 가진 원소의 총칭이다. 천연방사성원소와 인공방사성원소로 나뉘며 좁은 뜻에서의 천연방사성원소만을 가리키거나 그 중에서 안정동위원소가 없는 라듐이나 우라늄의 원소를 지칭하기도 한다. 1896년 베크렐은 최초로 우라늄(u)을 발견하였으며, 1898년 퀴리부부는 광석 속에서 우라늄보다 강한 방사능을 가진 라듐(Ra)을 발견하였다. 원소가 처음 만들어졌을 때는 방사성원소와 비방사성원소가 존재했을 것으로 추정하는데, 이 중에서 반감기가 짧은 것은 모두 붕괴하고 반감기가 긴 원소만이 남아 존재한다고 추정한다.

Point 》 반감기(半減期) … 방사성원소가 붕괴하여 처음 질량의 반으로 줄어드는데 걸리는 시간을 말한다. 온도·압력 등의 외부조건에 영향을 받지 않고, 방사성원소의 종류에 따라 일정하므로 그 물질 고유의 성질이 없어짐을 파악하는 척도가 된다.

》 임계실험(臨界實驗)

원자로 속에서 최소의 연료를 사용하여 '원자의 불'을 점화하는 것이다. 핵연료를 원자로 안에 조금씩 넣어가면 그 양이 어느 일정한 값을 넘었을 때 핵분열의 연쇄반응이 일어나기 시작한다. 즉, '원자의 불'이 점화된다. 이와 같이 핵분열이 지속적으로 진행되기 시작하는 경계를 '임계(critical)', 이 핵연료의 일정량을 '점화한계량', 즉 '임계량'이라 부른다.

PLUS tip

• 냉각재(冷却材) … 원자로에서 발생한 열을 적당한 온도로 냉각시켜 외부로 끌어내어 사용하게 하는 재료로, 원자력발전소에서는 이 열로 증기를 만들어 터빈을 돌린다. 천연우라늄원자로에는 탄산가스나 중수, 농축우라늄원자로에는 경수·중수·금속나트륨 등을 사용하고 있다.
• 감속재(減速材) … 원자로의 노심(爐心)에서 발생하는 고속 중성자의 속도를 줄여서 열중성자로 바꾸기 위해 쓰이는 물질이다. 중성자는 원자핵반응에 중요한 역할을 맡고 있는데, 속도가 빠른 중성자는 원자핵에 포착되기 어려워 원자핵 반응을 효율적으로 할 수 없다. 따라서 중성자의 속도를 줄이기 위해 적당한 원소의 원자핵과 충돌시켜야 하는데, 이때 쓰여지는 것이 중수나 흑연 등의 감속재이다.

》 pH(hydrogenion exponent, 수소이온농도)

어떤 용액 속에 함유되어 있는 수소이온의 농도를 말하는 것으로 pH = 7일 때 중성, pH > 7일 때 알칼리성, pH < 7일 때 산성이라고 한다. 물고기가 살 수 있는 담수의 pH는 보통 6.7 ~ 8.6이며, pH는 폐수를 중화 또는 응집시켜 화학적으로 처리할 때 그 기준이 된다.

》 마하(mach)

비행기, 로켓 등 고속으로 움직이는 물체의 속도를 음속으로 나타낸 단위이다. 마하 1이란 소리가 1시간에 도달할 수 있는 거리를 말하며, 15℃일 때 소리의 속도가 초속 340m이므로 시속 1,224㎞를 말한다.

》 나노(n : nano)

10억분의 1을 의미하는 접두어이다. 나노 테크놀로지는 분자나 원자 하나하나의 현상을 이해하고 이를 직접 조작하려는 기술이다. 1나노미터에는 보통 원자 3~4개가 들어 있다. 나노미터는 10^{-9}m, 나노초(nano 秒)는 10^{-9}초가 된다.

> **Point 》 기타 단위**
> • 기가(Giga) … 미터계 단위 10^9(10억배)을 나타내는 접두어이다. 보통 단위명 앞에 붙여 10^9배를 나타낸다.
> • 테라(tera) … 기가(giga)의 1,000배, 즉 1조를 나타낸다.

》 제5의 힘

우주에 있는 중력, 전자기력, 약력, 강력 등 기본 4력 외에 또 하나의 새로운 힘으로, 과부하(過負荷)라고 불린다. 이 힘은 중력과 반대방향으로 작용하며 물체의 질량 및 원자 구성상태에 좌우되는 것이기 때문에 깃털보다는 동전에 더 강하게 작용하여 진공상태에서 깃털이 동전보다 더 빨리 떨어진다는 것이다.

> **PLUS tip** ....
>
> **제4의 힘**
> • **통일장이론** … 자연계에 존재하는 네 가지의 힘, 즉 강력 · 약력 · 중력 · 기력의 관계를 한 가지로 설명하려는 이론이다.
> • **핵력** … 강력과 약력을 합해 이르는 말이다.

》 조명도(照明度)

어떤 물체의 단위면적이 일정한 시간에 받는 빛의 양으로, 조도라고도 한다. 단위는 럭스(lux)로 표시하며 이는 1촉광의 광원에서 1m만큼 떨어진 거리에서 직각이 되는 면의 조명도를 말한다. 독서나 일반사무실은 75~150lux, 응접실 · 안방 · 부엌 · 실험실은 50~100lux, 공부방 또는 제도 · 타이핑 · 재봉 등을 하는 데는 150~300lux의 밝기가 적당하다.

》 상대성이론(theory of relativity)

미국 물리학자 아인슈타인(A. Einstein)에 의하여 전개된 물리학의 이론체계이다. 그는 1905년 기존의 뉴턴역학에 의하여 알려졌던 상대성이론을 시간 · 공간의 개념을 근본적으로 변경하여 물리학의 여러 법칙에 적용한 특수상대성이론과, 1915년 뉴턴의 만유인력 대신 특수상대성이론을 일반화하여 중력현상을 설명한 일반상대성이론을 완성하였다.

>> 사이버슬래킹(cyber slacking)

인터넷을 업무에 활용하는 사례가 급증하지만 업무이외의 용도로 사용하는 사례가 크게 늘고 있다. 업무시간에 인터넷과 e-메일 등 업무를 위해 설치한 정보인프라를 개인적 용도로 이용하면서 업무를 등한시하는 행위를 말한다. 특히, 최근에는 MP3 음악파일과 동영상 중심의 멀티미디어 콘텐츠가 크게 증가하는 등 대용량 정보가 많아지면서 사이버슬래킹이 단순히 개인의 업무공백차원을 넘어 조직 내 전체업무에 차질을 주는 사태로까지 발전하고 있다. 업무와 관련 없는 사이트에 접속하는 시간이 늘어나면서 업무지장현상이 초래되고 있는 것이다. 이에 따라 기업과 공공기관을 중심으로 증권·포르노 등 특정 사이트에 접속을 제한하는 사이버슬래킹방지 소프트웨어 도입이 관심을 끌고 있다.

>> 워터링 홀(Watering Hole)

사자가 먹이습격을 위해 물웅덩이(Watering Hole)에서 매복하는 것에서 유래된 말로 공격 대상을 미리 선정해 감염시킨 뒤 잠복하여 접근 컴퓨터에 악성코드를 설치하는 해킹방법을 말한다. 일종의 표적공격으로 주로 정부기관이나 특정 기업들이 그 대상이 되며 최근 한국군사문제연구원 및 한국수력원자력 등 국방·안보 기관의 피해가 급증하고 있어 사이버 안보 위협이 커지고 있다.

>> 사물인터넷

과거 조작에 의한 시스템 운영에서 진화한 인간의 개입이나 지시 없이 시스템들 간의 상호협력으로 정보 처리하는 지능형 기술 서비스를 말한다. 사물인터넷은 향후 새로운 산업 창출과 삶의 질 향상에서 주요 역할을 할 것으로 전망하며 이를 육성하기 위해 네트워킹 및 센싱, 정보처리 기술의 향상 및 정보 보호 인프라를 구축해야 한다고 말한다.

>> 빅데이터(Big Data)

정보통신의 발달로 정보가 급증함에 따라 방대한 정보들을 처리하기 위해 만든 대규모 데이터를 말한다. 빅데이터는 데이터의 양과 처리속도, 다양성 측면에서 질적 향상을 가져왔으며 이를 기반으로 한 다양한 분석으로 기업경쟁력 강화 및 공공기관의 양질 서비스 제공 가능하게 하였다. 하지만 빅데이터를 이용한 감시 및 통제, 그리고 개인정보 유출의 문제도 발생하고 있다.

>> DDoS(distributed denial of service)

분산서비스거부공격으로, 여러 대의 공격자를 분산·배치하여 동시에 서비스 거부를 동작시켜 특정 사이트를 공격하여 네트워크의 성능을 저하시키거나 시스템을 마비시키는 해킹방식의 하나이다. 이용자는 해당 사이트에 정상적으로 접속이 불가능하고, 주컴퓨터의 기능에 치명적 손상을 입을 수 있으며, 수많은 컴퓨터 시스템이 해킹의 숙주로 이용될 수도 있다. 공격은 대체로 이메일이나 악성코드로 일반사용자의 PC를 감염시켜 좀비PC를 만든 후 명령제어(C&C) 서버의 제어를 통해 특정 시간대에 동시에 수행된다.

>> 소셜 커머스(social commerce)

소셜 네트워크 서비스(SNS)를 이용한 전자상거래로, 일정 수 이상의 상품 구매자가 모이면 정해진 할인가로 상품을 제공·판매하는 방식이다. 2005년 야후의 장바구니 공유서비스인 쇼퍼스피어 사이트를 통해 소개되어, 2008년 미국 시카고에서 설립된 온라인 할인쿠폰 업체인 그루폰 (Groupon)이 소셜 커머스의 비즈니스 모델을 처음 만들어 성공을 거둔 바 있다. 일반적인 상품 판매는 광고의 의존도가 높지만 소셜 커머스의 경우발적인 참여로 홍보와 동시에 구매자를 모아 마케팅에 들어가는 비용이 최소화되므로, 판매자는 소 소비자들의 자셜 커머스 자체를 마케팅의 수단으로 보고 있다. 국내에 티켓 몬스터, 쿠팡 등의 업체가 있으며 최근 스마트폰 이용과 소셜 네트워크 서비스 이용이 대중화되면서 새로운 소비 형태로 주목받고 있다.

> **Point >>** 소셜 네트워크 서비스(SNS : social network service) … 웹에서 이용자들이 개인의 정보공유나 의사소통의 장을 만들어 폭넓은 인간관계를 형성할 수 있게 해주는 서비스로 싸이월드, 트위터, 페이스북 등이 있다.

>> 테더링(tethering)

휴대폰의 부가기능 중 하나로, 블루투스(Bluetooth)·와이파이(Wi-Fi) 등을 통해 휴대폰이 모뎀으로 활용되어 노트북·PC·PDA 등의 IT기기들을 연결해 무선인터넷을 사용할 수 있는 기능을 말한다. 이는 와이브로나 무선랜에 비해 휴대폰 통화권 내에 있는 곳에서는 어디서나 인터넷 접속이 가능한 장점이 있으나 속도가 느리고, 전력소모가 크며, 가격이 비싸다는 단점이 있다.

>> 클라우드 컴퓨팅(cloud computing)

인터넷상의 서버에 정보를 영구적으로 저장하고, 이 정보를 데스크톱·노트북·스마트폰 등을 이용해 언제 어디서나 정보를 사용할 수 있는 컴퓨팅 환경을 말한다. 인터넷을 이용한 IT 자원의 주문형 아웃소싱 서비스로 기업이나 개인이 컴퓨터 시스템의 유지·관리·보수에 들어가는 비용과 시간을 줄일 수 있고, 외부 서버에 자료가 저장되어 자료를 안전하게 보관할 수 있으며 저장공간의 제약도 해결될 수 있다. 그러나 서버가 해킹당할 경우 정보유출의 문제점이 발생하고, 서버 장애가 발생하면 자료 이용이 불가능하다는 단점이 있다. 2000년 대 후반에 들어 새로운 IT 통합관리모델로 등장하여 네이버·다음 등의 포털에서 구축한 클라우드 컴퓨팅 환경을 통해 태블릿PC나 스마트폰 등의 휴대 IT기기로 각종 서비스를 사용할 수 있게 되었다.

>> DNS(domain name system)

네트워크에서 도메인이나 호스트 이름을 숫자로 된 IP 주소로 해석해주는 TCP/IP 네트워크 서비스로, 각 컴퓨터의 이름은 마침표에 의해 구분되고 알파벳과 숫자의 문자열로 구성되어 있다. 예를 들어, 국가 도메인은 kr(한국), kp(북한), jp(일본), au(호주), ca(캐나다), uk(영국) 등이다.

4 지리 · 환경 · 보건

>> 아스퍼거 증후군

사회적으로 서로 주고받는 대인관계에 문제가 있고, 행동이나 관심 분야, 활동 분야가 한정되어 있으며 같은 양상을 반복하는 상동적인 증세를 보이는 질환이다. 이런 특성들로 인해 사회적으로, 직업적으로 어려움을 겪게 되지만, 두드러지는 언어 발달 지연이 나타나지 않는 전반적 발달 장애의 일종이다. 아스퍼거 장애는 자폐증과는 달리 어린 시절에 언어 발달 지연이 두드러지지 않는다는 특징이 있다. 그러나 정상 언어 발달을 보여도 현학적이거나 우회적인 언어를 사용하는 경향이 있어 의사소통의 실용성 면에서 어려움을 보인다.

>> 살충제 달걀

피프로닐에 오염된 달걀을 말한다. 피프로닐은 가축에 기생하는 해충 박멸을 위해 사용되는 성분으로, 닭에 대해서는 사용이 금지돼 있다. 국제보건기구(WHO)는 피프로닐을 다량 섭취할 경우 간장, 신장 등 장기가 손상될 가능성이 있다고 경고한 바 있다.

>> 콜드러시

시추장비나 유전시설 등이 북극해 빙하의 압력을 견뎌내지 못해 그동안은 자원 개발이 어려웠으나, 지구온난화로 북극 빙하가 녹으면서 석유, 천연가스 등의 자원 개발이 가능해지자 여러 국가에서 북극해 개발에 뛰어 들고 있는 현상을 말한다. 1800년대 금광을 찾기 위하여 미국 서부로 이동하였던 골드러시(gold rush)와 유사해 콜드러시라 부른다.

〉〉 웨더 쇼크(Weather Shock)

날씨가 갑작스럽게 변화하여 그 결과로 사회·경제적 피해가 발생하는 것을 말한다. 2016년 1월 미국의 수도 워싱턴에는 100년 만에 폭설이 내렸고, 13개 주에 전기가 끊겼다. 폭설과 한파의 영향으로 미국은 2014년 1분기 마이너스 0.9%의 성장률을 기록했고 2015년 1분기에도 0.6% 증가에 머물렀다.

〉〉 패시브 하우스(Passive House)

'수동적인 주택'이라는 뜻의 패시브하우스는 액티브 하우스(active house)의 대응하는 개념으로 열을 끌어 쓰는 데 수동적이라는 뜻을 가지고 있다. 액티브 하우스가 태양열 등 외부 에너지를 적극적으로 활용하는 것과 달리 패시브 하우스는 집안의 열 손실을 억제해 에너지 이용량을 최소화하여 화석연료를 사용하지 않고도 실내온도를 따뜻하게 하는 에너지 절감형 주택으로 1991년 독일 다름슈타트에서 처음 선보인 뒤 오스트리아, 영국 등 유럽에 확산되고 있으며 독일에서는 2009년부터 패시브 하우스로 설계하여야만 건축 허가를 내주고 있다.

〉〉 로제타(Rosetta)프로젝트

유럽 우주국(ESA)의 우주 탐사선인 로제타호의 탐사로봇 필레(Philae)가 2014년 11월 인류 역사상 처음으로 혜성 표면 착륙에 성공한 우주 프로젝트를 말한다. 10년간 13억 유로의 막대한 자금이 투자된 이 프로젝트는 혜성의 내부 구조 탐사뿐 아니라 혜성이 태양계가 형성될 당시의 원시물질 함유하고 있음이 밝혀져 태양계의 진화 역사를 밝히는 데 중요한 역할을 할 것으로 보인다.

〉〉 희토류(Rare earth resources)

희토류(稀土類)란 란탄(lanthanum), 세륨(cerium), 디스프로슘(dysprosium) 등의 원소를 일컫는 말로 희귀 광물의 한 종류다. 희토류는 화학적으로 안정되면서도 열을 잘 전달하는 성질이 있어 삼파장 전구, LCD 연마광택제, 가전제품 모터자석, 광학렌즈, 전기차 배터리 합금 등의 제품을 생산할 때 쓰인다. 희토류는 독특한 특성으로 인해 하이브리드 전기자동차, 전투기, 휴대전화, 배터리, 텔레비전, 저 에너지 전구 및 풍차 등 첨단기술 부문에서 널리 유용하게 쓰이고 있다.

〉〉 지카 바이러스(Zika virus)

지카 바이러스를 보유한 모기에 물려 생기는 감염성 질환으로, 신생아의 소두증 등을 유발하는 것으로 알려진 바이러스이다. 인체감염사례는 1952년 우간다와 탄자니아에서 처음 보고되었다. 주로 이집트 숲모기에 의한 전파로 감염되며 국내 서식하는 흰줄 숲모기도 전파 가능하다.

〉〉 셰일가스(Shale Gas)

탄화수소가 풍부한 퇴적암층에 매장되어 있는 천연 가스로 풍부한 매장량으로 인해 '제3의 산업혁명'이라 불리며 전 세계인의 주목을 받고 있다. 현재 미국과 중국에 가장 많은 양이 매장되어 있으며 생산이 본격화된 미국 셰일가스의 수입과정에서의 지리적 요지를 확보하기 위해 센카쿠 열도 등지에서 영토분쟁이 일어나고 있다.

〉〉 6차 산업

1차 농·수산업, 2차 제조업, 3차 서비스업이 융화된 산업을 통칭하는 말로 농촌 지역에서 자원 생산이라는 1차 산업에서 벗어나 특색 있는 재화로의 가공, 향토 체험프로그램 서비스 등 새로운 부가가치를 창출하는 것을 말한다.

〉〉 크레바스(crevasse)

빙하가 갈라져서 생긴 좁고 깊은 틈새를 말한다. 급경사를 이루는 빙하도랑을 이동할 때에는 빙하를 가로지르는 크레바스가, 넓은 골짜기나 산기슭으로 나가는 곳을 이동할 때에는 빙하가 이동하는 방향에 평행하는 크레바스가 나타난다.

〉〉 블리자드(blizzard)

남극지방에서 볼 수 있는 차고 거센 바람을 동반한 눈보라 현상으로 우리말로는 폭풍설(暴風雪)이라고도 한다. 이러한 현상이 발생하는 이유는 남극지방의 급격한 기온변화 때문이라고 볼 수 있는데, 몇 시간 사이에 영하 10도에서 영하 20도로 기온이 급강하하면서 동시에 초속 40~80m의 강풍이 불며 눈이 몰아친다.

〉〉 블로킹(blocking)현상

저지현상(沮止現象) 혹은 블로킹 고기압이라고도 하며 중위도 지역의 대류권에서 우세한 고기압이 이동하지 않고 장기간 한 지역에 머물러 동쪽으로 움직이는 저기압의 진행이 멈추거나 역행되는 현상을 말한다.

〉〉 북대서양진동(NAO : North Atlantic Oscillation)

북대서양진동은 아이슬란드 근처의 기압과 아조레스(azores) 근처의 기압이 서로 대비되는 변동으로 구성된다. 평균적으로 아이슬란드의 저기압 지역과 아조레스의 고기압 지역 사이에 부는 편서풍은 유럽 쪽으로 전선시스템을 동반한 저기압을 이동시키는 역할을 한다. 그러나 아이슬란드와 아조레스 사이의 기압차는 수일에서 수십년의 시간 규모상에서 섭동(攝動)을 하는 현상을 보이므로 때때로 역전될 수도 있다.

〉〉 싱크홀(sink hole)

지하 암석이 용해되거나 기존에 있던 동굴이 붕괴되면서 생긴 움푹 파인 웅덩이를 말한다. 장기간의 가뭄이나 과도한 지하수 개발로 지하수의 수면이 내려가 지반의 무게를 견디지 못해 붕괴되기 때문에 생기는 것으로 추정되며, 주로 깔때기 모양이나 원통 모양을 이룬다. 석회암과 같이 용해도가 높은 암석이 분포하는 지역에서 볼 수 있다.

> Point 〉〉 블루홀(blue hole) ··· 바닷속에 위치한 동굴 또는 수중의 싱크홀을 일컫는다.

〉〉 모레인(moraine)

빙하에 의하여 운반된 점토 · 모래 · 자갈 등의 암설(巖屑)을 말한다. 이것은 하천과 바닷물에 의하여 운반된 토양과 달리, 층리가 없고, 또 대소의 암층을 혼합한 채로 퇴적한다. 빙하의 표면 · 내부 · 적부 · 종단부 등 그 위치에 따라, 표퇴석 · 내부퇴석 · 저퇴석 · 중앙퇴석으로 구분된다. 또 단퇴석은 빙하의 선단에 있었던 암설이 빙하가 녹았기 때문에, 그대로 그곳에 퇴적한 것을 말한다. 현재 퇴석은 독일 · 구소련 · 북미 등지에서 많이 볼 수 있다.

〉〉 CMIT · MIT

1960년대 말 미국 롬앤하스사(R&H사)가 개발한 유독 화학물질로 메칠클로로이소치아졸리논(CMIT)과 메칠이소티아졸리논(MIT)의 혼합물이다. 물에 쉽게 녹고 휘발성이 높으며 자극성과 부식성이 커 일정 농도 이상 노출 시 피부, 호흡기, 눈에 강한 자극을 준다. 국내에서는 1991년 SK케미칼이 개발한 이후 가습기살균제, 치약, 구강청결제, 화장품, 샴푸 등 각종 생활화학제품에 사용돼 왔다. 우리나라에서는 일반 화학물질로 분류되다가 가습기살균제 사건 발생 후인 2012년 환경부가 유독물질로 지정했지만 사용이 전면 금지되지는 않았다. 한국과 유럽에서는 의약외품 및 화장품 중 씻어내는 제품에 한하여 0.0015%(15ppm)로 희석하여 사용이 가능하고(한국의 경우 치약은 제외), 일본에서는 구강에 사용하는 제품을 제외한 씻어내는 제품에 0.1%로 희석하여 사용 가능하다. 미국에서는 업계에서 자율적으로 사용을 관리하고 있다. 특히 미국과 유럽 등에서는 치약 보존제로 사용할 수 있지만 국내에서는 치약 보존제로서의 사용이 금지된다.

〉〉 유엔인간환경회의(UNCHE : United Nations Conference for Human Environment)

1972년 스웨덴의 스톡홀름에서 '하나뿐인 지구'라는 슬로건 하에 개최된 국제회의로, 스톡홀름회의라고도 한다. 지구의 환경파괴를 막고 천연자원이 고갈되지 않도록 국제적인 협력 체제를 확립하는 것을 목적으로 하며, 따라서 환경오염 물질의 규제, 천연자원의 보호, 국제기구설치 문제 등을 주요 의제로 다루었다. 인간의 경제활동으로 인한 공해 · 오염 등의 문제를 국제적 수준에서 다루기 위해서 '인간환경선언(스톡홀름선언)'과 109개 항의 권고로 이루어진 행동

계획을 채택하였으며, '유엔환경계획(UNEP)'을 설치하고 환경기금을 조성하는 등의 합의를 이끌어 냈다. 또한 이 회의가 개최된 6월 5일은 '세계 환경의 날'로 제정되었다.

〉〉 유엔환경계획(UNEP : United Nations Environment Program)

유엔인간환경회의(UNCHE)의 결의에 따라 1973년 케냐의 나이로비에 사무국을 설치한 유엔의 환경관련활동 종합조정기관이다. 환경 관련 지식을 증진하고, 지구환경 상태의 점검을 위해 국제적인 협력을 촉진하는 것을 목적으로 한다. 선진국의 공해와 개발도상국의 빈곤 등 인간거주문제가 환경문제의 최우선이라 보고 환경관리가 곧 인간관리라고 규정하며, 인구와 도시화, 환경과 자원, 환경생태에 관한 연례보고서를 작성하고 5년마다 지구 전체의 환경 추세에 대한 종합보고서를 발간하는 등의 활동을 전개하고 있다. 1987년 오존층 파괴 물질에 대한 '몬트리올의정서'를 채택하여 오존층 보호를 위한 국제협력체계를 확립하였으며, 지구환경감시시스템 및 국제환경정보조회시스템을 구축하였고 '글로벌 500'을 제정하는 등 다양한 활동을 전개하고 있다. 우리나라는 1972년에 가입했다.

〉〉 몬트리올의정서(Montreal protocol)

지구 오존층 파괴 방지를 위하여 염화불화탄소(CFC, 프레온가스)·할론(halon) 등 오존층 파괴 물질 사용에 대해 규정한 국제환경협약이다. 1974년 미국 과학자들의 CFC 사용 규제에 대한 논의로부터 시작되었으며, 1985년 '비엔나협약'에 근거를 두고 1987년 캐나다 몬트리올에서 정식 채택되었다. CFC의 사용 및 생산금지, 대체물질 개발 등을 주요 골자로 하고 있으며 1992년 코펜하겐에서 열린 제4차 회의에서 '코펜하겐의정서'를 채택하였다. 우리나라는 1992년에 가입하였다.

〉〉 녹색기후기금(Green Climate Fund : GCF)

개발도상국의 온실가스 감축과 기후변화 적응을 지원하기 위한 세계 첫 기후 변화 특화 기금으로 유엔(UN) 산하의 국제기구이다. 2010년 11월 멕시코 칸쿤에서 개도국 기후변화를 지원하기 위해 2020년까지 연간 1,000억 달러 재원을 장기조성하기로 하였으며, 2012년 10월 인천 송도가 GCF 사무국으로 최종 결정되었다. 그 해 12월 9일 카타르에서 열린 제18차 유엔기후변화협약 당사국 총회에서 최종 인준을 마치고 2013년 공식 출범하였다.

〉〉 글로벌(global) 500

1978년 당시 유엔환경계획(UNEP)의 사무총장이었던 모스타파톨바 박사의 제안으로 제정된 환경 분야의 가장 권위 있는 상으로, 노벨환경상으로도 불린다. 환경보호에 특별한 공로가 있는 개인 또는 단체를 선정하게 되는데, 1992년까지 모두 500명의 수상자가 선정되었고, 2단계로 1993년부터 새로운 500명 선정이 시작됐다.

≫ 기후변화협약(氣候變化協約)

지구온난화를 방지하기 위해 이산화탄소·메탄 등의 발생량 감축을 목표로 한 국제협약으로, 1992년 유엔환경개발회의(UNCED)에서 정식으로 채택되었다. 우리나라는 1993년에 가입했다. 가입국이 되면 온실가스를 줄이는 노력과 함께 관련정보를 공개해야 한다. 1997년 합의된 교토의정서에 따라 이산화탄소(CO_2), 메탄(CH_4), 아산화탄소(N_2O) 등의 온실가스 배출량을 2008~2012년까지 1990년 대비 평균 5.2%를 감축하고 대체 프레온가스 3종은 1995년 기준으로 삭감해야 한다. 단 개발도상국은 감축의무가 없으며 현재 특별의무가 부여된 선진국은 38개국이다. 우리나라는 개발도상국으로 분류돼 있지만 경제협력개발기구(OECD) 가입 당시부터 선진국 그룹에 합류해야 한다는 국제적 압력을 받고 있다.

≫ 빨대효과(Straw Effect)

교통 여건의 개선으로 도시 간 이동이 편해지면서 큰 상권이 작은 상권을 빨대로 빨아들이듯 흡수하는 현상을 의미한다.

≫ 세계보건기구(WHO : World Health Organization)

보건·위생 분야의 국제적인 협력을 위하여 설립한 UN(국제연합) 전문기구이다. 세계의 모든 사람들이 가능한 한 최고의 건강 수준에 도달하는 것을 목표로, 1946년 61개국의 세계보건기구헌장 서명 후 1948년 26개 회원국의 비준을 거쳐 정식으로 발족하였다. 본부는 스위스 제네바에 있으며 총회·이사회·사무국으로 구성되어 있고 재정은 회원국 정부의 기부금으로 충당한다. 중앙검역소 업무와 연구 자료의 제공, 유행성 질병 및 전염병 대책 후원, 회원국의 공중보건 관련 행정 강화와 확장 지원 등을 주요활동으로 한다. 한국은 1949년 제2차 로마총회에서 가입하였다.

≫ 이력추적제

먹을거리 안전에 대한 국민들의 관심이 높아짐에 따라 각종 농산물로부터 국민의 안전을 보호 할 목적으로 도입하여 2005년부터 모든 농산물에 적용하였다. 농산물 생산에 사용한 종자와 재배방법, 원산지, 농약 사용량, 유통 과정 등이 제품의 바코드에 기록되기 때문에 소비자들도 농산물의 생산에서 유통에 이르기까지 모든 이력을 쉽게 알 수 있다.

≫ 알츠하이머병(Alzheimer disease)

나이가 들면서 정신 기능이 점점 쇠퇴하여 일으키는 노인성 치매로 독일의 신경과 의사 올로이스 알츠하이머의 이름을 따서 명명한 신경질환이다. 이 병에 걸리면 특히 기억과 정서면에서 심각한 장애를 일으키며 현대 의학에서는 아직 알츠하이머병의 뚜렷한 예방법이나 치료 방법이 없는 상태이다.

>> 감염병(感染病)

원충, 진균, 세균, 스피로헤타(spirochaeta), 리케차(rickettsia), 바이러스 등의 미생물이 인간이나 동물에 침입하여 증식함으로써 일어나는 병을 통틀어 이르는 말이다.

PLUS tip

감염병의 구분

구분	특성	질환
제1군감염병	마시는 물 또는 식품을 매개로 발생하고 집단 발생의 우려가 커서 발생 또는 유행 즉시 방역대책을 수립하여야 하는 감염병	콜레라, 장티푸스, 파라티푸스, 세균성이질, 장출혈성대장균감염증, A형간염
제2군감염병	예방접종을 통하여 예방 및 관리가 가능하여 국가예방접종사업의 대상이 되는 감염병	디프테리아, 백일해(百日咳), 파상풍(破傷風), 홍역(紅疫), 유행성이하선염(流行性耳下腺炎), 풍진(風疹), 폴리오, B형간염, 일본뇌염, 수두(水痘)
제3군감염병	간헐적으로 유행할 가능성이 있어 계속 그 발생을 감시하고 방역대책의 수립이 필요한 감염병	말라리아, 결핵(結核), 한센병, 성홍열(猩紅熱), 수막구균성수막염(髓膜球菌性髓膜炎), 레지오넬라증, 비브리오패혈증, 발진티푸스, 발진열(發疹熱), 쯔쯔가무시증, 렙토스피라증, 브루셀라증, 탄저(炭疽), 공수병(恐水病), 신증후군출혈열(腎症侯群出血熱), 인플루엔자, 후천성면역결핍증(AIDS), 매독(梅毒), 크로이츠펠트-야콥병(CJD) 및 변종크로이츠펠트-야콥병(vCJD)
제4군감염병	국내에서 새롭게 발생하였거나 발생할 우려가 있는 감염병 또는 국내 유입이 우려되는 해외유행 감염병	
제5군감염병	기생충에 감염되어 발생하는 감염병으로서 정기적인 조사를 통한 감시가 필요하여 보건복지부령으로 정하는 감염병	
지정감염병	제1군감염병부터 제5군감염병까지의 감염병 외에 유행 여부를 조사하기 위하여 감시활동이 필요하여 보건복지부장관이 지정하는 감염병	
세계보건기구 감시대상 감염병	세계보건기구가 국제공중보건의 비상사태에 대비하기 위하여 감시대상으로 정한 질환으로서 보건복지부장관이 고시하는 감염병	
생물테러감염병	고의 또는 테러 등을 목적으로 이용된 병원체에 의하여 발생된 감염병 중 보건복지부장관이 고시하는 감염병	
성매개감염병	성 접촉을 통하여 전파되는 감염병 중 보건복지부장관이 고시하는 감염병	
인수공통감염병	동물과 사람 간에 서로 전파되는 병원체에 의하여 발생되는 감염병 중 보건복지부장관이 고시하는 감염병	
의료관련감염병	환자나 임산부 등이 의료행위를 적용받는 과정에서 발생한 감염병으로서 감시활동이 필요하여 보건복지부장관이 고시하는 감염병	

>> HACCP(Hhazard Analysis & Critical Control Point, 위해요소 중점관리기준)

식품의 원료부터 제조, 가공 및 유통 단계를 거쳐 소비자에게 도달하기까지 모든 과정에서 위해물질이 해당 식품에 혼입되거나 오염되는 것을 사전에 방지하기 위한 식품관리 제도로, 식품의 안전성을 확보를 목적으로 한다. 이를 위해 단계별 세부 위해 요소(HA)를 사전에 제거하기 위한 중점관리 점검 항목(CCP)을 설정하고, 이를 바탕으로 종사자가 매일 또는 주기적으로 각 중점관리 항목을 점검해 위해 요인을 제거한다. HACCP의 개념은 1960년대 초 미국 우주계획의 식품 개발에 처음 적용된 이후 1993년 FAO, WHO의 국제식품규격위원회에서도 식품 위생관리 지침으로 택한 바 있다.

>> 파킨슨병(Parkinson's disease)

영국의 의사 파킨슨이 1817년에 처음으로 보고한 질환으로 별칭은 진전마비(振顫麻痹)이다. 중뇌 흑질 부위의 신경전달 물질인 도파민의 분비가 감소, 뇌세포가 점점 괴사하는 질병이다. 주로 50세 전후에 발병, 처음에는 근경직, 운동 감소, 진전(무의식적으로 일어나는 근육의 불규칙한 운동) 등의 증세로 나타난다. 떨리는 것은 대개 손발부터 시작되어 점차 전신의 수의(隨意)운동이 불가능해진다.

5 교육 · 철학

>> 교육행정정보시스템(NEIS : National Education Information System)

1만여 개 초 · 중 · 고 · 특수학교, 178개 교육지원청, 16개 시 · 도교육청 및 교육과학기술부가 모든 교육행정 정보를 전자적으로 연계 처리하며, 국민 편의 증진을 위해 행정안전부(G4C), 대법원 등 유관기관의 행정정보를 이용하는 종합 교육행정정보시스템이다.

>> 에듀넷(edunet)

컴퓨터를 통해 각종 교육관련 정보를 제공하는 국내 최초의 교육정보 종합서비스시스템이다. 1996년 9월 11일 개통되었으며 교사 · 학부모 · 학생들이 컴퓨터통신망을 통해 국내외의 학습 · 학술 자료와 교육 · 행정 등 모든 교육 관련 정보를 한눈에 알 수 있는 '교육정보고속도로'라 할 수 있다. 에듀넷 운영을 담당할 국가 멀티미디어 교육지원센터는 각종 교육 데이터베이스의 정보를 공급하는 한편 인터넷 · 인공위성 등 첨단 통신망으로 받아들인 국내외 교육기관의 정보도 서비스한다.

>> CAI(Computer Assisted Instruction)

컴퓨터를 응용하는 자동교육시스템을 의미한다. 컴퓨터로 많은 사람을 가르치면서, 동시에 개인의 적성이나 이해력에 즉응(卽應)하는 개별교육까지 실시하는 프로그램학습이다. 교사는 학생에게 교재나 문제를 제시하여 그에 대한 학생의 반응을 살피고 이를 평가해서 다음 교육활동을 하게 되는데, 그와 같은 교사의 활동을 컴퓨터가 가지고 있는 대량정보처리능력을 이용하여 대행시키는 것이다.

>> GDLN(Global Development Learning Network)

세계은행이 구축한 세계개발교육네트워크이다. 세계적인 인적자원개발과 지식격차 해소를 통해 인류 공동번영을 실현하기 위해 2002년에 시작한 세계 최대 교육지식정보 네트워크 구축 사업으로, 원격교육은 물론 영상회의 시스템을 구축하고 있어 각 국가 간의 지식교류가 가능해졌다.

>> 국제연합교육과학문화기구(UNESCO : United Nations Educational Scientific and Cultural Organization)

유네스코라고도 하며 교육, 과학, 문화의 보급 및 교류를 통하여 국가 간의 협력증진을 목적으로 설립된 국제연합전문기구이다. 1945년 영국과 프랑스의 공동주체로 런던에서 열린 유네스코 창설준비위원회에서 44개국 정부대표에 의해 유네스코헌장이 채택되었으며, 1946년 20개 서명국가들이 헌장비준서를 영국 정부에 기탁함으로써 최초의 국제연합전문기구로 발족했다. 인종이나 성별, 정교에 차별 없이 모든 사람을 위한 평생교육 및 인류에 기여하는 과학·세계유산보호, 창의성을 바탕으로 하는 문화발전, 정보·정보학의 기반구축을 활동의 주목표로 한다. 본부 소재지는 프랑스 파리에 있고 우리나라는 1950년 파리총회에서 가입하였다.

>> IQ(Intelligence Quotient, 지능지수)

지능검사의 결과로 얻은 정신연령을 실제 연령으로 나눈 다음 100을 곱한 수이다. 프랑스의 비네박사가 1908년 어린이의 현재상태를 객관적으로 파악하기 위해 개발하였다, 특히 지능발달이 늦은 어린이를 선별하기 위해 이용한 데서 비롯되었다. 지능검사에 IQ가 도입된 것은 1916년으로 미국의 타먼박사가 비네의 검사를 미국인에 알맞게 개량, 140 이상을 천재, 90~110을 보통지능, 70 이상을 지능미숙 등으로 분류했다. 그후 IQ를 지능의 우열을 측정하는 지표로 여기는 경향이 두드러지게 되었다. IQ는 교육환경에 의해 변화되며 검사로는 창조성을 측정할 수 없는 난점도 있어 IQ만으로 지능을 비교함은 무리다.

〉〉 전인교육(全人敎育)

인간의 전면적인 발달을 목적으로 하는 교육으로, 조기교육이나 영재교육에 반대되는 개념이다. 현대사회에 있어서 전인교육은 사회로부터 고립된 개인이 아니라 사회인으로서의 기능을 수행할 수 있는 측면도 포함해야 한다. 대표적 사상가로는 페스탈로치와 로크(J. Locke)가 있다.

Point 〉〉　페스탈로치의 3H 조화 … 'Head(知)', 'Heart(情)', 'Hand(技)'가 조화롭게 인간을 양성하는 것이 교육의 목표라고 하였다.

PLUS tip

HIV(Human Immunodeficiency Virus)
- **평생교육(平生敎育)** … 한 개인의 생존기간 전체에 걸쳐서 이루어지는 교육과정의 수직적 통합과, 가정·학교·사회에서 이루어지는 교육체계의 수평적 연결을 강조한 개념이다. 1965년 UNESCO에서 채택되었다.
- **생활교육(生活敎育)** … 아동들로 하여금 그들의 실생활에서 흥미를 느끼게 하고 이를 발전시키려는 교육방법을 말한다. 스위스의 유명한 교육자 페스탈로치(J. H. Pestalozzi)가 최초로 주장한 것으로, '생활에 의한, 생활을 위한 교육'을 슬로건으로 한다.
- **보상교육(報償敎育)** … 가정의 문화결손으로 인한 유아의 지적·사회적·정서적 발달의 손실을 보다 조기에 보상해 주려는 교육계획으로서, 취학 전 아동의 문화적 피해를 극소화시키기 위한 미국의 헤드스타트 계획(headstart project)이 대표적이다.

〉〉 세종대왕상(King Sejong Prize)

매년 문맹퇴치사업에 공이 많은 개인이나 단체를 뽑아 시상하는 유네스코의 문맹퇴치 공로상이다. 1989년 우리나라의 제안에 따라 국제연합교육과학문화기구(유네스코) 집행위원회에서 제정, 1990년부터 매년 대상자를 뽑아 '세계 문해의 날'인 9월 8일에 수여한다. 상은 본상과 장려상의 2부문으로 상금 3만 달러는 우리나라 정부에서 출연한다.

〉〉 EQ(Emotional Quotient, 감성지수)

자신과 다른 사람의 감정을 이해하는 능력과 삶을 풍요롭게 하는 방향으로 감정을 통제할 줄 아는 능력을 의미한다. 미국 예일대 피터 살로베이교수 등이 만들어낸 용어다. IQ처럼 아직 정형화된 테스트방법은 없다. 미국학자들은 친구들과 잘 어울려 놀지 못하는 아이가 학교를 중퇴할 확률이 평균보다 8배나 높다며, 유아기부터 EQ를 키우는 감정교육을 권고한다.

- CQ(Charisma Quotient) … 지능지수(IQ), 감성지수(EQ)에 이어 인간의 능력을 재는 척도로 새로이 등장한 '성공의 기준'이다. 여기에서 말하는 카리스마란 타인에 대한 흡인력과 공동체 내의 신뢰감, 지도력 등을 포괄적으로 표현하는 말이다. CQ는 최근 홍수처럼 쏟아져 들어오는 각종 정보에 압도되어 점점 판단력을 잃게 되다 보니 자연히 카리스카적 인물을 찾게 되는 데서 기인한다.
- NQ(network quotient) … 함께 살아가는 사람들과의 관계를 얼마나 잘 유지해 나가는가에 관한 능력으로 '공존지수'라고 한다.
- MQ(moral quotient) … 양심에 비춰 행동하는 것으로 '도덕성지수'라고 하며, 부모의 영향력이 크다.
- EnQ(entertainment quotient) … '엔터테인먼트 지수'로 유머와 화술, 개인기 등으로 주위 사람들을 즐겁게 해주는 능력을 말한다.

>> 경험론(經驗論)

베이컨·로크·흄 등에 의해 성립된 학문탐구의 방법으로, 인간의 인식은 감각을 통해 주어진 경험에 의해서 만들어진다는 입장이다. 인식의 근거를 경험에서 구하며 초경험적이고 이상적인 통로로 얻어진 인식을 인정하지 않는다. 귀납법을 중요시하며 주로 영국에서 발전되었고 20세기 미국 실용주의에 영향을 주었다.

>> 관념론(觀念論)

존재와 사유의 관계에 있어서 사유를 1차적이며 본원적인 것으로 보는 입장으로, 주관적 관념론과 객관적 관념론으로 나뉜다. 주관적 관념론의 대표자는 버클리, 객관적 관념론의 대표자는 플라톤이며, 근대에 이르러서는 데카르트에서 출발하여 라이프니츠·스피노자 등 대륙의 이성론으로 발전했다. 이후 칸트·헤겔에 이르는 독일 고전철학에서 절대적 관념론으로 이어졌다.

>> 우상론(偶像論)

영국의 경험론 철학자 베이컨(F. Bacon)이 말한 것으로, 선입견적인 편견과 망상을 우상이라 표현하고 4개로 나누었다. 종족(種族)의 우상은 자기 중심의 인간 본성에서 오는 편견, 동굴(洞窟)의 우상은 버릇·취미·성격 등 개인의 특수성에서 오는 편견, 시장(市場)의 우상은 인간의 사회적 교섭·언어에 의하여 나타나는 편견, 극장(劇場)의 우상은 전통·역사·권위를 무비판적으로 믿는 편견을 말한다. 그는 참된 경험과 지식을 얻기 위해서는 우상을 버려야 한다고 주장하였다.

》 순수이성(純粹理性)

감각과 경험을 초월한 선천적 사유능력를 말하는 것으로, 칸트(I. Kant)의 비판철학의 중심 개념이다. 이는 실천이성에 대립되는 개념으로, 이론이성이라고도 한다. 칸트는 그의 저서 순수이성비판에서 독자의 인식론을 수립함으로써 자연과학·형이상학의 근거를 존중하였다.

》 로고스(logos)·파토스(pathos)

로고스는 사물의 존재를 한정하는 보편적인 법칙과 행위가 따라야 할 준칙을 인식하고 이를 따르는 분별과 이성을 뜻하며, 파토스는 감각적·신체적 예술적인 것을 가리킨다. 로고스는 고대 그리스 철학이나 신학에서 기본을 이루는 용어로, 서구의 전통적인 형이상학의 바탕이 되는 사고방식이다.

》 아타락시아(ataraxia)

고대 그리스 철학자들이 말하는 정신적 평화의 상태를 의미한다. 데모크리토스, 에피쿠로스 등은 우주를 정확히 인식하면 근원적 공포에서 해방될 수 있고 이를 통해 아타락시아 상태를 획득할 수 있다고 하였다. 반면 회의론자인 피론은 모든 것에 무관심하게 되면 아타락시아의 상태에 이를 수 있다고 주장한다. 하지만 행동을 억누르고 정관(靜觀)에 가치를 둔다는 점에서 견해를 같이 한다고 볼 수 있다.

》 아포리아(aporia)

'해결할 수 없는 문제'또는 '막다른 골목'을 뜻하는 철학용어이다. 그리스어로 어떤 장소의 경우 통로가 없는 것, 사물의 경우 해결의 방도를 찾을 수 없는 데서 오는 어려움을 뜻한다. 아리스토텔레스의 철학에서는 어떤 문제에 대해 두 가지의 똑같이 성립한 대립된 합리적 견해에 직면하는 것을 가리킨다.

》 조건반사설(條件反射說)

구(舊)소련의 파블로프(I. P. Pavlov)가 발표한 학설로, 어떤 자극에 대해 무조건적으로 일어나는 반응을 무조건반사라고 하는 것에 대하여, 조건반사는 동물 체내에서 어떤 반사작용이 그 반사와는 전혀 관계없는 자극을 반복해 줌으로써 일어난다는 것이다. 개를 대상으로 음식물을 줄 때마다 종을 치면 나중에는 음식물이 없더라도 종소리가 나면 침을 흘리게 되는 것을 통하여 정립한 이론이다. 학습심리학에 있어 중요한 역할을 하고 있다.

〉〉 브롬의 기대이론

 개인의 동기는 그 자신의 노력이 어떤 성과를 가져오리라는 기대 및 그러한 성과가 보상을 가져다주리라는 수단성에 대한 기대감의 복합적 함수에 의해 결정되는 브롬의 동기이론을 말한다. VIE이론이라고도 하며, 이는 사람의 행위를 선택하는데 있어 미치는 요인이 행위의 결과로 얻게 되는 보상에 부여하는 가치와 행위의 1차적 결과가 2차적 결과로서의 보상을 초래할 가능성, 즉 수단성과 자신의 행동을 통해 1차적 결과물을 가져올 수 있으리라는 자신감, 즉 기대라는 이 3가지라는 것이다.

〉〉 피아제의 인지발달이론

 인간의 인지발달은 환경과의 상호작용에 의해 이루어지는 적응과정이고, 이것이 몇 가지 단계를 거쳐서 발달한다고 보는 것으로서, 스위스의 심리학자 피아제가 제시한 인지이론을 말한다. 인지란 여러 방법을 거쳐 기억에 저장한 후 이를 활용할 경우 인출하는 정신과정이다. 인지 발달의 각 단계에 도달하는 데는 개인의 지능이나 사회 환경에 따라 개인 간 연령의 차이는 있을 수 있으나, 발달 순서는 바뀌지 않는다고 가정한다. 각 단계는 전 단계의 심리적 구조가 통합되어 단계가 높아질수록 복잡성이 증가된다. 발달 단계는 감각운동기(0~2세), 전조작기(2~7세), 구체적 조작기(7~11세), 형식적 조작기(11세 이후)의 네 단계로 구분한다.

〉〉 프로이트의 정신분석적 성격이론

 프로이트는 정신을 원초아(id), 자아(ego), 초자아(super ego)의 3부분으로 나눈다. 원초아는 무의식계에 속하는 본능적인 충동의 저장고로 쾌락의 원리에 의해 작용한다. 자아는 원초아가 바깥 세계로 방출하려는 에너지의 통로를 지배한다. 원초아가 성적 본능이나 공격적 본능과 같이 선천적이고 무의식적인 것에 비해 자아는 후천적이고 주로 의식적이다. 초자아는 우리가 흔히 말하는 양심·도덕이라고 부르는 자아의 이상(理想)으로, 자아는 초자아가 가치 있다고 생각하는 바에 따라 생각하고 행동하려고 노력한다. 초자아와 자아의 간격이 크면 죄의식, 열등의식이 생긴다.

〉〉 동기이론

 A. H. 매슬로가 조장한 욕구단계설로 인본주의 심리학의 근거이다. 인간의 욕구가 그 중요도에 따라 일련의 단계를 형성한다는 일종의 동기이론으로 생리적 욕구, 안전 욕구, 소속 및 애정 욕구, 자존의 욕구, 자아실현 욕구의 5단계로 진행된다. 이 욕구는 하나의 욕구가 충족되면 위계상의 다음단계에 있는 다른 욕구가 나타나서 그 충족을 요구하는 식으로 체계를 이루고 있다.

〉〉 리비도(libido)

프로이트의 정신분석학 용어로 성본능(性本能)·성충동(性衝動)을 의미한다. 프로이트는 리비도가 사춘기에 갑자기 나타나는 것이 아니라 태어나면서부터 서서히 발달하는 것이라고 설명하며, 구강기(0~8개월)·항문기(8~18개월)를 통해 발달하다가 5세경 절정에 이른 후, 사회적 억압을 받아 잠재기에 이르고, 사춘기에 다시 성욕으로 나타난다고 한다. 리비도는 이상성욕(동성애 등)이나 신경증(神經症)으로 나타나기도 하고 또는 자기애(나르시시즘)로 표현되기도 한다.

〉〉 이데아(idea)

본래는 보이는 것, 알려져 있는 것으로 '형상(形象)'이라는 뜻이나, 플라톤은 인간감성을 초월한 진실적인 존재로 보았으며, 소크라테스는 윤리적·미적 가치 자체를 표현하는 의미로 사용하였다. 근대에 와서는 특히 이성(理性)의 영원불변하는 최선의 의식내용을 뜻하는 말로 사용되고 있다.

〉〉 에피투미아(epithumia)·에로스(eros)·아가페(agape)

에피투미아는 육체적인 쾌감과 욕망에 의해서 영위되는 자기본위(自己本位)의 생활로, 이는 공동생활이 불가능하여 자타공멸의 결과를 초래하게 된다. 에로스는 자기와 타인이 공동으로 번영해 나가기를 바라는 자타본위(自他本位)의 생활로, 진·선·미를 동경하며 참된 가치를 추구한다. 아가페는 자신을 희생하고 타인이나 영원한 존재를 위해 사는 타자본위(他者本位)의 생활로 타인을 위해 헌신하지만 현실을 초월한 데서 영원한 가치를 기대한다.

〉〉 순수이성(純粹理性)

감각과 경험을 초월한 선천적 사유능력를 말하는 것으로, 칸트(I. Kant)의 비판철학의 중심 개념이다. 이는 실천이성에 대립되는 개념으로, 이론이성이라고도 한다. 칸트는 그의 저서 순수이성비판에서 독자의 인식론을 수립함으로써 자연과학·형이상학의 근거를 존중하였다.

〉〉 실용주의(實用主義, pragmatism)

결정론적 세계관을 부정하고 행동과 실천을 중시하는 결과주의, 상대주의, 주관주의, 현실주의 철학이다. 구체적으로 실증적인 경험을 철학의 기초로 삼고 있는 실용주의는 영국의 경험론을 사상적 근원으로 하여 관념적이 아닌 실제생활과의 관련 속에서 사상을 생각하는 입장이다. 19세기 이후 미국에서 생성, 청교도주의와 함께 미국의 2대 사상적 기둥을 형성하였다. 퍼스에 의해 창시되어 제임스, 듀이 등에 의해 완성되었다.

》》 실증주의(實證主義, Positivism)

일체의 초경험적·관념적인 실재를 부정하고, 모든 지식의 근원을 경험적인 사실에 한정한다는 근대철학의 한 사조이다. 프랑스의 콩트(A. Comte)의 저서 실증철학강의에서 처음 사용되었으며, 경험론과 계몽주의에 근원을 두고 있다.

》》 실존주의(實存主義, Positivism)

19세기 후반에 관념론·유물론 등의 반동으로 일어난 철학사상으로, 실존하는 것이 가치가 있으며 비본래적인 자기에 대하여 본래적인 자기의 존재방식을 탐구하려는 사상이다. 여기에는 키에르케고르, 야스퍼스 등의 유신론적 실존주의와 니체, 하이데거, 사르트르 등의 무신론적 실존주의가 있다.

6 문화 · 예술 · 스포츠

》》 VLOG

비디오(Video)와 블로그(Blog)를 합친 말로, 개인 SNS에 글을 쓰듯 영상으로 기록을 남기는 것을 의미한다. 즉, 이전까지 텍스트와 이미지 중심으로 남기던 일기를 한 편의 영상으로 제작해 올리는 것이다. 브이로그는 유튜브 등 동영상 플랫폼 및 각종 인터넷 스트리밍 플랫폼을 매개로 하고 있으며, 특정 주제보다는 일상적인 이야기를 주로 다룬다는 특징이 있다.

》》 퍼네이션

Fun(재미)과 Donation(기부)을 결합시킨 말로 생활 속에서 나눔을 생활화하는 문화를 가리킨다. 퍼네이션은 '얼마를' 기부하느냐보다 '어떻게' 기부하는지에 대한 관심이 커지면서 나타난 현상이다. 쇼핑 구매 금액의 일부, 또는 카드 수수료나 적립 포인트를 기부한다거나 영화 속 소품의 자선 경매, 콘서트 수익금의 일부 적립 등이 대표적인 사례다.

》》 호모루덴스

'놀이하는 인간'을 뜻한다. 네덜란드의 문화사학자 요한 하위징아(Johan Huizinga)가 주장한 개념으로, 인간은 놀고 즐기는 존재라는 것이다. 그는 모든 문화현상의 기원은 놀이에 있고 인간은 놀이를 통해 역사적으로 문화를 발전시켜 왔다고 보았다.

≫ 매스컴의 효과이론

매스미디어를 통해 전달되는 정보는 사회구성원들에게 긍정적 또는 부정적으로 영향을 미친다. 매스미디어의 효과는 시대에 따라 대효과·소효과·중효과 이론으로 변천했다. 대효과이론은 영화나 라디오가 대중화되기 시작한 1920~40년대에 이르기까지 주장되었던 이론으로 매스미디어가 사람들의 태도나 의견을 쉽게 변화시킬 정도로 힘이 막강하다는 의견이다. 소효과이론은 1940~60년대에 유행한 이론으로 매스미디어의 영향이 수용자의 태도를 변화시킬 만큼 강하지 않다는 제한적 효과이론이다. 그리고 1970~80년대에는 매스미디어의 효과가 제한적이지 않으며 장기간에 걸쳐 대중의 의식 형성에 상당한 영향을 미칠 수 있다고 보는 중효과이론이 주류를 이뤘다.

PLUS tip

① 대효과이론

탄환이론 (bullet theory)	매스커뮤니케이션에 약한 일반대중은 총에서 발사되는 탄환이 목표물에 명중되는 것과 같이 대중매체가 수용자에게 메시지를 주입하면 효과가 강력하고 직접적으로 나타난다는 이론이다. 피하주사식이론, 언론매체의 강효과이론 혹은 기계적 자극반응이론이라고도 한다.
의존효과이론 (dependency theory)	일반적으로 대중들의 미디어에 대한 의존성의 정도는 다양하게 나타난다. 대중매체의 효과는 대중매체를 신뢰하며 의존성이 높을 때, 대중매체가 정보기능을 성공적으로 수행할 때, 사회의 갈등 폭이 클 때 효과가 커진다.
침묵의 나선형이론	노엘레 노이만이 주장한 것으로 일반적인 사람은 타인으로부터 고립되는 것을 두려워하므로, 특정 문제에 대한 여론을 세심하게 관찰하여 자신과 다수의 의견이 일치하면 의견을 말하나 소수의 의견에 해당할 경우 침묵하게 된다는 이론이다. 이러한 소수의견의 침묵은 계속 이어지게 되어 결국 침묵의 나선효과는 가속화된다는 것이다.
문화적 규범이론 (문화계발 효과이론)	언론매체가 현실세계에 대한 정보를 수용자에게 전달하여 강력하고 직접적인 영향력을 행사한다는 이론이다. 현실세계에 대한 수용자의 이미지는 대중매체를 통해 전달받은 것으로 이에 의하면 지속적으로 대중매체에 노출된 결과이다.

② 소효과이론

선별효과이론	매스미디어의 효과는 강력하지 않고 획일적이지 않으며, 직접적이지도 않아 그 효과가 수용자 개인들의 사회 계층적 영향, 심리적 차이, 사회적 관계 등에 의해 제한을 받아서 단지 선별적이고 한정적으로 나타난다는 이론이다.
2단계 유통이론	의견지도자를 거쳐 정보나 영향력이 궁극적인 수용자들에게 전달된다는 이론이다. 라자스펠트의 '국민의 선택'이라는 연구보고서에서 처음으로 제시된 것으로 매스미디어가 유권자의 투표행위에 지배적인 영향을 미치지 않는다고 밝혀냈다.

③ 중효과이론

이용과 충족이론	능동적인 수용자들은 자신의 동기나 욕구를 충족시키기 위하여 매스미디어를 활용한다는 이론이다.
의제설정이론	매스미디어는 특정 주제를 선택하고 반복함으로써 이를 강조하여 수용자가 중요한 의제로 인식하게 한다는 이론으로 이에 의하면 대중매체가 강조하는 정도에 따라 수용자가 인식하는 정도가 달라질 수 있다.

>> 싼커

'싼커'는 '개별 손님'이라는 뜻으로 단체 관광이 아닌 자유 여행으로 우리나라를 방문하는 중국인 관광객들을 지칭하는 말이다. 이들은 한국의 브랜드 명품샵, 화장품 전문 매장 등을 돌아다니며 적게는 수십만 원에서 많게는 몇 천만 원에 이르는 금액을 지불한다고 한다. 이러한 탓에 우리나라 쇼핑몰에서도 자체 어플리케이션을 만들어 모바일 쿠폰, 와이파이 접속 등 여러 혜택을 제공하여 싼커를 고객으로 만드는 추세이다.

>> 국제기자기구(IOJ : International Organization of Journalists)

1946년 덴마크 코펜하겐에서 결성된 조직으로 미국을 중심으로 한 보수적인 국제기자연맹(IFJ)과는 달리 진보적이며, 민주적인 저널리즘을 추구하는 동유럽과 제3세계 국가까지 포괄하는 세계 최대의 국제언론인기구이다. 본부는 에스파냐 마드리드에 위치하며 120개국 250만 명이 회원으로 가입되어 있다.

>> 세계 4대 통신사

① AP(Associated Press) … 1848년 헤일(D. Hale)의 제안으로 결성된 미국 연합통신사이다. 신문사·방송국을 가맹사로 하는 협동조직의 영리법인 UPI와 함께 세계최대통신사이다.

② UPI(United Press International) … 1958년에 UP가 경영난에 빠진 INS(International News Service)통신사를 병합하여 설립한 영리법인이다.

③ AFP(Agence France Press) … 아바스(C. Havas)가 만든 외국신문 번역통신사의 후신으로 전 세계에 100여개의 지국을 설치하고 서유럽적 입장에서 논평과 보도를 한다.

④ 로이터(Reuters) … 1851년 독일인 로이터가 영국에 귀화하여 런던에 설립한 영국의 국제 통신사로 전 세계적인 통신망을 구축하여 국제 신문계의 중심을 이루고 있으며 특히 경제·외교기사 통신으로 유명하다.

>> 팟캐스팅(podcasting)

영화, 드라마, 음원 등의 콘텐츠를 인터넷을 통해 MP3 플레이어나 PMP 등으로 다운받아 감상할 수 있도록 만들어진 서비스를 말한다. 미국 애플사의 MP3 플레이어인 아이팟(iPod)과 방송(broadcasting)이 결합된 신조어로 초기에는 음악이나 뮤직비디오가 주를 이루었지만 최근에는 영화나 드라마까지를 포함하는 서비스가 제공되고 있다.

>> 인포데믹스(Infodemics)

정보(information)와 전염병(epidemics)의 합성어로 부정확한 정보가 확산되어 발생하는 각종 부작용을 일컫는 말이다. IT기술이 발전하면서 잘못된 정보나 소문이 미디어와 인터넷, SNS를 통해 확산되면서 정치, 경제, 사회, 안보 등에 치명적인 위기를 초래하게 되는 경우가 종종 발생하게 된다.

>> 광군제

중국에서 11월 11일을 가리키는 말로, 독신절(솔로데이)이라고도 한다. '광군'은 중국어로 홀아비나 독신남, 또는 애인이 없는 사람을 뜻하는 말로, '1'자의 모습이 외롭게 서 있는 사람 모습과 비슷하다고 해서, 솔로를 챙겨주는 문화가 확산되기 시작했다. 혼자를 의미하는 '1'이 두 개가 겹친 1월 1일을 소(小)광군제, 세 개인 1월 11일과 11월 1일은 중광군제, 4개가 겹친 11월 11일은 대광군제라고 부른다. 이날은 젊은층의 소개팅과 파티, 선물 교환 등이 주요 이슈를 이룬다. 특히 2009년 광군제를 맞아 중국의 최대 전자상거래 기업인 알리바바그룹이 자회사인 타오바오몰을 통해 독신자를 위한 대대적 할인행사를 시작하면서 광군제는 중국 최대 쇼핑일로 탈바꿈했다. 이후 대부분의 온라인 쇼핑몰이 이 할인행사에 동참하면서 미국의 최대 쇼핑시즌인 '블랙 프라이데이'나 '사이버 먼데이'를 능가하는 최고의 소비시즌으로 자리잡게 되었다.

>> 국보(國寶) · 보물(寶物)

국가가 지정하는 문화재는 국보, 보물, 중요민속자료, 사적 및 명승, 천연기념물, 중요무형문화재로 분류할 수 있다. 이 중 보물은 건조물, 전적, 서적, 고문서, 회화, 조각, 공예품, 고고자료, 무구 등의 유형문화재 중 중요도가 높은 것을 선정하는 것으로 문화재청장과 문화재위원회의 심의를 거친다. 보물에 해당하는 문화재 중 인류문화의 관점에서 볼 때 역사적, 학술적, 예술적 가치가 크고 그 시대를 대표하거나 제작기술이 특히 우수하여 그 유래가 드문 것을 국보로 정한다.

구분	내용
국보	1호 : 숭례문(남대문), 2호 : 원각사지 10층 석탑, 3호 : 진흥왕 순수비
보물	1호 : 흥인지문(동대문), 2호 : 보신각종, 3호 : 대원각사비
사적	1호 : 포석정지, 2호 : 김해 봉황동 유적, 3호 : 수원화성
무형문화재	1호 : 종묘제례악, 2호 : 양주 별산대놀이, 3호 : 남사당놀이
천연기념물	1호 : 달성의 측백수림, 2호 : 합천 백조 도래지, 3호 : 맹산의 만주 흑송수림

〉〉 세계지적재산기구(WIPO : World Intellectual Property Organization)

지적재산권의 국제적 보호 촉진과 국제협력을 위해 설립한 국제기구로 세계지적소유권기구라고도 한다. 세계지적재산권기구설립조약(1970년 발효)을 근거로, 저작권을 다루는 베른조약(1886년 발효)과 산업재산권을 다루는 파리조약(1883년 발효)의 관리와 사무기구상의 문제를 통일적으로 처리할 목적으로 설립하였으며 1974년 유엔전문기구가 되었다.

〉〉 세계문화유산목록(世界文化遺産目錄)

국제연합 교육과학문화기구(유네스코)가 보존활동을 벌이는 문화유산과 자연유산의 목록이다. 세계유산목록이 만들어지게 된 것은 1960년 이집트의 아스완댐 건설로 누비아유적이 수몰위기에 빠지자 세계적으로 인류유산보호에 대한 여론이 제기되면서부터이다. 유네스코는 1972년 세계유산협약을 채택, 세계의 문화유산과 자연유산을 보호하기 시작했다. 이 협약에 근거해 설립된 정부간 기구인 세계유산위원회는 세계유산목록을 만들어 이들 유산보존활동을 활발히 벌이고 있다.

PLUS tip ......

• **세계기록유산** … 유네스코가 세계적인 가치가 있다고 지정한 귀중한 기록유산으로, 1995년 선정기준 등을 마련하여 1997년부터 2년마다 국제자문위원회(IAC : International Advisory Committee)의 심의 · 추천을 받아 유네스코 사무총장이 선정한다. 기록유산은 단독 기록 또는 기록 모음일 수도 있으며, 기록을 담고 있는 정보나 그 기록을 전하는 매개물일 수도 있다. 세계유산 및 세계무형유산과는 구별되어 별도로 관리한다.

• **세계무형유산** … 2001년 인류 문화의 다양성과 창의성을 존중하기 위해 유네스코에서 제정한 제도로, 전 세계의 전통 춤, 연극, 음악, 놀이, 의식 등 구전(口傳)되는 문화재나 무형문화재 가운데 보존 가치가 있는 것을 선정한다. 정식명칭은 인류무형문화유산이다.

• **우리나라의 유산 등록현황**

구분		내용
세계문화유산	문화유산	종묘(1995), 해인사 장경판전(1995), 불국사 · 석굴암(1995), 창덕궁(1997), 수원화성(1997), 경주역사유적지구(2000), 고창 · 화순 · 강화 고인돌유적(2000), 조선 왕릉 40기(2009), 하회 · 양동마을(2010), 남한산성(2014), 백제역사유적지구(2015)
	자연유산	제주도 화산섬 및 용암동굴(2007)
세계기록유산		훈민정음 · 조선왕조실록(1997), 직지심체요절 · 승정원일기(2001), 팔만대장경판 · 조선왕조의궤(2007), 동의보감(2009), 5 · 18 광주민주화운동 관련 기록물 · 일성록(2011), 난중일기 · 새마을운동 기록물(2013), KBS 특별생방송 '이산가족을 찾습니다.' 기록물 · 유교책판(2015)
세계무형유산		종묘제례 및 종묘제례악(2001), 판소리(2003), 강릉단오제(2005), 강강술래 · 남사당놀이 · 영산재 · 제주칠머리당영등굿 · 처용무(2009), 가곡 · 대목장 · 매사냥(2010), 택견 · 줄타기 · 한산모시짜기(2011), 아리랑(2012), 김장문화(2013), 농악(2014), 줄다리기(2015), 제주해녀문화(2016)

>> 지적소유권(知的所有權)

음반 및 방송, 연출, 예술가의 공연, 발명·발견, 공업디자인, 등록상표, 상호 등에 대한 보호 권리와 공업·과학·문학 또는 예술 분야의 지적활동에서 발생하는 모든 권리(지적재산권)를 말한다. 산업발전을 목적으로 하는 산업재산권과 문화 창달을 목적으로 하는 저작권으로 분류할 수 있는데 인간의 지적 창작물을 보호하는 무형재산권이라는 점과 그 보호기간이 한정되어 있다는 점에서 동일하지만, 저작권은 출판과 동시에 보호되는 것에 비해 산업재산권은 특허청의 심사를 거쳐 등록해야만 보호된다. 보호기간도 저작권은 저작자 사후 30~70년으로 상당히 긴 데 반해 산업재산권은 10~20년으로 짧은 편이다.

>> 베른조약(Berne Convention)

'문학 및 미술 저작물 보호에 관한 조약'으로 1886년 스위스의 수도 베른에서 체결되어 베른조약이라고 부른다. 만국저작권 보호동맹조약이라고도 하며 저작물을 국제적으로 보호할 것을 목적으로 한다. 가맹국은 다른 가맹국 국민들의 저작물을 자국민의 저작물과 동등하게 대우하며 저작권의 효력은 등록 등의 절차를 필요로 하지 않고 저작사실 자체로 효력을 발생하는 발생주의에 따르며, 저작권은 저작자의 생존기간 및 사후 50년 동안 보호하는 것을 원칙으로 한다.

>> 문화다양성협약(Protection of the Diversity of Cultural Contents)

정식 명칭은 '문화콘텐츠와 예술적 표현의 다양성을 위한 협약'으로 세계 각국의 문화적 다양성을 인정하는 국제협약이다. 1999년 유네스코 총회에서 제안된 것으로 프랑스 등 유럽 국가들이 미국 문화의 범람에 맞서 자국의 문화를 지키자는 취지였다. 이후 2001년 11월 프랑스 파리에서 '세계 문화다양성 선언'이 채택되었고 2002년에는 5월 21일을 '세계 문화다양성의 날'로 선포했으며, 2007년 3월부터 발효되었다.

>> 다다이즘(dadaism)

제1차 세계대전 중 1920년대에 걸쳐 유럽의 여러 도시에서 일어난 반예술운동이다. 인간생활에 대한 항의아래 재래 의미의 법칙이나 사회조직 등 일체의 전통적인 것을 부정하고 허무·혼란·무질서한 것 그대로를 표현하려는 과도기의 사상으로, 2차대전 후에는 전후 고조되고 있던 기계문명·인간소외 등의 이유에서 '네오다다'라는 명칭으로 부활되었다.

>> 반달리즘(vandalism)

도시의 문화·예술이나 공공시설을 파괴하는 행위를 말한다. 중세초기 유럽의 민족대이동 때 아프리카에 왕국을 세운 반달족이 지중해 연안에서 로마에 걸쳐 약탈과 파괴를 거듭했던 데서 유래한다.

〉〉 아우라(aura)

예술작품에서 풍기는 흉내 낼 수 없는 고고한 분위기를 뜻하는 말로 독일의 철학자 발터 벤야민의 예술 이론이다. 1934년 벤야민은 논문 「기술복제시대의 예술작품」에서 기술복제시대의 예술작품에 일어난 결정적인 변화를 '아우라의 붕괴'라고 정의하였다. 이는 사진이나 영화와 같이 복제되는 작품에는 아우라가 생겨날 수 없다는 관점으로 기술주의적 사고라는 비판을 받기도 한다.

〉〉 아방가르드(avant-garde)

원뜻은 전위(前衛)로 제1차 세계대전 때부터 유럽에서 일어난 예술운동이다. 기성관념이나 유파를 부정하고 새로운 것을 이룩하려 했던 입체파·표현주의·다다이즘·초현실주의 등의 혁신예술을 통틀어서 일컫는 말이다. 모호성·불확실성의 역설과 주체의 붕괴, 비인간화 등의 특징은 근대 산업화과정과 밀접한 관계가 있다.

> **PLUS tip** ....
> • 아방게르(avant-guerre) … 전전(戰前)이란 뜻의 프랑스어로, 본래는 제1차 세계대전의 예술운동을 가리켰는데 나중에 제2차 세계대전 전의 사조·생활태도 또는 그 시대에 산 사람들을 뜻하게 되었다. 인상주의, 자연주의, 현실주의 등을 가리킨다. 아프레게르와 상대되는 말이다.
> • 아프레게르(après-guerre) … 전후(戰後)를 의미하는 프랑스어로, 다다이즘·쉬르리얼리즘 등의 전위적인 예술로 나타났다. 원래는 제1차 세계대전이 끝난 뒤 프랑스의 젊은 예술가들이 전통적인 모든 가치체계를 부정하면서 새로운 예술을 창조한 시대사조를 가리키는 말이었는데, 최근에는 '전후문학'이라고 하면 제2차 세계대전 후만을 의미하게 되었다.

〉〉 서브컬처(subculture)

하위문화(下位文化) 또는 부차적 문화라고도 하며 어떤 사회의 주가 되는 중심 문화에 대비되는 개념이다. 즉, 한 사회에서 일반적으로 볼 수 있는 행동양식과 가치관을 전체로서의 문화라고 할 때, 그 전체적인 문화 내부에 존재하면서도 독자적인 특징을 보이는 부분적인 문화가 곧 서브컬처라고 할 수 있다. 상류계층문화, 화이트칼라문화, 농민문화, 도시문화, 청소년문화 등이 그 예이다.

〉〉 오페레타(operetta)

형식은 오페라와 비슷하면서 군데군데 대사의 삽입방법과 목적에 다소 차이가 있는 곡으로, 경쾌하고 알기 쉬우면서도 유머가 곁들인 줄거리를 통속적이고 대중적인 음악으로 연출하는 음악극이다. 천국과 지옥, 보카치오, 박쥐 등이 유명하다.

〉〉 프리마돈나(prima donna)

오페라의 여주인공역을 맡은 소프라노 가수를 칭하는 말로서 '제1의 여인'이라는 뜻이다. 이에 해당하는 남자가수를 프리모우모(primo uomo)라 한다.

〉〉 아리아(aria)

성악곡이나 기악곡의 소멜로디를 뜻하기도 하고 화성부 · 반주부에 대한 멜로디부를 뜻하기도 하지만, 주로 오페라에서 레시터티브에 대하여 음악적 매력에 주안을 둔 독창곡을 말하며 영창이라고 번역된다. 바흐의 G선상의 아리아가 유명하다.

〉〉 카스트라토(castrato)

여성이 무대에 오르지 못했던 18세기 바로크시대의 오페라에서 여성의 음역을 노래한 남성 가수를 말한다. 카운터테너(가성을 사용하여 소프라노의 음역을 구사하는 남성 성악가)에서 소프라노까지 오르내리는 3옥타브 반의 목소리를 내기 위해 변성기 전인 소년시절에 거세당했고, '신의 목소리'라고 불렸다.

〉〉 갈라 콘서트(gala concert)

갈라는 이탈리아 전통 축제의 복장 'gala'에 어원을 두고 있으며, '축제', '잔치'라는 사전적 의미를 지니고 있다. 클래식 음악에서는 흔히 아리아와 중창 등 약식으로 꾸며진 오페라에 붙이지만, 격식을 갖추지 않은 축하 공연 등을 통칭하는 용어로 사용된다.

〉〉 퓨전음악(fusion music)

제3세계의 토속음악과 서구의 팝음악이 접목된 새로운 장르의 음악을 일컫는다. 아프리카 원주민들의 토속음률에 서구의 펑크, 록 등이 한데 어우러지는 특징을 보인다. 융합을 뜻하는 '퓨전'이란 말처럼 지역이나 관습적인 배경을 달리하는 음악들의 만남으로 국경을 뛰어 넘는 음악의 새 지평을 열었다고 볼 수 있다.

〉〉 표제음악(program music)

곡의 내용을 자의적으로 해석하는 것을 막기 위해 표제를 붙인 음악이다. 표제음악은 14세기 일부 성악곡에서 볼 수 있으며 낭만파 음악시대에서 성행하였다. 창시자는 슈만이며, 표제음악의 새로운 분야를 개척한 베를리오즈의 환상교향곡이 대표적인 작품이다.

>> 인상파음악

19세기 말에 프랑스에서 일어난 음악상의 작풍으로 처음에는 회화세계에서 사용되었으나, 드뷔시의 독창과 오케스트라 봄에 대하여 비판적으로 쓰이고부터 음악세계에서도 쓰이게 되었다. 환상적이며 빛·바람과 같은 끊임없이 변화하는 것이 자아내는 자연의 아름다움에 대한 순간적 인상을 감각적으로 음색에 정착시키려 했고, 각종 병행화음 등을 사용하여 새로운 감각을 나타냈다. 대표적인 작곡가로는 드뷔시, 라벨을 꼽을 수 있다.

>> 구체음악(具體音樂)

제2차 세계대전 후 프랑스에서 일어난 음악의 한 경향이다. 종래의 음처럼 인성(人聲)이나 악기의 구사로 음악을 이루는 것이 아니라 자연음(새·물·바람소리 등)을 혼합·응결시킨 음악이다. 구상음악이라고도 하며, 프랑스의 샤플레(P. Schafler) 등이 제창하였다.

>> 프레올림픽(pre-olympic)

올림픽대회가 열리기 1년 전에 그 경기시설이나 운영 등을 시험하는 의미로 개최되는 비공식 경기대회이다. 국제올림픽위원회(IOC)에서는 올림픽이 4년마다 열리는 대회라는 이유로 프레올림픽이라는 명칭의 사용을 금하고 있으나, 국제스포츠계에 잘 알려진 관용명칭이 되어 있다.

>> 패럴림픽(paralympic)

신체장애자들의 국제경기대회로서 장애자 올림픽이라고도 한다. 'paraplegia'와 'olympic'의 합성어로, 정식으로는 1948년 휠체어 스포츠를 창시한 영국의 신체장애자의료센터 소재지의 이름을 따 국제 스토크 맨데빌 경기대회(International Stoke Mandeville Games for the Paralysed)라 한다. 1952년부터 국제경기대회로 발전하여 4년마다 올림픽 개최국에서 개최된다.

>> 월드컵(world cup)

FIFA(국제축구연맹)에서 주최하는 세계 축구선수권대회이다. 1930년 우루과이의 몬테비데오에서 제1회 대회가 개최된 이래 4년마다 열리는데, 프로와 아마추어의 구별없이 참가할 수 있다. 2년에 걸쳐 6대륙에서 예선을 실시하여 본선대회에는 개최국과 전(前)대회 우승국을 포함한 24개국이 출전한다. 제1회 대회 때 줄리메가 기증한 줄리메컵은 제9회 멕시코대회에서 사상 최초로 3승팀이 된 브라질이 영구보존하게 되어, 1974년 뮌헨에서 열린 제10회 대회부터는 새로 마련된 FIFA컵을 놓고 경기를 벌인다.

• 역대 월드컵 개최지와 우승국

개최연도	개최지	우승국	개최연도	개최지	우승국
제1회(1930)	우루과이	우루과이	제12회(1982)	스페인	이탈리아
제2회(1934)	이탈리아	이탈리아	제13회(1986)	멕시코	아르헨티나
제3회(1938)	프랑스	이탈리아	제14회(1990)	이탈리아	서독
제4회(1950)	브라질	우루과이	제15회(1994)	미국	브라질
제5회(1954)	스위스	서독	제16회(1998)	프랑스	프랑스
제6회(1958)	스웨덴	브라질	제17회(2002)	한국 · 일본	브라질
제7회(1962)	칠레	브라질	제18회(2006)	독일	이탈리아
제8회(1966)	잉글랜드	잉글랜드	제19회(2010)	남아프리카공화국	스페인
제9회(1970)	멕시코	브라질	제20회(2014)	브라질	독일
제10회(1974)	서독	서독	제21회(2018)	러시아	
제11회(1978)	아르헨티나	아르헨티나	제22회(2022)	카타르	

• 우리나라의 월드컵 참가 역사 … 우리나라는 1954년 제5회 스위스 월드컵에 처음으로 참가했고 이후 제13회 멕시코 월드컵부터 제19회 남아프리카공화국 월드컵까지 7회 연속 진출로 아시아 처음 통산 8회 월드컵 진출이라는 기록을 세웠다. 2002년 제17회 한국 · 일본 월드컵에서 4위의 성적을 거두었고, 2010년 제19회 남아프리카공화국 월드컵에서 원정 첫 16강에 진출하였다.

》 FIFA(Federation Internationale de Football Association)

국제축구연맹으로 세계 축구경기를 통할하는 국제단체이다. 국제올림픽위원회(IOC), 국제육상경기연맹(IAAF)과 더불어 세계 3대 체육기구로 불리며 각종 국제 축구대회를 주관한다. 즉, 각 대륙별 연맹이 원활하게 국제 경기 등을 운영할 수 있도록 지원 · 관리하는 세계축구의 중심체인 것이다. 1904년 프랑스의 단체 설립 제창으로 프랑스, 네덜란드, 덴마크, 벨기에, 스위스, 스웨덴, 스페인의 7개국이 프랑스 파리에서 모여 국제 관리기구로서 국제축구연맹(FIFA)을 탄생시켰다.

> Point 》 세계청소년축구선수권대회 … FIFA(국제축구연맹)에서 주관하는 청소년축경기로 만 나이 기준 20세 이하의 선수들만 참가하는 U-20대회와 17세 이하 선수들만 참가하는 U-17대회의 2종류다.

》 F1 그랑프리

월드컵, 올림픽에 이어 전세계에서 인기를 끌고 있는 3대 국제스포츠행사의 하나인 세계 최고의 자동차경주대회를 의미한다. 1년간 세계 대회를 순회하며 라운드별 득점을 합산하여 챔피언을 결정한다.

>> 4대 메이저 대회

골프나 테니스 분야에서 세계적으로 권위를 인정받고 있으며 상금액수도 큰 4개의 국제대회를 일컫는 용어이다. 골프의 4대 메이저 대회는 마스터골프대회, US오픈골프선수권대회, 브리티시오픈, 미국PGA선수권대회를 말하며 여자골프 4대 메이저 대회는 크래프트나비스코챔피언십, 맥도날드LPGA챔피언십, US여자오픈, 브리티시여자오픈이 해당한다. 4대 메이저 테니스 대회는 호주오픈, 프랑스오픈, 윔블던, US오픈을 포함한다.

>> 월드베이스볼클래식(WBC : World Baseball Classic)

세계 각국이 참가하는 프로야구 국가대항전으로, 2006년부터 시작하여 올림픽이 열리는 해를 피해 4년마다 개최하되 시기는 메이저리그 정규시즌 일정을 고려해 조정한다. 1회 대회는 2006년 3월 3일 일본 도쿄돔에서 아시아 예선을 시작으로 그 막을 올렸으며 한국, 일본, 중국, 대만, 미국, 캐나다 등 총 16개국이 참가하였다. 메이저리그 구장에서 열린 8강 조별리그를 거쳐 4강에 진출한 국가는 한국, 일본, 쿠바, 도미니카 공화국이었으며, 일본이 우승을 차지했다. 우리나라는 2009년에 열린 2회 대회에서 준우승을 차지했다.

>> 보스톤 마라톤대회

미국 독립전쟁 당시 보스톤 교외의 콘크드에서 미국민병이 영국군에게 승리한 것을 기념하기 위하여 1897년 이래 보스톤시에서 매년 4월 19일에 거행하는 대회로, 아메리칸 마라톤이라고도 한다.

>> 프리에이전트(Free Agent)

자신이 속한 팀에서 일정기간 동안 활동한 뒤 자유롭게 다른 팀과 계약을 맺어 이적할 수 있는 자유계약선수 또는 그 제도를 일컫는 말이다. 자유계약선수 제도 하에서는 특정 팀과의 계약이 만료되는 선수는 자신을 원하는 여러 팀 가운데에서 선택하여 아무런 제약조건 없이 팀을 이적할 수 있다. 이와 반대로 선수가 먼저 구단에 계약해지를 신청한 임의탈퇴선수는 다른 구단과 자유롭게 계약할 권한이 없다.

>> 메이저리그(MLB : Major League Baseball)

미국 프로야구의 아메리칸리그(American League)와 내셔널리그(National League)를 합쳐서 부르는 말로, '빅 리그'라고도 한다. 아메리칸리그 소속 14개 팀과 내셔널리그 소속 16개 팀이 각각 동부·중부·서구지구로 나뉘어 정규 시즌을 치른다.

〉〉 윔블던 테니스대회

테니스계에서 가장 오랜 역사를 가지고 있는 대회로, 1877년 영국 국내선수권대회로 개최되었으며 1883년부터 국제대회가 되었다. 정식명칭은 전영오픈 테니스선수권대회로 매년 영국 런던 교외의 윔블던에서 열린다. 1968년부터 프로선수의 참가가 허용되었다.

PLUS tip ....

데이비스컵(Davis Cup) · 페더레이션컵 테니스대회
데이비스컵 테니스대회는 1900년 미국의 테니스선수였던 데이비스가 기증한 순은제컵을 놓고 영 · 미대항으로 개최되던 테니스시합이 1904부터 국제대회로 발전한 것이다. 페더레이션컵 테니스대회는 여자들만 참가하는 대회로, 남자들만이 펼치는 데이비스컵 대회에 자극받아 오스트레일리아의 호프만 부인이 1963년 세계 테니스연맹에 컵을 기증하여 창설되었다.

〉〉 수퍼볼(super bowl)대회

미국 프로미식축구의 양대 리그인 AFC(아메리칸 풋볼 콘퍼런스)와 NFC(내셔널 풋볼 콘퍼런스)의 우승팀 간에 그 해 최정상을 가리는 대회로, 1966년 창설되었다.

〉〉 샐러리캡(salary-cup)

스포츠스타 선수들의 몸값을 제한하기 위한 팀연봉상한제를 말한다. 샐러리캡은 물가인상 등을 고려해 매 시즌마다 바뀔 수 있다.

Point 〉〉 스토브리그(stove league) … 겨울철에 벌어지는 스포츠팀들의 불꽃튀는 스카우트 열전 및 팀과 선수들 간의 연봉협상을 말한다.

1 정치 · 법률

1 다음에서 설명하고 있는 용어는 무엇인가?

> 부적격한 국회의원을 임기 전 파면할 수 있도록 하는 제도를 말한다. 일정 기준 이상의 유권자가 지역구 · 비례대표 국회의원에 대한 국민소환투표에 찬성하면, 투표가 진행되고 그 결과에 따라 해임이 가능하다. 국민의 손으로 선출된 대표를 다시 국민의 손으로 내칠 수 있다는 것으로 '국민파면' 혹은 '국민해직'이라고도 한다.

① 국민소환제
② 주민소환제
③ 당원소환제
④ 법안소환제

❈TIP ② 위법 · 부당 행위를 저지르거나 직무가 태만한 지자체장과 지방의원을 지역 투표권자 3분의 1 이상 투표와 유효 투표 중 과반수 찬성으로 해임할 수 있는 제도
③ 당원이 소환을 통해 당대표 등 당에서 직책을 맡은 당직자를 파면할 수 있게 한 제도

ANSWER 〉 1.①

2 다음 중 CVID(Complete, Verifiable, Irreversible Dismantlement)에 대한 설명으로 옳지 않은 것은?

① 조지 부시 행정부 1기 때 수립된 북핵 해결의 원칙이다.

② 완전하고 검증가능하며 돌이킬 수 없는 핵 폐기를 뜻한다.

③ 마이크 폼페이오 미 국무장관의 3차 방북(2018년 7월)을 앞두고 미 국무부에서 제시하였다.

④ 북한은 미국의 CVID라는 용어 사용에 대해 "패전국에나 강요하는 굴욕적인 것"이라며 강하게 반발해 왔다.

✪TIP ③ FFVD(Final, Fully Verified Denuclearization : 최종적이고 충분히 검증된 비핵화)에 대한 설명이다.
  ※ CVID(Complete, Verifiable, Irreversible Dismantlement)는 완전하고 검증가능하며 돌이킬 수 없는 핵 폐기를 뜻한다. 미국이 북한에 대해 유지하고 있는 비핵화 원칙으로 과거 조지 W 부시 대통령 집권 1기 때 수립되었다. 당시 미국은 북한을 '악의 축'으로 지목하며 초강경 노선을 펼친 바 있다.

3 다음 빈칸에 공통적으로 들어갈 용어로 적절한 것은?

> _____은(는) 고위공직자들의 범죄행위를 상시적으로 수사·기소할 수 있는 독립기관을 뜻한다. 수사 대상은 주로 국회의원 및 장차관, 판사, 검사 등 고위직 공무원이다. _____법은 검찰이 독점하고 있는 수사권 및 기소권 일부를 _____로 분산해 검찰의 정치 권력화를 막고자 하는 취지로 도입이 추진 중이다.

① 감사원
② 공수처
③ 헌법재판소
④ 중앙선거관리위원회

✪TIP ① 행정기관과 공무원의 직무에 대한 감찰을 목적으로 설립된 대통령 직속의 국가 최고 감사기관
  ③ 한 국가 내에서 최고의 실정법 규범인 헌법에 관한 분쟁이나 의의를 사법적 절차에 따라 해결하는 특별재판소
  ④ 선거와 국민투표의 공정한 관리 및 정당에 관한 사무를 관장하는 헌법기관

4 다음 중 공소시효에 대한 설명으로 옳은 것은?

① 사형에 해당하는 범죄는 공소시효 30년에 해당한다.

② 무기징역에 해당하는 범죄는 공소시효 20년에 해당한다.

③ 살인죄는 공소시효 폐지로 언제든지 공소제기를 할 수 있다.

④ 공소시효가 지나도 검사는 공소를 제기할 수 있다.

⊗**TIP** ① 사형에 해당하는 범죄는 공소시효 25년에 해당한다.
　　　　② 무기징역 또는 무기금고에 관한 범죄는 공소시효 15년에 해당한다.
　　　　④ 범죄를 저지른 후 공소시효가 지나면 검사의 공소권은 사라지게 된다.

5 1992년 5월 9일 채택된 이것은 기후체계로 인한 인류생존에 대한 위협을 방지할 수 있는 수준으로 대기 중 온실가스를 안정화시키려는 목적을 가지고 있다. 이 협약(협정)은 무엇인가?

① 기후변화협약　　　　　　　　　② 국제환경협약

③ 교토의정서　　　　　　　　　　④ 우루과이 라운드

⊗**TIP** ② 국제환경협약 : 환경을 보호하기 위해 체결되는 양자간·다자간 국제협약으로 주로 지구적 차원의 환경을 보전하기 위한 국가별 의무 또는 노력을 규정하고 있다. 현재 170여개의 국제환경협약이 체결되어 있으며 주요 협약으로 기후변화협약, 멸종위기에 처한 동식물보호협약(CITES), 바젤협약, 몬트리올의정서, 생물다양성협약 등이 있다.
　　　　③ 교토의정서 : 기후변화협약에 따라 온실가스 감축 목표치를 정한 의정서로 교토프로토콜이라고도 한다. 1997년 12월 일본 교토에서 열린 기후변화협약 제3차 당사국 총회에서 채택되었다. 교토의정서는 온실가스를 효과적이고 경제적으로 줄이기 위해 공동이행, 청정개발체제, 배출권거래 등의 제도를 도입하였다.
　　　　④ 우루과이 라운드 : 1986년 9월부터 1993년 12월까지 진행되었던 관세 및 무역에 관한 협정의 8번째 다자간 무역협상이다.

6 2014년 10월 한미 양국 국방장관은 한반도 전쟁 발발 시 한국군의 작전을 통제할 수 있는 한미 전시작전통제권의 이양 시기를 당초보다 늦추기로 합의함으로써 사회적 이슈를 낳았다. 다음 중 전작권의 한국군 이양 시기로 옳은 것은?

① 2017년대 중반 이후
② 2018년대 후반 이후
③ 2019년대 초반 이후
④ 2020년대 중반 이후

✖TIP 당초 전시작전통제권의 한국군 이양 시기는 2015년 12월이었지만 2014년 10월 23일 미국에서 열린 제46차 한미 안보협의회에서 양국 국방장관들은 전작권의 한국군 이양 시기를 구체적으로 정하지 않고 다만 2020년대 중반 이후로 연기하였다. 그러면서 북한의 핵과 미사일의 위협에 대한 한국군의 필수 능력 3대 조건이 모두 충족될 경우 이양할 수 있다고 결론지었다.
   ※ 북한의 핵과 미사일의 위협에 대한 한국군의 필수 능력 3대 조건
   • 전시작전통제권 전환 후 한미 연합 방위를 주도할 수 있는 한국군의 핵심 군사 능력 구비
   • 국지 도발 및 전면전 초기 단계에서 북의 핵과 미사일 위협에 대응할 한국군의 필수 능력
   • 북핵 문제 등 안정적 전시작전통제권 전환을 위한 한반도 및 역내 안보 환경

7 다음 중 공무원의 종류가 다른 하나는 무엇인가?
① 감사원 원장
② 법관
③ 국정원 직원
④ 검사

✖TIP ① 정무직 공무원에 속한다.
   ②③④ 특정직 공무원에 속한다.
   ※ 특정직 공무원 … 법관·검사·국가정보원 직원 이 외에도 군무원·외무공무원·소방공무원·교육공무원·경찰공무원·군인공무원·특수 분야의 업무를 담당하는 공무원이 있다.

8 다음 중 일반 국민들을 배심원으로 선정하여 유죄 및 무죄의 평결을 내리게 하는 한국형 배심원 재판제도를 일컫는 말은?

① 배심원제도
② 추심원제도
③ 국민참여재판제도
④ 전관예우제도

✖TIP 국민참여재판제도 … 2008년 1월부터 시행된 배심원 재판제도로 만 20세 이상의 국민 가운데 무작위로 선정된 배심원들이 형사재판에 참여하여 유죄·무죄 평결을 내리지만 법적인 구속력은 없다.

9 다음 ( ) 안에 들어갈 알맞은 말은?

> 니콜라스 탈레브는 그의 책에서 ( )을/를 '과거의 경험으로 확인할 수 없는 기대 영역 바깥쪽의 관측 값으로, 극단적으로 예외적이고 알려지지 않아 발생가능성에 대한 예측이 거의 불가능하지만 일단 발생하면 엄청난 충격과 파장을 가져오고, 발생 후에야 적절한 설명을 시도하여 설명과 예견이 가능해지는 사건'이라고 정의하다. 이것의 예로 20세기 초에 미국에서 일어난 경제대공황이나 9·11 테러, 구글(Google)의 성공 같은 사건을 들수 있다. 전 세계를 강타한 미국 발 세계금융위기도 포함된다.

① 블랙스완   ② 화이트스완

③ 그레이스완   ④ 더블딥

❈**TIP** ② 끊임없이 반복되어 오는 위기임에도 명확한 해결책이 없는 현상을 말한다.
③ 예측은 되지만 마땅한 해결책이 존재하지 않는 현상을 말한다.
④ 경기침체 후 잠시 회복기를 보이다가 다시 침체에 빠지는 이중침체 현상을 말한다.

10 다음 중 인기를 위해 선심사업으로 정부예산을 확보하는 것을 뜻하는 용어는?

① 그리드락   ② 지대추구

③ 로그롤링   ④ 포크배럴

❈**TIP** **포크배럴(Pork Barrel)** … 배럴(Barrel)이란 가축에게 먹이를 담아 주는 그릇으로 포크배럴은 돼지 먹이통을 의미한다. 포크배럴은 정치인들이 지역주민 인기를 얻고자 지역구 선심사업을 위해 중앙정부의 예산을 최대한 확보하기 위한 행태를 가리킨다. 정치인들의 이러한 모습이 마치 1870년 미국 남북전쟁 이전 흑인 노예들에게 백인 주인들이 돼지고기를 노예들에게 주던 모습과 흡사하다고 하여 붙여지게 되었다.
① 그리드락(Gridlock) : 교차로에서 오도 가도 못하는 정체 상황에서 유래한 것으로 양측의 의견이 서로 팽팽히 맞서 업무 또는 정책이 추진되지 못하는 상황을 말한다.
② 지대추구(Rent Seeking) : 경제 주체들이 자신의 이익을 위해 로비, 약탈, 방어 등 비생산적인 활동에 경쟁적으로 자원을 지나치게 소비하는 현상을 말한다.
③ 로그롤링(Log Rolling) : 정치세력들이 투표거래나 투표담합을 통해서 상호지원을 하는 행위를 말한다.

1 다음에서 설명하고 있는 용어는 무엇인가?

> 문화적으로 연결이 강하다고 여겨지는 소비재에 관한 사회현상을 일컫는 말이다. 프랑스의 학자 드니 디드로의 저술에서 가장 먼저 사용됐으며 이후 소비 패턴을 연구하는 인류학자 그랜트 매크래켄이 1988년 '문화와 소비'에서 소개했다. 쉽게 말하면 하나의 물건을 갖게 되면 그것에 어울리는 다른 물건을 계속해서 사게 되는 현상을 뜻한다. 즉, 제품 간 조화를 추구하는 욕구가 소비에 소비를 불러 충동구매로 이어지는 것이다. 이런 현상이 일어나는 이유는 상품들 사이에 기능적 동질성이 아닌 정서적 · 심미적 동질성이 존재하기 때문이다.

① 에펠탑 효과   ② 베르테르 효과
③ 디드로 효과   ④ 파노플리 효과

> ❋TIP ① 처음에는 싫어하거나 무관심했지만 대상을 자주 접하다보면 거부감이 사라지고 호감으로 변하게 되는 현상
> ② 유명인이나 자신이 롤 모델로 삼고 있던 사람이 자살할 경우, 자신과 동일 시 해서 자살을 시도하는 현상
> ④ 소비자가 특정제품을 소비하면 유사한 급의 제품을 소비하는 소비자 집단과 같아진다는 환상을 갖게 되는 현상

2 60대의 자녀가 80~90대 부모를 돌보거나 노인 부부가 서로를 돌보는 상황을 가리키는 용어는?

① 슈카쓰   ② 빈집쇼크
③ 인구절벽   ④ 노노개호

> ❋TIP ① 인생을 마무리하고 죽음을 준비하는 활동
> ② 빈집이 기하급수적으로 늘어나 사회 문제로 번지는 것
> ③ 생산가능인구가 급격하게 줄어드는 현상
> ※ 노노개호(老老介護) … 노인이 노인을 돌본다는 뜻으로 일본에서 처음 등장한 용어이다. 일본에서는 간병과 수발을 포함해 돌보는 일을 '개호(介護)'라고 한다. 여기에 노인을 뜻하는 늙을 노(老)를 두 번 겹쳐서 만들어졌다. 노노개호(老老介護)는 60대의 자녀가 80~90대 부모를 돌보거나 노인 부부가 서로를 돌보는 상황을 가리킨다.

3 다음에서 설명하고 있는 개념은 무엇인가?

> 불안정한 고용·노동 상황에 놓인 비정규직·파견직·실업자·노숙자들을 총칭한다. 신자유주의 경제체제에서 등장한 신노동자 계층을 말한다. 이탈리아에서 2003년 최초로 사용하기 시작해, 2005년 프랑스 최고고용계약법 관련 시위에서 쓰인 바 있다. 전 세계적으로 우리나라의 '88만 원 세대', 일본의 '잃어버린 세대', 유럽의 '700유로 세대' 등 불안정 계층은 점차 젊은층으로 확산되고 있어 사회적으로 문제가 되고 있다.

① 프레카리아트
② 동맹파업
③ 워크셰어링
④ 소호

TIP ② 노동조합 및 기타 노동단체의 통제 하에 조합원이 집단적으로 노무제공을 거부하면서 그들의 주장을 관철시키려는 가장 순수하고 널리 행하여지는 쟁의행위
③ 노동자 1인당 노동시간을 단축함으로써 전체고용자수를 유지·증대하려는 형태의 업무분담
④ 사무실은 작아지고 집이 곧 사무실화하는 현대의 재택근무형 업무경향

4 1986년경 미국을 중심으로 나타난 새로운 가족 형태로 결혼은 하되 아이를 두지 않는 맞벌이 부부를 무엇이라고 하는가?

① 모모스족
② 딩크족
③ 노노스족
④ 딩펫족

TIP ① **모모스족** : 체면치레를 위해 빚을 내서라도 명품을 사거나 가짜 유명 상표가 달린 짝퉁 상품이라도 소비해야 직성이 풀리는 사람들을 비꼬아 이르는 말
③ **노노스족** : 일반인들에게는 생소한 상품의 로고와 디자인이 겉으로 드러나지 않은 제품을 즐기는 사람들을 일컫는 말
④ **딩펫족** : 의도적으로 자녀를 낳지 않는 맞벌이 부부를 일컫는 딩크족과 애완동물을 뜻하는 펫의 합성어로 아이를 낳는 대신 애완동물을 키우며 사는 맞벌이 부부를 일컫는 말

ANSWER › 1.③ 2.④ 3.① 4.②

5 대도시의 노동자가 지방 도시로 직장을 옮기는 형태의 노동력 이동을 무엇이라 하는가?

① 도넛현상   ② U턴현상

③ J턴현상   ④ 스프롤현상

> ✿**TIP** ① 대도시의 거주지역과 업무의 일부가 외곽지역으로 집중되어 도심에 상업기관·공공기관만 남게 되는 현상
> ② 대도시에서 고향으로 되돌아가는 노동력 이동 현상
> ④ 대도시의 교외가 무계획적으로 주택화되는 현상

6 다음 중 휴대전화가 없을 때 공포감을 느끼는 증상을 무엇이라 하는가?

① 노모포비아   ② 호모포비아

③ 차오포비아   ④ 테크노포비아

> ✿**TIP** ① 노모포비아 : no mobile-phone phobia의 줄임말로 휴대전화가 없을 때 공포감을 느끼는 증상을 말한다.
> ② 호모포비아 : 동성애 혹은 동성애자에 대한 무조건적인 혐오와 그로 인한 차별을 일컫는 말이다.
> ③ 차오포비아 : '차오'는 朝의 중국 발음으로 조선족 혐오현상을 말한다.
> ④ 테크노포비아 : '테크노스트레스 증후군'이라고도 하며 새로운 기술 유행에 따라가지 못해 심신이 거부 반응을 일으켜 우울증에 빠지는 증세를 말한다.

7 경기파동으로 인해 발생하는 일시적인 실업이 아니라 자본주의 경제구조의 특수성 및 모순에 의해 필연적으로 나타나는 실업을 무엇이라 하는가?

① 잠재적 실업   ② 비자발적 실업

③ 계절적 실업   ④ 구조적 실업

> ✿**TIP** ① 잠재적 실업 : 표면상 실업은 아니지만 한계생산이 없는 상태를 말한다.
> ② 비자발적 실업 : 노동을 제공할 의사와 능력을 가지고 있는 사람들 중 취업상태에 있지 않는 사람
> ③ 계절적 실업 : 어떠한 산업의 생산이 계절적으로 변동하기 때문에 일어나는 단기적인 실업

8 다음 현상을 설명하는 용어로 가장 적절한 것을 고르면?

> 결혼 후부터 남편 뒷바라지, 자녀양육으로 바쁜 일정을 보냈던 가정주부가 문득 남편도 자식도 모두 자신의 품 안에서 떠나버렸음을 깨닫고, 자신의 정체성(identity)에 대해 회의를 느끼는 심리적 현상

① 피터팬증후군　　　　　　　② 공소증후군
③ 신데렐라증후군　　　　　　　④ 모라토리엄증후군

✖TIP　공소증후군(빈둥지증후군 ; empty nest syndrome) … 가정주부가 자신의 정체성에 회의를 느끼게 되는 현상으로 여성들의 사회참여가 활발하지 못한 사회에서 심각한 문제로 제기된다.

9 다음 보기에서 설명하는 용어로 가장 적절한 것을 고르면?

> 백화점의 식품매장이 지하에 있고 전문 식당가가 맨 꼭대기층에 있는 것은 백화점의 판매를 촉진시키기 위한 전략 중의 하나이다. 고객들은 식사만 하고 백화점을 나오지 않고 쇼핑까지 하게 되는 경우가 많은데 이처럼 백화점의 위층에 고객을 유인하려는 상품을 마련해 놓으면 고객이 자연스럽게 아래층으로 내려가며 다른 물건도 쇼핑을 하게 되기 때문이다.

① 낭떠러지효과　　　　　　　② 폭포효과
③ 샤워효과　　　　　　　　　④ 후광효과

✖TIP　샤워효과 … 소비자들을 유인할 수 있는 상품을 배치해 위층의 고객 집객 효과가 아래층까지 영향을 미쳐 백화점 전체의 매출이 상승하는 효과를 말한다.
　　① 낭떠러지효과 : 자신이 정통한 분야에는 임무수행능력이 탁월하지만 조금이라도 그 분야를 벗어나면 일시에 모든 임무수행능력이 붕괴되는 현상
　　② 폭포효과 : 사회의 상위층을 공략하는 마케팅에 성공하면 전체 소비층에 그 효과가 빠르게 확산되는 현상
　　④ 후광효과 : 한 개인의 다양한 특성에 대한 평가가 그가 가진 하나의 뛰어난 특성에 의해 영향을 받는 현상

ANSWER 〉 5.③　6.①　7.④　8.②　9.③

10 고령화사회와 고령사회를 구분하는 노인인구의 비율의 연결이 옳은 것은?

① 7% - 10% 　　　　　　　　② 7% - 14%

③ 14% - 21% 　　　　　　　　④ 20% - 25%

> **TIP** 총 인구에서 65세 이상 인구가 차지하는 비율이 7%를 넘어서면 고령화사회, 14%를 넘어서면 고령사회, 20% 이상이면 초고령사회라 한다.

3 　과학 · 기술 · 정보통신

1 다음 설명 중 '언택트 기술'에 해당하는 것은?

① 분자나 원자 하나하나의 현상을 이해하고 이를 직접 조작하려는 기술이다.

② 통계적 이론, 전산기술들을 이용해 생물학 정보들을 저장 · 분석 · 해석하는 기술이다.

③ 유전자의 특정 염기서열을 인식해 원하는 부분을 자르는 기술이다.

④ 직원을 통하지 않고 상품이나 서비스를 구입할 수 있는 첨단 IT기술이다.

> **TIP** ① 나노 테크놀로지
> ② 바이오인포매틱스
> ③ 유전자 가위
> ※ **언택트 기술** … 직원을 통하지 않고 상품이나 서비스를 구입할 수 있는 첨단 IT기술을 말한다. 접촉을 뜻하는 영단어 '컨택트(contact)'에 부정의 의미인 '언(un)'을 붙인 신조어로, '접촉하지 않는다'는 의미를 담고 있다. 언택트 기술은 개인주의 성향이 확산되면서 불편한 소통 대신 편한 단절을 원하는 사람들이 많아지면서 나타난 현상이다.

2 다음에서 설명하고 있는 개념은 무엇인가?

> 이 용어는 지난 2013년, 미국 FBI가 온라인 마약 거래 웹사이트 '실크로드'를 적발해 폐쇄하면서 알려졌다. 이것은 인터넷을 사용하지만, 접속을 위해서는 특정 프로그램을 사용해야 하는 웹을 가리킨다. 일반적인 방법으로 접속자나 서버를 확인할 수 없기 때문에 사이버상에서 범죄에 활용된다.

① P2P 　　　　　　　　② 다크 웹

③ 파밍 　　　　　　　　④ 스푸핑

> **TIP** ① 인터넷상에서 개인과 개인이 직접 연결되어 파일을 공유하는 것

③ 해당 사이트가 공식적으로 운영 중인 도메인 자체를 중간에서 가로채거나 도메인 네임 시스템(DNS) 또는 프록시 서버의 주소 자체를 변경하여 사용자들로 하여금 공식 사이트로 오인하여 접속토록 유도한 뒤 개인정보를 빼내는 컴퓨터 범죄수법
④ 외부의 악의적 네트워크 침입자가 임의로 웹사이트를 구성하여 일반 사용자의 방문을 유도해 인터넷 프로토콜인 TCP/IP의 결함을 이용, 사용자의 시스템 권한을 확보한 뒤 정보를 빼가는 해킹수법

3 다음에서 설명하고 있는 용어로 적절한 것은?

> Web 2.0의 차세대 버전이다. Web 1.0인 월드 와이드 웹(WWW)은 사용자가 신문이나 방송처럼 일방적으로 정보를 받는 것이었고, Web 2.0은 참여, 공유, 개방의 플랫폼 기반으로 정보를 함께 제작하고 공유하는 것이었다. 그러나 새로운 버전은 개인화, 지능화된 웹으로 진화하여 개인이 중심에서 모든 것을 판단하고 추론하는 방향으로 개발되고 활용될 것이다. 시맨틱 데이터를 이용하는 인텔리전트 소프트웨어와 같은 기술은 자료의 보다 효율적인 이용을 위해 채택하며, 소규모로 사용한다.

① Web 3.0   ② UCC
③ IPv6   ④ 아이핀

✘**TIP** ② 사용자가 직접 제작한 콘텐츠를 온라인상에 제공하는 비상업적 콘텐츠
③ IPv4에 이은, 주소체계 128비트의 차세대 인터넷 프로토콜 주소표현방식
④ 즉 인터넷상 주민번호를 대체하는 사이버 신원 확인번호

ANSWER 〉 10.② / 1.④ 2.② 3.①

4 최초의 반사망원경을 제작하고 적외선을 발견한 인물로 우주가 별의 집단인 은하들이 수없이 많이 모여 이루어진다는 은하이론을 정립한 사람은 누구인가?

① 마이클 페러데이   ② 윌리엄 허셜
③ 요제프 프라운 호퍼   ④ 클레어 패터슨

      ✖TIP   ② 윌리엄 허셜 : 허셜은 독일 출신의 작곡가이자 천문학자로 24개 교향곡과 7개의 바이올린 협주곡 등 수백 곡을 작곡하였으며 30대 중반 이후 천문학에 매진하여 최초의 반사망원경을 만들고 천왕성과 그 위성인 티타니아와 오베론을 발견했으며 후에는 토성의 두 위성인 미마스와 엔셀라두스를 발견하였다. 또한 은하이론을 정립하고 적외선을 발견, 현미경을 이용하여 산호가 동물의 특징을 지닌다는 것을 알아냈다.

5 2014년 11월 13일 혜성 탐사선 로제타호에서 인류 최초로 혜성 착륙에 성공한 혜성탐사 로봇이 이틀 만에 배터리 방전으로 대기모드 상태에 들어갔다. 이 탐사로봇의 이름은 무엇인가?

① 루노호트   ② 필래
③ 캐나다암   ④ 오퍼튜니티

      ✖TIP   ② 필래 : 2014년 11월 13일 혜성 탐사선 로제타호에서 인류 최초로 혜성 착륙에 성공한 혜성탐사 로봇으로 당초 착륙지점에서 약 1km 떨어진 곳에 내리면서 이틀 만에 배터리가 방전되었고 혜성이 태양에 근접한 2015년 6월 13일부터 7월 9일까지 총 7차례에 걸쳐 다시 신호를 보내왔다. 하지만 이후 혜성의 환경이 불안정해지면서 완전히 교신이 단절되었다.
            ① 루노호트 : 1970년대 소련에서 개발된 달 탐사 로봇으로 최초로 외계 행성 표면을 이동한 로봇이다.
            ③ 캐나다암 : 캐나다가 완성한 자유유영 로봇의 시초로 우주정거장의 조립과 유지, 장비와 부속품의 전달 등을 돕기 위해 만들었다. 이 로봇은 우주선의 도킹을 지원하거나 위성 등 거대한 구조물을 나를 수 있도록 설계되었다.
            ④ 오퍼튜니티 : 2003년 7월 8일에 발사하여 이듬해인 2004년 1월 25일 화성에 착륙한 탐사 로봇이다.

6 태양계의 해왕성 궤도보다 바깥에 위치해 있으며 황도면 부근에 천체가 도넛모양으로 밀집한 영역을 무엇이라 하는가?

① 카이퍼 벨트　　　　　　　② 오르트 구름
③ 은하계　　　　　　　　　　④ 소행성대

    ✿**TIP** ① **카이퍼 벨트** : 해왕성 바깥 궤도에 위치한 구역으로 된 원반 모양의 단주기 혜성들의 기원이자 얼음 핵을 가진 수많은 천체들이 있을 것이라 추정되는 곳이다. 카이퍼 벨트는 명왕성이 우리 태양계의 끝이라고 생각해왔던 것을 바꾸는 계기를 마련했으며 현재 수많은 천체들이 카이퍼 벨트에서 발견되고 있다.
        ② **오르트 구름** : 장주기 혜성의 기원으로 알려져 있으며 태양계를 껍질처럼 둘러싸고 있다고 생각되는 가상의 천체집단이다.
        ③ **은하계** : 우리 태양계를 포함한 약 1000억 개 이상의 별들로 이루어진 별의 집단으로 보통 우리은하라고 부른다. 하늘에 밝게 보이는 빛의 띠도 은하계의 한 부분으로 이를 은하수라고도 한다.
        ④ **소행성대** : 화성 궤도와 목성 궤도 사이에 위치한 소행성이 많이 있는 영역을 말한다.

7 네트워크에서 도메인이나 호스트 이름을 숫자로 된 IP주소로 해석해주는 TCP/IP 네트워크 서비스의 명칭으로 알맞은 것은?

① 라우터　　　　　　　　　　② 모블로그
③ CGI　　　　　　　　　　　　④ DNS

    ✿**TIP** ① 둘 혹은 그 이상의 네트워크를 연결해 한 통신망에 서 다른 통신망으로 통신할 수 있도록 도와주는 장치이다.
        ② 휴대전화를 이용하여 컴퓨터상의 블로그에 글·사진 등의 콘텐츠를 올릴 수 있는 서비스이다.
        ③ 웹서버가 외부프로그램과 데이터를 주고받을 수 있도록 정의한 표준안이다.

ANSWER › 4.② 5.② 6.① 7.④

8 다음에서 설명하는 용어는 무엇인가?

> 원자로의 노심(爐心)에서 발생하는 고속 중성자의 속도를 줄여서 열중성자로 바꾸기 위해 쓰이는 물질이다. 중성자는 원자핵반응에 중요한 역할을 맡고 있는데, 속도가 빠른 중성자는 원 자핵에 포착되기 어려워 원자핵 반응을 효율적으로 할 수 없다. 따라서 중성자의 속도를 줄이기 위해 적당한 원소의 원자핵과 충돌시켜야 하는데, 이때 쓰여지는 것을 말한다.

① 제어봉
② 경수로
③ 감속재
④ 냉각재

> ✿TIP ① 원자로의 제어(즉, 반응도의 조절)를 할 목적으로 원자로에 출입시키는 막대(또는 판)
> ② 원자력발전에 사용되는 원자로 중, 감속재로 물을 사용하는 경수형원자로
> ④ 원자력 발전소에 있는 원자로의 노심(爐心)을 냉각하는 물질

9 다음에서 설명하는 용어로 적절한 것은?

> 인터넷 사이트를 방문하는 사람들의 컴퓨터로부터 사용자 정보를 얻어내기 위해 사용되는 것으로, ID와 비밀번호 등 네티즌 정보를 담은 임시파일을 말한다. 암호화되어 있긴 하나 이를 통해 개인 신상정보가 노출될 위험을 가지고 있다.

① Proxy
② Cookie
③ Cache
④ KSS

> ✿TIP ① 인터넷 상에서 한 번 요청한 데이터를 대용량 디스크에 저장해두고, 반복하여 요청하는 경우 디스크에 저장된 데이터를 제공해 주는 서버
> ③ 컴퓨터의 성능을 향상시키기 위해 사용되는 소형고속 기억장치
> ④ 실시간으로 업데이트된 정보를 제공하는 기술이자 규약

10 다음 중 연결된 것이 서로 맞지 않는 것은?

① 원자설 – 달턴(Dalton)

② 전자의 발견 – 톰슨(Thomson)

③ 양성자의 발견 – 러더포드(Rutherford)

④ 중성자의 발견 – 게이 루삭(Gay Lussac)

⊗**TIP** ④ 1932년 영국의 채드윅(J. Chadwick)은 베릴륨(Be)박판에 α선을 충돌시켜 전하가 없는 입자가 튀어나오는 것을 발견하여 전하를 띠지 않는 입자라는 뜻으로 중성자(Neutron)로 명명하였다. 게이 루삭은 기체의 압력은 온도에 비례한다는 법칙을 주장하였다.

4 지리 · 환경 · 보건

1 다음 중 콜드러시에 관한 설명으로 적절한 것은?

① 촬영 결과 및 효과를 보기 위해 촬영한 네가티브 필름을 그대로 현상한 편집 이전의 필름이다.

② 문자화된 기록물을 통해 지식과 정보를 획득하고 이해할 수 있는 능력을 말한다.

③ 녹색성장 관련 산업으로 사람과 돈이 몰려드는 것을 말한다.

④ 북극해의 자원을 확보하기 위하여 국가와 기업들이 북극해로 몰리는 현상을 말한다.

⊗**TIP** ① 러시프린트
② 리터러시
③ 그린러시
※ **콜드러시(Cold Rush)** … 북극해 자원을 확보하기 위해 세계 각국이 벌이는 치열한 경쟁을 뜻한다. 지구 표면의 6%를 차지하는 북극권은 연평균 기온이 7도 정도 올라 30년간 얼음 면적이 10% 감소했으며, 두께도 40%나 줄었다. 이로 인해 세계 각국은 북극 자원 개발과 선박 항로 개척이 쉬워졌다. 현재 미국, 러시아, 캐나다, 노르웨이, 덴마크 등 북극해 연안국뿐만 아니라 세계 각국이 북극의 엄청난 자원에 눈독을 들이고 있다.

ANSWER 〉 8.③ 9.② 10.④ / 1.④

2 다음에서 설명하고 있는 개념으로 적절한 것은?

> 만성 신경정신 질환으로 언어발달 지연과 사회적응의 발달이 지연되는 것이 특징이다. 정확한 원인은 알려져 있지 않으며, 이 질환을 가진 환아들은 다른 사람들의 느낌을 이해하지 못하고, 고집이 비정상적으로 세다. 또한 의사소통을 잘하지 못하고, 사회적 신호에도 무감각하며, 특별히 관심 있는 것에만 강박적으로 빠져드는 경향을 보인다.

① 워너 증후군
② 아스퍼거증후군
③ VDT 증후군
④ 이코노미 클래스 증후군

� TIP ① 우리말로는 조로증(早老症)으로 염색체 8번의 돌연변이에 의해 발생하는 열성유전 질환
③ 오랜 시간 컴퓨터를 사용하는 직장인들의 직업병으로 경견완(목·어깨·팔) 장애, 시력 저하 등의 증상
④ 비행기의 이코노미 클래스 같은 좁은 좌석에 장시간 계속 앉아 있을 경우 다리 정맥에 혈전·혈괴가 생겨 폐색전을 일으키는 질환

3 지하 암석이 용해되거나 기존에 있던 동굴이 붕괴되면서 생긴 움푹 파인 웅덩이는 무엇인가?

① 대륙붕
② 모레인
③ 싱크홀
④ 블로킹

✗ TIP 싱크홀(sink hole) … 장기간의 가뭄이나 과도한 지하수 개발로 지하수의 수면이 내려가 지반의 무게를 견디지 못해 붕괴되기 때문에 생기는 것으로 추정되며, 주로 깔때기 모양이나 원통 모양을 이룬다. 석회암과 같이 용해도가 높은 암석이 분포하는 지역에서 볼 수 있다.

4 다음 중 국제 적십자사의 창시자는 누구인가?

① 프레데리크 파시

② 클라스 폰 투스 아르놀드손

③ 시어도어 루스벨트

④ 장 앙리 뒤낭

✿TIP ④ 장 앙리 뒤낭 ⋯ 국제 적십자사의 창시자이자 제네바 협약의 제안자로 노벨평화상의 초대 수상자 중 한 명이다.
① 프레데리크 파시 : 국제 평화 연맹의 설립자이자 총재였으며 역시 노벨평화상 초대 수상자 중 한 명이다.
② 클라스 폰 투스 아르놀드손 : 스웨덴 평화중재연맹이 설립자로 노벨평화상 수상자이다.
③ 시어도어 루스벨트 : 미국의 대통령을 지냈고 러일 전쟁의 중재를 이끈 공로로 노벨평화상을 받았다.

5 국제협약에서 규제하는 물질과 목적을 잘못 연결한 것은?

① 염화불화탄소(CFC) – 엘니뇨 예방

② 이산화탄소(CO_2) – 온난화 방지

③ 유해산업폐기물 – 중금속 오염 방지

④ 변조동식물 – 생물종의 보존

✿TIP ① 염화불화탄소는 오존층 보호를 위해 규제되었다.

6 도시의 생물다양성을 높이기 위해 인공으로 조성하는 '소생물권'을 가리키는 용어는?

① 야생동물 이동통로

② 생태공원

③ 비오토프

④ 자연형 하천

✿TIP 비오토프(biotope)⋯야생동물이 서식하고 이동하는 데 도움이 되는 숲, 가로수, 습지, 하천, 화단 등 도심에 존재하는 다양한 인공물이나 자연물로, 지역 생태계 향상에 기여하는 작은 생물서식공간이다.

ANSWER 〉 2.② 3.③ 4.④ 5.① 6.③

7 다음 중 그린라운드(green round)에 대한 설명이 아닌 것은?

① 환경문제 다자간 협상을 지칭하는 것이다.

② 새로운 무역장벽의 문제로 부각될 것이다.

③ 환경기준을 국제적으로 합의한 것이다.

④ 지구온난화 방지를 위해 GATT에서 채택한 것이다.

> ✖**TIP** ④ 리우선언에 관한 설명이다.
>
> 그린라운드 … 국제적으로 합의된 환경기준을 설정하여 이것에 미달하는 무역상품은 관세부과 등 각종 제재를 가하기 위한 환경문제 다자간협상이다. 취지는 환경문제의 세계화에 따라 지구를 보호하자는 것이지만, 국가 간 환경기술의 격차 및 소득수준의 차이 등에 따라 환경 보호기준이 달라 결국 선진국들의 무역장벽 역할을 수행할 수 있는 부정적인 면이 있다.

8 다음에서 설명하는 제도는 무엇인가?

> 먹을거리 안전에 대한 국민들의 관심이 높아짐에 따라 각종 농산물로부터 국민의 안전을 보호 할 목적으로 도입하여 2005년부터 모든 농산물에 적용하였다. 농산물 생산에 사용한 종자와 재배방법, 원산지, 농약 사용량, 유통 과정 등이 제품의 바코드에 기록되기 때문에 소비자들도 농산물의 생산에서 유통에 이르기까지 모든 이력을 쉽게 알 수 있다.

① 구빈제   ② 입호제

③ 고시제   ④ 이력추적제

> ✖**TIP** ① 자립할 능력이 없는 사회적 빈곤자에게 국가에서 원조를 주는 여러 제도
>
> ② 마을의 구성원이 되는 데 일정한 제한을 두는 제도
>
> ③ 공직의 임용을 위하여 국가가 실시하는 시험제도

9 오랜 시간 컴퓨터를 사용하는 직장인들에게 나타나는 직업병은?

① VDT 증후군

② 대사증후군

③ TATT 증후군

④ 외상 후 스트레스 장애

※**TIP** ① VDT 증후군 : 오랜 시간 컴퓨터를 사용하는 직장인들의 직업병으로 경견완(목·어깨·팔) 장애, 시력 저하 등의 증상을 일으킨다. 1994년 7월 노동부 요양급여심의위원회에서는 이를 직업병으로 지정하였다.

② 대사증후군 : 혈액 속에 있는 포도당을 분해하여 간, 근육 등으로 보내는 역할을 하는 인슐린이 제 기능을 못해 여러 가지 성인병이 복합적으로 나타나는 증상을 일컫는다.

③ TATT 증후군 : 신체적인 이상은 없는데 항상 피곤하다고 느끼는 증상을 말한다.

④ 외상 후 스트레스 장애 : 정신의학에서 일컫는 '불안장애'의 일종으로 신체적인 손상 및 생명을 위협하는 심각한 상황에 직면한 후 보이는 정신적인 장애가 1개월 이상 지속되는 것을 말한다.

10 다음 설명하는 질환에 대한 내용으로 옳은 것은?

> 어릴 때 수두를 앓고 나면 다 나은 후에도 이 바이러스가 몸속에서 완전히 사라지지 않는다. 체내에 남아 있는 수두 바이러스는 신경을 따라 이동하여 신경절에 잠복해 있다 성인이 되어 신체 면역력이 약해지면 수두 바이러스가 신경을 타고 다시 피부로 내려와 염증을 일으키는데 과로와 스트레스가 쌓인 2~30대 대상포진 환자들이 증가하는 추세이다.

① 수족구병

② 아디스증후군

③ 지연성 바이러스성 질환

④ 대상포진

※**TIP** 대상포진은 처음엔 몸의 한쪽 부위에 심한 통증이 온다. 보통 이렇게 몸에 통증이 오면 감기 몸살이라고 착각을 하는 경우가 많고, 병원에 방문해도 신경통이나 디스크, 오십견, 늑막염으로 오진을 받는 일도 있다. 이후 며칠이 지나 피부에 물집이 잡히고 대상포진이라는 것을 알 수 있다. 바이러스가 오른쪽 또는 왼쪽으로 한 가닥씩 나와 있는 신경 줄기를 따라 퍼지기 때문에 증상이 한 쪽으로만 나타나는 특징이 있다.

① 수족구병 : 여름과 가을철에 흔히 발생하며 입 안의 물집과 궤양, 손과 발의 수포성 발진을 특징으로 하는 질환이다.

② 아디스증후군 : 20~30대 여성에게 많은 질환으로, 동공에 이상을 일으킨다.

③ 지연성 바이러스성 질환 : 전염성 요인(바이러스나 프리온)에 의해 유발되는 진행성 병리학적 과정으로 몇 달에서 몇 년의 오랜 잠복기간 동안은 임상적으로 무증상이다가 진행성 임상 증상이 오랜 잠복 기간 후에 나타난다.

ANSWER 〉 7.④ 8.④ 9.① 10.④

1 다음에서 설명하고 있는 용어는 무엇인가?

> 1만여 개 초·중·고·특수학교, 178개 교육지원청, 16개 시·도교육청 및 교육과학기술부가 모든 교육행정 정보를 전자적으로 연계 처리하며, 국민 편의 증진을 위해 행정안전부(G4C), 대법원 등 유관기관의 행정정보를 이용하는 종합 교육행정정보시스템이다.

① HACCP   ② NEIS
③ GDLN   ④ CAI

❀TIP ① 식품의 원료부터 제조, 가공 및 유통 단계를 거쳐 소비자에게 도달하기까지 모든 과정에서 위해물질이 해당 식품에 혼입되거나 오염되는 것을 사전에 방지하기 위한 식품관리 제도
③ 세계은행이 구축한 세계개발교육네트워크
④ 컴퓨터를 응용하는 자동교육시스템

2 자신의 이론을 분석심리학이라 명명한 인물로 '집단무의식', '원형', '아니마', '아니무스', '페르소나' 등의 개념을 사용한 학자는 누구인가?

① 매슬로우   ② 스키너
③ 프로이드   ④ 융

❀TIP 칼 융…융은 그의 이론을 분석심리학으로 명명하였고 분석심리학의 핵심은 '개성화 과정'으로 즉 자아가 무의식의 여러 측면을 발견하고 통합하는 "무의식의 자기실현 과정"이다. '집단무의식', '원형', '아니마', '아니무스', '페르소나' 등의 개념은 그가 그의 이론에서 사용한 개념들이다.

3 과실상규는 향약의 4대 강목 중 하나이다. 다음 중 과실상규의 뜻으로 옳은 것은?

① 어려운 일은 서로 돕는다.   ② 좋은 일은 서로 권한다.
③ 예의로 서로 사귄다.   ④ 잘못은 서로 규제한다.

4 다음 중 칠정(七情)에 속하지 않는 것은?

① 희   ② 노

③ 애   ④ 락

5 허무주의라고도 하며 종래 일반적으로 인정되어 온 생활상의 가치, 즉 이상이나 도덕규범이나 문화, 생활양식 등을 부정하는 견해를 무엇이라 하는가?

① 다다이즘   ② 매카시즘

③ 니힐리즘   ④ 쇼비니즘

ANSWER 〉 1.② 2.④ 3.④ 4.④ 5.③

6 철학자 베이컨이 강조한 지식은 무엇인가?

① 이성적 지식   ② 전통적 지식

③ 과학적 지식   ④ 경험적 지식

    ✤**TIP** 프랜시스 베이컨(Francis Bacon)은 르네상스 이후의 영국 고전경험론의 창시자이다. 그는 학문을 역사·시학·철학으로 구분하고 다시 철학을 신학과 자연철학으로 나누었는데, 그의 최대의 관심은 자연철학 분야에 있었고 자연과학적 귀납법과 경험적 지식을 강조하였다.

7 송나라 시대 학자 왕안석이 실시한 신법(新法) 중 실업자 구제를 목적으로 한 것은?

① 청묘법   ② 보마법

③ 모역법   ④ 시역법

    ✤**TIP** ① 청묘법(靑苗法) : 농민을 위한 정책으로 봄에 저리로 자금을 빌려주고 가을에 돈이나 현물로 반환하게 하였다.
       ② 보마법(保馬法) : 말을 보갑조직이 사육토록 하여 평소에는 농사에 이용하고 전시에는 병마로 이용했다.
       ④ 시역법(市易法) : 소상인을 위한 정책으로 구매력이 낮은 제품을 담보로 하여 저리로 자금을 빌려주었다.

8 다음 중 지식과 행동의 통일을 주장한 철학은?

① 주자학   ② 성리학

③ 양명학   ④ 실학

    ✤**TIP** ③ 유학의 실천성을 회복하고자 제창한 학문으로 심즉리(心卽理), 치양지(致良知), 지행합일(知行合一)을 주장하였다. 격물(格物)·치지(致知)·성의(誠意)·正心(정심) 등에 대한 새로운 해석을 바탕으로 하고 있다.
       ①② 성명(性命)과 이기(理氣)의 관계를 논한 유교철학으로, 공자의 학설과 불교와 도교의 사상을 섞어 인생의 원리, 인심과 천리와의 관계를 논한 학문이다.
       ④ 조선후기에 나타난 근대 지향적이고 실증적인 학문으로 성리학의 형이상학적 공리공론을 문제 삼고 유학 본래의 학문의 기능을 회복하려는 학문이다.

9 노자의 사상으로 옳은 것은?

① 물아일체　　　　　　　　② 정혜쌍수

③ 극기복례　　　　　　　　④ 무위자연

⚙**TIP** 노자(老子) … 중국 고대의 사상가이며 도가(道家)의 시조이다. 노자는 인의(仁義) 등과 같이
도덕이나 지혜에 의하여 인위적으로 만들어진 것을 버린 무위자연(無爲自然)의 상태를 이상
적이라고 보고 무위무욕(無爲無欲)의 삶을 추구하고자 한다.
① 물아일체(物我一體) : 외물(外物)과 자아 또는 물질계와 정신계가 어울려 하나가 되는 것
을 이른다.
② 정혜쌍수(定慧雙修) : 조계종의 개창자인 지눌이 주장한 불교신앙의 개념으로, 선정(禪定)
의 상태인 '정'과 사물의 본질을 파악하는 지혜인 '혜'를 함께 닦아 수행하자는 의미이다.
③ 극기복례(克己復禮) : 이기심을 버리고 예(禮)를 따르는 것으로 극기는 개인의 사리사욕을
억제하고 소아주의(小我主義)를 지향하는 것이고, 복례는 사회규범을 따르고 대아주의
(大我主義)를 지향하는 것을 말한다.

10 인간의 순연한 본성이 곧 진리라는 뜻으로, 양명학의 핵심을 표현한 말은?

① 도참사상　　　　　　　　② 심즉리

③ 격물치지　　　　　　　　④ 음양오행설

⚙**TIP** ② 심즉리(心卽理) : 성리학의 성즉리에 대응하여 양명학의 사상을 표현한 말로 육상산과 왕
양명이 공동으로 주장한 이론이다. '心'을 곧 '천리(天理)'와 동일시하는 것으로 인간의
순연한 본심이 진리라는 의미이다.
① 도참사상(圖讖思想) : 미래에 길흉에 관한 예언을 근거로 정치사상 등을 전개하고자 하는
믿음이다.
③ 격물치지(格物致知) : 주자(朱子)에 따르면 사물의 이치를 연구하여 후천적인 지식을 명
확히 할 것을 의미하며 왕양명(王陽明)의 관점에서는 사물에 존재하는 마음을 바로잡고
선천적인 양지(良知)를 갈고 닦음을 의미한다.
④ 음양오행설(陰陽五行說) : 우주나 인간 사회의 모든 현상을 음·양 두 원리의 소장(消長)
으로 설명하는 음양설과, 만물의 생성소멸(生成消滅)을 목(木)·화(火)·토(土)·금(金)·
수(水)의 변천으로 설명하는 오행설을 함께 일컫는다.

문화 · 예술 · 스포츠

1 다음에서 설명하고 있는 용어는 무엇인가?

> 재미(fun)와 기부(donation)의 합성어로, 흥미와 즐거움을 느끼며 기부활동을 하는 것을 이르는 말이다. 이는 단순히 기부가 필요한 사람이나 단체에 돈을 투자하는 것을 넘어서 일반 대중이 직접 기부에 참여할 수 있는 문화를 조성해야 한다는 사회적 필요성이 높아지면서 형성된 것으로, 얼마를 기부하느냐(금액)보다 어떻게 기부하는지(기부방법)에 대한 관심이 커진 것에서 발생됐다. 액수 중심의 틀에 박힌 기업의 기부활동보다 순수한 기부를 중요시하고, IT기술이 발전하면서 '재미'와 결합하게 된 것이다.

① 호몰로게이션   ② 페더레이션

③ 카테네이션   ④ 퍼네이션

    ✪TIP ① 양산(量産) 차량이 경기에 참가하기 위해 필요한 공인(公認)을 취득하는 것
           ② HLA(High Level Architecture)상에서 여러 개의 모델들을 통합하여 구성한 하나의 시뮬레이션
           ③ 2개 이상의 환상DNA가 서로 결합하는 반응 및 그 상태

2 유명인을 뜻하는 말로 트렌드를 이끄는 사람은 무엇인가?

① 셀럽   ② 인디

③ 컬트   ④ 팬덤

    ✪TIP 셀럽 … celebrity(유명인)의 줄임말로 누구나 따라하고 싶은 정도의 유명인사 또는 현재 유행을 이끄는 트렌드 등을 의미한다. 2010년대 들어 일반인을 대상으로 한 각종 리얼리티 방송프로그램, 오디션 프로그램이 인기를 끌면서, 가수나 배우와 같은 연예인은 아니지만 큰 인지도를 자산으로 살아가는 유명인, 즉 셀럽이 증가하고 있다.

3 다음 중 개인 SNS에 글을 쓰듯 영상으로 기록을 남기는 것은?

① BLOG   ② JLOG

③ VLOG   ④ SLOG

    ✪TIP VLOG … 비디오(Video)와 블로그(Blog)를 합친 말로, 개인 SNS에 글을 쓰듯 영상으로 기

록을 남기는 것을 의미한다. 즉, 이전까지 텍스트와 이미지 중심으로 남기던 일기를 한 편의 영상으로 제작해 올리는 것이다. 브이로그는 유튜브 등 동영상 플랫폼 및 각종 인터넷 스트리밍 플랫폼을 매개로 하고 있으며, 특정 주제보다는 일상적인 이야기를 주로 다룬다는 특징이 있다. 대표적인 브이로그 플랫폼으로는 유튜브, 아프리카TV 등을 들 수 있다.

4 다음 빈칸에 들어갈 개념은 무엇인가?

> _____은(는) 정보과잉의 시대에 넘쳐나는 콘텐츠와 상품들로 쉽게 결단을 내리지 못하고 결정 장애를 앓고 있는 현대인을 빗대어 표현한 신조어다. '예, 아니요' 대신 '글쎄'라는 애매한 대답으로 결정을 못하는 사람들을 위해 소비자의 취향, 성격, 연령 등을 분석한 뒤 최적의 상품을 추천해 주는 '큐레이션' 서비스가 각광받고 있다.

① 햄릿증후군   ② 터너증후군
③ ADD증후군   ④ 쿠싱증후군

❀TIP ② 작은 키와 사춘기에 성적 발달이 결여되는 것이 특징인 여성의 성염색체 이상 증후군
③ 대규모 구조조정을 겪으면서 실직을 간신히 모면한 종업원들이 겪게 되는 심리적인 허탈과 공허감에서 표출되는 병리적 현상
④ 부신피질의호르몬 중 코르티솔의 과다로 인해 발생하는 임상증후군

5 다음 중 낭만파 음악을 대표하는 작곡가는 누구인가?

① 베토벤   ② 모차르트
③ 하이든   ④ 슈베르트

❀TIP ④ 오스트리아 출생의 작곡가로 낭만파 음악을 대표하는 작곡가이다. 약 600여곡의 가곡을 남겨 '가곡의 왕'이라 불린다.
①②③ 고전파 음악을 대표하는 작곡가들이다.

ANSWER 〉 1.④ 2.① 3.③ 4.① 5.④

6 야상곡이라고도 하며 낭만적인 성격의 악곡의 일종을 무엇이라 하는가?

① 칸타타   ② 녹턴

③ 오페라   ④ 오라토리오

> ✿**TIP** ① 칸타타 : 극적 요소를 포함한 독창 혹은 중창에 악기의 반주가 따르는 형식이다.
> ③ 오페라 : 각본이 있으며 음악의 비중이 큰 종합 무대 예술이다.
> ④ 오라토리오 : 오라토리엄이라고도 하는 성악의 일종으로 줄거리가 있는 곡의 모임이지만 배우의 연기는 없다. 주로 종교적인 내용을 담고 있다.

7 다음 중 베르디의 오페라 작품이 아닌 것은?

① 리골레토   ② 아이다

③ 피델리오   ④ 오셀로

> ✿**TIP** ③ 피델리오 : 독일의 작곡가 루트비히 판 베토벤의 오페라 작품이다.

8 구매시점광고·판매시점광고라고도 하며 판매점 주변에 전개되는 광고와 디스플레이류 광고를 총칭하는 것은?

① 인포머티브 광고   ② POP 광고

③ 시리즈 광고   ④ 티저광고

> ✿**TIP** POP 광고(point of purchase advertisement) … 디스플레이류(類) 광고와 판매점 주변에 전개되는 광고의 총칭
> ① 상품의 특징·사용법 등을 상세하게 설명하여 상품에 대한 구체적 지식을 제공하는 광고방법이다.
> ③ 하나의 주제나 상품을 제재로 하여 전달 내용을 발전시켜 가면서 일정기간 연속하여 동일 신문이나 잡지에 순차적으로 게재하는 광고이다.
> ④ 광고의 대상자에게 호기심을 제공하면서 광고 메시지에 관심을 높임과 동시에 후속광고에 도입 구실도 하는 광고다.

9 저작재산권의 보호기간은 저작자 사후 몇 년까지인가?

① 10년   ② 30년

③ 50년   ④ 70년

> ❊**TIP** 저작재산권은 특별한 규정이 있는 경우를 제외하고는 저작자가 생존하는 동안과 사망한 후 70년간 존속한다. 〈저작권법 제39조 제1항〉

10 기업이 문화예술이나 스포츠 등에 자금이나 시설을 지원뿐만 아니라 사회적, 인도적 차원에서 이루어지는 공익사업에 대한 지원활동을 일컫는 말은 무엇인가?

① 보보스(Bobos)

② 매칭그랜트(Matching Grant)

③ 스톡그랜트(Stock Grant)

④ 메세나(Mecenat)

> ❊**TIP** 메세나(Mecenat)는 1967년 미국에서 기업예술후원회가 처음 이 용어를 사용했으며, 각국의 기업인들이 메세나협의회를 설립하면서 메세나는 기업인들의 각종지원 및 후원 활동을 통틀어 일컫는 말로 쓰인다.

경제상식

경제지식 핵심용어와 출제예상문제를 수록하였습니다.

경제상식

01 핵심용어정리

1 최신 경제 이슈

>> 파라다이스 페이퍼스(Paradise Papers)

각국 주요 인사들의 조세회피 정황이 담긴 파일을 말한다. 이 파일에는 엘리자베스 2세 영국여왕을 포함해 각국 정상과 유명 정치인, 연예인 등이 포함된 것으로 드러났다.

>> 유니콘 기업

1조 이상의 기업 가치를 가진 비상장 신생기업(스타트업)을 말한다. 2017년 현재 전 세계적으로 200여 개 기업이 있으며 샤오미, 에어비앤비, 위워크, 우버 등이 대표적이다. 이들 기업의 총 가치는 약 931조 원에 달한다.

>> 죄악세(Sin Tax)

도박·술·담배 등 사회에 부정적 영향을 주는 재화나 서비스에 부과되는 세금을 말한다. 죄악세는 소득 여부와 관계없이 일괄적으로 부과되는 간접세로 주로 서민층의 부담을 가중시킨다. 일부 국가에서는 마약이나 성매매에도 죄악세를 부과하고 있으며, 최근에는 설탕이나 탄산음료까지 과세하고 있다.

>> 알트 코인(Alternative Coin)

비트코인을 제외한 나머지 가상화폐를 총칭한다. 비트코인의 대안(Alternative) 격으로 나왔다고 해서 '알트 코인'(alt-coin)이라 부른다. 비트코인이 인기를 끌자 다양한 종류의 가상화폐들이 등장했는데, 대표적으로 리플, 라이트코인, 대쉬, NEM, 이더리움 클래식, 비트코인 클래식, 모네로, Zcash, 디크리드(Decred) 등이 있다.

>> 행동경제학

인간의 실제 심리와 행동에 대한 연구 성과를 기반으로 경제를 이해하는 학문이다. 기존 경제학은 '인간을 이성적이고 합리적인 존재'로 규정한다. 반면 행동경제학은 기존 경제학의 가정을 부정하며 인간이 때론 비합리적이고 감정적으로 선택하는 경향이 있다고 주장한다.

〉〉 정맥산업

제품의 폐기와 재생과정을 인체의 정맥에 견주어 표현한 것으로 생활폐기물이나 산업쓰레기 등을 해체해 재가공하는 산업을 말한다. 예컨대 농업 폐기물을 수거하여 플라스틱이나 세제 등을 만들어내는 산업이 이에 해당된다.

〉〉 엘리엇 매니지먼트(Elliot management)

폴 엘리엇 싱어에 의해 설립된 세계 최대 규모의 행동주의 헤지펀드다. 여기서 행동주주 헤지펀드는 특정 기업의 주식을 대규모로 사들여 주요 주주가 된 뒤, 기업의 가치나 주식 가치를 극대화하는 것을 목적으로 하는 펀드를 말한다. 행동주의 투자는 말 그대로 행동으로 보여준다. 예컨대 자신들의 요구가 받아들여지지 않으면 높은 지분율을 무기로 이사회를 움직여 경영진을 바꾸거나 경영권을 뺏기도 한다.

〉〉 샤워실의 바보

정부의 섣부른 시장개입이 경기를 뒤흔들 수 있다는 표현이다. 노벨 경제학상 수상자인 밀턴 프리드먼(Milton Friedman)이 제시한 개념으로, 뜨겁다고 찬물을 틀고 차다고 뜨거운 물을 트는 등 시차를 무시하고 즉흥적으로 대응하는 정부의 무능한 시장 개입을 우회적으로 비판할 때 쓰인다.

〉〉 KRX 300

코스피와 코스닥 두 시장을 아우르는 국내 주식시장의 새 대표지수를 말한다. 2018년 2월 5일 출범했으며 시가총액 700위 이내, 거래대금 순위 85% 이내인 종목을 심사대상으로 선정했다. 현재 코스피 237종목과 코스닥 68종목 등 총 305종목으로 구성되어 있다.

〉〉 조인트 벤처(joint venture)

2인 이상이 이익을 목적으로 상호 출자하여 공동으로 하나의 특정한 사업을 실현하기로 하는 계약을 의미한다. 예컨대 서로 다른 두 회사가 스케줄·마케팅·손익분담 등을 포함해 하나의 회사처럼 협력관계를 맺고 상호 간의 이익을 위해 제품을 개발하는 것을 뜻한다.

〉〉 뿌리산업

주조, 금형, 용접, 소성가공, 표면처리, 열처리 등의 공정 기술을 이용해 사업을 운영하는 업종을 말한다. 어떤 산업이든 이 6개 산업 분야 기술 없이는 제조업을 운영할 수 없어 '뿌리산업'이란 이름이 붙었다.

>> 최고가격제

서민생활 안정을 위해 정부가 물건이나 서비스 가격의 상한선을 정해 그 이상으로 가격을 올리지 못하게 만든 제도를 말한다. 대표적인 예로 수도·전기료 같은 공공요금이나 정부가 시행하는 아파트분양가상한제, 이자율상한제 등이 있다.

>> 씬 파일러(Thin Filer)

금융거래 정보가 거의 없는 사람을 의미하는 경제용어다. 직역하면 '얇은 파일'이란 뜻으로 최근 2년간 신용카드에 대한 사용 내역이 없고, 3년 간 대출 실적이 없는 사람을 지칭한다. 씬 파일러는 사회초년생·전업주부와 같이 금융거래 정보가 거의 없는 사람들이다. 이들의 경우 연체나 불건전한 경제행위 등 본인의 귀책사유가 없는데도 단순히 신용정보가 부족하다는 이유만으로 4-6등급의 낮은 신용등급을 받는다.

>> 근린궁핍화정책(beggar-thy-neighbor policy)

다른 나라의 경제를 희생시키면서 자국의 이익을 추구하는 경제정책을 말한다. 영국의 경제학자 J. V 로빈슨이 명명한 용어로, 무역상대국으로부터의 수입 물량을 줄이는 대신 자국의 수출을 늘림으로써 자국의 경기를 회복시키고 일자리를 늘리려는 제도이다.

>> 와타나베 부인

장기적인 저(低)금리 상태의 일본을 벗어나, 수익률이 높은 해외 고금리 자산에 투자하는 일본 주부들을 말한다. 와타나베는 한국에서 김씨·이씨처럼 흔한 성(姓)으로, 가구소득을 관리하는 가정주부들이 주요 투자자라는 점에서 '와타나베 부인'이라는 말이 생겼다.

>> 슈바베 지수(Schwabe Index)

가계 소득비 가운데 주거비용이 차지하는 비율을 말한다. 이 지수는 1868년 독일 통계학자 슈바베가 베를린 시의 가계조사를 통해 이론화한 것이다. 그는 소득이 낮을수록 주거비 비중이 커지고, 소득이 높을수록 주거비 비중이 낮아진다는 것을 발견했다.

>> 가심비

'가격대비 마음(心)의 비율'을 일컫는 신조어이다. 서울대 소비 트렌드 분석센터가 전망한 올해 소비 트렌드 중 하나로 값을 치르면서 심리적 만족도를 중시한다는 의미를 담고 있다. '가성비'라 부르며 가격과 성능만을 고려했던 기존의 소비 패턴에서 한 단계 더 업그레이드된 개념으로 볼 수 있다.

》》 포워드 가이던스(Forward Guidance)

중앙은행이 통화정책 방향을 미리 알리는 커뮤니케이션 방식을 말한다. 금융정책의 방향을 외부에 알리는 조치로, 시장 혼란을 최소화하고 통화정책의 유효성을 높이기 위한 취지를 담고 있다.

》》 오버슈팅(overshooting)이론

경제에 어떤 충격이 가해졌을 때 상품이나 금융자산의 시장가격이 일시적으로 폭등·폭락했다가 장기적으로 균형을 찾아가는 현상을 말한다. 환율이나 주가 등의 변동성을 설명하기 위해 제시된 대표적인 이론 중 하나이다.

》》 공유지의 비극(Tragedy of the Commons)

소유권이 없는 공공자원을 공유할 경우 사람들의 남용으로 인해 자원이 쉽게 고갈될 수 있다는 이론이다. 1833년 영국의 경제학자 윌리엄 포스터 로이드가 처음 소개했다. 그는 공유자원의 이용을 개인의 자율에 맡길 경우 공익은 훼손되어 결국 개개인의 이익 자체까지 훼손된다고 보았다.

》》 보합세

시세 변화가 거의 없는 상태를 뜻한다. 보통 증시나 주택, 환율, 유가 등 경제 전반에 걸쳐 사용한다. 시세의 변화폭은 작지만 전날대비 조금 오른 상태를 '강보합', 조금 내린 상태를 '약보합'이라고 부른다. 참고로 시세가 올랐는데 더 오를 조짐이 있는 상태를 '강세', 시세가 내렸는데 앞으로 더 내릴 조짐이 있는 상태를 '약세'라고 부른다.

2 거시경제

》》 Tobin의 q이론

미국의 경제학자인 제임스 토빈(James Tobin)이 창시한 개념으로, 주식시장에서 평가된 기업의 시장가치를 기업 실물자본의 대체비용으로 나눈 것을 비율이다. 주로 설비투자의 동향을 설명하거나 기업의 가치평가에 이용되는 지표로, Tobin의 q이론에 의하면 기업은 1단위 실물투자로 기업가치가 증대될 수 있을 경우 M&A 등과 같은 시장지배 보다는 투자확대를 추구한다고 본다.

>> 배드뱅크(bad bank)

은행 등 금융기관의 부실자산이나 채권만을 사들여 전문적으로 처리하는 기관이다. 방만한 운영으로 부실자산이나 채권이 발생한 경우, 배드뱅크를 자회사로 설립하여 그곳으로 부실자산이나 채권을 넘겨줌으로써 본 은행은 우량자산과 채권만을 보유한 굿뱅크(good bank)로 전환되어 정상적인 영업활동이 가능하다.

>> 디레버리지(deleverage)

레버리지(leverage)는 '지렛대'라는 의미로 금융권에서는 차입의 의미로 사용된다. 디레버리지는 레버리지의 반대어로 상환의 의미를 가진다. 경기가 좋을 때에는 빚을 지렛대 삼아 투자 수익률을 극대화하는 레버리지가 효과적이지만, 최근 금융위기로 자산가치가 폭락하자 빚을 상환하는 디레버리지가 급선무가 되었다. 다만 2012년 하반기 이후 디레버리지 속도가 다소 둔화되었다.

>> 기대인플레이션

물가가 상승하는 인플레이션이 장기간 지속될 경우 앞으로도 물가가 계속 상승할 것이라는 예상을 하게 된다. 이처럼 경제주체들이 예상하는 미래의 인플레이션을 기대인플레이션이라고 한다. 기대인플레이션은 경제주체들의 의사결정에 영향을 미친다.

>> 재정위험국가

정부의 경제적 부채비율이 높고 은행의 대차대조표가 취약한 국가를 말한다. 재정위험국가의 경우 신용위축이나 자금 조달시장의 혼란 등의 우려가 있는 상황이지만, 부채의 상환보다는 유동성 문제의 해결에 집중하고 있는 실태로 이에 따른 국가위험이 증가하고 투자자의 신뢰가 저하되며, 은행 및 국채의 조달 비용 상승 등의 악영향이 발생한다.

>> 국가위험(country risk)

투자 대상국에 예상치 못한 상황이 발생하여 제공한 투자 및 차관 등에 대한 채권 회수상의 위험 가능성을 말한다. 다시 말해, 채무불이행에 노출되는 위험 정도라고 할 수 있다.

>> 사회간접자본(SOC ; Social Overhead Capital)

SOC란 도로, 항만 등 생산 활동에 직접적으로 간여하지는 않지만 원활한 경제활동을 유지하기 위해 반드시 필요한 사회기반시설을 말한다. SOC에 대한 투자는 사회 전반에 영향을 미치는 수준으로 규모가 매우 크기 때문에 일반적으로 정부나 공공기관이 주관한다. 그러나 사회간접자본시설 확충에 있어서 부족한 재원을 보충하고 효율성을 재고하기 위하여 민간기업의 자본을 유치하여 운영하기도 한다.

>> PIIGS

포르투갈, 이탈리아, 아일랜드, 그리스, 스페인의 이니셜 첫 글자를 딴 것이다. 미국, 프랑스, 독일 등의 선진국들의 정부부채 규모가 더 큰데도 불구하고 포르투갈, 이탈리아, 그리스, 스페인 등 일부 유럽 국가의 재정부실이 국가채무불이행으로 이어지면서 세계 경제의 문제가 됨에 따라 심각한 재정적자를 겪고 있는 이 나라들을 PIGS로 지칭했다. 추후에 금융위기로 재정이 악화된 아일랜드가 추가되면서 PIIGS로 바뀌었다.

>> 완충자본

은행이 미래의 발생 가능한 위기에 대비하여 국제결제은행(BIS) 기준 자본과 별도로 보통주 자본을 2.5% 추가로 쌓도록 한 것이다. 완충자본은 2016년부터 매년 0.625%씩 쌓아 2019년에는 2.5%를 맞춰야한다.

>> 외환보유액(reserve assets)

국가가 보유하고 있는 외환채권의 총액으로, IMF의 기준에 따르면 통화당국이 언제든지 사용 가능한 대외자산을 포괄한다. 주로 국제수지 불균형의 직접적인 보전 및 환율 변화에 따른 외한시장의 안정을 목적으로 정부 및 중앙은행에 통제된다. 외환보유액이 너무 많을 경우 환율하락, 통화안정증권 이자의 부담 등이 발생할 수 있으며 환율조작국으로 의심받을 수 있다. 반면에 너무 적을 경우 가용외환보유고가 부족해 대외채무를 갚지 못하는 모라토리움(moratorium) 상태에 빠질 수 있다.

>> 모럴해저드(도덕적 해이)

원래는 미국에서 보험가입자들이 보험약관을 악용하거나 사고방지에 태만하는 등 비도덕적 행위를 일컫는 용어로 사용되었으며, 이후 권한의 위임을 받은 대리인이 정보의 우위를 이용하여 개인적인 이익을 취하고 결과적으로 위임을 맡긴 상대에게 재산상의 손실을 입히는 행태를 지칭하는 용어로 의미가 확대되었다.

>> 서브프라임 모기지

미국에서 신용등급이 낮은 저소득층을 대상으로 높은 금리에 주택 마련 자금을 빌려 주는 비우량 주택담보대출을 뜻한다. 미국의 주택담보대출은 신용도가 높은 개인을 대상으로 하는 프라임(prime), 중간 정도의 신용을 가진 개인을 대상으로 하는 알트 A(Alternative A), 신용도가 일정 기준 이하인 저소득층을 상대로 하는 서브프라임의 3등급으로 구분된다. 2007년 서브프라임 모기지로 대출을 받은 서민들이 대출금을 갚지 못해 집을 내놓았고 집값이 폭락하며 금융기관의 파산 및 글로벌 금융위기를 야기 시킨 바 있다. 시사주간지 타임에서는 서브프라임 모기지를 '2010년 세계 50대 최악의 발명품'으로 선정하였다.

>> 모라토리움(moratorium)

한마디로 지불유예를 말한다. 경제 환경이 극도로 불리해 대외채무의 정상적인 이행이 불가능할 때 파산 또는 신용의 파탄을 방지하기 위해 취해지는 긴급적인 조치로 일정기간동안 채무의 상환을 연기시키는 조치를 말한다. 이와 비슷한 용어로는 디폴트가 있으나 상환할 의사의 유무에 따라 구분된다.

> Point >> 모라토리엄증후군(moratorium syndrome)
> 지적·육체적 능력이 충분히 갖추어져 있음에도 불구하고 사회로 진출하는 것을 꺼리는 증세로 대개 20대 후반에서 30대 초반 사이의 고학력 청년들에게 나타난다. 수년씩 대학을 다니며 졸업을 유예하거나 대학 졸업 후 취직하지 않은 채 빈둥거리는 것도 모라토리엄증후군에 포함된다. 경제 침체와 고용 불안, 미래에 대한 불안 등이 발생의 주원인이지만 경제 활동보다는 다른 곳에서 자신의 삶의 가치를 찾으려는 경향도 그 원인으로 주목받고 있다.

>> 고용탄성치

특정 산업의 경제성장에 따른 고용흡수 능력의 크기로, 한 산업이 1% 성장했을 때 얼마만큼의 고용이 창출되었는가를 나타낸 지표이다. '취업자 증가율/국내총생산'으로 산출하며, 고용탄성치가 높을수록 경제성장에 대해 취업자 수가 많이 늘어난 것을 의미한다.

>> 기업경기실사지수(BSI ; Business Survey Index)

기업의 체감경기를 지수화한 지표로, 경기에 대한 기업가들의 예측 및 판단, 이를 기반으로 한 계획의 변화 등을 관찰하여 지수화한 것이다. 기업의 경영계획 및 위기에 대한 대응책 수립에 활용할 수 있는 기초자료로 쓰이며, 주요 업종의 경기 동향 및 전망 등을 알 수 있다. 기업경기실사지수는 기업가의 심리적인 요소 등과 같은 주관적인 요소까지 조사가 가능하다.

3 해외경제

>> 베일인(bail-in)

채무를 상환할 능력이 부족한 채무자를 돕기 위한 방법의 하나로 채권자가 자발적으로 채무자의 손실을 분담하거나 직접 자본참여자가 되는 채무구제방식이다. 채무자의 부담을 줄여주는 방식이라는 점에서 구제금융인 bail-out과 동일하지만, 베일인은 추가자금 지원이 없다는 특징이 있다. 베일인은 보통 상환기간 연장 및 이자율 조정, 액면금액 감액 등의 방식으로 이뤄진다.

〉〉 손주(孫) 비즈니스

자신을 위해서는 지출하는 것을 망설이지만 손자나 손녀를 위해서라면 기꺼이 지갑을 여는 시니어 세대를 타깃으로 하는 사업을 말한다. 손주 비즈니스 시장은 저출산과 고령화 사회로 접어들면서 자녀는 줄어드는 반면 조부모는 늘어나면서 급성장하고 있다.

> Point 〉〉 식스 포켓(six pocket) … 아이 한 명에 부모, 친조부모, 외조부모 등 6명의 어른들이 지갑을 연다는 의미이다.

〉〉 세계경제포럼(WEF ; World Economic Forum)

매년 초 스위스 다보스(davos)에서 열리는 경제포럼으로 각국의 정·재계의 인사들이 모여 세계경제 발전에 대해 논의하고, 글로벌 의제를 선정한다. WEF는 '세계경제의 핵심의제', '국가경쟁력지수' 등 세계경제의 주요 현안 및 전망을 포괄적으로 다루고 있다는 점에서 주목할 만하다.

4 자본시장

〉〉 그림자 금융(Shadow Banking System)

은행처럼 엄격한 규제를 받지 않는 '비은행 금융기관·금융상품'을 말한다. 헤지펀드, 사모펀드 등이 대표적으로 은행과 유사한 신용중개행위를 하지만 은행과 같은 감독은 이루어지지 않는다. 그림자 금융은 자금이 필요한 중소기업에게 유동성을 공급한다는 장점도 있지만 규제가 적절히 이루어지지 못하면 오히려 역기능이 나타날 수 있다.

〉〉 시뇨리지(Seigniorage)

중앙은행이 화폐를 발행함으로써 얻는 이익을 말하는 것으로 화폐발권차익이라고도 한다. 중세 봉건제도 하의 영주들이 화폐 주조를 통해 이득을 챙긴 것에서 유래되었으며 오늘날에는 중앙은행이 화폐 발행 시 화폐 액면가에서 발행비용을 뺀 나머지 비용을 취득함으로 금융 자산을 얻는 것을 가리킨다. 은행이 통화 공급을 늘려 인플레이션이 발생하면 기존 통화의 실질 가치가 줄어들고 그만큼의 이익이 중앙은행으로 흘러가기 때문에 '인플레이션 세금(Inflation Tax)'으로 불리기도 한다.

》 채권 수익률 곡선(Yield Curve)

금융자산 중 채권의 만기 수익률과 만기와의 관계를 나타내는 것으로 반기별 채권 금리들의 관계를 나타낸다는 점에서 기간 구조라고도 부른다. 채권 수익률 곡선은 일반적으로 우상향하는 모습을 보이지만, 우하향 또는 수평(flat)의 형태를 나타내기도 한다. 채권 수익률 곡선은 채권 시장을 종합적으로 파악하는 데 용이하며 미래 금리 및 경기 예측, 개별 채권 가격 평가와 투자 전략 수립에도 활용 가능하다.

》 대차거래(貸借去來)

대여자가 차입자에게 신용거래에 필요로 하는 돈이나 주식을 일정한 수수료를 받고 빌려주는 거래로, 주식을 매수할 때에는 매수한 주식을 담보로 돈을 차입하고, 매도할 때에는 그 대금을 담보로 주식을 빌리는 형태이다. 증권사, 예탁결제원 등이 취급하며 신용거래에 따른 결제 이외의 목적으로는 행할 수 없다.

》 장수채권(longevity bonds)

장수리스크(기대수명이 예상보다 증가함에 따라 발생하는 불확실성) 관리대상의 생존율과 연계되어 원리금을 지급하는 채권이다. 연금가입자가 기대수명 이상으로 생존함에 따라 증가하는 연금지급자의 장수리스크를 자본시장으로 이전한 것으로, 정부 또는 금융회사에서 발행한 장수채권에 연금지급자가 투자하고 정부나 금융회사가 이에 대한 이자를 지급하는 구조로 이루어진다.

》 공매도(空賣渡)

가지고 있지 않은 주식이나 채권을 바탕으로 하는 매도주문으로, 결제일 안에 주식이나 채권을 매수해 매입자에게 상환하는 방식이다. 유가증권 가격의 하락이 예상될 경우에 주로 사용되는 방법으로 해당 하락이 예상되는 증권을 차입하여 매도한 다음 저렴한 가격으로 재매수하여 상환하여 시세차익을 노리는 것이다. 주로 헤지펀드의 운용전략을 수행하기 위한 목적으로 외국인투자자들이 활용하는 방법으로, 우리나라의 경우 '무차입공매도'가 금지되어 있다.

》 메자닌금융(Mezzanine finance, 성과공유형대출)

주식을 담보로 한 자금조달이나 대출이 어려울 때 은행 및 대출기관에서 일정 금리 외에 신주인수권, 주식전환권 등과 같은 주식 관련 권리를 받고 무담보로 자금을 제공하는 금융기법이다. 'Mezzanine'은 건물의 1층과 2층 사이에 있는 로비 등의 공간을 의미하는 이탈리아어로, 이렇게 제공받은 자금이 부채와 자본의 중간적 성격을 띤다는 점에서 유래되었다. 초기성장단계에 있는 벤처기업 등이 은행 및 대기업 등의 자본참여에 따른 소유권 상실의 우려를 덜고 양질의 자금을 조달할 수 있도록 하기 위해 도입되었다.

›› 농산물 ETF

ETF는 Exchange Traded Fund의 약자로, 주가지수의 등락률과 같거나 비슷하게 수익률이 결정되어 상장지수펀드라고 한다. 농산물의 경우 과거에는 거래·보관 등의 어려움으로 인해 개인의 투자가 제한적이었으나 농산물 ETF의 등장으로 주식처럼 투자할 수 있게 되었다. 농산물은 수급이 비탄력적이고 가격이 기후 및 유가 등 다양한 요인에 의해 영향을 받아 변동성이 큰 편이라 ETF를 통한 분산투자가 요구된다. 주요 농산물 ETF로는 여러 농산물에 투자하는 ETF, 개별 농산물에 투자하는 ETF, 농산물 관련 기업에 투자하는 ETF로 구분된다.

›› 물가연동채권(TIPS ; Treasury Inflation-Protected Securities)

본래의 투자 원금에 물가의 변동분을 반영한 뒤 재계산하여 그에 대한 이자를 지급하는 채권이다. 만기 시 물가변동에 따라 조정된 원금을 지급하므로 인플레이션이 일어나더라도 투자금의 실질가치를 보장한다. 정부보증채권으로 원리금지급이 보장되어 위험이 0에 가까우며 국채처럼 입찰을 통해 발행수익률이 정해지고 만기까지 불변한다.

›› CMI · CMIM

CMI(Chinag Mai Initiative, 치앙마이 이니셔티브)는 회원국간 양자간 통화스왑협정으로, 일정 금액을 약정하였다가 위기가 발생했을 때 자국의 화폐를 맡기고 상대국 화폐 또는 달러를 차입할 수 있도록 한 협정이다.

CMIM(Chinag Mai Initiative Multilateral, 치앙마이 이니셔티브 다자화)는 CMI에서 발전된 개념으로 회원국 다자간 통화협정이다. 각국이 일정 비율로 분담금 지원을 약속하고 위기가 발생하면 그에 따라 지원한다.

›› 국부펀드(SWF ; Sovereign Wealth Fund)

국가가 자산을 운용하기 위해 특별히 설립한 투자펀드로, 적정 수준 이상의 보유 외환을 투자용으로 분리해 놓은 자금이다. 무역수지 흑자를 재원으로 하는 '상품펀드'와 석유 및 자원 등 상품 수출을 통해 벌어들인 잉여 자금을 재원으로 하는 '비상품펀드'로 구분할 수 있다. 국부펀드는 원유 수출을 주로 하는 중동지역에서 발전한 것으로 투자규모도 크지 않고 투자 대상도 제한적이어서 국제 금융시장의 큰 주목을 받지 못했지만, 최근 국제금융시장에서 국부펀드의 자금공급원 역할이 확대됨에 따라 국부펀드에 대한 논의가 확대되는 추세이다.

>> 우회상장(Back Door Listing)

뒷문을 통해 상장한다는 의미의 백도어리스팅은 비상장기업이 상장을 위한 심사나 공모주청약 등의 정식 절차를 밟지 않고 상장기업과의 인수·합병 등을 통한 우회상장으로 증권시장에 진입하는 것을 말한다. 주로 상장요건을 갖추지 못했거나 복잡한 절차를 피하기 위해서 이 방식을 선택하며 과거 우회상장으로 증권시장에 입성한 뒤 고의로 상장 폐지하여 투자자들이 피해를 입은 사례가 있어 2011년부터 한국거래소는 우회상장 질적 심사 제도를 도입하고 있다.

>> 사모펀드(private equity fund)

비공개로 소수의 투자자들로부터 자금을 모아 자산가치가 저평가된 기업에 투자하여 기업가치를 높인 다음 주식을 되파는 형식으로 운용하는 펀드를 말한다. 단순한 주식펀드보다 기업 자체를 사고 팔수 있기에 높은 수익률을 얻을 수 있지만 그만큼 위험도 따르며 제한 없이 기업의 주식을 살 수 있다는 특성 때문에 계열사 간의 지원이나 내부자금 이동의 수단으로 악용되기도 한다.

>> 가문자산관리(family office)

유럽에서 출발하여 20세기 초 미국에서 발달한 것으로 재계의 거물을 중심으로 한 부유층이 가문의 자산을 관리하기 위해 자산관리 매니저 및 변호사, 회계사 등을 고용하여 전문적으로 자산을 관리하는 것을 말한다. 'family office'란 6세기의 로열패밀리의 자산 및 집안을 총괄하는 집사 사무실이라는 개념에서 출발했다. 우리나라의 경우 2011년 삼성생명의 '삼성패밀리오피스'를 필두로 미래에셋증권, 신영증권 등에서 가문자산관리 서비스를 제공하고 있다.

>> 금융소득 종합과세 제도

이자 및 배당 소득과 같은 개인별 연간 금융소득이 4천 만 원을 초과하는 경우 다른 종합소득과 합산하여 누진세율을 적용하여 과세하는 제도이다. 1996년부터 공평한 세금부담을 목적으로 적용하였으나, 외환위기 발생과 함께 유보되었다가 2001년에 다시 부활하였다. 2001년에는 부부합산 금융소득이 4천 만 원을 넘는 경우 초과분을 합산하여 누진세율을 적용하였지만, 부부합선 과세가 위헌판결이 남에 따라 2003년부터 부부가 아닌 개인별 금융소득을 기준으로 종합과세를 적용하였다.

>> 변액보험(variable insurance)

보험계약자가 납입한 보험료 중 일부를 주식이나 채권과 같은 유가증권에 투자해 그 운용 결과에 따라 계약자에게 투자 성과를 배당해주는 실적배당형 보험 상품이다. 1952년 미국에서 최초 등장하였으나 상품화한 것은 네덜란드가 최초이다. 장기간의 안정성을 추구하기 보다는 수익성에 비중을 두고 있으며 보험에 투자와 저축의 개념을 통합하였다고 볼 수 있다. 우리나라의 경우 2001년부터 판매를 시작하였다.

>> 개인형퇴직연금(IRP ; Individual Retirement Pension)

이직이나 은퇴로 받을 퇴직금을 자신 명의의 퇴직계좌에 적립하여 연금 등 노후자금으로 활용할 수 있게 하는 제도이다. 현행 퇴직급여제도의 하나인 개인퇴직계좌(IRA)를 확대·개편한 것으로 근로자가 조기 퇴직하거나 이직을 하더라도 퇴직금을 생활자금으로 소진하는 것을 방지하고 지속적으로 적립·운용하여 향후 은퇴자금으로 활용할 수 있도록 하는 것이다. 기존의 IRA가 퇴직한 근로자만이 선택적으로 가입할 수 있는 반면, IRP의 경우 재직여부에 상관없이 가입이 가능하다.

6 마케팅

>> 레트로 마케팅(Retro Marketing)

회고하다(Retrospective)와 마케팅(Marketing)의 합성어로 과거의 제품이나 추억 등 향수를 불러일으킬 수 있는 아이템을 현대인의 기호와 필요에 맞게 재창조하여 마케팅에 활용하는 것을 말한다. 일종의 감성마케팅의 한 종류로 범람하는 디지털시대의 홍수 속에서 기성세대에게는 옛것의 향수와 안정감을, 젊은 세대에게는 새로운 것에 대한 호기심을 자극하여 소비자들의 니즈를 모두 충족시키는 마케팅으로 각광받고 있다.

>> 금융소외(financial exclusion)

정상적인 제도권 금융기관의 금융서비스 및 금융상품에 접근할 수 없거나 이용할 수 없는 것을 말한다. 1980년 이후 금융기관의 수익성이 강화되면서 수익이 발생할 것으로 기대되지 않는 계층에 대한 금융소외 문제가 대두되었다. 넓은 의미의 금융소외는 지리적, 신체적, 비용적 배제를 의미하며 좁은 의미의 금융소외는 저신용 및 저소득층의 금융서비스 제한을 말한다.

≫ 하드 럭셔리(Hard Luxury)

명품 중 가죽 및 의류 등을 의미하는 '소프트 럭셔리'에 대해 시계 및 보석을 의미하는 용어이다. 2008년 서브 프라임 사태 및 금융위기로 명품 시장의 규모가 감소하였으나 2010~2011년 점차 증가하며 회복세를 보이고 있다. 명품시장에서 하드 럭셔리 시장이 차지하는 비중은 약 22%로 명품 소비 패턴은 부유층, 고액순자산가일수록 시계·보석의 비중이 높다.

≫ 소셜커머스(social commerce)

소셜 네트워크 서비스(SNS)를 이용한 전자상거래로, 일정 수 이상의 상품 구매자가 모이면 정해진 할인가로 상품을 제공·판매하는 방식이다. 2005년 야후의 장바구니 공유서비스인 쇼퍼스피어 사이트를 통해 소개되어, 2008년 미국 시카고에서 설립된 온라인 할인쿠폰 업체인 그루폰(Groupon)이 소셜 커머스의 비즈니스 모델을 처음 만들어 성공을 거둔 바 있다. 일반적인 상품 판매는 광고의 의존도가 높지만 소셜 커머스의 경우 소비자들의 자발적인 참여로 홍보와 동시에 구매자를 모아 마케팅에 들어가는 비용이 최소화되므로, 판매자는 소셜 커머스 자체를 마케팅의 수단으로 보고 있다. 국내에 티켓 몬스터, 쿠팡 등의 업체가 있으며 최근 스마트폰 이용과 소셜 네트워크 서비스 이용이 대중화되면서 새로운 소비 형태로 주목받고 있다.

> Point ≫ 소셜 네트워크 서비스(SNS : social network service) … 웹에서 이용자들이 개인의 정보공유나 의사소통의 장을 만들어 폭넓은 인간관계를 형성할 수 있게 해주는 서비스로 싸이월드, 트위터, 페이스북 등이 있다.

≫ 브랜드 커뮤니케이션

기업의 제공하는 광고 외에 SNS, 블로그, 행사, 사회공헌 등 고객과 '브랜드'가 만나는 모든 상황에서 고객과의 적극적인 상호작용을 통해 브랜드를 알리는 활동을 말한다. 마케팅 전략이 기업의 관점인 4P(제품, 가격, 유통 촉진)에서 고객 관점인 4C(고객혜택, 기회비용, 편의성, 커뮤니케이션)로 전환되어야 한다는 견해가 등장하면서 브랜드에 있어서도 고객과의 쌍방 소통을 중시하는 커뮤니케이션이 강조되었다.

≫ 리세스 오블리주(richesse oblige)

UK의 유대교 최고지도자인 조너선 삭스가 그의 저서 「차이의 존중」에서 언급한 개념이다. 노블레스 오블리주(noblesse oblige)가 지도층의 의무를 강조했다면, 리세스 오블리주는 부(富)의 도덕적 의무와 사회적 책임을 강조한다.

>> 오픈뱅킹

MS사의 Windows Internet Explorer 환경에서만 가능하던 인터넷 뱅킹을 Mozilla사의 Firefox, Google의 Chrome 등의 웹브라우저와 Google의 Android, Apple사의 iOS 등의 모바일 OS에서도 동일하게 이용 가능하도록 구축한 멀티 플랫폼 뱅킹 시스템을 말한다.

>> 가업승계(家業承繼)

기업이 기업 자체의 동일성을 유지하면서 기업주가 후계자에게 해당 기업의 주식이나 사업용 재산을 상속·증여하여 기업의 소유권 또는 경영권을 무상으로 다음 세대에게 이전하는 것을 말한다. 가업승계의 과정은 경영실무 전반을 물려주는 '경영자 승계'와 후계자가 법적으로도 기업 내에서 실권을 행사할 수 있도록 회사 지분의 일정비율 이상을 물려주는 '지분 승계'로 구분된다. 우리나라에서는 가업상속, 사업계승, 사업승계, 경영승계 등의 용어가 가업승계와 동일한 의미로 혼용된다.

>> 선택설계

인간은 제한된 합리성을 가진 존재로 이러한 사람들이 올바른 선택을 할 수 있도록 선택에 영향을 미치는 요소들을 디자인하는 것을 의미한다. 기존 경제학에서 전제하고 있는 완벽한 합리성에 대한 비판에서 기반하며, 고객의 심리를 활용해 선택의 자유를 존중하면서도 현명한 선택을 할 수 있도록 상황을 설계하는 것이다. '자유적 개입주의', '넛지(nudge)'라고도 불린다.

7 부동산

>> 농지연금

만 65세 이상 고령농업인이 소유한 농지를 담보로 노후생활 안정자금을 매월 연금형식으로 지급받는 제도이다. 농지자산을 유동화하여 노후생활자금이 부족한 고령농업인의 노후 생활안정 지원으로 농촌사회의 사회 안정망 확충 및 유지를 목적으로 한다.

>> 주택분양보증

주택을 건설하던 회사가 도산 등의 사유로 분양계약을 이행할 수 없게 되는 경우 피해를 입을 수분양자를 보호하기 위한 제도로, 당해 건축물 분양의 이행 또는 납부한 분양대금의 환급을 책임지는 보증이다. 주택법 제76조에 의거 공동주택을 선분양 하는 경우 대한주택보증의 주택분양에 반드시 가입해야 한다.

>> 상가건물임대차보호법

상가건물 임대차에 관하여 민법에 대한 특례를 규정하여 국민 경제생활의 안정을 보장함을 목적으로 하는 법이다. 주택임대차보호법, 대부업법 등과 함께 민생 3법으로 사회적 약자인 상가건물 임차인의 권리를 보호하고, 과도한 임대료 인상을 법적으로 억제하는 역할을 한다.

>> 도시형 생활주택

「국토의 계획 및 이용에 관한 법률」에 따라 난개발이 우려되는 비도시지역을 제외한 도시지역에 건설하는 300세대 미만의 국민주택 규모의 공동주택을 말한다. 세대당 주거전용면적 85㎡ 이하의 연립주택인 단지형 연립과 세대당 주거전용면적 85㎡ 이하의 다세대 주택인 단지형 다세대, 세대당 주거전용면적 12㎡ 이상 50㎡ 이하의 원룸형의 세 가지로 구분된다.

>> 부동산 경매제도

부동산담보물권에 부여되는 환가권에 바탕하여 실행되는 임의경매와 채무자에 대한 채권에 바탕하여 청구권실현을 위해 실행되는 강제경매로 나뉜다. 2002년 「민사집행법」의 제정으로 경매절차에서 악의적인 채무자에 의한 경매진행의 어려움을 해소하고 신속한 경매진행제도 등을 도입하여 점차 일반인들의 경매 참가가 확대되었다. 경매는 일반적으로 목적물을 압류하여 현금화 한 후 채권자의 채권을 변제하는 단계로 행해진다.

>> 주택저당증권(MBS ; Mortgage—Backed Securities)

금융기관이 주택을 담보로 하여 만기 20~30년의 장기대출을 해준 주택저당채권을 대상자산으로 하여 발행한 증권을 말한다. 자산담보부증권(ABS)의 일종으로 '주택저당채권 담보부증권'이라고도 한다.

>> 공모형 PF사업

공공부문이 보유하고 있는 부지에 민간과 공동으로 출자하여 개발하는 민관합동방식의 개발사업을 말한다. 공모형 PF사업은 민간사업자를 공모하여 우선협상대상자를 선정하고 사업협약을 체결한 뒤 공동으로 출자하여 프로젝트 회사인 SPC를 설립, 자금을 조달하여 개발사업에 착수한다. 대형 복합시설의 적기 공급 및 도시개발의 효율성을 도모하기 위해 도입되었다.

>> 지식산업센터

'아파트형 공장'이라고도 하며 동일 건축물에 제조업, 지식산업 및 정보통신업을 영위하는 자와 이를 지원하는 시설이 복합적으로 입주해 있는 다층형 집합건축물을 말한다. 공장 및 산업시설, 근린생활시설 등이 하나의 공간에 모여 있는 것으로, 공개분양을 통해 입주자를 모집하고 소규모 제조공장이나 IT기업 등이 매입, 임대 등을 통해 입점한다.

>> 사회책임투자(SRI ; Socially Responsible Investment)

일반적 투자는 이윤의 극대화라는 재무적 관점만 중시한 투자라면 사회책임투자는 투자하려는 기업의 생산 활동 과정이나 결과가 환경이나 사회에 어떠한 영향을 끼치는지 고려하여 투자를 운용하는 선별적 투자방식을 말한다. 이는 자본시장이 기업에 긍정적 경영환경을 이끌어낼 수 있어 선진 금융시장에는 보편화되어 있다.

>> 어닝 쇼크(Earning Shock)

어닝(Earning)이란 기업의 실적을 나타내는 용어로서 기업이 영업실적을 발표할 때 시장에서 예상했던 것보다 저조한 실적을 발표하여 주가에 영향을 미치는 것을 말한다. 어닝 쇼크와 반대되는 용어로 어닝 서프라이즈(Earning Surprise)가 있는데 이는 기업의 발표 실적이 시장의 예상치를 훨씬 초과하는 것을 나타내며 '깜짝 실적'이라고도 표현한다.

>> CIB(Commercial Investment Bank)

상업은행과 투자은행을 결합한 용어로 금융지주회사 형태의 통합금융회사를 의미한다. 1933년 상업은행과 투자은행의 업무를 엄격하게 분리한 글라스-스티걸법의 제정으로 은행부분과 증권부분이 분리됐으나 최근 금융위기로 골드만삭스, JP모건 등 투자은행들이 은행지주회사 구조로 전환하면서 CIB가 그 대안으로 부상하고 있다.

>> 금융발전지수(Financial Development Index)

세계경제포럼에서 발표한 지수로 금융발전을 가능하게 하는 정량적, 정성적 요인들에 대한 점수를 산출하여 금융시스템의 경쟁력 순위를 평가한 것이다. 효과적인 금융 중개와 금융시장의 기반이 되는 제도적, 정책적 요인 및 자본, 금융서비스에 대한 접근성 등을 바탕으로 측정한다.

>> 글로벌 3대 신용평가사

신용평가사란 유가증권 및 발행기관의 신용도를 평가·등급화하는 기관으로, 투자자들의 의사결정에 영향을 미치며 그에 따른 발행기관의 조달비용에도 영향을 미친다. S&P, 무디스(moodys), 피치(fitch)는 글로벌 3대 신용평가사로 세계시장의 약 95%를 점유하고 있으며 미국, 중국, G7, Fed보다 큰 영향력을 발휘한다.

>> DBS(Development Bank of Singapore)

1968년 싱가포르 개발은행으로 설립되어 아시아에서 특화된 은행이다. 싱가포르에서 DBS 와 POSB 두 개의 브랜드로 영업하며, 세전 이익의 95%가 아시아에서 발생하는 특징이 있다. 아시아 15개국에 약 200개의 지점, 4만 8천 여 명의 직원을 보유하고 있으며 소매·도매 금융, 자산관리, IB업무 등 금융 전반에 걸친 서비스를 제공한다.

9 기타 금융경제 상식

>> 주가연계증권(ELS ; Equity Linked Securities)

개별 주식의 가격이나 주가지수와 연계되어 수익률이 결정되는 파생상품이다. ELS는 금융기관과 금융기관, 금융기관과 일반 기업 간 맞춤 거래를 기본으로 하는 '장외파생상품'으로 거래의 결제 이행을 보증해 주는 거래소가 없기 때문에 일정한 자격을 갖춘 투자매매업자만이 ELS의 발행이 가능하다. 즉, 영업용순자본비율(Net Capital Ratio)이 300% 이상이며, 장외파생상품 전문 인력을 확보하고, 금융위원회가 정하는 '위험 관리 및 내부 통제 등에 관한 기준'을 충족하는 투자매매업자가 ELS를 발행할 수 있다. 수익률을 받게 되는 조건과 구조가 다양하기 때문에 투자자의 시장에 대한 관점과 위험 선호도에 따라 폭넓은 선택이 가능하다. ELS가 특히 적합한 고객은 예금 대비 높은 수익률을 추구하면서도 주식이나 선물옵션에 비해서는 안정성을 확보하기를 원하는 경우다. 또한 주식시장의 대세 상승 또는 대세 하락 시기보다 일정한 박스권 안에서 횡보하는 장세에서는 주식형 펀드에 비해 높은 수익률을 기대할 수 있다. 그리고 원금 손실 위험을 피하고자 하는 투자자는 원금보장형 ELS에 가입하면 더 높은 안정성을 보장받게 된다. 만기 전에 환매할 경우, 기준가의 90% 이상 지급되기 때문에 주가 하락 시에는 원금보장형이라 하더라도 그만큼 손실이 발생할 수 있다는 점을 유념해야 한다.

>> 선물환과 역외선물환

① 선물환

선물환은 선도환이라고도 하며 미래 일정 기간 내에 일정 금액, 일정 종류의 외환을 일정 환율로 매매할 것을 약속한 외국환을 뜻한다. 이런 거래를 하는 이유는 기업이 장래의 환율 변동 위험을 피해 현재 환율로 미래의 일정 금액 외환을 매입하거나 매도할 수 있도록 하기 위함이다. 이렇게 선물환 매매가 이루어지는 것을 선물환 거래라고 한다.

② 역외선물환

본국의 세제나 운용상 규제를 피해 금융·조세·외환 관리 면에서 특전을 누릴 수 있도록 타국(역외)에서 운용하는 선물환으로 파생금융상품의 일종이다. 보통 역외선물환 또는 차액결제선물환이라 부르며 'NDF(Non-Deliverable Forward)'라고도 한다. 역외선물환 시장에서는 만기에 현물을 인도하거나 계약 원금을 상호 교환하지 않고 계약한 선물환율과 지정환율 사이의 차이만을 지정통화로 정산한다. 지정환율은 당사자 간 약정에 따라 정해지며 원-달러 NDF의 경우 만기일 전일의 매매 기준율로 결정한다. 1개월 물에서 5년 물까지 10개의 상품을 대상으로 하며, 최소 5백만 달러 단위로 거래된다. 거래 방식은 시티, 체이스맨해튼, JP모건 등 미국계 은행과 투자회사들이 참여하는 직거래와 프레본 야마네 등 여러 개의 브로커 회사들이 헤지펀드 등 일반 고객을 상대로 중개하는 중개거래 두 가지가 있다. 싱가포르, 홍콩, 뉴욕 등 역외시장에서 거래가 활발하지만, 우리나라에서 말하는 역외선물환시장은 보통 싱가포르와 홍콩에 개설된 시장을 뜻한다. 이 두 시장에서는 원화, 대만 달러, 중국 위안화, 필리핀 페소, 인도 루피 등 다양한 통화가 거래되는데, 이 중 한국의 원화 거래가 가장 활발하다. 특히 2000년 이후 원-달러 환율의 변동 폭이 커지면서 역외선물환 거래가 원-달러 환율을 결정하는 주요 변수로 급부상했다.

〉〉 지니계수

빈부격차와 계층 간 소득분포의 불균등 정도를 나타내는 수치로, 대각선인 균등분포선과 로렌츠곡선이 만드는 반달 모양의 면적을 균등분포선 아래 삼각형 면적으로 나눈 값이다. 지니계수는 0과 1 사이의 값을 갖는데 값이 0에 가까울수록 소득분배가 평등하다는 것을 뜻하며 보통 0.4가 넘으면 소득분배의 불평등 정도가 심하다는 것을 의미한다.

〉〉 코코본드

유사시 투자 원금이 주식으로 강제 전환되거나 상각된다는 조건이 붙은 회사채를 말하며 코코본드에는 역(逆)전환사채, 의무전환사채(강제전환사채) 등이 있다. 이는 일반 전환사채의 전환권이 채권자에 있는 반면 역(逆)전환사채는 채권자가 아닌 사유 발생에 있다고 해서 붙여진 이름이다. 발행사가 부실금융회사로 지정될 경우 투자 원리금 전액이 상각돼 투자자가 손실을 볼 수 있지만 대신 일반 회사채보다 높은 금리를 지급한다.

》 커버드본드

은행 등 금융기관이 보유하고 있는 주택담보대출채권을 담보로 발행하는 유동화 채권을 말한다. 커버드본드는 담보부사채와 같이 발행자에 대한 직접적인 권리와 담보 자산에 대한 권리를 동시에 가짐으로써 이중 보호를 받는 것이 특징이고 또한 은행이 신용으로 발행한 채권이지만 담보자산에서 우선적으로 변제받을 수 있는 권리가 부여된 채권이기 때문에 안정적이며, 자금조달 비용이 낮다는 장점을 가지고 있다. 미국 서브프라임 모기지 사태 이후 커버드본드는 상대적으로 낮은 금리에 자금을 조달할 수 있는 수단으로 떠오르기도 했다.

》 외부효과

어떤 경제 활동과 관련해 당사자가 아닌 다른 사람에게 의도하지 않은 혜택(편익)이나 손해(비용)를 발생시키는 것을 말하며 외부성이라고도 한다. 외부효과는 외부불경제와 외부경제로 구분되는데 외부불경제는 어떤 행동의 당사자가 아닌 사람에게 비용을 발생시키는 것으로 '음의 외부성'이라고도 하며 외부경제는 어떤 행동의 당사자가 아닌 사람에게 편익을 유발하는 것으로 '양의 외부성'이라고도 한다. 외부불경제의 예로는 대기 오염, 소음 공해 등을 들 수 있고, 외부경제의 예로는 과수원 주인과 양봉업자의 관계를 들 수 있다.

》 네트워크 효과

어떤 사람의 수요가 다른 사람의 수요에 의해 영향을 받는 현상을 뜻하는데 수요가 독립적이지 않고 다른 사람의 소비와 연관돼 있다는 뜻이다. 과시하기 위해 소비하는 '베블런 효과'나 다른 사람이 사면 나도 사는 '밴드왜건 효과' 등이 여기에 속하며 네트워크 효과에선 제품이나 서비스 자체보다는 얼마나 많은 사람이 사려는지가 중요하다.

》 마이크로크레딧

빈곤계층들의 소규모 사업지원을 위한 무담보 소액대출을 뜻한다. 마이크로크레딧은 1976년 방글라데시에서 설립된 그라민 은행이 대표적인데 이 은행은 170개 지점에서 회원 240만 명에 평균 75달러씩 대출해 주고 있다. 마이크로크레딧은 UN이 2005년을 '마이크로크레딧의 해'로 정할 정도로 큰 주목을 끌었으며 선진국에서도 NGO 등을 중심으로 마이크로크레딧 프로그램이 활성화되고 있다. 마이크로크레딧 사업은 초기 자선단체 기부금에 의존하던 단계에서 최근에는 일부 사업자가 IPO 등을 통해 금융기관으로 전환하는 등 상업화 단계에 진입하고 있으며 현재 World Bank 등 국제기구의 지원에 힘입어 전 세계적으로 약 4천만 명의 빈곤계층 자활을 지원하고 있다. 한편, 국내에서는 2000년 '신나는 조합' 창립 이후 시민단체를 중심으로 총 4개의 마이크로크레딧 사업자(비영리법인)가 활동 중이다.

>> 펭귄효과

어떤 제품에 대해 확신을 갖지 못하다가 주위의 누군가가 사게 되면 선뜻 구매대열에 합류하게 되는 현상을 가리키는 용어로 펭귄이 먹이를 구하기 위해 바다로 뛰어들어야 하지만 천적에 대한 두려움으로 뛰어들지 못할 때 한 마리가 물속으로 뛰어들면 다른 펭귄들도 따라 들어가는 현상에서 따온 말이다.

>> 더블 딥(double dip)

경기가 침체된 후 회복되는 듯이 보이다가 다시금 침체로 빠져드는 현상. 일반적으로 경기침체로 규정되는 2분기 연속 마이너스 성장 직후 잠시 회복 기미를 보이다가 다시 2분기 연속 마이너스 성장으로 추락하는 것을 말한다. 두 번의 경기침체를 겪어야 회복기로 돌아선다는 점에서 'W자형' 경제구조라고도 한다. 우리말로는 '이중하강', '이중하락', '이중침체' 등으로 번역된다. 2001년 미국 모건스탠리 증권의 스테판 로치가 미국 경제를 진단하며 이 이 표현을 처음 썼다. 스테판 로치에 의하면 과거 6번의 미국 경기침체 중 5번에 더블딥이 있었다고 한다.

>> 순이자마진(NIM)

Net Interest Margin, 은행 등 금융기관이 자산을 운용해 낸 수익에서 조달비용을 뺀 나머지를 운용자산 총액으로 나눈 수치로 금융기관 수익성을 나타내는 지표다. 예금과 대출의 금리 차이에서 발생한 수익과 채권 등 유가증권에서 발생한 이자도 포함된다. 순이자마진이 높을수록 은행의 수익이 커지는 반면 고객의 예금을 저금리로 유치해 고금리 대출을 한다는 비난을 받을 가능성이 커진다.

>> 그린스펀 풋(버냉키 콜)

전 FRB의장이었던 앨런 그린스펀 FRB의장은 1998년 발생한 롱텀캐피털매니지먼트(LTCM) 사태를 3차에 걸친 금리인하를 통해 성공적으로 마무리하며 시장의 신뢰를 회복했다. 위험을 상쇄시키는 능력 때문에 증시 침체로부터 옵션보유자를 보호하는 풋옵션과 비슷하다는 뜻으로 '그린스펀 풋(Greenspan put)'이란 용어까지 탄생했다. 이에 비해 그의 후임인 벤 버냉키 의장은 잦은 말바꿈으로 인해 시장의 안정을 얻지 못했다. 취임 초기에는 인플레이션에 대한 언급 수위에 따라 증시가 요동을 친 적이 있었다. 인플레이션 우려로 금리 인상 가능성이 높아지면 '버냉키 충격(Bernanki shock)'이라 불릴 정도로 주가가 급락했고, 인플레이션이 통제 가능해 금리 인상 우려가 줄어들면 '버냉키 효과(Bernanki effect)'라 표현될 정도로 주가가 급등했다. 버냉키 콜 (Bernanki call) 그는 잦은 말바꿈으로 시장 참여자들이 느끼는 피로가 누적되면 옵션 보유자를 보호하지 못해 만기 이전이라도 권리행사를 촉진시키는 콜옵션과 비슷한 뜻으로 사용되고 있다.

>> 코바 워런트, KOBA 워런트, 조기종료 ELW(KOBA Warrant)

일반 주식워런트증권(ELW)에 조기종료(knock-out) 조건을 더해 손실위험을 상대적으로 줄인 상장 파생상품이다. 기초자산 가격이 조기종료 기준가에 도달하면 바로 상장폐지된다. 일반 ELW는 원금을 전액 날릴 수도 있지만 KOBA워런트는 조기종료되더라도 잔존가치만큼 원금을 건질 수 있다. 2010년 9월 6일 도입됐다.

>> 윔블던현상

윔블던 테니스대회의 주최국은 영국이지만, 우승은 외국 선수들이 더 많이 하는 현상에서 유래한 말로, 개방된 국내시장에서 자국 기업의 활동보다 외국계 기업들의 활동이 더 활발히 이루어지는 현상을 뜻한다.

① 영국은 1986년 금융빅뱅 단행 이후, 금융 산업의 개방화·자유화·국제화가 이루어지면서 영국 10대 증권사 대부분이 막강한 자금력을 동원한 미국과 유럽의 금융기관에 흡수합병되거나 도산하였다.

② **금융빅뱅** … 1986년 영국 정부가 단행한 금융 대개혁에서 유래된 말로, 금융 산업의 판도 변화를 위해 규제완화 등의 방법으로 금융 산업 체계를 재편하는 것을 이른다.

>> 메뉴비용

가격표나 메뉴판 등과 같이 제품의 가격조정을 위하여 들어가는 비용을 메뉴비용이라고 한다. 인플레이션의 발생으로 제품의 가격을 조정해야 할 필요가 있음에도 불구하고 기업들이 가격을 자주 조정하지 않는 이유는 이렇듯 가격을 조정하는 데 비용이 들기 때문이다. 하지만 최근 전자상거래, 시스템 등의 발달로 중간상인이 줄어들고, 손쉽게 가격조정이 가능해지면서 메뉴비용이 점차 낮아지고 있는 추세이다.

>> CBO와 LBO

① CBO(Collateralized Bond Obligation, 채권담보부증권) : 고수입·고위험의 투기등급 채권을 담보로 발행하는 증권으로, 회사채담보부증권이라고도 한다. 자산담보부채권(ABS)의 일종으로 미국 등에서는 부실위험을 회피하기 위해 예전부터 보편화되었다. 우선적으로 담보권을 행사할 수 있는 '선순위채권'과 그렇지 않은 '후순위채권'으로 분류된다.

② LBO(Leveraged Buy-Out) : 기업을 인수하는 M&A 기법의 하나로, 인수할 기업의 자산이나 앞으로의 현금흐름을 담보로 금융기관에서 돈을 빌려 기업을 인수·합병하는 것이다. 이러한 이유로 적은 자기자본으로도 큰 기업의 매수가 가능하다.

〉〉 페이고 원칙

'pay as you go'의 줄임말로 지출 증가나 세입 감소를 수반하는 새로운 법안을 상정할 때, 이에 상응하는 지출 감소나 세입 증가 등의 재원조달 방안을 동시에 입법화 하도록 의무화하는 것이다. 재정건전성을 저해할 수 있는 법안을 제한하고자 하는 취지이지만, 이로 인해 정책의 유연성이 떨어지는 단점이 있을 수 있다.

〉〉 CDS(Credit Default Swap)

채권 등의 형태로 자금을 조달한 채무자의 신용위험만을 별도로 분리해 이를 시장에서 사고파는 신용파생상품의 일종이다. 자본시장이 채무자의 신용위험에 대한 프리미엄을 받고 위험을 부담하는 보험의 역할을 한다. 금융기관 대 금융기관의 파생상품거래의 성격이기 때문에 CDS 거래가 많아져야 시장이 활성화된다.

〉〉 대차거래(loan transaction)

신용거래의 결제에 필요한 자금이나 유가증권을 증권금융회사와 증권회사 사이에 대차하는 거래를 말한다. 일본의 증권용어로 우리나라의 유통금융과도 유사하다.
　㉠ 대차종목 : 대차거래에 있어 적격종목
　㉡ 대차가격 : 종목별 융자 또는 대주를 실시할 때 적용되는 주당가격

〉〉 유상증자

회사가 사업을 운영하는 중 필요한 자금 조달을 위해 신주를 발행하여 주주로부터 자금을 납입 받아 자본을 늘리는 것을 말한다. 유상증자의 형태에는 다음 3가지가 있다.
　① **주주할당방법** ··· 주주에게 신주인수권을 주어 이들로부터 신주주를 모집
　② **제3자할당방법** ··· 회사의 임원 · 종업원 · 거래선 등에게 신주인수권을 주어서 신주를 인수
　③ 널리 일반으로부터 주주를 모집

〉〉 수요의 가격탄력성 결정요인

① 대체재의 수가 많을수록 그 재화는 일반적으로 탄력적이다.
② 사치품은 탄력적이고 생활필수품은 비탄력적인 것이 일반적이다.
③ 재화의 사용 용도가 다양할수록 탄력적이다.
④ 수요의 탄력성을 측정하는 기간이 길수록 탄력적이다.

〉〉 본원통화

① 중앙은행에서 공급하는 통화를 말하는 것으로 공급하는 양보다 크게 통화량을 증가시킨다.

② 본원통화는 중앙은행의 부채에 해당한다.

③ 현금통화 + 예금은행 지급준비금 = 화폐발행액 + 중앙은행 지준예치금

④ 화폐발행액 = 현금통화 + 예금은행 시재금

⑤ 예금은행 지급준비금 = 예금은행 시재금 + 중앙은행 지준예치금

〉〉 금융정책

① 개념

ㄱ 금융시장의 균형을 통화량의 조절을 통해 이룬다.

ㄴ 중앙은행이 각종 금융정책수단을 이용하여, 자금의 흐름을 순조롭게 함으로써 생산과 고용을 확대시키고, 다른 한편으로는 통화가치를 안정시키고 완전고용, 물가안정, 경제성장 및 국제수지균형 등의 정책목표를 달성하려는 경제정책을 말한다.

② 금융정책의 수단

ㄱ 일반적인 **금융정책수단**(간접규제수단)

• **공개시장조작정책** : 공개시장에서 국공채를 매입·매각함으로써 통화량과 이자율을 조정하는 것을 말한다. 통화량 조절수단 중 가장 빈번하게 이용되는 정책수단이다.

－장점 : 은행, 비은행금융기관, 법인 등의 다양한 경제주체가 참여하여 시장 메커니즘에 따라 이루어지므로 시장경제에 가장 부합되는 정책이다. 또한 조작규모나 조건, 실시시기 등을 수시로 조정하여 신축적인 운용이 가능하며 파급효과가 광범위하고 무차별적이다.

－국공채매입 → 본원통화↑ → 통화량↑ → 이자율↓

－국공채매각 → 본원통화↓ → 통화량↓ → 이자율↑

※ 이자율의 상승은 외국인의 국내투자를 증대시키고 이로 인하여 달러의 공급이 증가하여 환율이 하락한다.

• **재할인율정책** : 예금은행이 중앙은행으로부터 차입할 때 적용받는 이자율인 재할인율을 조정함으로써 통화량과 이자율을 조절하는 정책이다. 재할인율정책이 효과적이 되기 위해서는 예금은행의 중앙은행에 대한 자금의존도가 높아야 한다.

－재할인율↓ → 예금은행 차입↑ → 본원통화↑ → 통화량↑ → 이자율↓

－재할인율↑ → 예금은행 차입↓ → 본원통화↓ → 통화량↓ → 이자율↑

• **지급준비율정책** : 법정지급준비율을 변화시킴으로써 통화승수의 변화를 통하여 통화량과 이자율을 조절하는 정책이다(본원통화의 변화는 없다).

－지준율↓ → 통화승수↑ → 통화량↑ → 이자율↓

－지준율↑ → 통화승수↓ → 통화량↓ → 이자율↑

ⓛ 선별적인 정책수단(직접규제수단)

- 대출한도제 : 직접적으로 중앙은행과 예금은행의 대출한도를 제한하거나 자산을 규제함으로써 금융기관의 대출한도를 제한하는 것이다.
- 이자율규제 : 은행의 예금금리와 대출금리를 직접규제하는 것이다.
- 창구규제, 도의적 설득

〉〉 실업의 유형 및 대책

① 유형

ⓙ 마찰적 실업 : 직장을 옮기는 과정에서 일시적으로 실업상태에 놓여 있는 것을 말한다.

- 정부에서는 공공정책을 통하여 마찰적 실업을 낮추어 자연실업률을 감소시키려 한다.
- 실업급여(보험)의 효과로 마찰적 실업의 규모를 증대시키는 경향이 있다.

ⓛ 탐색적 실업 : 기존의 직장보다 나은 직장을 찾기 위해 실업상태에 있는 것을 말한다.

ⓒ 경기적 실업 : 경기침체로 인해 일자리가 감소하여 발생하는 대량의 실업상태를 말한다.

② 구조적 실업

ⓙ 급속한 경제변화로 사양산업분야에 노동공급과잉으로 발생하는 실업을 말한다.

ⓛ 임금 경직성과 일자리 제한으로 인한 실업을 말한다.

③ 대책

ⓙ 완전고용 상태 하에서도 자발적 실업(마찰적 실업 + 탐색적 실업)은 존재한다.

ⓛ 자발적 실업을 줄이기 위한 대책은 시장의 직업정보를 경제주체들에게 원활하게 제공하는 것이다.

ⓒ 경기적 실업의 경우는 경기가 살아나면 기업의 노동수요가 증가하여 실업이 어느 정도 해소될 것이다.

ⓔ 구조적 실업은 사양산업의 노동자들에게 재교육을 시켜 다른 산업으로 이동할 수 있도록 도와주는 것으로 해소할 수 있다.

〉〉 인플레이션(inflation)

① 인플레이션의 개념

ⓙ 인플레이션은 물가수준이 지속적으로 상승하는 것을 말한다.

ⓛ 인플레이션은 소비자물가지수가 상승하는 것으로 알 수 있다.

② 인플레이션의 발생원인

ⓙ 통화량의 과다증가로 화폐가치가 하락한다.

ⓛ (과소비 등으로) 생산물수요가 늘어나서 수요초과가 발생한다.

ⓒ 임금, 이자율 등 요소가격과 에너지 비용 등의 상승으로 생산비용이 오른다.

③ 인플레이션의 유형

    ㉠ **수요견인 인플레이션**

       • 총수요가 초과하여 발생하는 인플레이션이다.

       • 정부지출의 증가나 통화량의 증가 등으로 총수요가 증가하여 발생한다.

    ㉡ **비용인상 인플레이션**

       • 생산비용이 증가하여 발생하는 인플레이션이다.

       • 유가상승, 원자재 가격상승 등 생산비 증가로 총공급이 감소하여 발생한다.

④ 혼합형 인플레이션

    ㉠ 총수요측 요인과 총공급측 요인이 동시에 작용하여 발생하는 물가상승을 의미한다.

    ㉡ 총수요 증가와 총공급 감소가 동시에 이루어지면 물가가 대폭 상승하게 된다. 그러므로 총수요곡선과 총공급곡선의 이동폭에 따라 국민소득은 증가할 수도 있고 감소할 수도 있다.

⑤ **인플레이션의 해결** … 물가안정은 지속적인 경제성장, 안정적인 국제수지와 함께 중요한 경제정책과정 중 하나이다. 따라서 경제안정과 발전을 위해 적절한 물가를 유지시키는 물가정책은 반드시 필요하며 이러한 물가정책은 인플레이션의 원인에 따라 그 해결방법이 상이하다.

    ㉠ **총수요 억제정책** : 실물수요의 증가가 물가상승의 원인인 경우 총수요(소비수요 + 투자수요 + 재정수요)를 감소시키고 통화공급 과잉이 원인인 경우 통화의 공급을 감소시켜 총수요와 총공급을 균형화하는 정책을 말한다.

    ㉡ **경쟁촉진정책** : 물가상승이 독과점의 형성에서 기인한 경우 정부가 이들 기업에 대한 적절한 규제를 가함으로써 공정거래의 성립 및 기업 간 자유경쟁을 조장하도록 하는 정책을 말한다.

    ㉢ **소득정책** : 1960년대에 등장한 새로운 정책으로 임금상승이 물가상승의 주원인인 경우 임금상승률의 상한선을 정하는 등 생산성 향상을 초과하는 요소비용 상승을 막기 위한 정책이다.

    ㉣ **구조정책** : 특정산업의 저생산성이 물가상승의 원인인 경우 해당분야의 생산성 증가를 위한 유통구조 개선, 근대화 촉진 등의 구조정책을 취하는 것을 말한다.

    ㉤ **기타정책** : 공공요금의 인상억제, 환율의 안정, 국제협력 등의 정책이 있다.

〉〉 자본시장과 금융투자업에 관한 법률

① 자본시장법 제정의 기본 방향

    ㉠ **포괄주의 규율체제로의 전환** : 향후 출현가능한 모든 금융투자상품을 자본시장법률의 규제대상에 포함하고, 금융투자업자가 취급할 수 있는 상품의 범위와 투자자 보호 규제의 대상을 대폭 확대하였다.

    ㉡ **기능별 규율체제의 도입** : 종전의 기관별 규율체제에 따른 규제차익 등의 문제를 해결하기 위하여 경제적 실질이 동일한 금융기능을 동일하게 규율하는 기능별 규율체제로 전환하였다.

ⓒ 업무범위의 확대 : 현행 업무범위의 엄격한 제한에 따른 문제를 해결하기 위하여 금융투자업자의 업무 범위를 대폭 확대하였다.

ⓔ 투자자 보호제도의 선진화 : 투자자 보호 강화를 위하여 설명의무, 적합성 원칙, 적정성 원칙 및 요청하지 않은 투자권유 등 투자권유 규제를 도입하였다.

② 자본시장법 제정에 따른 기대효과
　　ⓐ 자본시장의 자금중개기능의 활성화 : 기업, 금융소비자 및 금융투자업자 측면에서 자금조달, 자금운용 및 자금조달의 지원기능을 수행할 수 있다.
　　ⓑ 투자자 보호강화를 통한 자본시장의 신뢰성 제고
　　ⓒ 선진 투자은행과 경쟁할 수 있는 금융투자회사의 출현기반 마련

》 아담스미스(Adam Smith)의 절대우위론

① 절대우위란 다른 생산자에 비해 같은 상품을 더 적은 생산요소로 생산할 수 있는 능력을 말한다.

② 아담 스미스의 절대우위론은 자유무역의 근거를 최초로 제시한 것에 의의가 있다.

③ 절대우위론은 한 나라가 모두 절대우위 혹은 절대열위에 있는 경우에 무역이 발생하는 현상은 설명하지 못하는 단점이 있다.

》 리카르도(David Ricardo)의 비교우위론

① 비교우위란 다른 생산자에 비해 같은 상품을 더 적은 기회비용으로 생산할 수 있는 능력을 말한다.
　　ⓐ 한 재화의 기회비용은 다른 재화 기회비용의 역수이다. 즉, 어떤 재화에서 기회비용이 높다면 다른 재화에서는 낮은 기회비용을 갖는다.
　　ⓑ 비교우위는 곧 기회비용의 상대적 크기를 나타낸다.

② 가정
　　ⓐ 노동만이 유일한 생산요소이고 노동은 균질적이다.
　　ⓑ 생산함수는 규모의 불변함수이고 1차 동차함수이다.
　　ⓒ 국제 간 생산요소의 이동이 없다.

③ 결론
　　ⓐ 무역은 비교생산비의 차이에서 발생한다.
　　ⓑ 각국은 비교생산비가 저렴한 비교우위가 있는 상품을 수출하고 비교열위에 있는 상품을 수입한다.
　　ⓒ 생산특화에 의한 소비가능영역 확대를 통해 각 교역국의 사회후생을 증가시킨다.

④ 한계
    ㉠ 비현실적 노동가치설을 바탕으로 한다.
    ㉡ 두 재화의 국제적 교환비율이 각국 국내 교환비율의 범위 안에서 이루어진다.
    ㉢ 국가간 운송비용을 고려하지 않았다.

〉〉 헥셔 – 올린 정리

① 개념
    ㉠ 헥셔 – 올린 정리는 국가 간의 요소부존량의 차이 또는 생산요소가격의 차이에 의해서 국가 간 무역이 발생한다는 정리이다.
    ㉡ 헥셔 – 올린 정리는 비교우위의 발생원인을 요소부존의 차이로 설명한다.

② 이론의 가정
    ㉠ 2국 × 2생산요소 × 2재화가 존재한다.
    ㉡ 생산요소의 이동은 없다(단, 산업 간에는 자유롭게 이동이 가능하다).
    ㉢ 생산물시장과 생산요소시장은 모두 완전경쟁시장이다.
    ㉣ 국가 간 사회적 효용함수는 동일하다.
    ㉤ 1차 동차생산함수이다.

③ 핵심내용
    ㉠ 제1명제 : 노동이 상대적으로 풍부한 나라는 노동집약적인 상품을 생산하여 수출하고 자본이 상대적으로 풍부한 나라는 자본집약적인 상품을 생산하여 이를 수출한다.
    ㉡ 제2명제 : 자유무역이 이루어지면 국가간 생산요소의 이동이 없더라도 생산요소의 가격이 균등화된다.
    ㉢ 제1명제는 레온티에프의 검증을 거쳐 레온티에프 역설이 주장된다.
    ㉣ 제2명제는 스톨퍼–사무엘슨에 의해서 검증된다.

〉〉 레온티에프의 역설

① 개념 … 1940년대 후반과 1950년대 초반을 실증검증한 결과 자본이 풍부했던 미국이 자본집약적인 상품을 수출하고 노동집약적인 상품을 수입할 것이라는 예상과는 달리 자본집약적인 재화를 수입하고 노동집약적 재화를 더 많이 수출하였다.
② 해명 … 미국은 고생산성 노동력이 풍부하므로 노동집약적 상품을 더 많이 수출한다.
③ 의미 … 노동생산성의 차이를 인정함으로써 생산요소의 질적 차이를 인정하였다.

〉〉 외환의 수요와 공급

① 외환의 수요곡선
    ㉠ 환율이 상승하면 즉 1달러에 1,000원하던 환율이 1달러에 1,200원하게 되면 원화로 표시한 외국산 제품의 가격상승으로 수입량이 감소하고 외환수요량도 감소한다.
    ㉡ 환율이 상승하면 외환의 수요량이 감소하므로 외환수요곡선은 우하향의 형태로 도출된다.

② 외환의 공급곡선
    ㉠ 환율이 상승하면 즉 1달러에 1,000원하던 환율이 1달러에 1,200원하게 되면 달러로 표시한 수출품의 가격하락으로 수출량이 증가하므로 외환공급량이 증가한다.
    ㉡ 환율이 상승하면 외환의 공급량이 증가하므로 외환의 공급곡선은 우상향의 형태로 도출된다.

③ 균형환율의 결정 … 외환의 수요곡선과 공급곡선이 교차하는 점에서 균형환율 및 외환수급량이 결정된다.

〉〉 구매력평가설

① 구매력평가설(PPP ; Purchasing Power Parity theory)은 환율이 양국 통화의 구매력에 의하여 결정된다는 이론이다.
② 균형환율수준 혹은 변화율은 각국의 물가수준을 반영하여야 한다는 이론이다.
③ 절대적 구매력평가설은 일물일가의 법칙(law of one price)을 국제시장에 적용한 이론이다.
④ 무역거래에 있어서 관세부과나 운송비로 인해 구매력평가설의 기본가정인 일물일가의 법칙이 현실적으로 성립하기 힘들다. 또한 비교역재가 존재하므로 교역재 간의 교환비율인 환율을 비교역재까지 포함하는 구매력평가로써 설명하는 데는 한계가 있다.
⑤ 구매력평가설은 무역이 자유롭고 운송비용이 저렴하다는 점을 가정한다.

〉〉 이자율평가설

① 이자율평가설(IRP ; Interest Rate Parity)은 금융시장이 통합되고 모든 거래가 자유롭다면 전 세계 금융시장에서는 동일 금융상품에 대해 동일한 가격이 형성된다는 것이다.
② 두 가지 투자대상(국내채권, 외국채권)이 있는 경우, 두 나라간의 환율의 변화에 따른 투자가치의 변화를 고려한 후 기대수익을 비교하여 최종 투자를 결정하게 된다.
③ 자본이동이 자유롭다면 두 채권으로부터의 기대수익이 같아질 때까지 자본이동이 계속 진행될 것이며, 두 기대수익이 같아져 국제자본거래가 균형을 이루게 될 때, 이를 이자율평가라고 한다.
④ 결국, 이자율평가는 예상환율변화율이 양국 간의 이자율격차와 같아져야 한다는 사실을 보여준다.

>> 환율제도

구분	고정환율제도	변동환율제도
국제수지불균형	국제수지의 불균형이 조정되지 않는다.	환율변동을 통하여 외환시장에서 자동적으로 조정된다.
환위험	작다.	크다(환투기의 발생가능성).
국제무역과 투자	환율이 안정적이므로 국제무역과 투자가 활발히 일어난다.	환위험이 크기 때문에 국제무역과 투자가 저해된다.
해외교란요인의 파급여부	해외의 교란요인이 국내로 쉽게 전파된다.	해외의 교란요인이 발생하더라도 국내경제는 별 영향을 받지 않는다.
금융정책의 자율성 여부	국제수지 변화에 따라 통화량이 변화→금융정책의 자율성 상실	국제수지 불균형이 환율변동에 따라 조정→금융정책의 자율성 유지
정책효과	금융정책 효과 없다.	재정정책 효과 없다.
투기적인 단기자본이동	환율이 고정되어 있으므로 투기적인 단기자본 이동이 적다.	환투기로 인한 단기자본이동이 많다.
환율	정부의 정책변수(외생변수)	국제수지 변화에 따라 환율이 조정(내생변수)

>> 메가뱅크(Mega bank)

초대형은행을 뜻하며, 정부가 공적자금 회수의 일환으로 자산 규모 318조 원에 이르는 우리금융그룹의 민영화를 추진하면서 메가뱅크 탄생 여부가 화두로 떠올랐다. 우리금융 인수에 성공하는 은행은 규모에서 다른 은행을 압도하며 금융권에 새로운 지도를 짜게 될 가능성이 높다. M&A를 통해 세계적 규모의 대형은행을 육성한다는 메가뱅크 구상에는 규모를 키우면 구조조정 등을 통해 효율성이 높아질 것이라는 기대가 깔려있다. 아울러 자산 규모가 세계 50위 은행의 절반밖에 되지 않는 국내 은행의 국제 경쟁력을 강화하고 업무영역을 다변화하기 위해서는 초대형은행이 필요하다는 의견이 있다. 반면 대형화로 시장 경쟁이 줄어들어 중소기업이나 가계 등 금융소비자들에게 부정적인 영향을 줄 수 있다는 점은 부작용으로 꼽힌다.

>> 통화스왑

두 개 또는 그 이상의 거래기관이 사전에 정해진 만기와 환율에 의해 다른 통화로 차입한 자금의 원리금 상환을 상호 교환하는 것을 말한다. 통화스왑은 환리스크 헤지 및 필요 통화의 자금을 조달하는 수단으로 주로 이용되고 있다. 금리변동에 대한 헤지 및 특정시장에서의 외환규제나 조세차별 등을 피하기 위한 수단으로 활용되기도 한다.

한편 국가 간 통화스왑 계약은 자국통화를 상대국 통화와 맞교환하는 것으로 두 나라의 중앙은행 간에 체결되며 환위험 헤지나 차입비용 절감을 위한 것이 아니라 한 나라에서 외화 유동성이 부족하면 자국통화를 상대국에 맡기고 외화를 차입하는 계약이다.

2008년 10월 한국은행은 미국 연방준비제도이사회와 300억달러 규모의 통화스왑 계약을 체결함으로써 외환시장의 안정을 높이는 계기가 되었다.

≫ CSS(개인신용평가시스템 ; Credit Scoring System)

금융기관에서 과거 일정 기간 축적된 고객의 신용거래 행태 등의 정보를 현재 시점에서 통계적으로 분석해 고객의 신용도를 예측하는 선진국형 개인신용평가 기법 또는 대출심사제도를 말한다. 이미 개발된 모형을 가지고 시스템을 구축해 효율적인 위험관리는 물론, 시스템 심사를 통한 경비절감과 합리적인 의사결정, 신속하고 일관성 있는 심사지원을 통한 고객만족 실현을 목적으로 도입하였다.

평가 내용은 개인신상 정보, 거래실적 정보, 신용거래불량 정보, 신용한도 · 신용소진 · 연체 등이 없는 신용거래 내역 등이다. 이를 통해 얻어진 신용평점이 높고 낮음에 따라 대출한도 및 이자율을 차등화함으로써 위험을 사전에 예측하고 위험관리와 수익성을 제고할 수 있다는 장점이 있다.

≫ 국제결제은행(BIS) 자기자본비율(BIS capital adequacy ratio)

은행은 예금자들로부터 얻은 예금을 기업과 개인에게 대출하거나 채권, 주식 등에 투자를 한다. 만약 어떤 은행이 높은 수익이 기대되지만 원금을 돌려받지 못할 경우가 발생할 수도 있는 곳에 대출을 한다고 해보자. 그 은행은 원금과 수익을 약속대로 받을 경우 큰 이득을 얻지만 돌려받지 못할 경우 부실해져 경영위험에 빠질 수 있다. 따라서 예금주 입장에서는 어떤 은행이 위험자산의 비중이 높아 부실해질 가능성이 높은지 또는 안전자산의 비중이 높아 건전성과 안정성을 확보하였는지를 구별하는 것이 중요하다. BIS 자기자본비율은 이러한 은행 건전성 지표의 하나로 사용되고 있다.

이 비율은 국제결제은행(Bank for International Settlements, BIS)이 표준안으로 제시한 방법으로 계산하기 때문에 이름 앞에 BIS를 붙이며 산식은 다음과 같다.

$$\text{BIS 자기자본비율} = \frac{\text{자기자본}}{\text{위험가중자산}} \times 100$$

여기서 자기자본은 은행의 총자산 중 부채를 뺀 부분이며, 위험가중자산은 총자산에 자산의 위험정도에 따라 각각의 위험가중치를 곱한 후 이를 합산한 것이다. 위험가중치는 현금이나 국채, 통안증권 등의 경우 위험이 전혀 없으므로 0%, 기타 공공기관 발행 채권은 10%, 국내 은행 또는 OECD가입국 은행 관련 채권 등은 20%, 주택담보대출 등은 50%, 기타 대출금과 주식에는 100%를 부여한다.

BIS 자기자본비율은 이와 같은 특성으로 인해 은행의 자산운용에서 위험가중치가 높은 자산이 많이 포함될수록 낮아지며, 안전자산의 비중이 높아질수록 높아진다. 따라서 동 비율이 높은 은행일수록 더 건전한 은행임을 의미한다. 우리나라의 경우 1995년말 동 비율을 8% 이상으로 유지하도록 의무화하였으며, 2008년부터는 신용 및 시장위험만 반영하는 기존 제도에서 운영위험도 반영한 새로운 자기자본규제 제도로 변경하여 시행하고 있다.

>> 프라이빗 뱅킹(Private Banking)

은행이 부유층 및 거액 자산가들을 대상으로 자산을 종합 관리해 주는 고객 서비스를 말한다. 자산 관리는 전담자인 프라이빗 뱅커(private banker)가 거액 예금자의 예금·주식·부동산 등을 1대 1로 종합 관리하면서 때로는 투자 상담도 하는데, 대부분의 경우 이자율이 높고, 수수료를 면제해 주는 혜택도 있다. 은행들은 거액 예금자의 수가 전체 고객 수에 비해 극히 적기는 하지만, 수신고로 볼 때는 이들 소수가 차지하는 비중이 엄청나기 때문에 갈수록 프라이빗 뱅킹은 늘어날 전망이다.

>> 뱅크론(bank loan)

은행간의 차관으로, 은행이 차입국의 은행에 융자하여 그 금융기관이 자기 책임 하에 자국의 기업에 대해서 자금을 대부하는 방식이다. 특히, 저개발국에 대한 민간경제협력의 하나이다. 보통의 차관은 정부나 기업이 개발도상국의 정부나 기업에 대해 자금을 대출하지만 뱅크론은 은행이 개발도상국의 은행에 대해 대출한다.

>> 역모기지론(주택연금)

역(逆)모기지론(reverse mortgage)은 모기지론과는 목적과 개념이 반대로, '이미 집을 가진 사람에게 이를 담보로 생활자금을 빌려준다'는 것이 역모지기론의 기본 개념이다. 역모기지론은 지원받는 수령자가 사망할 때까지가 가입기간이어서 통상 20~30년 하는 모기지론처럼 만기가 길다. 우리말로 역모기지론을 장기주택저당대출이라 부르는 이유도 이 때문이다. 미국, 영국, 프랑스 등 서구에서 오랜 전통을 가지고 시행 중인 이 제도는 우리나라에서 1995년부터 일부 민간은행에 도입됐으나, 실적은 미미했고 본격적으로 제도가 알려지기 시작한 것은 2004년 3월 주택금융공사가 설립된 이후다.

>> 전대차관(轉貸借款)

외국환은행이 국내거주자에게 수입자금 등으로 전대할 것을 조건으로 외국의 금융기관으로부터 외화자금을 차입하는 것이다. 일종의 뱅크론이라고 할 수 있지만 일반적으로 뱅크론은 자금의 용도에 대해 차관공여주로부터 아무런 조건이 붙지 않는 임팩트론이지만, 전대차관은 차관공여국 또는 특정 지역으로부터 물자수입자금에의 사용 등 차입자금의 용도에 대해 조건이 따른다. 또한 뱅크론의 차관공여주는 주로 외국의 일반상업은행인데 비해 전대차관의 공여주는 외국의 특수정책금융기관 혹은 국제금융기관인 것이 일반적이다.

>> 골든크로스(Golden Cross)

주가를 예측하는 기술적 분석상의 한 지표이다. 주가나 거래량의 단기 이동평균선이 중장기 이동평균선을 아래에서 위로 급속히 돌파해 올라가는 현상이다.

보통 '단기 골든크로스'는 5일 이동평균선이 20일 이동 평균선을 상향돌파 하는 것을 말하며 '중기 골든크로스'는 20일선과 60일선을, '장기 골든크로스'는 60일선과 100일선을 비교한다.

한편 골든크로스와 반대되는 것으로 '데드크로스(dead-cross)'가 있다. 단기이동평균선이 장기이동평균선 아래로 떨어지는 현상이 데드크로스인데, 보통 약세장으로 전환하는 신호로 해석된다.

>> 신데렐라 전략

메릴린치의 퀀트 전략가이자 수석 이코노미스트였던 리처드 번스타인의 투자시계 개념을 차용한 것으로, 신데렐라가 12시 이전에 파티장을 빠져 나오듯 실적 기대감이 절정인 12시가 되기 전에 시장에서 벗어나는 전략을 말한다. 그러나 이익 전망이 상향 조정되기 시작하는 9시가 막 넘어가는 시점이라면 분위기가 달아오를 파티에 적극적으로 참여해야 한다는 의미이기도 하다. 이 전략은 과도한 기대로 인한 투자 실패를 막고 합리적으로 대처하여 수익을 극대화할 수 있는 지침으로 작용한다. 단순히 이익 전망만 보고 투자했다가는 오히려 주가가 내려가 낭패를 보기 쉬우며, 실적이 시장 예상에 못 미치는 '어닝쇼크(earing shock)'를 겪을 수 있음을 경고하고 있기도 하다. 반면, 과거 실적이 나쁜 기업에 대한 투자를 꺼리는 경향에 반하여 실제로는 부정적이던 이익전망이 개선되기 시작한 종목에 주목할 필요성을 강조한다.

>> 순채권국(Net Creditor)

외국에 갚아야 할 총외채보다 외국에서 받을 총대외재산이 많은 국가를 뜻한다. 무역거래에서 벌어들인 달러는 외환보유액으로 축적되는데 이것이 대외자산의 큰 부분을 차지한다. 순채권국의 반대 개념은 순채무국이다. 우리나라는 2009년 순채무국에서 순채권국으로 전환된 바 있으며 세계 최대 순채권국은 일본이다.

>> PCR · PSR

PER(Price Earning Ratio ; 주가수익비율)을 대신해 떠오른 투자기법, 주가를 주당 이익금으로 나눈 수치인 PER은 과거 수치를 기준으로 하기 때문에 현재의 가치를 반영하기 힘든 부분이 있다. 이 때문에 PER을 보완할 수 있는 여러 가지 보조지표가 필요해졌는데 PCR이 그 대표적인 지표이다. PCR은 주가를 주당 현금흐름(이익에 감가상각비를 합한 것)으로 나눈 비율로 위기상황을 얼마나 유연하게 대처할 수 있는가를 알아보는데 유용하다. PSR은 주가를 1주당 매출액으로 나눈 지표이다.

>> 역금융장세

주식시장에서 자금이 채권이나 실물시장으로 빠져나가면서 유동성이 부족해지는 방향으로 국면이 변동할 때 역금융장세에 접어들었다고 한다. 경기가 활황국면에 접어들면 기업은 수익이 늘어나 여유자금이 많아지는데, 이 자금으로 설비투자 확대를 시도하고 결국 물가와 금리의 상승으로 이어진다. 이에 대하여 정부는 통화량을 감소시키고 금리를 인상하는 방향으로 정책을 전환하고 기업은 주식시장의 자금을 회수하여 금리가 낮은 채권이나 실물시장으로 빠져나가게 되는 것이다. 역금융장세 단계에서는 모든 종목들에 대하여 큰 폭으로 주가가 하락하고 주식을 매도한 후 이탈하는 투자자들이 늘게 된다.

>> 팩토링(factoring)

금융기관들이 기업으로부터 상업어음이나 외상매출증서 등 매출채권을 매입하고 이를 바탕으로 자금을 빌려주는 제도이다. 하나 SK카드에서 팩토링 제도를 휴대전화 할부금융시장에 적용하여 화제가 되었다.

>> 트리플 위칭데이(triple witching day)

주가지수선물, 주가지수옵션, 개별주식옵션의 만기가 동시에 겹치는 날로 3개의 주식파생상품의 만기가 겹쳐 어떤 변화가 일어날지 아무도 예측할 수 없어 혼란스럽다는 의미에서 생긴 말이다. 트리플 위칭데이는 현물시장의 주가가 다른 날보다 출렁일 가능성이 상존하는데 이를 가리켜 만기일 효과(expiration effect)라고 부른다. 또한 결제일이 다가오면 현물과 연계된 선물거래에서 이익을 실현하기 위해 주식을 팔거나 사는 물량이 급변, 주가가 이상 폭등·폭락하는 현상이 나타날 가능성이 크다. 특히 결제 당일 거래종료시점을 전후해서 주가의 급변동이 일어날 수 있다. 미국의 경우는 S&P500 주가지수선물, S&P100 주가지수옵션, 개별주식옵션 등의 3가지 파생상품계약이 3·6·9·12월 세번째 금요일에, 한국은 3·6·9·12월의 두번째 목요일에 트리플 위칭데이를 맞게 된다.

>> CMA(Cash Management Account)

어음관리구좌라 하며, 단자회사 및 종합금융회사가 고객으로부터 받은 일정규모의 예탁금을 CP(신종기업어음)나 담보 및 무담보 기업어음·국공채 등의 증권에 투자해서 얻은 수익을 고객에게 되돌려주는 저축상품이다.

〉〉 스탠드바이 크레디트(stand-by credit)

상사의 해외지점이 현지의 외국은행으로부터 융자를 받을 때 외환은행이 보증을 서는 것이다. 또는 국제통화기금(IMF)이 포괄적인 신용공여를 행하여 실제의 자금인출은 그 한도 내에서 언제라도 인정하는 방식을 취했을 때 이것을 IMF의 스탠드바이 크레디트라 한다.

〉〉 풋백옵션(putback option)

일정한 실물 또는 금융자산을 약정된 기일이나 가격에 팔 수 있는 권리를 풋옵션이라고 한다. 풋옵션에서 정한 가격이 시장가격보다 낮으면 권리행사를 포기하고 시장가격대로 매도하는 것이 유리하다. 옵션가격이 시장가격보다 높을 때는 권리행사를 한다. 일반적으로 풋백옵션은 풋옵션을 기업인수합병에 적용한 것으로, 본래 매각자에게 되판다는 뜻이다. 파생금융상품에서 일반적으로 사용되는 풋옵션과 구별하기 위해 풋백옵션이라고 부른다. 인수시점에서 자산의 가치를 정확하게 산출하기 어렵거나, 추후 자산가치의 하락이 예상될 경우 주로 사용되는 기업인수합병방식이다.

〉〉 우선주(優先株)

보통주에 대해 이익배당이나 기업이 해산할 경우의 잔여재산분배 등에 우선권을 갖는 주식을 말한다. 누적적 우선주와 참가적 우선주가 있다.

〉〉 유동비율(流動比率)

유동자산을 유동부채로 나눈 비율이다. 회사의 지불능력을 판단하기 위해서 사용하는 분석지표로, 비율이 높을수록 지불능력이 커지며 200%가 이상적이라고 한다. 은행가의 비율, 또는 2대 1의 원칙이라고도 한다.

〉〉 의제자본(擬制資本)

주식회사에서 현물출자를 하는 토지·건물 등을 평가할 때 실제의 가격보다 높게 평가하여 주식을 발행하는 경우가 있다. 이와 같이 초과된 평가액에 따라 발행된 자본을 의제자본이라한다.

1 다음에서 설명하고 있는 용어는 무엇인가?

> 국내 종합주가지수. 유가증권시장본부(증권거래소)에 상장된 종목들의 주식 가격을 종합적으로 표시한 수치이다. 시장전체의 주가 움직임을 측정하는 지표로 이용되며, 투자성과 측정, 다른 금융상품과의 수익률 비교척도, 경제상황 예측지표로도 이용된다. 증권거래소는 1964년 1월 4일을 기준시점으로 미국의 다우 존스식 주가평균을 지수화한 수정주가 평균지수를 산출하여 발표하였는데, 점차 시장규모가 확대되어 감에 따라 1972년 1월 4일부터는 지수의 채용종목을 늘리고 기준시점을 변경한 한국종합주가지수를 발표하였다.

① 코스닥   ② 코스피
③ 양안지수   ④ 인덱스펀드

　　✖TIP　① 코스닥위원회가 운영하는 장외거래 주식시장으로서 미국의 나스닥과 유사한 기능을 하는 중소, 벤처기업을 위한 증권시장
　　　　　　③ 상하이, 선전, 홍콩, 대만 등 4개 증권거래소의 동향을 반영하는 지수
　　　　　　④ 증권시장의 장기적 성장 추세를 전제로 하여 주가지표의 움직임에 연동되게 포트폴리오를 구성하여 운용함으로써 시장의 평균 수익을 실현하는 것을 목표로 하는 포트폴리오 운용기법

2 다음에서 설명하고 있는 재화로 적절한 것은?

> 대부분의 모든 소비재는 수요면에서나 공급면에서 다른 소비재와 관련을 가지고 있고 생산요소 간에도 또한 이러한 연관관계가 있다. 커피나 설탕, 설탕과 홍차와 같이 사용상 관련을 가지는 재화를 연관재(聯關財 : related goods)라고 할 때, 그렇지 않은 재화를 말한다.

① 대체재   ② 정상재
③ 보완재   ④ 독립재

3 다음 내용과 관련된 인물은 누구인가?

> '샤워실의 바보'는 경제현상이 복잡해지면서 중앙은행이 경제의 단면만을 보고 섣부르게 시장에 개입할 경우 오히려 물가 불안 또는 경기침체를 초래하거나, 더 심화시키는 상황을 빗댄 표현, 혹은 이를 경계하기 위해 사용하는 말이다. 때로는 경제 전반에서 어떤 정책을 시행한 후 그 정책의 효과가 나타나기도 전에 또 다른 정책을 시행하여 역효과가 생기는 상황을 가리키기도 한다.

① 밀턴 프리드먼(Milton Friedman)
② 폴 엘리엇 싱어(Paul Elliott Singer)
③ 조지프 퓰리처(Joseph Pulitzer)
④ 리카도(David Ricardo)

⊗TIP 제시된 내용은 밀턴 프리드먼의 '샤워실의 바보'이다.
② 헤지펀드 '엘리엇 매니지먼트'를 설립하였다.
③ 미국의 언론인이자 신문 발행가였으며 그의 유언에 따라 퓰리처상이 제정되었다.
④ 한 나라가 두 재화 생산 모두에 절대우위를 갖는 경우에도 양국이 어느 한 재화에 특화하는 것이 양국 모두의 후생을 증대시킨다는 점을 비교우위 개념을 통해 설명하였다.

ANSWER > 1.② 2.④ 3.①

4 다음 중 무차별곡선에 대한 설명이 아닌 것은?

① 소비자에게 동일한 만족 또는 효용을 제공하는 재화의 묶음들을 연결한 곡선을 말한다.

② 재화의 조합을 나타내는 것으로 무차별곡선상의 어떤 조합을 선택하여도 총효용은 일정하다.

③ 한 재화의 가격과 한 소비자가 구매하고자 하는 해당 재화의 양과의 관계를 나타낸다.

④ 한 재화의 소비량을 증가시키면 다른 재화의 소비량은 감소하므로 무차별곡선은 우하향하는 모습을 띤다.

TIP ③ 개인수요곡선에 관한 설명이다.

5 다음의 가격탄력성 크기에 어울리는 개념으로 옳은 것은?

$$E_d = \infty$$

① 비탄력적　　② 단위탄력적

③ 완전비탄력적　　④ 완전탄력적

TIP 가격탄력성의 구분

가격탄력성 크기	용어
$E_d=0$	완전비탄력적
$0<E_d<1$	비탄력적
$E_d=1$	단위탄력적
$1<E_d<\infty$	탄력적
$E_d=\infty$	완전탄력적

6 웨어러블 기기 등 비교적 크기가 작고 사물인터넷을 구성하는 사물 간 교환하는 데이터의 양이 많지 않은 기기를 무엇이라 하는가?

① 소물 ② 폭스

③ 라인 ④ 로더

> ✗**TIP** 웨어러블 기기 등 비교적 크기가 작고 사물인터넷을 구성하는 사물 간 교환하는 데이터의 양이 많지 않은 기기를 소물(Small Thing)이라고 한다.
> ※ 소물인터넷 … 소물에 적용되는 사물 인터넷 기술

7 불황 하에서 인플레이션이 수습이 안 되는 상황을 나타내는 것은?

① 슬럼플레이션 ② 스태그플레이션

③ 붐플레이션 ④ 디플레이션

> ✗**TIP** 슬럼플레이션(slumpflation) : 불황을 의미하는 슬럼프(slump)와 인플레이션(inflation)의 합성어로 불황 하에서도 인플레이션 수습이 안 되는 것을 의미한다. 스태그플레이션에 비해서 경기의 침체가 더욱 심한 상태를 말한다.

8 다음 중 경제관련 체계 중 성격이 다른 하나는?

① FTA ② EU

③ WTO ④ NAFTA

> ✗**TIP** WTO는 다 국가를 상대로 공통적인 문제를 논하는 다자주의, 개방적인 성격의 조직인 반면 나머지는 관세철폐 등의 조약체결을 각 대상국씩 진행하며 지역주의적이고 폐쇄적이라고 볼 수 있다.

ANSWER 〉 4.③ 5.④ 6.① 7.① 8.③

9 급격한 경기침체나 실업증가를 야기하지 않으면서 경제성장률을 낮추는 것을 의미하는 경제용어는?

① 양적완화 ② 리커노믹스

③ 아베노믹스 ④ 연착륙

> **❖TIP** 연착륙은 경제에서는 급격한 경기침체나 실업증가를 야기하지 않으면서 경제성장률을 낮추는 것을 의미한다. 즉 경기가 팽창(활황)에서 수축(불황)국면으로 접어들 때 기업은 매출이 줄고 투자심리가 위축돼 결국 감원으로 연결되고, 가계는 실질소득이 감소해 소비를 줄이고 저축을 꺼리게 되는데 연착륙은 이 같은 부작용을 최소화하자는 것이다.

10 디지털 플랫폼을 기반으로 상품 및 서비스의 공급자와 수요자가 거래하는 경제 활동을 무엇이라 하는가?

① 디지털 경제 ② 플랫폼 경제

③ 커머스 경제 ④ 쉐어링 경제

> **❖TIP** **플랫폼 경제** … 인터넷 기술의 발전으로 네트워크상에서 기업과 소비자를 연결하는 디지털 플랫폼이 출현하였다. 이러한 디지털 플랫폼을 기반으로 상품 및 서비스의 공급자와 수요자가 거래하는 경제 활동을 플랫폼 경제라고 한다.
> 2017년에는 정보통신기술의 융합을 기반으로 이루어지는 4차 산업혁명을 통해 경제 및 사회 전반적으로 더욱 다양한 변화가 가시화될 전망이다. 이에 따라 플랫폼 경제의 성장을 견인하는 디지털 플랫폼 기업들 역시 급속한 성장이 예상된다.

11 피구효과에 대한 설명으로 알맞은 것은?

① 소득이 높았을 때 굳어진 소비 성향이 소득이 낮아져도 변하지 않는 현상을 말한다

② 임금의 하락이 고용의 증대를 가져온다는 이론을 말한다.

③ 자신이 경제적, 사회적으로 우월하다는 것을 과시하려는 본능적 욕구에서 나오는 소비로 재화의 품질이나 용도보다는 상표에 집착하는 소비행위를 말한다.

④ 경기불황일 때 저가상품이 잘 팔리는 현상으로 저가 제품 선호추세라고도 한다.

> **❖TIP** ① 톱니 효과, ③ 베블렌 효과, ④ 립스틱 효과

12 근로자와 자영업자, 농어민의 재산 형성을 지원하기 위해 2016년에 도입된 제도로 개인종합자산관리계좌라고도 하며 하나의 통장으로 예금이나 적금은 물론 주식·펀드·ELS등 파생상품 투자가 가능한 통합계좌를 무엇이라 하는가?

① ELD   ② ETF

③ ISA   ④ ELW

> ✿**TIP** ① 주가지수연동예금이라고도 하며 수익이 주가지수의 변동에 연계해서 결정되는 은행판매예금이다. 고객의 투자자금은 정기예금에 넣고 창출되는 이자만 파생상품에 투자하여 추가 수익을 낸다.
> ② 상장지수펀드로 특정지수를 모방한 포트폴리오를 구성하여 산출된 가격을 상장시킴으로써 주식처럼 자유롭게 거래되도록 설계된 지수상품이다.
> ④ 주식워런트증권이라고도 하며 특정 대상물(기초자산)을 사전에 정한 미래의 시기(만기일 또는 행사기간)에 미리 정한 가격(행사가격)으로 살 수 있거나 팔 수 있는 권리를 갖는 유가증권을 말한다.

13 어떤 재화에 대해 사람들의 수요가 많아지면 다른 사람들도 그 경향에 따라서 그 재화의 수요를 더 증가시키는 효과를 무엇이라 하는가?

① 베블런효과   ② 밴드왜건효과

③ 백로효과   ④ 언더독효과

> ✿**TIP** ① 가격이 오르는데도 일부 계층의 과시욕이나 허영심 등으로 인해 수요가 줄어들지 않는 현상
> ③ 특정 상품에 대한 소비가 증가해 희소성이 떨어지면 그에 대한 수요가 줄어드는 소비현상으로 남들이 구입하기 어려운 값비싼 상품을 보면 오히려 사고 싶어 하는 속물근성에서 유래했다. 소비자가 제품을 구매할 때 자신은 남과 다르다는 생각을 갖는 것을 우아한 백로에 빗댄 것으로, 속물을 뜻하는 영어인 snob을 사용해 스놉효과라고도 한다.
> ④ 개싸움에서 밑에 깔린 개가 이겨주기를 바라는 것처럼 경쟁에서 뒤지는 사람에게 동정표가 몰리는 현상

ANSWER 〉 9.④ 10.② 11.② 12.③ 13.②

14 다음 중 전시효과와 같은 의미로 쓰일 수 없는 것은?

① 과시효과   ② 시위효과

③ 데모효과   ④ 마태효과

> ✿TIP ④ 갈수록 심화되고 있는 빈익빈 부익부 현상을 가리키는 용어
> • 전시효과 … 사람들이 더 높은 소득층의 소비수준에 이끌려 경제적 여유가 생기면 소비를 늘리는 경향. 과시효과, 시위효과, 데모효과라고도 하며 고도 성장기의 내구소비재 붐 등은 이 효과에 의존하는 면이 크다. 또한 매스컴이나 대기업의 PR에도 많은 영향을 받고 있다.

15 합병과 인수가 합성된 용어로 경영지배권에 영향을 미치는 일체의 경영행위를 무엇이라 하는가?

① M&A   ② VaR

③ SCM   ④ ECM

> ✿TIP ① M&A : 좁은 의미로는 기업 간의 인수합병을 뜻하며 넓은 의미로는 회사분할과 기술제휴, 공동마케팅 등 전략적 제휴까지 확대된 개념이다.
> ② VaR : 정상적인 시장 여건에서 일정 신뢰수준 하에서 목표 보유기간 동안 발생 가능한 최대손실금액을 말한다.
> ③ SCM : 공급망 관리라고도 하며 제품생산을 위한 프로세스(부품조달, 생산계획, 납품, 재고관리)를 효율적으로 처리할 수 있는 관리 솔루션으로 물자, 정보, 재정 등이 공급자로부터 생산자, 도매업자, 소매상인, 그리고 소비자에게 이동함에 따라 그 진행과정을 감독하는 것을 말한다.
> ④ ECM : 기업 콘텐츠 관리라고도 하며 조직 내의 처리 업무에 관한 콘텐츠나 문서를 보관 · 전달 · 관리에 이용하는 기술을 말한다.

16 구매이력, 상품정보, 인구통계학 데이터 등을 분석하여 개인에게 맞는 상품을 모바일, TV 상에서 편리하게 쇼핑하도록 유도하는 것은 무엇인가?

① 소셜 커머스   ② 모바일 커머스

③ 스마트 커머스   ④ 데이터 커머스

> ✿TIP 데이터 커머스 … 구매이력, 상품정보, 인구통계학 데이터, 방송 시청 데이터 등 수백가지의 분할된 데이터를 정밀분석하여 개인에게 맞는 상품을 모바일, TV 상에서 편리하게 쇼핑하도록 유도하는 것이다. 최근에는 개인 라이프스타일에 맞는 단말, 시간대, 콘텐츠별로 상품을 추천하고, 기업과 연결시켜주는 중개 플랫폼으로 진화하고 있다.

17 2014년 뉴욕 증권거래소에 상장된 중국 기업으로 세계 최대 규모의 온라인 쇼핑몰을 운영하고 있는 이 기업은 무엇인가?

① 알리바바
② 텅쉰
③ 바이두
④ 하이얼

❊**TIP** 알리바바 … 세계 최대 규모의 온라인 쇼핑몰 알리바바 닷컴을 운영하는 기업으로 회장은 마윈이다. 2014년 미국 뉴욕 증권거래소에 상장되었으며 현재 알리바바를 통한 거래는 중국 GDP의 2%에 이르고 중국 내 온라인 거래의 80%가 알리바바 계열사를 통해 이뤄지며 중국 내 소포의 70%가 알리바바 관련 회사들을 통해 거래된다. 알리바바 닷컴은 B2B 온라인 쇼핑몰로 중국의 중소기업이 만든 제품을 전 세계 기업들이 구매할 수 있도록 중계해주고 현재는 일반인을 대상으로 한 쇼핑몰 '타오바오'와 부유층을 타겟으로 한 온라인 백화점 '티몰' 등의 계열사가 추가되었다.

18 2014년 11월 17일 시행된 것으로 상하이 증권거래소와 홍콩 증권거래소 간의 교차 매매를 허용하는 정책은 무엇인가?

① QFII
② 후강퉁
③ EIS
④ DSS

❊**TIP** 후강퉁 … 2014년 11월 17일 시행되었으며 상하이 증권거래소와 홍콩 증권거래소 간의 교차 매매를 허용하는 정책으로 이것이 시작되면 본토 50만 위안 잔고를 보유한 개인투자자와 일반 기관투자가 등도 홍콩을 거쳐 상하이 A주 주식을 살 수 있게 되며 일반 개인 외국인 투자자들도 홍콩을 통해 개별 본토 A주 투자가 가능해진다. 또한 중국 투자자 역시 홍콩 주식을 자유롭게 살 수 있다.

19 다음 중 사소한 무질서를 방치하면 큰 문제로 이어질 가능성이 높다는 의미를 담고 있는 이론은 무엇인가?

① 넛지효과
② 깨진 유리창 이론
③ 래칫효과
④ 밴드웨건효과

❊**TIP** 깨진 유리창 이론 … 미국 범죄학자인 제임스 윌슨과 조지 켈링이 1982년 3월에 공동 발표한 「깨진 유리창(Fixing Broken Windows : Restoring Order and reducing Crime in Our Communities)」라는 글에서 처음 소개된 용어로 사회 무질서에 관한 이론이다. 깨진 유리창 하나를 방치해 두면 그 지점을 중심으로 범죄가 확산되기 시작한다는 이론을 말한다.

ANSWER 〉 14.④ 15.① 16.④ 17.① 18.② 19.②

20 다음 설명과 관련이 없는 것은?

> • 재화나 서비스의 품질을 구매자가 알 수 없기 때문에 불량품만 나돌게 되는 시장
> • 식사 후 자연스럽게 먹는 이것을 아낄 경우 기대 이상의 재산을 축적할 수 있다.
> • 기업의 허점을 노려 실속을 챙기는 얄미운 소비자
> • 2004년 우크라이나 대통령 선거 당시 여당의 부정 선거를 규탄하여 결국 재선거를 치르게 했던 시민 혁명

① 수박   ② 레몬
③ 카페라떼   ④ 체리

✿TIP 주어진 설명은 순서대로 레몬마켓, 카페라떼효과, 체리피커, 오렌지혁명이다.

21 한 나라에 있어서 일정 기간(1년) 동안 국민들이 생산한 재화와 용역의 최종생산물의 합계를 화폐액으로 표시한 것은?

① 국민총생산(GNP)   ② 국내총생산(GDP)
③ 국민소득(NI)   ④ 국민순생산(NNP)

✿TIP ① GNP는 1934년 경제학자인 쿠즈네츠에 의하여 처음 제시된 이후 전 세계에서 국민 소득 수준을 나타내는 대표적인 경제 지표로 사용되고 있다.

22 차별화를 추구하거나 특정 계층에 속한다는 느낌을 얻기 위한 소비 형태를 나타내는 말을 무엇이라 하는가?

① 후광효과   ② 파노플리효과
③ 분수효과   ④ 샤워효과

✿TIP ① 후광효과 : 어떤 대상이나 사람에 대한 일반적인 견해가 그 대상이나 사람의 구체적인 특성을 평가하는 데 영향을 미치는 현상
③ 분수효과 : 판매를 촉진하기 위한 전략 중 하나로 백화점 등에서 아래층에서 위층으로 올라오도록 유도하는 것
④ 샤워효과 : 판매를 촉진하기 위한 전략 중 하나로 백화점 등에서 위층의 이벤트가 아래층의 고객 유치로 나타나는 효과

23 다음 중 세계 주식시장의 주가지수 명칭과 해당 국가를 잘못 연결한 것은?

① 일본 – TOPIX
② 홍콩 – 항생지수
③ 중국 – STI
④ 미국 – 다우존스지수

✿**TIP** ③ 중국은 상하이 지수이며, STI지수는 싱가포르 주식시장의 주가지수이다.

24 다음 중 용어와 그 설명이 바르지 않은 것은?

① 블랙컨슈머 (Black Consumer) – 고의적으로 악성 민원을 제기하는 소비자
② 그린컨슈머(Green Consumer) – 친환경적 요소를 기준으로 소비활동을 하는 소비자
③ 애드슈머(Adsumer) – 광고의 제작과정에 직접 참여하고 의견을 제안하는 소비자
④ 트라이슈머(Try sumer) – 다른 사람의 사용 후기를 참조해 상품을 구입하는 소비자

✿**TIP** 트라이슈머란 관습에 얽매이지 않고 항상 새로운 무언가를 시도하는 체험적 소비자를 지칭한다.

25 다음에 해당하는 용어로 옳은 것은?

> (   )은 성장단계에 있는 중소, 벤처기업들이 원활히 자금을 조달할 수 있도록 비상장 벤처 기업들의 자금난을 해소하는 창구가 되고 있다.

① 글로벌소싱
② 비즈니스프로세스아웃소싱
③ 크라우드소싱
④ 아웃소싱

✿**TIP** 크라우드소싱(Crowdsourcing)은 군중(crowd)과 아웃소싱(outsourcing)을 합쳐 만든 용어로 기업이 고객을 비롯한 불특정 다수에게서 아이디어를 얻어 이를 제품 생산과 서비스, 마케팅 등에 활용하는 것을 뜻한다.

ANSWER 〉 20.① 21.① 22.② 23.③ 24.④ 25.③

26 다음 중 바젤II 협약(신 BIS협약)에 대한 설명으로 옳지 않은 것은?

① 신용도가 좋은 기업이든 나쁜 기업이든 위험부담을 100%로 둔다.

② 복잡한 금융상품에 관한 리스크 평가에 적합하다.

③ 위험에 대한 많은 충당금을 쌓아야 한다.

④ 은행들의 BIS 비율이 하락할 가능성이 있다.

> ✿**TIP** 바젤II(BASEL II)는 기업대출시 신용에 대해 차별을 둬 신용위험을 차별적으로 적용하고 금리
> 또한 신용상태에 따라 차등을 둔다.

27 기술혁신이나 새로운 자원의 개발에 의해 나타나는 장기적 성격의 순환은?

① 쥬글러순환   ② 콘드라티에프순환
③ 키친순환   ④ 엘리엇순환

> ✿**TIP** 경기순환의 구분
> ㉠ 단기순환 : 3~4년의 짧은 순환주기를 가지며 수요와 공급의 균형을 이루기 위해서 기업
>   의 재고를 조정하는 과정에서 생긴다. 키친순환 또는 재고순환이라고도 한다.
> ㉡ 주순환 : 7~12년의 순환주기를 가지며 설비투자를 늘이거나 줄이는 과정에서 생기는 기
>   업의 움직임이 원인이다. 쥬글러순환 또는 설비투자순환이라고 한다.
> ㉢ 중기순환 : 14~20년의 순환주기를 가지며 쿠즈네츠순환 또는 건축순환이라고 한다.
> ㉣ 장기순환 : 순환주기가 40~70년이며 기술혁신이 주된 원인이다. 발견자의 이름을 따서
>   콘드라티에프순환이라고도 한다.

28 다음 ( )안에 들어갈 용어로 옳은 것은?

> ( )은(는) 카드 대금을 매달 고객이 정한 비율(5~100%)만큼 결제하는 제도로 자금
> 부담을 줄이는 장점이 있지만 나중에 결제해야 하는 대금에 대한 높은 수수료가 문제되
> 고 있다.

① 모빙   ② 리볼빙
③ 그린·옐로우카드제   ④ 몬덱스카드

> ✿**TIP** 리볼빙(Revolving)이란 일시불 및 현금서비스 이용액에 대해 매월 대금결제시 카드사와 회
> 원이 미리 약정한 청구율이나 청구액 만큼만 결제하고, 결제된 금액만큼만 사용이 가능하
> 도록 하는 제도이다.

29 다음 중 리디노미네이션에 대한 설명으로 옳지 않은 것은?

① 화폐 액면 단위의 변경을 의미한다.
② 단위의 변경에 따라 화폐의 가치도 함께 변경된다.
③ 통화의 대외적 위상이 높아지는 효과가 있다.
④ 인플레이션의 기대심리를 억제시킨다.

✖TIP ② 리디노미네이션(redenomination)은 화폐 액면 단위의 변경일뿐 화폐가치는 변하지 않기 때문에 물가·임금·예금·채권·채무 등의 경제적 양적 관계가 전과 동일하다.

30 짧은 시간 동안에 시세변동을 이용하여 이익을 실현하고자 하는 초단기(초단위) 거래자를 지칭하는 용어는?

① 데이트레이더
② 스캘퍼
③ 노이즈트레이더
④ 포지션 트레이더

✖TIP ② 스캘퍼(Scalper)는 초단위로 매매하는 사람으로 하루에 많게는 50회 정도 한다. 이러한 행위를 스캘핑(Scalping)이라고 한다.

31 FRB가 정기적으로 발표하는 미국경제동향 종합보고서의 명칭은?

① 그린북
② 블랙북
③ 베이지북
④ 패트북

✖TIP ③ 베이지북(Beige Book)이란 미연방제도이사회(FRB) 산하 연방준비은행이 경제 전문가의 견해와 각종 경기지표들을 조사분석한 것을 하나로 묶은 보고서로 매년 8차례 발표한다.

ANSWER ⟩ 26.① 27.② 28.② 29.② 30.② 31.③

32 증권시장에서 지수선물·지수옵션·개별옵션 등 3가지 주식상품의 만기가 동시에 겹치는 날을 뜻하는 것은?

① 넷데이   ② 레드먼데이

③ 더블위칭데이   ④ 트리플위칭데이

    ✗**TIP** 트리플위칭데이(Triple Witching Day)란 3·6·9·12월 둘째 목요일이면 지수선물·지수옵션·개별옵션 등 3가지 주식상품의 만기가 동시에 겹치는 것을 뜻한다.

33 다음과 같은 특징을 가진 간접투자상품은?

> • 고객의 금융자산을 포괄하여 관리하는 금융상품이다.
> • 고객 개인별로 맞춤식 투자 포트폴리오를 구성할 수 있다.

① MMF   ② 뮤추얼펀드

③ 은행신탁   ④ 랩어카운트

    ✗**TIP** ④ 랩어카운트(wrap account)란 증권회사가 투자자의 투자성향과 투자목적 등을 정밀하게 분석한 후 고객에게 맞도록 가장 적합한 포트폴리오를 추천하고 일정한 보수를 받는 종합자산관리계좌이다.

34 채권투자와 신용등급에 대한 설명으로 옳지 않은 것은?

① S&P사의 신용등급 분류기준 중 BB+ 등급은 투자적격 등급이다.

② 정크본드는 투자부적격 채권 중에서도 등급이 아주 낮은 채권이다.

③ 신용평가회사가 기업 신용등급을 부여하기 위해서는 해당 기업의 재무제표에 대한 분석이 선행되어야 한다.

④ 신용등급은 일반적으로 투자적격 등급과 투자부적격 등급으로 구분된다.

    ✗**TIP** ① BB등급 이하의 채권은 투기등급에 해당한다.

35 북경, 서울, 도쿄를 연결하는 동북아 중심 도시 연결축을 이르는 용어는?

① NAFTA
② BESETO
③ EU
④ INTIDE

✣**TIP** 베세토라인(BESETO line) … 한, 중, 일 3국의 수도를 하나의 경제단위로 묶는 초국경 경제권역을 뜻한다.

36 소득수준이 낮을수록 전체 가계비에서 차지하는 주거비의 비율이 높아진다는 법칙은?

① 슈바베의 법칙
② 그레샴의 법칙
③ 엥겔의 법칙
④ 세이의 법칙

✣**TIP** 슈바베의 법칙은 독일 통계학자 슈바베가 발견한 근로자 소득과 주거비 지출의 관계 법칙이다.

37 다음 중 (A), (B)에 들어갈 알맞은 말은 무엇인가?

> (A)란 개인들의 소비가 사회적으로 의존관계에 있는 타인의 소비행태와 타인의 소득수준에 의하여 영향을 받는 것을 말하고, (B)란 후진국의 소비가 선진국 소비수준의 영향을 받는 것을 말한다.

① (A) 전시효과 (B) 국제적 전시효과
② (A) 톱니효과 (B) 국제적 톱니효과
③ (A) 전시효과 (B) 전방연관효과
④ (A) 톱니효과 (B) 후방연관효과

✣**TIP** 전시효과란 개인들의 소비가 사회적으로 의존관계에 있는 타인의 소비행태와 타인의 소득수준에 의하여 영향을 받는 것을 말하고, 국제적 전시효과란 후진국의 소비가 선진국 소비수준의 영향을 받는 것을 말한다.

ANSWER 〉 32.④ 33.④ 34.① 35.② 36.① 37.①

38 2003년 브릭스(BRICs)란 용어를 처음 사용했던 짐 오닐 골드만삭스 자산운용회장이 향후 경제성장 가능성이 큰 나라로 꼽은 국가들을 바르게 연결한 것은?

① ICK : 인도, 중국, 한국

② BRICs : 브라질, 인도, 인도네시아, 중국

③ MIKT : 멕시코, 인도네시아, 한국, 터키

④ MAVINS : 멕시코, 호주, 베트남, 인도네시아, 나이지리아, 남아공

    ✖TIP ① ICK : 인도, 중국, 한국을 통칭하는 말로, 월스트리트 저널 인터넷 판이 2008년 사용하였다.
        ② BRICs : 브라질, 러시아, 인도, 중국을 통칭하는 말로 골드만삭스가 처음으로 쓰기 시작했다.
        ④ MAVINS : 멕시코, 호주, 베트남, 인도네시아, 나이지리아, 남아프리카공화국 등 6개 신흥시장은 미국 경제매체인 〈비즈니스 인사이더〉가 향후 10년간 주목해야 할 시장으로 꼽은 나라들이다.

39 지난 수년 동안 인수·합병(M&A)을 통해 몸집을 불린 기업들이 금융위기를 맞아 잇달아 경영난에 봉착하면서 일부 기업은 워크아웃 등 기업회생절차에 들어가기도 했다. 이런 상황을 설명하는 용어는 다음 중 무엇인가?

① 신용파산 스왑(CDS)   ② 신디케이트

③ 승자의 저주   ④ 프리워크아웃

    ✖TIP 승자의 저주(The Winner'ns Curse) … 미국의 행동경제학자 리처드 세일러가 사용하며 널리 쓰인 용어로 과도한 경쟁을 벌인 나머지 경쟁에서는 승리하였지만 결과적으로 더 많은 것을 잃게 되는 현상을 일컫는다. 특히 기업 M&A에서 자주 일어나는데 미국에서는 M&A를 한 기업의 70%가 실패한다는 통계가 있을 정도로 흔하다. 인수할 기업의 가치를 제한적인 정보만으로 판단하는 과정에서 생기는 '비합리성'이 근본적인 원인으로 지적되고 있다.

※ 승자의 저주 사례

회사	피인수 회사	사례
동부	아남반도체	자회사 매각 추진
두산	밥캣	계열사 자산 매각
금호아시아나	대우건설 · 대한통운	• 대우건설 재매각 • 대한통운 매각추진
한화	대우조선해양	인수포기

40 Finance(금융)와 Technology(기술)의 합성어로, 모바일, SNS, 빅데이터 등 새로운 IT 기술을 활용한 금융 서비스를 총칭하는 용어는?

① 인슈테크
② 프롭테크
③ 핀테크
④ 캄테크

> ❀**TIP** 핀테크 … 핀테크(Fintech)는 Finance(금융)와 Technology(기술)의 합성어로, 모바일, SNS, 빅데이터 등 새로운 IT 기술을 활용한 금융 서비스를 총칭한다. 핀테크 1.0 서비스가 송금, 결제, 펀드, 자산관리 등 기존 금융 서비스를 ICT와 결합해 기존 서비스를 해체 및 재해석 하는데 주안점을 두었다면, 핀테크 2.0 서비스는 핀테크 기업과 금융기관이 협업을 통해 보다 혁신적이고 새로운 금융서비스를 탄생시키는 방향으로 발전했다.

41 바하마나 버뮤다와 같이 소득세나 법인세를 과세하지 않거나 아주 낮은 세율을 부과 하는 나라를 뜻하는 용어는?

① 택스헤븐
② 택스프리
③ 택스리조트
④ 택스셸터

> ❀**TIP** 택스헤븐(tax heaven)이란 조세피난처를 말하는 것으로 바하마나 버뮤다 등이 있다.

42 경기 부양책 중 하나로 기준금리를 조절하는 것이 아니라 중앙은행이 직접 시장에 돈 을 공급하는 정책은 무엇인가?

① 출구전략
② 인플레이션헤지
③ 관세장벽
④ 양적완화

> ❀**TIP** 양적완화 … 초저금리 상황에서 중앙은행이 정부의 국채나 다른 다양한 금융자산의 매입을 통해 시장에 유동성을 공급하는 정책

ANSWER 〉 38.③ 39.③ 40.③ 41.① 42.④

43 다음 (개), (내)에 나타난 수요의 가격 탄력성을 바르게 짝지은 것은?

> (개) A커피숍은 수입 증대를 위하여 커피 값을 20% 인하하였다. 그 결과 매출은 30% 증가하였다.
> (내) ○○극장은 여름 휴가철에 입장료를 종전에 비하여 15% 인하하였더니 입장료 수입이 15% 감소하였다.

(개)	(내)
① 탄력적	완전 비탄력적
② 탄력적	단위 탄력적
③ 비탄력적	완전 비탄력적
④ 비탄력적	단위 탄력적

❀**TIP** (개)에서 커피 값을 인하하였으나 매출이 상승하였으므로 수요의 가격 탄력성은 탄력적이며 (내)에서 입장료의 하락률과 입장료 수입의 하락률이 같다는 것은 수요량의 변화가 없다는 것이므로 수요의 가격 탄력성은 완전 비탄력적이다.

44 재정절벽이란 무엇인가?

① 정부의 재정 지출 축소로 인해 유동성이 위축되면서 경제에 충격을 주는 현상이다.
② 농산물의 가격이 상승하면서 소비자 물가와 생산자물가가 상승하는 현상이다.
③ 상품거래량에 비해 통화량이 과잉증가하여 물가가 오르고 화폐가치는 떨어지는 현상이다.
④ 주식시장이 장 마감을 앞두고 선물시장의 약세로 프로그램 매물이 대량으로 쏟아져 주가가 폭락하는 현상이다.

❀**TIP** ② 애그플레이션(agflation)
③ 인플레이션(inflation)
④ 왝더독(wag the dog)

45 다음 (   ) 안에 공통적으로 들어갈 말로 알맞은 말은?

> (   )는 소득분배의 불평등도를 나타내는 수치이다. 일반적으로 분포의 불균형도를 의미하지만 특히 소득이 어느 정도 균등하게 분배되어 있는가를 평가하는데 주로 이용되며 이는 횡축에 인원의 저소득층부터 누적 백분율을 취하고 종축에 소득의 저액층부터 누적백분율을 취하면 로렌츠 곡선이 그려진다. 이 경우 대각(45도)선은 균등분배가 행해진 것을 나타내는 선(균등선)이 된다. 불평등도는 균등도와 로렌츠 곡선으로 둘러싸인 면적(λ)으로 나타난다. 그리고 균등선과 횡축, 종축으로 둘러싸여진 삼각형의 면적을 S라 할 때, λ/S를 (   )라고 부른다.

① 지니계수   ② 메뉴비용

③ 코코본드   ④ 어닝쇼크

> ✵**TIP** 제시된 글은 지니계수에 대한 설명이다.
> ② 메뉴비용 : 가격표나 메뉴판 등과 같이 제품의 가격조정을 위하여 들어가는 비용
> ③ 코코본드 : 유사시 투자 원금이 조식으로 강제 전환되거나 상각된다는 조건이 붙은 회사채
> ④ 어닝쇼크 : 기업의 영업실적이 예상치보다 저조하여 주가에 영향을 미치는 것

46 다음 (개)와 (내)가 각각 바탕으로 하고 있는 경제 개념은?

> (개) : 나 여자친구와 헤어졌어.
> (내) : 왜?
> (개) : 내가 직장이 없어서……일부러 그만둔건데…….
> (내) : 이미 헤어졌으니 잊어버려.

	(개)	(내)
①	자발적 실업	매몰비용
②	비자발적 실업	경제비용
③	계절적 실업	매몰비용
④	마찰적 실업	경제비용

> ✵**TIP** 시간과 노력 등은 이미 헤어졌으니 다시 되돌릴 수 없는 매몰비용으로 생각하고 있다.

ANSWER 〉 43.① 44.① 45.① 46.①

47 다음 중 직접세에 관한 설명으로 옳지 않은 것은?

① 조세저항이 적다.
② 징수하기가 까다롭다.
③ 소득재분배 기능을 수행한다.
④ 조세의 전가가 없다.

TIP ① 직접세는 조세저항이 크다.

48 경제주체들이 돈을 움켜쥐고 시장에 내놓지 않는 상황을 가리키는 용어는 무엇인가?

① 디플레이션
② 피구효과
③ 톱니효과
④ 유동성 함정

TIP 유동성 함정 … 시장에 현금이 흘러 넘쳐 구하기 쉬운데도 기업의 생산, 투자와 가계의 소비가 늘지 않아 경기가 나아지지 않고 마치 경제가 함정(trap)에 빠진 것처럼 보이는 상태를 말한다. 1930년대 미국 대공황을 직접 목도한 저명한 경제학자 존 메이나드 케인즈(John Maynard Keynes)가 아무리 금리를 낮추고 돈을 풀어도 경제주체들이 돈을 움켜쥐고 내놓지 않아 경기가 살아나지 않는 현상을 돈이 함정에 빠진 것과 같다고 해 유동성 함정이라 명명했다.

49 위안화 절상의 영향에 대해 잘못 설명한 것은?

① 중국에 점포를 많이 갖고 있는 대형 마트업계는 지분법 평가 이익이 늘어날 것이다.
② 중국에 완제품이 아닌 소재나 부품, 재료 등을 공급하는 업종들은 효과가 반감될 것이다.
③ 철강 조선업계는 최근 철광석을 비롯한 원료가격의 상승에도 중국 철강재는 오히려 하락하면서 국제 철강시장을 교란시켰는데, 위안화가 절상되면 달러화 환산가격이 감소하여 국제 철강가격이 올라갈 것이다.
④ 중국이 수출할 때 가격경쟁력이 떨어지면서 중간재에 대한 수입이 줄게 되면 악재로 작용할 수도 있다.

TIP ③ 위안화가 절상되면 달러화 환산가격이 상승함에 따라 국제 철강가격의 오름세가 강화될 것이다.

50 다음 ㉠과 ㉡에 들어갈 알맞은 것은?

> • 관찰 대상의 수를 늘릴수록 집단에 내재된 본질적인 경향성이 나타나는 (㉠)은 보험표 계산원리 중 하나로 이용된다.
> • 생명보험계약의 순보험표는 (㉡)에 의해 계산된다.

	㉠	㉡
①	이득금지의 원칙	수직적 분석
②	한계생산의 법칙	수직적 마케팅 시스템
③	미란다 원칙	행정절차제도
④	대수의 법칙	수지상등의 법칙

❈**TIP** ㉠ **대수의 법칙** : 관찰 대상의 수를 늘려갈수록 개개의 단위가 가지고 있는 고유의 요인은 중화되고 그 집단에 내재된 본질적인 경향성이 나타나게 되는 현상을 가리킨다. 인간의 수명이나 각 연령별 사망률을 장기간에 걸쳐 많은 모집단에서 구하고 이것을 기초로 보험 금액과 보험료율 등을 산정한다.
㉡ **수지상등의 법칙** : 보험계약에서 장래 수입되어질 순보험료의 현가의 총익이 장래 지출해야 할 보험금 현가의 총액과 같게 되는 것을 말하며, 여기에서 수지가 같아진다는 것은 다수의 동일연령의 피보험자가 같은 보험종류를 동시에 계약했을 때 보험기간 만료시에 수입과 지출이 균형이 잡혀지도록 순보험료를 계산하는 것을 의미한다.

51 주식시장에서 주가와 등락폭이 갑자기 커질 경우 시장에 미치는 영향을 완화하기 위해 주식매매를 일시 정지하는 제도는?

① 서킷브레이크 ② 섀도 보팅
③ 공개매수(TOB) ④ 워크아웃

❈**TIP** ② 뮤추얼펀드가 특정 기업의 경영권을 지배할 정도로 지분을 보유할 경우 그 의결권을 중립적으로 행사할 수 있도록 제한하는 제도로 다른 주주들이 투표한 비율대로 의결권을 분산시키는 것이다.
③ 주식 등 유가증권을 증권시장 외에서 10인 이상 불특정 다수인으로부터 청약을 받아 공개적으로 매수하는 것을 말한다.
④ 흔히 '기업개선작업'으로 번역되며 구조조정을 하면 회생할 가능성이 있는 기업에 대하여 채권금융기관들과 채무기업 간 협상과 조정을 거쳐 채무상환 유예와 감면 등 재무개선조치와 자구노력 및 채무상환계획 등에 관하여 합의하는 것을 말한다.

ANSWER > 47.① 48.④ 49.③ 50.④ 51.①

52 다음 중 통화스왑에 관한 설명으로 옳은 것은?

① 물가수준이 지속적으로 상승하여 소비자물가지수가 상승한다.
② 일정한 실물 또는 금융자산을 약정된 기일이나 가격에 팔 수 있는 권리를 말한다.
③ 주식시장에서 자금이 채권이나 실물시장으로 빠져나가면서 유동성이 부족해지는 방향으로 국면이 변동하는 것을 말한다.
④ 두개 또는 그 이상의 거래기관이 사전에 정해진 만기와 환율에 의해 다른 통화로 차입한 자금의 원리금 상환을 상호 교환하는 것을 말한다.

✿**TIP** ① 인플레이션
② 풋백옵션
③ 역금융장세

53 다음 중 '차입매수'에 대한 설명은 무엇인가?

① 신용거래에서 자금을 충분히 가지고 있지 않거나 인수 의사 없이 행사하는 매수주문
② 기업매수자금을 인수할 기업의 자산이나 향후 현금흐름을 담보로 금융기관에서 차입해 기업을 인수하는 M&A 기법
③ 대량의 주식을 매수할 때 신용을 담보로 금융기관에서 자금을 차입해 행사하는 매수주문
④ 기업매수자금을 주주들에게 공모해 자금 확보 후 기업을 인수하는 M&A 기법

✿**TIP** ① 공매수(short stock buying)에 대한 설명이다.

54 포털사이트에서 보험상품을 판매하는 영업 형태는?

① 포타슈랑스   ② 방카슈랑스
③ 인슈런스   ④ 보이스포털

✿**TIP** 포타슈랑스(portasurance) … 인터넷 포털사이트와 보험회사가 연계해 일반인에게 보험상품을 판매하는 영업 형태를 말한다. 온라인을 이용해 다양한 판매망을 갖출 수 있으며 경쟁을 통해 수수료를 낮출 수 있어 새로운 형태의 보험판매 방식으로 부상하고 있다.

55 다음 (　) 안에 들어갈 알맞은 말은?

> 　(　　)은/는 원래 프랑스에서 비롯된 제도인데 독일은 제1차 세계대전 이후 엄청난 전쟁 배상금 지급을 감당할 수 없어 (　　)을/를 선언했고 미국도 대공황 기간 중인 1931년 후버 대통령이 전쟁채무의 배상에 대하여 1년의 지불유예를 한 적이 있는데 이를 후버 (　　)라/이라 불렀다고 한다. 이외에도 페루, 브라질, 멕시코, 아르헨티나, 러시아 등도 (　　)을/를 선언한 바가 있다.

① 모블로그
② 모라토리움 신드롬
③ 서브프라임 모기지론
④ 모라토리엄

> ✿**TIP**　모라토리엄 …'지체하다'란 뜻의 'morari'에서 파생된 말로 대외 채무에 대한 지불유예(支拂猶豫)를 말한다. 신용의 붕괴로 인하여 채무의 추심이 강행되면 기업의 도산(倒産)이 격증하여 수습할 수 없게 될 우려가 있으므로, 일시적으로 안정을 도모하기 위한 응급조치로서 발동된다.
> ① 모블로그 : 무선통신을 뜻하는 '모바일(Mobile)'과 '블로그(Blog)'를 합쳐 만든 신조어. 때와 장소 가리지 않고 블로그를 관리할 수 있어 인기를 끌고 있다.
> ② 모라토리움 신드롬 : 모라토리움 신드롬은 독일 심리학자 에릭슨이 처음 사용한 용어로써 1960년대에 들어 지적, 육체적, 성적인 면에서 한 사람의 몫을 할 수 있으면서도 사회인으로서의 책임과 의무를 짊어지지 않는다는 것을 뜻한다.
> ③ 서브프라임 모기지론 : 서브프라임(Subprime)은 '최고급 다음가는, 최우대 대출 금리보다 낮은'을 의미하며 모기지(Mortgage)는 '주택담보대출'이라는 뜻이다. 즉, 한마디로 신용등급이 낮은 저소득층을 대상으로 주택자금을 빌려주는 미국의 주택담보대출 상품을 말한다.

56 다음 중 환율제도에 관한 설명으로 옳지 않은 것은?

	구분	고정환율제도	변동환율제도
①	국제수지불균형	국제수지불균형이 조정되지 않는다.	환율변동으로 자동적으로 조정된다.
②	정책효과	금융정책 효과 없다.	재정정책 효과 없다.
③	환위험	크다.	작다.
④	환율	정부의 정책변수(외생변수)	국제수지 변화에 따라 조정(내생변수)

> ✿**TIP**　③ 고정환율제도는 환위험이 작고, 변동환율제도는 환위험이 크다.

57 김 대리는 물가상승에 대비하여 부동산에 투자하였다. 다음 중 이와 가장 관련 깊은 용어는?

① 백워데이션   ② 인플레이션헤지

③ 서킷브레이커   ④ 나비효과

> ⊗**TIP** ② **인플레이션헤지**(inflationary hedge) : 인플레이션 시 실물자산의 가격상승으로 화폐가치가 하락하는 경우 이에 대한 방어수단으로서 부동산·주식·상품 등을 구입하여 물가상승에 상응하는 명목 가치의 증가를 보장하는 것
> ① **백워데이션**(backwardation) : 선물가격이 현물보다 낮아지는 현상
> ③ **서킷브레이커**(circuit breakers) : 주가가 갑자기 큰 폭으로 변화할 경우 시장에 미치는 충격을 완화시키기 위해 주식매매를 일시 정지시키는 제도
> ④ **나비효과**(butterfly effect) : 어떠한 일의 시작 시 아주 작은 양의 차이가 결과에서는 매우 큰 차이를 만들 수 있다는 이론

58 원 - 달러 환율 상승에 대한 설명으로 옳지 않은 것은?

① 환율상승은 외국 빚을 지고 있는 기업들에게 원금상환부담을 가중시키는 효과도 가져온다.

② 환율상승은 국제수지의 적자를 해소시킬 수 있다.

③ 우리나라와 경쟁관계에 있는 통화(예를 들어 엔화)가치가 더 많이 떨어지면 효과가 별로 나타나지 않게 된다.

④ 수입품 가격의 하락으로 인플레이션을 가져올 수 있다.

> ⊗**TIP** ④ 환율상승은 수입품 가격의 상승을 초래한다. 이것은 인플레로 이어질 수 있는데 이는 환율상승의 부정적 효과로 지적된다. 국내 기업의 수입원자재 가격이 상승하므로 국내 물가를 끌어올리는 요인이 되기 때문이다.

59 펀드가 한 단위의 위험자산에 투자함으로써 얻은 초과수익의 정도를 나타내는 지표를 말하는 샤프지수에 대한 설명 중 옳지 않은 것은?

① 샤프지수가 높을수록 투자성과가 성공적이라고 할 수 있다.

② 샤프지수는 펀드수익률에서 무위험채권인 국공채 수익률을 뺀 값을 펀드수익률의 표준편차로 나누어 계산한다.

③ 우리나라 샤프지수는 통상 샤프지수 1이상을 선회하는 수치로 유지된다.

④ 전체위험을 고려하는 표준편차를 사용하고, 최소 1개월 이상의 수익률 데이터를 필요로 한다.

TIP 샤프지수는 통상 1 이상을 넘어야 하는데 우리나라의 샤프지수는 0.5를 넘기도 힘든 실정이다. 우리나라는 펀드의 만기가 대부분 1년 이내이고 주식의 위험성이 높기 때문이다.

60 다음 중 성격이 다른 것은?

① ELD

② ELS

③ ELF

④ ELW

TIP ELD, ELS, ELF는 주가지수와 연동되어서 펀드의 수익률이 주가나 주가지수에 의해 결정되는 수익구조를 보인다.

① ELD(Equity Linked Deposit, 지수연동정기예금) : 은행권 파생형예금상품으로 예금의 일부가 시장 지수에 연결되어 있는 정기예금이다. 위험이 따르는 직접투자보다는 원금이 보장되는 간접투자를 선호하는 사람들에게 적합한 상품이다.

② ELS(Equity Linked Securities, 지수연계증권) : 주가지수의 수치나 특정 주식의 가격에 연계하여 수익이 결정되는 유가증권이다. 자산을 우량 채권에 투자하여 원금을 보존하고 일부를 주가지수 옵션 등 금융파생 상품에 투자해 고수익을 노리는 유가증권에 대하여 적용되는 일반적인 규제가 동일하게 적용되나 주식이나 채권에 비해 손익구조가 복잡하다. 또한 원금과 수익을 지급받지 못할 위험성도 있고 투자자가 만기 전에 현금화하기가 어렵다는 특징도 지닌다.

③ ELF(Equity Linked Fund, 주가연계펀드) : 투자신탁회사들이 ELS 상품을 펀드에 입하거나 자체적으로 원금 보존을 위한 펀드를 구성하여 판매하는 파생상품펀드의 일종이다. 펀드자산의 대부분을 국공채나 우량 회사채 등과 같은 안전자산에 투자하여 원금을 확보하고, 잔여재산을 증권회사에서 발행한 ELS 권리증서(warrant)에 편입해 펀드 수익률이 주가에 연동되도록 설계한다. 이로 인해 ELF는 펀드의 수익률이 주가나 주가지수에 의해 결정되는 수익구조를 보인다.

④ ELW(Equity-Linked Warrant, 주식워런트증권) : 특정 대상물(기초자산)을 사전에 정한 미래의 시기(만기일 혹은 행사기간)에 미리 정한 가격(행사가격)으로 살 수 있거나(콜) 팔 수 있는(풋) 권리를 갖는 유가증권. 주식워런트증권은 당사자 일방의 의사표시에 의하여 특정 주권의 가격 또는 주가지수의 변동과 연계하여 미리 약정된 방법에 따라 주권의 매매 또는 금전을 수수하는 권리가 부여된 증서인데, 특정한 주식을 기초자산으로 하여 특정시점 후에 사전에 정한 가격보다 높은지 낮은지에 따라 그 수익이 결정되는 상품이다.

ANSWER 〉 57.② 58.④ 59.③ 60.④

IT · 디지털상식

IT · 디지털상식 핵심용어와 출제예상문제를 수록하였습니다.

IT · 디지털상식

01 핵심용어정리

≫ 패스트 폰(fast phone)

스마트폰 시장에서 통신업체들이 기획·판매하는 가성비(가격 대비 성능)가 좋은 스마트폰을 말한다. 패션 업종에서 유행한 SPA(Specialty store retailer of Private label Apparel, 제조·유통 일괄형 의류) 브랜드는 유행에 따라 빠르게 제작되어 즉시 유통된다는 의미로 '패스트 패션(fast fashion)'이라고 불렸는데, 이것이 통신업계에 접목되면서 '패스트 폰'이라는 용어가 탄생했으며 하나의 흐름으로 자리 잡았다.

≫ 안드로이드N

2016년 5월 미국 마운틴뷰에 있는 쇼어라인 원형극장에서 공개 예정인 차기 안드로이드 OS를 말한다. 선다 피 차이 구글 CEO는 구글플러스와 트위터에서 2016년 5월 18일부터 20일까지 구글이 매년 진행하는 최대 개발자 콘퍼런스인 구글 I/O를 개최한다고 밝혔다. 2015년 구글 I/O에서는 안드로이드M 마시멜로를 발표했으며, 2016년에는 안드로이드N을 공개할 전망이다. 안드로이드N에서는 그동안의 특징이던 앱서랍(App Drawer) 기능이 사라질 것으로 예상되고 있다.

≫ 넷플릭스(Netflix)

인터넷을 기반으로 한 세계 최대 동영상 스트리밍 서비스이다. 2016년 1월 우리나라에서 서비스를 시작하여 꾸준히 콘텐츠를 확장하고 있다. 넷플릭스는 회원가입시 첫 1개월은 무료로 이용 가능하며, 이후 유료 자동결제로 전환된다. 요금제의 경우 화질과 동시접속 수에 따라 basic(월 7.99달러), standard(월 9.99달러), premium(월 11.99달러)으로 구분되어 있다.

>> 프로젝트 탱고(Project Tango)

프로젝트 탱고는 구글이 지난 2014년 2월 발표한 것으로 3D 카메라와 센서를 활용해 스마트폰이나 태블릿같은 모바일 기기에 인간 수준의 공간 인식 능력을 부여하겠다는 목표를 갖고 추진하는 프로젝트이다. 즉, 스크린에 3D를 재현하는 기술 플랫폼으로 첨단 컴퓨터비전(advanced computer vision), 심도 감지(depth sensing), 모션 트래킹(motion tracking) 등을 지원한다. 중국 스마트폰 제조사 레노버는 2016년 1월 'CES2016'에서 구글과 협력해 첫 번째 프로젝트 탱고(Project Tango) 개발물을 선보였다.

>> 비콘(Beacon)

블루투스4.0(BLE) 프로토콜 기반의 근거리 무선통신 장치를 말한다. 최대 70m 이내의 장치들과 교신할 수 있다. 5 ~ 10cm 단위의 구별이 가능할 정도로 정확성이 높다. 전력 소모가 적어 모든 기기가 항상 연결되는 사물인터넷 구현에 적합하다. 비콘은 IoT 시대를 맞아 몰락해 가던 블루투스 기술을 부활시키는 주역으로 손꼽힌다. 스마트폰 도입 초기 근거리 파일 공유 등으로 각광받던 블루투스 기술은 와이파이망의 확산과 3G(3세대), LTE(4세대 이동통신) 요금 인하로 잊혀졌다. 그랬던 블루투스가 다시 주목받는 것은 O2O 서비스엔 LTE 등과는 다른 고정 위치 기반 근거리 통신 기술이 필요했기 때문이다. 사용자들의 뇌리에서 잊혀졌지만 와신상담하며 기술을 고도화한 것이 IoT 시대를 맞아 빛을 보게 됐다.

>> 옴니페이(Omni-Payment)

근거리무선통신(NFC)을 비롯해 마그네틱보안전송(MST), 유심, 비콘(Beacon), R코드, 바코드 등 다양한 간편 결제 방식을 한 번에 제공하는 플랫폼을 일컫는다. '모든'이라는 뜻인 옴니(omni)와 '결제 수단'을 뜻하는 페이먼트(payment)를 합성한 용어이다. 대표적으로 삼성페이, 네이버페이, YAP(얍) 등이 옴니페이 기능을 탑재하고 있다.

>> 마이핀(My-PIN)

마이핀은 인터넷이 아닌 일상생활에서 사용하는 본인 확인 수단으로 개인 식별 정보가 포함되지 않은 13자리 무작위 번호다. 온라인상에서 사용해왔던 아이핀(I-PIN)을 정부와 공인된 기관에서 오프라인까지 확대 제공하는 서비스다. 이에 따라 서비스 연계가 필요한 멤버십카드 신청, 각종 랜탈 서비스 계약이나 고객 상담 등에서 주민번호를 사용하지 않고도 마이핀으로 본인 확인을 할 수 있다.

〉〉 IC카드

IC카드는 신용카드와 같은 크기, 두께의 플라스틱카드에 마이크로 프로세서, 메모리, OS 및 보안 알고리즘을 내장하고 있어 카드 내에서 정보의 저장과 처리가 가능한 CPU 지능형카드이다. 기존의 마그네틱 카드에 비해 저장 용량이 월등하여 별도의 정보 저장이 요구되는 다양한 부가 기능을 수행할 수 있으며, 보안문제를 개선시킬 수 있다는 장점이 있다. IC카드는 전자화폐·신용·선불·직불카드·교통카드 등에 이용할 수 있고, 신분증, 운전면허증과 같은 개인정보까지도 한곳에 모아 보다 진보된 다기능카드로 사용이 가능하므로 '스마트카드(Smart Card)'라고도 한다.

〉〉 망 중립성

인터넷망을 공공재로 보고 누구나 차별 없이 쓸 수 있도록 해야 한다는 원칙. 통신업체들은 네이버 같은 인터넷 기업이 데이터 사용을 많이 발생시킨다는 이유로 서비스를 제한하거나 차별할 수 없다. 미국의 망 중립성 원칙 폐지로 국내 통신 사업자들의 망 중립성 원칙 폐지 주장에 힘이 실리고 있다. 하지만 인터넷·콘텐츠 사업자들의 고민도 깊어지고 있다. 망 중립성 원칙이 폐기되면 트래픽을 많이 사용해온 인터넷·콘텐츠 사업자들이 통신사에 망 비용을 추가로 지불해야 하기 때문이다. 또, 통신사들이 보유한 콘텐츠 자회사들이 시장에서 유리한 위치에 서게 된다는 점도 부담이다.

〉〉 소셜 커머스(social commerce)

소셜 네트워크 서비스(SNS)를 이용한 전자상거래로, 일정 수 이상의 상품 구매자가 모이면 정해진 할인가로 상품을 제공·판매하는 방식이다. 2005년 야후의 장바구니 공유서비스인 쇼퍼스피어 사이트를 통해 소개되어, 2008년 미국 시카고에서 설립된 온라인 할인쿠폰 업체인 그루폰(Groupon)이 소셜 커머스의 비즈니스 모델을 처음 만들어 성공을 거둔 바 있다. 일반적인 상품 판매는 광고의 의존도가 높지만 소셜 커머스의 경우 소비자들의 자발적인 참여로 홍보와 동시에 구매자를 모아 마케팅에 들어가는 비용이 최소화되므로, 판매자는 소셜 커머스 자체를 마케팅의 수단으로 보고 있다. 국내에 티켓 몬스터, 쿠팡 등의 업체가 있으며 최근 스마트폰 이용과 소셜 네트워크 서비스 이용이 대중화되면서 새로운 소비 형태로 주목받고 있다.

> Point 〉〉 소셜 네트워크 서비스(SNS : social network service) … 웹에서 이용자들이 개인의 정보공유나 의사소통의 장을 만들어 폭넓은 인간관계를 형성할 수 있게 해주는 서비스로 싸이월드, 트위터, 페이스북 등이 있다.

>> GPS(global positioning system)

자동차·비행기·선박뿐만 아니라 세계 어느 곳에 있더라도 인공위성을 이용하여 자신의 위치를 정확히 파악할 수 있는 시스템으로 위성항법장치라고 한다. GPS수신기로 3개 이상의 위성으로부터 정확한 거리와 시간을 측정, 삼각 방법에 따라 3개의 각각 다른 거리를 계산해 현재의 위치를 나타낸다. 현재 3개의 위성으로부터 거리와 시간 정보를 얻어 1개 위성으로 오차를 수정하는 방법이 널리 쓰이고 있다. GPS는 처음 미국 국방성의 주도로 개발이 시작되었으며, 위성그룹과 위성을 감시·제어하는 지상관제그룹, 사용자그룹의 세 부분으로 구성돼 있다. 이는 단순한 위치정보 뿐만 아니라 항공기·선박의 자동항법 및 교통관제, 유조선의 충돌방지, 대형 토목공사의 정밀 측량 등 다양한 분야에 응용되고 있다.

Point >> 위치기반서비스(location based service) … 위성항법장치나 이동통신망 등을 통해 얻은 위치정보를 기반으로 이용자에게 여러 가지 서비스를 제공하는 서비스 시스템을 말한다.

>> WCDMA(Wideband Code Division Multiple Access)

휴대전화 및 포켓 벨 따위를 포함한 이동통신 무선접속 규격을 말하며, 이를 활용함으로써 얻을 수 있는 이점으로는 첫째 광대역일수록 주파수의 선택적 페이딩에 강하고, 동일한 데이터를 전송하는 경우에 대역폭이 증가함으로써 처리이득이 증가하므로 그 만큼의 간섭이 감소해서 용량이 증가한다. 둘째 RAKE 수신기를 활용해서 다중경로를 분해할 수 있으므로 마이크로 셀일 경우에도 실내 환경에서의 전파지연을 극복이 가능하다. 셋째 1MHz 대역폭 당 대역폭 효율이 우수해서 가입자 용량 면에서 유리하고, 처리이득이 증가해서 전력증폭기의 용량을 작게 함으로써 구현 시의 비용이 절감되며, 전력증폭기의 크기를 작게 함으로써 단말기의 소비전력과 크기를 줄일 수 있다.

>> 와이맥스

근거리 통신망 기술인 와이파이를 확대 적용한 이동형 무선통신 기술을 말한다. 건물 밖에서도 사용할 수 있어 무선 랜에 비해 한 단계 진화한 인터넷이라 할 수 있다. 국내에서는 '와이브로'라는 이름으로 더 잘 알려져 있다.

>> 테더링(tethering)

휴대폰의 부가기능 중 하나로, 블루투스(Bluetooth)·와이파이(Wi-Fi) 등을 통해 휴대폰이 모뎀으로 활용되어 노트북·PC·PDA 등의 IT기기들을 연결해 무선인터넷을 사용할 수 있는 기능을 말한다. 국내에서 무선인터넷을 사용하기 위해서 3G·와이브로·무선랜 등을 활용해야 하는데, 테더링 서비스는 3G(3세대 이동통신기술)를 통신망으로 활용한다. 이는 와이브로나 무선랜에 비해 휴대폰 통화권 내에 있는 곳에서는 어디서나 인터넷 접속이 가능한 장점이 있으나 속도가 느리고, 전력소모가 크며, 가격이 비싸다는 단점이 있다.

>> 와이파이(Wi-Fi) · 와이브로(WiBro) · 워프(WARP)

① **와이파이(Wi-Fi)** … Wireless Fidelity의 약어로 무선접속장치(AP)가 설치된 곳을 중심으로 일정 거리 이내에서 노트북 컴퓨터나 각종 모바일 기기를 지원하는 근거리 통신망이다. 전송속도가 4~11Mbps로 대용량의 멀티미디어 정보도 주고받을 수 있으며 장시간 사용해도 사용료가 저렴하고 이동성과 보안성까지 갖추고 있으나 이동 중 사용이 불가능하며 전파의 송수신 거리가 짧아 특정 포인트에서만 사용이 가능하다는 단점이 있다.

② **와이브로(WiBro)** … Wireless Broadband의 약어로 Wi-Fi의 단점을 보완한 기술이다. 시속 100km의 속도로 이동 중에도 사용이 가능하며 전파의 송수신 거리가 Wi-Fi에 비하여 비약적으로 늘어났다. 전송속도가 비교적 빠르고 이동 중에도 광대역 서비스가 가능하지만 일부 지역과 산간오지는 지원되지 않는 곳이 있다.

③ **워프(WARP)** … KT가 삼성전자와 공동으로 개발한 기술로, LTE 통신망에 가상화(Virtualization) 기술을 적용하여 특정 지역의 데이터 트래픽 상황과 가입자 분포 등에 따라 기지국의 지역별 용량을 자유롭게 조절해 통신품질을 높일 수 있다.

>> 쿠키(cookie)

인터넷 사용자가 특정 홈페이지를 접속할 때 생성되는 정보를 저장한 4KB 이하의 임시파일로 인터넷 웹사이트의 방문기록을 저장해 사용자와 웹사이트를 연결해 주는 정보이다. 인터넷 사용자들의 홈페이지 접속을 돕기 위해 만들어졌으나 광고업체도 이를 이용하는데, 특히 온라인 광고업체는 쿠키를 마케팅전략수립에 유용하게 사용하고 있다. 하지만, 사용하는 웹브라우저가 이용자가 본 내용이나 구입 상품 심지어 회원번호나 비밀번호 등의 자동생성 · 갱신 · 기록전달 등을 하기도 해 개인의 사생활 침해의 소지가 있다.

>> 디지털 트윈

실제 사물과 동일하게 표현되는 가상 모델이다. 제너럴 일렉트릭에서 만든 개념으로 실제 현실에 있는 물체를 소프트웨어로 가상화한 사물의 디지털 트윈을 만들어 시뮬레이션 함으로써 실제 자산의 특성에 대한 정확한 정보를 얻을 수 있다.

>> 태블릿(tablet)

터치스크린을 주입력 장치로 사용하는 소형 휴대형 컴퓨터로, 터치펜이나 손가락으로 직접 평판을 터치하여 쉽게 조작할 수 있다. 키보드나 마우스 등에 비해 훨씬 직관적이며 정교한 데이터 입력이 가능하며 노트북과 개인정보단말기(PDA)의 특성을 함께 지니고 있는 기기이다. 태블릿은 2000년 마이크로소프트사에서 처음 선보였으나 큰 인기를 끌지 못하고 시장에서 사라졌다. 이후 무선랜 등으로 네트워크 환경과 휴대용 장비기술의 발전에 따라 2010년 애플사가 아이패드(iPad)를 출시하면서 시장이 활성화되기 시작했다. 태블릿은 무선랜을 통해 어느 곳에서나 인터넷 접속이 가능하기 때문에 편리하게 정보를 검색할 수 있고 MP3·동영상·DMB 등의 멀티플레이어 재생기로서도 기능하기 때문에 일반 컴퓨터처럼 문서 작업 등 콘텐츠를 생산하는 작업보다 동영상, 음악, 게임 등 이미 만들어진 콘텐츠를 검색하고 즐기는 소비 기능이 강하다.

〉〉 스마트폰(smart phone)

휴대폰과 개인휴대단말기(PDA)를 통합한 전화로 기본적인 휴대폰의 기능에 팩스의 송·수신과 인터넷 접속 등의 데이터 통신기능이 추가된 형태다. 기존 휴대폰의 경우 주어진 기능만을 사용했지만, 스마트폰은 수백여 종의 다양한 응용프로그램(애플리케이션)을 사용자가 원하는 대로 설치·삭제할 수 있고, 사용자가 직접 애플리케이션을 제작할 수 있으며, 같은 운영체제(OS)를 가진 스마트폰 간에 애플리케이션을 공유할 수 있다. 기존의 스마트폰은 아날로그 방식, 유럽의 GSM방식, 일본의 PHS 방식으로 개발된 적이 있고, 2000년에 우리나라에서 엘지와 삼성이 세계 처음으로 CDMA방식으로 스마트폰을 개발했다.

〉〉 CDMA(code division multiple access)

코드분할다중접속 또는 부호분할다중접속으로, 이동통신에서 다수의 사용자들이 동시에 주파수와 시간을 공유하며 접속 가능한 다중접속방식의 하나이다. 한정된 주파수를 여러 사람이 효율적으로 사용할 수 있도록 해주는 다중접속이 이동통신에서 필수적인 기술에 해당되며, CDMA·FDMA(주파수분할다중접속)·TDMA(시분할다중접속) 등의 방식이 있다. CDMA는 각각의 데이터에 고유번호(코드)를 붙여 정보를 전송하고 받는 쪽에서 이를 해독하는 방식으로 통화품질과 보안성이 뛰어나며, 하나의 주파수로 10명 이상이 통화할 수 있는 장점이 있다. 이보다 먼저 개발된 TDMA는 데이터를 시간단위로 3등분 해 전송하는 방식으로 안정성과 보편성을 무기로 유럽을 비롯해 세계 이동통신시장에서 상대적으로 높은 점유율을 기록하고 있다.

> Point 〉〉 앱스토어(app store) … Application Store의 준말로, 모바일 애플리케이션(휴대폰에 탑재되는 콘텐츠 응용프로그램)을 판매하는 온라인상의 모바일 콘텐츠 시장이다.

〉〉 클라우드 컴퓨팅(cloud computing)

인터넷상의 서버에 정보를 영구적으로 저장하고, 이 정보를 데스크톱·노트북·스마트폰 등을 이용해 언제 어디서나 정보를 사용할 수 있는 컴퓨팅 환경을 말한다. 인터넷을 이용한 IT 자원의 주문형 아웃소싱 서비스로 기업이나 개인이 컴퓨터 시스템의 유지·관리·보수에 들어가는 비용과 시간을 줄일 수 있고, 외부 서버에 자료가 저장되어 자료를 안전하게 보관할 수 있으며 저장공간의 제약도 해결될 수 있다. 그러나 서버가 해킹당할 경우 정보유출의 문제점이 발생하고, 서버 장애가 발생하면 자료 이용이 불가능하다는 단점이 있다. 2000년 대 후반에 들어 새로운 IT 통합관리모델로 등장하여 네이버·다음 등의 포털에서 구축한 클라우드 컴퓨팅 환경을 통해 태블릿PC나 스마트폰 등의 휴대 IT기기로 각종 서비스를 사용할 수 있게 되었다.

>> 해커(hacker)

흔히 해커라고 하면 악의적인 목적으로 타인의 컴퓨터에 침입해 내부 자료를 빼돌리거나 변조·파괴 등의 불법행위를 하는 블랙해커(black hacker)를 떠올린다. 하지만 정보보안 전문가로서 순수하게 학문적으로 해킹을 연구하거나 정보보안의 취약점을 파악해 해킹 방어전략을 구상하는 선의의 해커들도 존재하며 이들을 화이트해커(white hacker)라 일컫는다. 1950년대 말 미국 MIT의 동아리 모임에서 유래했으며, 애플컴퓨터를 창업한 스티브 워즈니악(S. Wozniak)과 스티브 잡스(S. Jobs), 마이크로소프트를 창업한 빌 게이츠(B. Gates)도 초기에 해커로 활동했다. 해커는 정보의 공유를 주장하는 고도의 컴퓨터 전문가로서 컴퓨터 프로그램의 발전에 기여한 공로가 크며, 크래커와 구별하여야 한다.

> Point >> 크래커(cracker) … 고의나 악의적으로 다른 사람의 컴퓨터에 불법적으로 침입하여 정보를 훔치거나 데이터·프로그램을 훼손하는 사람으로 침입자(intruder)라고도 한다.

>> DNS(domain name system)

네트워크에서 도메인이나 호스트 이름을 숫자로 된 IP 주소로 해석해주는 TCP/IP 네트워크 서비스로, 각 컴퓨터의 이름은 마침표에 의해 구분되고 알파벳과 숫자의 문자열로 구성되어 있다. 예를 들어, 국가 도메인은 kr(한국), kp(북한), jp(일본), au(호주), ca(캐나다), uk(영국) 등이다.

>> DDoS(distributed denial of service)

분산서비스거부공격으로, 여러 대의 공격자를 분산·배치하여 동시에 서비스 거부를 동작시켜 특정 사이트를 공격하여 네트워크의 성능을 저하시키거나 시스템을 마비시키는 해킹방식의 하나이다. 이용자는 해당 사이트에 정상적으로 접속이 불가능하고, 주컴퓨터의 기능에 치명적 손상을 입을 수 있으며, 수많은 컴퓨터 시스템이 해킹의 숙주로 이용될 수도 있다. 공격은 대체로 이메일이나 악성코드로 일반사용자의 PC를 감염시켜 좀비PC를 만든 후 명령제어(C&C) 서버의 제어를 통해 특정 시간대에 동시에 수행된다.

>> 4세대 이동통신(四世代 移動通信)

3세대 이동통신인 IMT-2000에 뒤이은 이동통신 서비스로, 하나의 단말기를 통해 위성망·인터넷·무선랜 등을 모두 사용할 수 있는 서비스이다. 이동전화 하나로 음성·화상·멀티미디어·음성메일 등의 모든 서비스를 해결할 수 있는데, IMT-2000보다 전송속도가 최대 10배가 빠르고 대용량의 데이터도 고속으로 처리할 수 있다. 또한 3차원 영상데이터를 통해 현장감 있는 통화를 느낄 수 있고 글로벌 로밍도 완전할 것으로 본다. 이미 각국의 통신업체들은 상용화를 위해 전담반을 구성, 선점 경쟁에 뛰어들었다.

>> 파밍(pharming)

피싱(phishing)에 이어 등장한 인터넷 사기수법으로, 피싱이 금융기관 등의 웹사이트에서 보낸 이메일로 위장하여 사용자가 접속하도록 유도한 뒤 개인정보를 빼내는 방식인데 비해, 파밍은 해당 사이트가 공식적으로 운영 중인 도메인 자체를 중간에서 가로채거나 도메인 네임 시스템(DNS) 또는 프록시 서버의 주소 자체를 변경하여 사용자들로 하여금 공식 사이트로 오인하여 접속토록 유도한 뒤 개인정보를 빼내는 새로운 컴퓨터 범죄수법이다.

> **PLUS tip**
>
> **스푸핑(spoofing)** … 외부의 악의적 네트워크 침입자가 임의로 웹사이트를 구성하여 일반 사용자의 방문을 유도해 인터넷 프로토콜인 TCP/IP의 결함을 이용, 사용자의 시스템 권한을 확보한 뒤 정보를 빼가는 해킹수법이다.

>> IMT-2000

IMT-2000(International Mobile Telecommunications-2000)은 2GHz의 주파수 대역을 이용하는 멀티미디어 이동전화로 하나의 유무선환경에서 음성·데이터·영상 등을 고속으로 주고받을 수 있는 '3세대 이동통신'이다. FPLMTS(Future Public Land Mobile Telecommunication System)라는 용어로 널리 사용되던 것을 ITU(국제전기통신연합)가 1997년부터 IMT-2000으로 바꿔 부르고 있다.

> **PLUS tip**
>
> **동기식·비동기식** … IMT-2000의 기술표준을 놓고 논란을 빚고 있는 동기식과 비동기식은 이동통신망의 동기화방식의 차이에 따른 구분이다. 동기화란 서로 다른 지점에 있는 통화자를 연결하기 위해 송신기와 수신기 사이에서 시점을 일치시켜 주는 것이다. 이때 동기식은 위성이 발사한 지리정보신호(GPS)를 이용, 주파수와 시각을 받아 무선망시각을 일치화하고, 정확한 수신을 보장한다. 비동기식은 개별망의 교환기 속에 시각발생장치를 두는 방식을 채택하고 있다. 또 비동기식은 데이터를 전송할 때 주파수 전체를 한꺼번에 사용하는 반면, 동기식은 주파수를 4개로 쪼갠다.

>> P2P(peer to peer)

인터넷상에서 개인과 개인이 직접 연결되어 파일을 공유하는 것을 말한다. 기존의 서버와 클라이언트 개념이나 공급자와 소비자의 개념에서 벗어난 형태로 각각의 개인 컴퓨터끼리 직접 연결·검색하여 모든 참여자가 공급자이며 수요자인 형태가 된다. P2P에는 어느 정도 서버의 도움을 받아 개인간 접속을 실현하는 방식과 클라이언트 상호간에 미리 개인 정보를 공유하여 서버 없이 직접 연결하는 두 가지 방식이 있다. 한국의 소리바다가 전자의 방식이고, 미국의 그누텔라(Gnutella)가 후자의 방식이다.

> Point >> **PMP(portable multimedia player)** … 음악 및 동영상 재생·디지털카메라·인터넷 등의 기능을 모두 갖춘 휴대형 멀티미디어 플레이어를 말한다.

>> 웹 2.0(Web 2.0)

블로그, 위키디피아처럼 데이터의 소유자나 독점자 없이 어느 누구나 쉽게 데이터를 제작하고 인터넷에서 공유할 수 있도록 만든 사용자 참여 중심의 인터넷 환경을 말한다. 정보제공만을 보여주던 웹 1.0에서 진화해 웹 2.0은 데이터를 제공하는 플랫폼이 더 쉽게 공유하고 서비스 받을 수 있도록 만들어져 있으며, UCC가 대표작이라 할 수 있다.

>> UCC(user created contents)

사용자가 직접 제작한 콘텐츠를 온라인상에 제공하는 비상업적 콘텐츠를 말한다. 정보통신분야가 다양하게 발달함에 따라 전문가가 아닌 일반인이 기존의 미디어보다 빠르고 의미있는 정보들을 제작해 내면서 확산되었다. 초기에는 단순히 글과 사진위주의 엔터테인먼트 콘텐츠 형태에서 동영상 위주의 정보제공 콘텐츠 위주로 발전하고 있으며, 최근 전문가와 아마추어의 합성어인 프로추어(proteur)들이 자신의 블로그를 통해 콘텐츠를 제공하는 PCC(Proteur Created Contents)도 등장했다. 미국의 유튜브(YouTube)와 우리나라의 판도라TV, 곰TV 등이 있다.

PLUS tip

- **블로그(blog)** … web log의 줄임말로, 일반인들이 자신의 관심사에 따라 자유롭게 글이나 사진 등을 올릴 수 있는 웹 사이트이다.
- **마이크로블로그(microblog)** … 짧은 텍스트를 통해 소식을 주고받고 실시간으로 업데이트되는 블로그 서비스의 한 종류로 소셜 네트워크 서비스이다.
- **트위터(twitter)** … 블로그의 인터페이스와 미니홈피의 친구맺기·메신저 기능을 통합한 글자수 최대 140자 짧은 공간의 소셜 네트워크 서비스이다.

>> IPv6(Internet Protocol version 6)

IPv4에 이은, 주소체계 128비트의 차세대 인터넷 프로토콜 주소표현방식이다. IPv4가 32비트 주소체계라는 단점을 개선하기 위해 개발된 새로운 IP주소체계로 차세대 인터넷통신규약(IPng : IP next generation)이라고도 한다. IPv6는 폭발적으로 늘어나는 인터넷 사용에 대비하기 위하여 IP주소를 128비트로 늘리고, 네트워크의 속도를 증가시켰으며, 특정한 패킷 인식을 통해 높은 품질의 서비스를 제공하며, 헤더 확장을 통한 패킷 출처 인증과 비밀의 보장 등의 장점을 가지고 있다.

>> 다중 프로세싱(Multiprocessing)

시스템의 처리 능력을 증진시키기 위해 하나의 컴퓨터 내 여러 개의 프로세서를 두어 이들이 각각 작업을 분담, 처리하도록 하는 방법이다. 멀티프로세싱은 2개 이상의 CPU가 병렬적으로 작업하는 다중처리기 시스템에서 사용할 수 있는 방법이기 때문에, 여러 개의 CPU가 하나의 주기억장치를 공유해서 각각의 작업을 동시에 수행하게 된다. 멀티태스킹 또는 멀티프로그램의 경우 하나의 CPU를 상당히 빠른 간격으로 나눠 활용함으로써 여러 작업을 동시에 하고 있는 것처럼 느낄 뿐이지 멀티프로세싱과 같이 여러 개의 CPU가 실제로 동시에 운영되어 여러 프로그램을 처리하는 것은 아니다.

>> TCP / IP(Transmission Control Protocol / Internet Protocol)

서로 기종이 다른 컴퓨터들 간의 통신을 위한 전송규약이다. 일반 PC와 중형 호스트 사이, IBM PC와 매킨토시 사이, 제조회사가 다른 중대형 컴퓨터들 사이의 통신을 가능하게 해주는 역할을 한다. 네트워크를 통한 자료전송이 이루어질 때 자료는 패킷(packet)이라는 단위로 잘라져서 전송되는데, IP는 데이터 패킷을 한 장소에서 다른 장소로 옮기는 역할을 하고 TCP는 데이터의 흐름을 관리하고 데이터가 정확한지 확인하는 역할을 한다.

>> 프로토콜(protocol)

통신회선을 이용하여 컴퓨터와 컴퓨터, 컴퓨터와 단말기계가 데이터를 주고받을 경우의 상호약속이다. 현재의 컴퓨터는 메이커가 다른 경우는 물론, 같은 메이커라도 기종이 다르면 통신회선을 연결해도 상호통신이 불가능한 경우가 많다. 따라서 다른 기종간의 교신을 위해서는 데이터를 전송받는 상대에 따라 편지의 수신인 주소에 해당하는 규약을 따로따로 정할 필요가 있다. 각 컴퓨터 메이커들은 자사의 표준프로토콜을 설정하여 독자적인 컴퓨터 네트워크를 구축하고 있다.

>> 허브사이트(HUB Site)

다양한 인터넷 사이트를 마치 하나의 사이트처럼 사용할 수 있도록 한 서비스로서 별도로 하나씩 가입해야만 이용할 수 있는 여러 사이트를 한 개의 ID와 패스워드로 쓸 수 있는 기능을 제공한다. 사용자는 물론 업체도 공동마케팅의 효과를 가져오고 비용절감의 장점이 있다.

>> 아이핀(i-PIN)

Internet personal identification number, 즉 인터넷상 주민번호를 대체하는 개인 식별 번호로 2005년 정보통신부가 개인의 주민등록번호 유출과 오남용 방지를 목적으로 마련한 사이버 신원 확인번호이다.

>> 텔넷(telecommunication network)

인터넷을 통해 원격지의 호스트 컴퓨터에 접속 시 지원되는 인터넷 표준 프로토콜을 말한다. 거리에 관계없이 쉽게 원격시스템에 접속할 수 있어 텔넷 응용서비스로 전세계의 다양한 온라인 서비스를 제공받을 수 있다.

>> 디지털 컨버전스(digital convergence)

디지털 융합으로, 하나의 기기·서비스에 정보통신기술을 통합한 새로운 형태의 융합상품을 말한다. 디지털 기술이 발전함에 따라 등장한 것으로 유선과 무선의 통합, 통신과 방송의 융합, 온라인과 오프라인의 결합 등 세 가지로 압축된다. 유선과 무선의 통합은 휴대폰과 와이브로를, 통신과 방송의 융합은 DMB를, 온라인과 오프라인의 결합은 인터넷의 생활화로 나타나는 등 산업의 모든 분야에서 활발히 진행되고 있다. 앞으로는 인간 중심의 지능형 서비스가 가능한 유비쿼터스 사회로 진입하는데에 디지털 컨버전스가 기본 전제가 된다.

>> 사이버스쿼팅(cybersquatting)

유명한 조직·단체·기관·기업 등의 이름과 같은 인터넷 주소를 투기나 판매를 목적으로 선점하는 행위를 말한다. 인터넷 주소는 공유할 수 없다는 점을 이용해 미리 주소를 등록해 놓아, 해당 기업이 그 주소를 소유하고자 할 때 등록자에게 비용을 지불하기도 한다. 현재 국제 도메인과 인터넷 주소자원은 민간 국제기구인 ICANN(Internet Corporation for Assigned Names and Numbers)이 맡고 있다.

>> 유비쿼터스 컴퓨팅(ubiquitous computing)

유비쿼터스 개념은 1988년 제록스 펠러앨토연구소(PARC)의 마크 와이저(Mark Weiser)가 처음 제시한 '유비쿼터스 컴퓨팅'이 그 효시다. 라틴어로 '언제 어디서나', '동시에 존재한다'라는 뜻으로 일반적으로 물이나 공기처럼 도처에 있는 자연자원이다. 종교적으로는 신이 언제 어디서나 시공을 초월하여 존재한다는 것을 상징하는 것이다. 정보통신분야에서는 'ubiquitous computing'이나 'ubiquitous network'처럼 유비쿼터스화 되고 있는 새로운 IT환경 또는 IT 패러다임의 의미로 받아들여지고 있는 것이다. 즉, 유비쿼터스 통신 또는 유비쿼터스 컴퓨팅이란 쉽게 말해 현재의 컴퓨터에 어떠한 기능을 추가한다든가 컴퓨터 속에 무엇을 집어넣어 사물끼리도 서로 커뮤니케이션을 하도록 해주는 것이다. 휴대성과 편의성을 함께 갖춘 포스트 PC제품으로 시간과 장소에 제한을 받지 않고 정보처리를 할 수 있는 시스템으로 현재 개인휴대단말기(PDA), 인터넷TV, 스마트폰 등으로 대표되는 차세대 정보기기들을 통해 특화된 업무를 처리하거나 무선통신망을 통해 인터넷과 연결해 정보처리가 가능해지고 있으며 관련기술과 제품의 발전으로 유비쿼터스 컴퓨팅은 점차 확대될 것으로 전망된다.

>> 핵티비즘(hacktivism)

'해커(hacker)'와 정치행동주의를 뜻하는 '액티비즘(activism)'의 합성어로 정치적·사회적인 목적을 달성하기 위해 자신과 노선을 달리하는 특정 정부나 기관, 기업, 단체 등의 웹 사이트를 해킹해 서버를 무력화 시키는 일련의 행위나 활동방식을 말한다. 2000년 이후 급속도로 늘어나 전 세계에서 광범위하게 활동하고 있는데, 인터넷에 자신들의 주장과 요구사항을 게재하거나 특정국가의 인터넷사이트에 침범하여 자료를 삭제하는 등 투쟁대상을 조롱함으로써 심리적인 효과도 거둔다.

>> 웹홀릭(webaholic)

인터넷 중독자를 가리키는 말로 웨바홀리즘(Webaholism)과 같은 뜻이다. 컴퓨터가 급속도로 보급되면서 순기능 이외에 역기능 또한 증가하게 되는데, 네트워크 환경과 웹 브라우저의 출현으로 인터넷의 접근이 쉬워져 사회문제로까지 대두되게 되었다. 인터넷에 중독된 사람들은 웹에 매달려 있는 시간이 길어지면서 작업효율이 떨어지는 내성현상을 보이고, 금단현상이 나타나기도 하는데, 컴퓨터 앞에 앉아서 인터넷에 연결되는 순간 안도감과 쾌감을 느끼게 된다. 이는 사람의 행동양식을 중독의 극대화로 몰고 갈 수 있어 우려를 낳고 있다.

>> 카피레프트(copyleft)

지적 창작물에 대한 권리를 모든 사람들이 공유할 수 있도록 하는 것을 말한다. 자유소프트웨어(free software)라고도 하며, 지적재산권 즉 저작권을 의미하는 카피라이트(copyright)와 반대되는 개념이다. 1984년 미국의 리처드 스톨먼(R. Stallman)이 지식과 정보가 소수에게 독점되어서는 안 되며, 모두가 자유롭게 사용할 수 있어야 한다며 저작권으로 설정된 정보의 독점을 거부했다. 이어 리누스 토르발즈(L. Torvalds)가 유닉스를 기반으로 개발한 리눅스 운영체제를 공개하면서 이 운동이 알려지기 시작했다. 기업이 검색 소프트웨어를 무상으로 나눠주고 복제를 허용한 뒤 검색에 필요한 검색장비 시장을 공략하는 등의 전략을 사용해 기업의 이윤을 극대화하기도 한다.

>> 블루리본(blue ribbon)

인터넷 웹사이트에 파란리본을 붙여 공권력의 구속에서 탈피하는 표현의 자유를 주장하는 운동을 말한다. 정보와 표현의 자유를 주창하는 운동으로서 캠페인에 참가한 사람들이 이름을 붙였다. 1995년 미국의회에서 통신망에 저속한 내용을 올렸을 때 형사처벌을 할 수 있다는 내용의 법안이 상정되면서부터 시작되었다. 인터넷의 특성상 정보교환이 쉽게 이루어지는 가상공간에서 표현의 자유에 대한 네티즌의 자유로운 수위조절이 필요하다.

>> 가상사설망(假想私設網, virtual private network)

기업들은 지금까지 본사와 지사, 영업소의 근무자가 지역적 제한 없이 업무를 수행할 수 있도록 통신 사업자에게 전용회선을 임대하여 원격지까지 연결하는 방식으로 사설망을 확충했으나, 고비용과 비효율성의 문제가 대두되어 이에 따른 해결책으로 인터넷망을 마치 전용선으로 사설망을 구축한 것처럼 사용하는 방식을 채택하게 되었다. 이를 가상사설망이라고 하며, 기존의 사설망 연결보다 비용과 효율성이 증대되고, 본·지사간의 자료정보 공유가 훨씬 용이해지나 인터넷 공중망을 사용하므로 정보보안·적절한 통신속도·대역폭의 보장 등이 단점으로 나타나고 있다.

>> 컴퓨터 바이러스(computer virus)

컴퓨터의 운영체제나 소프트웨어에 몰래 침투하여 시스템이나 사용자의 프로그램에 자신을 복제하여 그 컴퓨터 시스템과 파일을 파괴하는 일종의 나쁜 의도를 지닌 컴퓨터 프로그램이다. 이 용어는 프레드릭 코헨박사가 1983년 개최된 보안세미나에서 발표한 '컴퓨터 바이러스 ; 이론과 실험(Computer Virus : Theory and Experiment)'이라는 논문에서 처음 사용하였다. 일단 컴퓨터 바이러스에 감염된 프로그램과 접촉한 컴퓨터는 바이러스를 내장하고 있다가 새로 입력되는 프로그램을 오염시킨다.

PLUS tip

컴퓨터 바이러스의 종류

구분	내용
CIH바이러스	체르노빌 원전사고일인 4월 26일에 작동하는 체르노빌바이러스로 BIOS와 하드디스크의 내용을 삭제시켜 부팅을 불가능하게 함
트로이목마 (Trojan horse)	자료삭제·감염된 컴퓨터의 정보탈취 등 사이버테러를 목적으로 사용되는 악성프로그램. 해킹의 기능을 가지고 있으나 다른 파일에 전염시키지 않음
슬래머 웜	특정 포트를 이용해 MS SQL 서버를 공격하는 신종 웜바이러스
브레인바이러스	최초의 MS-DOS용 컴퓨터 바이러스로 기본 메모리를 7KB 감소시키는 부트바이러스

>> GUI(graphical user interface)

사용자가 컴퓨터와 정보 교환 시 키보드를 통한 명령어 작업이 아닌 그래픽을 통해 마우스 등을 이용하여 작업할 수 있는 환경을 말한다. GUI에는 윈도, 아이콘 이미지, 단추, 스크롤바 등을 포함한다.

>> EDPS(Electronic Data Processing System)

컴퓨터를 사용하여 사무나 경영관리를 위한 데이터를 처리하는 전자자료처리시스템이다. 이것은 경영 내에 발생하는 데이터를 대형컴퓨터에 집중시켜 기억·계산·분류·추출·판단 등의 작업을 고속도로 수행하는 방식이다.

>> 전자상거래(EC : Electronic Commerce)

인터넷상에서 금융, 컴퓨터 소프트웨어, 영상자료 등 서비스상품과 통관절차를 거쳐야 하는 실물제품을 거래하는 새로운 무역형태이다. 인터넷상에 비디오와 그래픽으로 구성된 가상시장에서 세계 각국의 생산자와 소비자가 직접 만나 중간상없는 교역을 할 수 있으며, 신용카드나 전자화폐를 통한 대금결제가 가능하다. 인터넷으로 무역을 할 경우 신용장발행, 수출입신청과 승인, 보험증권 발행 등 복잡한 절차가 모두 사라진다. 선진국에서는 인터넷상거래가 크게 활성화하고 있다.

PLUS tip

전자상거래의 종류

구분	내용
m-커머스	이동통신 단말기와 통신 네트워크를 사용해 무선 인터넷으로 각종 정보와 서비스 이용, 상품구매를 할 수 있는 전자상거래
t-커머스	인터넷TV를 이용한 전자상거래
u-커머스	유비쿼터스 컴퓨팅 환경에서의 전자상거래

>> eCRM(electronic CRM)

실시간으로 고객의 성향에 따라 차별화된 서비스를 신속하게 제공하기 위해 1대1 마케팅을 실현해주는 인터넷 고객관계관리를 말한다. 초기 구축비용과 관리비용이 적게 들며, 시간과 공간의 한계를 탈피할 수 있고, 신규사업으로의 진출이 쉬워져 가치네트워크를 지원하는 필수적인 기술이다. 야후나 아마존 등이 기존사업과 동시에 쇼핑몰 사업 등으로 영역을 넓히는 등 인터넷을 통한 전자상거래가 급성장하면서 등장하게 되었다.

>> 위피(WIPI : Wireless Internet Platform for Interoperability)

위피(WIPI)는 ETRI(한국전자통신연구원)와 정보통신부, 한국무선인터넷표준화포럼 등이 80억원을 들여 공동 개발한 무선인터넷플랫폼 표준규격이다. 휴대폰에 내장되는 '무선인터넷플랫폼'은 휴대폰으로 무선인터넷을 할 수 있도록 도와주는 미들웨어로, PC의 운용체계(OS)와 같은 역할을 한다. 즉, 휴대폰으로 여러 가지 애플리케이션을 구동하거나 내려 받을 때 사용된다.

>> 블루투스(bluetooth)

각각의 휴대폰끼리 또는 휴대폰과 PC끼리 벨소리나 사진 등 파일을 전송하는 무선 전송기술을 말한다. 블루베리를 즐겨 먹었던 바이킹 헤럴드 블루투스의 이름에서 따온 블루투스는 PC와 각종 디지털기기를 하나의 무선통신 규격으로 통일한다는 의미가 함축돼 있고 프로젝트명이 브랜드 이름으로 발전했다. 블루투스는 저렴한 가격에 저전력(100㎽)으로 사용할 수 있고, 여러 주파수에 걸쳐 데이터 전송을 할 수 있어 보안에 안전하며, 표준규격이 균일해 세계 어느 곳에서나 같은 기술을 사용할 수 있어 데이터 교환이 자유롭게 이뤄질 수 있다.

>> LAN(Local Area Network)

근거리통신망으로, 기업내통신망이라고도 한다. 기업 내에 분산 설치된 대형컴퓨터를 비롯하여 각종 단말기 · PC · 전화 · 팩시밀리 등을 단독으로 사용하지 않고 광섬유를 이용, 상호 연결하여 기업이나 지역 내의 정보를 공동으로 관리 · 이용하는 시스템이다.

> Point >> WAN(Wide Area Network) ··· 광역정보통신망으로 LAN을 광역으로 결합시킨 것이다.

>> VDSL(very high-bit rate digital subscriber line)

ADSL(비대칭디지털가입자회선)에 이어 나온 초고속디지털가입자회선을 말한다. 일반 가정에서 기존의 전화선을 사용해 양방향으로 빠른 속도로의 전송이 가능하고, 많은 양의 데이터를 초고속으로 전송 가능해 광섬유의 가정화를 위한 최종 단계로 평가된다. 우리나라에서는 2000년 처음 개발되어 2002년부터 상용화되었다. ADSL과 달리 가입자에게 필요한 데이터만을 전송하고 기존의 전화선을 살려 그대로 이용하므로 공급가가 저렴하며 설치공간도 적게 차지한다.

>> USIM(universal subscriber identity module)

가입자의 정보가 내장된 SIM(subscriber identity module)카드와 UICC(universal IC card)가 통합된 형태로써 사용자 인증과 글로벌 로밍, 전자상거래 등의 다양한 기능을 단 1장의 카드에 함축시켜 놓은 것이며 3세대 이동통신의 단말기에 탑재된다. SIM보다 한 단계 진화된 방식으로 손톱만한 크기의 칩이다. 가입자 인증의 SIM 기능과 교통카드 · 신용카드 기능의 범용 IC 카드 기능을 합친 형태로 소형 CPU와 메모리로 구성된다.

>> POS(Point Of Sales)

POS는 금전등록기와 컴퓨터 단말기의 기능을 결합한 시스템으로 매상금액을 정산해 줄 뿐만 아니라 동시에 소매경영에 필요한 각종정보와 자료를 수집 · 처리해 주는 시스템으로 판매시점 관리 시스템이라고 한다. POS 시스템은 POS 터미널과 스토어 컨트롤러, 호스트 컴퓨터 등으로 구성되어 있으며, 상품코드 자동판독장치인 바코드리더가 부착되어 있다. 더불어 POS 시스템을 사용하게 되면 자사제품의 판매흐름을 단위품목별로 파악할 수 있을 뿐 아니라 신제품과 판촉제품의 판매경향과 시간대, 매출부진 상품, 유사품이나 경쟁제품과의 판매경향 등을 세부적으로 파악할 수 있어 판매가격과 판매량과의 상관관계, 주요공략 대상, 광고계획 등의 마케팅 전략을 효과적으로 수립할 수 있다.

>> KAN 코드(Korean Article Number)

KAN코드는 각종 제품에 제품의 식별을 위해 붙이는 바코드로서 QR 사업추진에 가장 중요한 요소인 기업 간의 정보교환 및 정보공유 등을 하기 위한 가장 기본적인 정보기술을 말한다.

>> QR코드(quick response code)

사각형의 격자무늬에 다양한 정보를 담고 있는 2차원 형식의 코드로, 스마트폰으로 QR코드를 스캔하면 각종 정보를 제공받을 수 있다. 1994년 일본 덴소웨이브사(社)가 개발했는데, 특허권을 행사하지 않겠다고 선언해 현재 다양한 분야에서 널리 활용되고 있다. 일반 바코드보다 인식속도와 인식률, 복원력이 뛰어나 마케팅이나 홍보, PR의 수단으로 많이 이용된다.

>> 전자서명인증(전자인증)

컴퓨터를 이용하여 전자서명의 생성과 검증에 사용되는 한 쌍의 정보(전자서명키)를 전문성과 공신력이 있는 인증기관이 확인·증명하는 것을 말한다. 즉, 신뢰성이 검증된 개인·단체 등에 전자서명이 첨부된 인증서를 발급, 인터넷 등 가상공간에서 거래당사자 간의 신뢰성을 보증해 주는 역할을 일컫는다. 전자서명을 이용하기 위해 공인인증을 받으려는 사람은 먼저 전자문서에 본인의 신원과 해당 문서의 고유정보를 담은 전자서명생성키(비밀키)로 서명하고 수신자가 이용할 전자서명검증키(공개키)를 만들어 인증을 신청해야 한다. 인증기관은 이들 전자서명키 소유자의 이름과 유효기간, 전자문서의 위·변조여부를 확인한 뒤 인증서를 발급한다. 수신자는 전달된 전자문서의 전자서명을 인증서에 딸려 있는 검증키(공개키)로 검증한 뒤 문서를 사용하게 된다.

>> 광통신(光通信)

전자공학의 한 분류로 빛에 정보를 실어 보내는 통신방식이다. 현재의 유선통신은 한 가닥에 3,000통화가 가능하고 동축케이블은 5만회선까지 들어가지만 광섬유케이블은 한꺼번에 200만회선이 가능하다. 또한 재질이 불과 물에 강하고 도청이 불가능하며 시설비도 저렴하다. 우리나라는 1981~1982년에 구로전화국과 안양전화국 사이에 광케이블을 설치한 것을 계기로 광통신시대에 들어서게 되었다.

>> 게이트웨이(Gateway)

두 개의 완전히 다른 프로토콜 구조를 가지는 7계층 사이를 결합하는 데 사용한다. 즉, 서로 다른 LAN 사이, 동일 LAN상의 서로 다른 프로토콜을 가지는 기기들 사이, LAN과 다른 구조를 갖는 장거리 통신망 사이를 연결하는 장비이다.

>> 중앙처리장치(中央處理裝置, central processing unit)

컴퓨터 시스템 전체를 제어하는 장치로 입력장치로부터 자료를 받아 명령어 해석과 자료의 연산 수행 후 그 결과를 출력장치로 보내는 일련의 과정을 제어하고 조정하는 일을 행한다. 모든 컴퓨터의 작동과정이 중앙처리장치의 제어를 받으므로 컴퓨터의 두뇌에 해당되는데, 소형 컴퓨터에서는 마이크로프로세서라 부르기도 한다. 중앙처리장치는 논리연산장치(비교·판단·연산)와 제어장치(명령어의 해석·실행)로 구성되며, 논리연산장치는 가산기(각종 덧셈 후 결과를 수행)와 누산기(산술과 논리연산의 결과를 일시적으로 기억하는 레지스터), 임시 기억장치인 레지스터로 구성된다. 제어장치는 계수기(프로그램의 수행 순서를 제어), 명령 레지스터(명령어의 내용을 임시 기억), 명령 해독기(명령 레지스터에 수록된 명령 해독하여 수행될 장치에 제어신호 보냄)로 구성된다.

>> RAM(random access memory)

메모리는 크게 RAM과 ROM으로 나뉜다. RAM은 기억된 정보를 읽기도 하고 다른 정보를 기억시킬 수도 있는 메모리로 전원이 끊어지면 기록된 정보가 날아가기 때문에 휘발성 메모리라고 한다. 컴퓨터의 주기억장치, 응용프로그램의 일시적인 로딩, 데이터의 일시적인 저장 등에 사용된다.

> Point >> ROM(read only memory) … 읽기 전용 메모리로 전원이 끊어져도 기억된 내용이 소멸되지 않는 비휘발성 메모리이다. 어떤 내용을 임의로 변경하거나 기억시킬 수 없는 기억소자로 기억된 내용을 램에서처럼 자유롭게 사용할 수 있다.

>> 제5세대 컴퓨터(fifth-generation computer)

데이터 처리를 비약적으로 높이고 어떤 데이터가 들어왔는지 스스로 판단하여 그에 적합한 처리를 실행하도록 하는 컴퓨터로 인공지능(AI : artificial intelligence)이라고도 한다. 기존의 컴퓨터는 인간이 부여한 명령에 따라 주어진 데이터를 처리할 뿐이었지만, 제5세대 컴퓨터는 조지프슨 소자나 갈륨비소 소자를 써서 처리속도를 비약적으로 향상시키고 데이터를 처리해 빠르고, 각종 문의나 자동번역에 자유롭게 응답하는 시스템이 실현되어 종래의 컴퓨터와는 아주 다른 모습을 하게 될 것이다.

컴퓨터의 유형

구분	내용
슈퍼컴퓨터	우주개발 · 원자력관계 · 기상해석 등 속도가 빠른 과학기술계산분야에 쓰이는 컴퓨터
바이오컴퓨터	뇌 · 신경세포의 기능을 응용한 바이오칩을 만들어 이를 토대로 하여 실현시키려는 차세대 초소형 컴퓨터
뉴로컴퓨터	인간의 해부학적인 구조와 기능을 모델로 하여 설계된 컴퓨터
그린컴퓨터	컴퓨터의 사용증가에 따른 전력소비와 환경오염, 인체에 미치는 피해 등을 최소화한 에너지절약형 컴퓨터
워크스테이션	운영체제 유닉스(UNIX)를 채택한, 퍼스널컴퓨터 정도의 규모에 미니컴퓨터의 성능을 집약시킨 고성능컴퓨터

〉〉 CAD · CAM(컴퓨터설계 · 제작시스템)

① CAD(Computer Aided Design) … 컴퓨터에 의해 설계하는 것인데 고층건물의 최적설계 등에 이용되고 있다.

② CAM(Computer Aided Manufacturing) … 컴퓨터 프로그램으로 제품생산공정을 조정하여 정교하며 고품질의 제품생산을 가능하게 하는 시스템이다.

〉〉 와레즈(warez)

프로그램의 복사 방지장치 · 등록장치 · 셰어웨어의 시간제한 등을 풀어 정품 소프트웨어를 누구나 손쉽게 사용할 수 있게 만드는 소프트웨어 또는 불법으로 컴퓨터 정품 프로그램을 다운받을 수 있는 사이트의 총칭을 말한다. 1980년대 PC통신의 사설게시판이 활성화되며 나타나기 시작했고 현재 세계 각국의 네티즌들이 즐겨 이용하고 있다. 정보공유라는 점에선 긍정적인 평가가 내려지지만 정보약탈자의 부정적인 측면을 무시할 순 없다. 그러나 오늘날 인터넷 기술의 발전에는 적지 않은 역할을 했다는 측면이 강하다.

〉〉 증강현실(增强現實, augmented reality)

사용자가 보는 현실세계에 3차원의 가상 물체를 겹쳐 보여주는 기술을 말한다. 현실환경과 가상환경을 융합하는 복합형 가상현실 시스템으로 1990년대 후반부터 미국 · 일본을 중심으로 개발이 진행되고 있다. 스마트폰 카메라로 주변을 비추면 인근 상점의 위치나 전화번호 등의 정보가 입체영상으로 표기되는 형식이다. 원격의료진단이나 방송, 건축설계 등에 활용되며, 스마트폰이 널리 보급되면서 본격적인 상업화 단계에 들어섰다.

>> 한국인터넷진흥원(KISA : korea internet & security agency)

인터넷서비스의 활성화와 바이러스·해킹에 대응, 개인정보보호, 방송통신과 관련한 국제협력을 위한 공공기관으로 2009년 7월 23일 한국정보보호진흥원, 한국인터넷진흥원, 정보통신국제협력진흥원이 통합·설립되었다. 주요 업무로 안전한 유비쿼터스 사회 환경 조성, 인터넷서비스 활성화 및 진흥, 방송통신 국제위상의 제고가 있으며 해킹·바이러스·인터넷침해와 관련된 무료상담(전화 118)을 운영하고 있다.

>> 방화벽(防火壁)

컴퓨터의 정보 보안을 위해 불법접근을 차단하는 컴퓨터망 보안시스템이다. 네트워크를 통한 외부 불법사용자의 침입을 막을 뿐 아니라 내부 사용자들이 외부 네트워크에 접속해 피해를 당하는 것도 막아준다. 방화벽은 최근 들어 국내외에 해킹사건이 빈발하게 발생하면서 그 중요성이 부각되고 있다.

>> 리눅스(LINUX)

1990년대 초 핀란드의 리누스 토르발즈가 구역내 통신망(LAN)이나 웹사이트에 쓰이던 유닉스(UNIX)를 대체하기 위해 개발한 컴퓨터 운영체제이다. 윈도와 달리 소스코드를 인터넷상에 공개하고 있으며 컴퓨터전문가가 언제든 이를 개선할 수 있어, 전문가들을 중심으로 급속히 보급돼 왔다. 리눅스를 이용할 경우 MS의 윈도 NT로 시스템을 구성할 때보다 성능이 뛰어나며 비용도 훨씬 적게 드는 것으로 알려져 왔다. 그러나 상품에 대해 책임을 지고 기술지원을 하는 기업이 없어 일반사용자들에게 외면당해 왔다. 국제데이터협회(IDC)에 따르면 현재 1천2백만명 이상이 리눅스 운영체제를 사용하고 있으며, 전체 서버 운영체제 가운데 17% 가량을 리눅스가 점하고 있다.

>> 캐시기억장치(Cache Memory)

중앙처리장치와 주기억장치 사이에 있는 메모리로 중앙처리장치의 동작과 동등한 속도로 접근할 수 있는 고속의 특수 소자로 구성되며, 자주 참조되는 주기억장치의 프로그램과 데이터를 먼저 이곳에 옮겨놓은 후 처리되도록 함으로써 메모리 접근시간을 감소시킨다.

>> 가상기억장치(Virtual Memory)

메모리를 주기억장치의 용량으로 제한하지 않고 보조기억장치의 용량까지 확대 사용한 것으로, 사용자가 보조메모리의 총량에 해당하는 커다란 기억장소를 가지고 있는 것처럼 생각한다. 가상기억장치에서 가져오는 블록을 페이지라 한다.

〉〉 dpi(dots per inch)

프린터의 해상도를 평가하는 기준단위이다. 가로 1인치 안에 출력장치가 표현할 수 있는 점의 수를 의미한다. 600dpi 프린터라 함은 가로 1인치의 폭에 600개의 출력 화소를 찍어 낼 수 있다는 것을 말한다. 숫자가 높을수록 출력성능이 좋고 가격도 상승한다.

〉〉 시분할(Time Sharing)

여러 사용자가 단일의 컴퓨터 시스템을 외관상 동시에 병행적으로 활용할 수 있도록 하는 기술을 말한다. 통상적으로 여러 개의 일을 동시에 처리할 수 없으므로, 상당히 빠른 스피드로 여러 가지 처리를 차례대로 행해 나간다. 한 대의 중앙 처리 장치와 여러 단말기를 직접 또는 통신 회선을 경유해서 접속하고, 각각의 단말기로부터 동일한 데이터베이스를 활용하거나, 프로그램을 작성해서 실행할 수 있으므로 효율적이고도 경제적으로 시스템을 활용할 수 있다.

02 출제예상문제

1 다음 설명에 해당하는 것은?

> 인터넷에 연결된 모든 기기에서 생산되는 대량의 디지털 데이터로, 문자, 사진, 동영상, 음성 등 다양한 유형으로 존재한다. 매일 전 세계 사용자를 통해 엄청난 양의 데이터가 생산되어 인터넷으로 유통되므로 사용자(소비자)의 이용 패턴과 성향/취향, 관심사 등을 파악할 수 있어 기업 입장에서 중요한 정보가 된다.

① FinTech   ② Big Data

③ AI   ④ IoT

> ❀**TIP** ① FinTech : Finance(금융)와 Technology(기술)의 합성어로, 금융과 IT의 융합을 통한 금융서비스 및 산업의 변화를 통칭한다.
> ③ AI(Artificial Intelligence) : 인간의 두뇌와 같이 컴퓨터 스스로 추론 · 학습 · 판단하면서 전문적인 작업을 하거나 인간 고유의 지식 활동을 하는 시스템이다.
> ④ IoT(Internet of Things) : 사물에 센서를 부착해 실시간으로 데이터를 인터넷으로 주고 받는 기술이나 환경을 일컫는다.

2 4차 산업혁명의 핵심 기술인 블록체인에 대한 설명으로 옳지 않은 것은?

① P2P 방식으로 거래되는 공공 거래 장부로 거래 내역을 블록이라고 한다.

② 중앙 관리 시스템이 있어 거래 안정성이 확보된다.

③ 의료, 콘텐츠, 금융 분야 등 다양한 분야에서 활용이 가능하다.

④ 블록체인 기술을 활용하기 위해 필요한 대가가 가상화폐라고 할 수 있다.

> ❀**TIP** ② 블록체인 기술은 중앙시스템을 거치지 않고도 거래가 안전하게 되도록 만드는 기술이다. 당사자끼리 직접 거래를 하고, 그 거래를 모두가 감시하기 때문에 거래의 정당성이나 안정성을 높일 수 있다.

3 다음은 A가 코딩을 하여 만들려는 홀짝 게임 프로그램의 알고리즘 순서도이다. 그런데 오류가 있었는지 잘못된 값을 도출하였다. 잘못된 부분을 고르면?

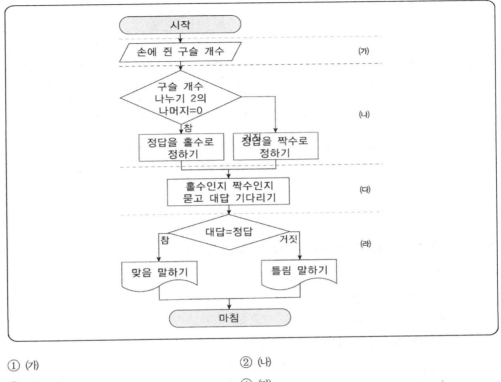

① (가)   ② (나)
③ (다)   ④ (라)

❀TIP (나) 부분의 선택 - 처리 과정이 잘못되었다.
'구슬 개수 나누기 2의 나머지 = 0' → (참) → 정답을 '짝수'로 정하기
'구슬 개수 나누기 2의 나머지 = 0' → (거짓) → 정답을 '홀수'로 정하기

4 영화, 음악 등 하나의 멀티미디어 콘텐츠를 여러 대의 기기에서 연속적으로 즐길 수 있는 기술 또는 서비스를 칭하는 것은?

① Blue Screen

② datagram

③ N-screen

④ Smart TV

✿**TIP** ① Blue Screen : 윈도우 기반 PC에서 하드웨어나 소프트웨어에 오류가 발생했을 때 나타나는 알림 페이지로, 파란색 바탕에 하얀 글씨 화면이 떠 블루 스크린이라고 한다.
② datagram : 패킷 교환망에서 취급되는 패킷의 일종으로 다른 패킷과는 독립으로 취급되며, 발신 단말에서 수신 단말에 이르는 경로를 결정하기 위한 정보를 내부에 포함하는 패킷이다.
④ Smart TV : TV에 인터넷 접속 기능을 결합하여 각종 앱을 설치해 웹 서핑 및 VOD 시청, SNS, 게임 등의 다양한 기능을 활용할 수 있는 다기능 TV이다.

5 AI(인공지능) 기술을 적용하기 가장 어려운 분야는?

① 사람과 바둑 대결

② 수학적인 정리 증명

③ 떼쓰는 아이 달래기

④ 의사의 진단을 돕기 위한 진단 시스템

✿**TIP** AI 기술은 코드화할 수 없는 일에 적용하기 힘들다. 즉, 예측불허의 돌발 상황이 많아 단계별로 나누어 매뉴얼화하기에 어려운 일에는 적용하기 어렵다. 알고리즘으로 특정해 자동화시킬 수 없기 때문이다.

6 데이터 마이닝(data mining)에 대한 설명으로 옳지 않은 것은?

① 대량의 데이터에서 유용한 정보를 추출하는 것을 말한다.

② 통계적 기법, 수학적 기법과 인공지능을 활용한 패턴인식 기술 등을 이용한다.

③ 데이터 마이닝은 고객의 소비패턴이나 성향을 분석하여 상품을 추천하는 데 사용된다.

④ 데이터 마이닝 → 데이터 선별과 변환 → 데이터 크리닝의 과정을 거친다.

✿**TIP** 데이터 소스에서 데이터를 크리닝하고 통합하는 과정을 거쳐 데이터를 선별하고 변환한 후, 데이터 마이닝 과정을 거쳐 패턴을 찾아내고 표현한다.

7 다음에서 설명하고 있는 개념으로 적절한 것은?

> 이 개념은 90년대 후반 정보화 사회가 본격적으로 시작되면서 미국의 사회학자 토머스 매티슨이 처음 사용한 용어이다. 매티슨은 '바라보는 사회'란 책에서 정보화시대는 권력자와 대중이 상호 감시가 가능한 시대란 주장을 내놓았다. 즉, 정보화시대에는 인터넷이란 공간을 통하여 자신의 의견을 표현할 수 있는 기회를 확보한 대중들이 도리어 권력자체를 감시할 수 있다는 것이다. 이를 통해 정보화 사회에서는 대중이 정치적 영향력이 더욱 강화되는 계기가 될 수 있다고 보았다.

① 스마트감시
② 프라이버시
③ 판옵티콘
④ 시놉티콘

❖**TIP** ① 스마트폰과 CCTV 등이 범죄를 예방하기 위해 감시하는 것
② 개인의 사생활과 관련해서 개인의 의사와 관계없이 공개되거나 간섭받지 않을 자유
③ 영국의 철학자 제러미 벤담이 죄수를 효과적으로 감시할 목적으로 고안한 원형 감옥

8 사물인터넷의 처리 과정으로 옳은 것은?

① 생성 → 전달 → 처리 → 활용
② 생성 → 처리 → 전달 → 활용
③ 전달 → 처리 → 활용 → 생성
④ 전달 → 활용 → 생성 → 처리

❖**TIP** 사물인터넷의 처리 과정은 사물에서 정보를 생성(smart device) → 전달(advance network) → 정보 처리(cloud computing) → 활용(convergence)을 거친다.

9 FinTech에 대한 설명으로 옳지 않은 것은?

① Financial과 Technique의 합성어로 모바일 결제, 송금, 개인자산관리, 크라우드 펀딩 등 금융서비스와 관련된 기술을 의미한다.

② 금융창구에서 취급하던 업무를 ATM과 인터넷뱅킹, 모바일뱅킹 등 전자금융 서비스 채널이 대체한다.

③ 기존에 비해 비용이 증가되고 서비스가 저하되는 단점이 있다.

④ 오프라인 지점 하나 없이 온라인으로만 대출 심사를 진행하는 OnDeck는 FinTech 사업의 예라고 할 수 있다.

❀**TIP** 정보통신 기술의 발전과 함께 기존 금융권 업무를 대체해 비용을 감소시키고 높은 서비스도 제공하는 FinTech가 관심을 받고 있다.

10 인터넷에서 음성, 영상, 애니메이션 등을 실시간으로 재생하는 기술은?

① 스트리밍   ② 버퍼링
③ 멀티태스킹   ④ 다운로딩

❀**TIP** 스트리밍(streaming) … 비디오·오디오 자료를 사용자의 PC에 파일 형태로 내려 받지 않고도 실시간으로 볼 수 있는 송출기술을 말한다.

11 인터넷상의 서버를 통해 IT 관련 서비스를 한 번에 사용할 수 있는 컴퓨터 환경은?

① DNS   ② CDMA
③ 와이브로   ④ 클라우드 컴퓨팅

❀**TIP** 클라우드 컴퓨팅(cloud computing) … 인터넷상의 서버에 정보를 영구적으로 저장하고, 이 정보를 데스크톱·노트북·스마트폰 등을 이용하여 언제 어디서나 정보를 사용할 수 있는 컴퓨터 환경을 말한다.

12 스마트폰 신제품의 주기가 4~6개월에 불과하다는 것으로 제품의 사이클이 점점 빨라지는 현상을 나타내는 용어는?

① 스마트 법칙 ② 구글 법칙
③ 안드로이드 법칙 ④ 애플 법칙

❀TIP 안드로이드 법칙은 마이크로칩의 성능이 매 2년마다 두 배로 증가한다는 '무어의 법칙'에서 따온 말로 스마트폰 시장에서 제품수명주기가 빠르게 짧아지는 것을 이르는 말이다.

13 '2.3GHz 휴대인터넷'으로 불리었으며, 무선 광대역 인터넷 서비스로 풀이되는 용어로 언제 어디서나 이동하면서 인터넷을 이용할 수 있는 서비스는?

① Wibro ② Wi-Fi
③ WCDMA ④ WiMax

❀TIP ② Wi-Fi : 무선 접속 장치가 설치된 곳에서 전파나 적외선 전송 방식을 이용하여 일정 거리 안에서 무선 인터넷을 할 수 있는 근거리 통신망을 칭하는 기술
③ WCDMA : CDMA의 방식을 3G로 업그레이드한 기술방식
④ WiMax : 휴대 인터넷의 기술 표준을 목표로 인텔사가 주축이 되어 개발한 기술 방식

14 CPU의 대기 상태를 보완할 수 있는 방법으로 적절하지 않은 것은?

① CPU 캐시 ② 명령어 파이프라인
③ 동시멀티스레드 ④ 배터리 교환

❀TIP CPU의 대기 상태는 응답이 느린 외부 메모리나 다른 장치에 접근할 때 컴퓨터 프로세서가 겪는 지연 현상을 말한다. CPU 캐시, 명령어 파이프라인, 명령어 프리패치, 분기 예측, 동시 멀티스레드 등 여러 기술이 동시적으로 사용하여 문제를 상당 부분 해결할 수 있다.

ANSWER 〉 9.③ 10.① 11.④ 12.③ 13.① 14.④

15 컴퓨터 관련 용어에 대한 설명으로 옳은 것은?

① 프로토콜 : 사용자에게 내용의 비순차적인 검색이 가능하도록 제공되는 텍스트로 문서 내에 있는 특정 단어가 다른 단어나 데이터베이스와 링크 돼 있어 사용자가 관련 문서를 넘나들며 원하는 정보를 얻을 수 있도록 한다.

② 캐싱 : 명령어와 데이터를 캐시 기억 장치 또는 디스크 캐시에 일시적으로 저장하는 것으로 중앙 처리 장치(CPU)가 주기억 장치 또는 디스크로부터 명령어와 데이터를 읽어 오거나 기록하는 것보다 몇 배 빠른 속도로 단축시킴으로써 컴퓨터의 성능을 향상시킨다.

③ 하이퍼텍스트 : 통신회선을 이용하는 컴퓨터와 컴퓨터 또는 컴퓨터와 단말기계가 데이터를 주고받을 때의 상호약속이다.

④ TCP/IP : 인터넷상 주민번호를 대체하는 개인 식별 번호로 2005년 정보통신부가 개인의 주민등록번호 유출과 오남용 방지를 목적으로 마련한 사이버 신원 확인번호이다.

    ✿TIP ① 하이퍼텍스트에 대한 설명이다.
          ② 프로토콜에 대한 설명이다.
          ④ 아이핀에 대한 설명이다. TCP/IP는 서로 기종이 다른 컴퓨터들 간의 통신을 위한 전송 규약이다.

16 다음 중 서로 연관성 있는 것끼리 짝지어진 것은?

① DDoS – P2P   ② DDoS – 좀비PC

③ 파밍 – P2P   ④ 파밍 – 좀비PC

    ✿TIP • DDoS : 수십 대에서 많게는 수백만 대의 PC를 원격 조종해 특정 웹사이트에 동시에 접속시킴으로써 단시간 내에 과부하를 일으키는 행위
          • P2P : 인터넷으로 다른 사용자의 컴퓨터에 접속하여 각종 정보나 파일을 교환·공유할 수 있게 해 주는 서비스
          • 좀비PC : 해커의 원격 조종에 의해 스팸을 발송하거나 DoS나 DDoS 공격을 수행하도록 설정된 컴퓨터나 서버
          • 파밍 : 사용자들로 하여금 진짜 사이트로 오인하여 접속하도록 유도한 뒤에 개인정보를 훔치는 새로운 컴퓨터 범죄

17 그래픽 관련 소프트웨어를 모두 고르면?

> - 보이스텍 바이보이스
> - 메타세콰이어
> - 라이트웨이브
> - 알씨
> - 컴퓨픽
> - Readiris
> - 3D STUDIO MAX
> - Dragon Naturally Speaking

① 3개　　　　　　　　　　② 4개

③ 5개　　　　　　　　　　④ 6개

　　✿**TIP**　컴퓨픽, 메타세콰이어, 라이트웨이브, 3D STUDIO MAX, 알씨

18 다음 IP 주소가 올바르지 않은 것은?

① 192.245.0.253　　　　　② 192.245.0.254

③ 192.245.1.255　　　　　④ 192.245.1.256

　　✿**TIP**　④ 각 마디(옥텟)의 숫자는 255(0~255)를 넘을 수 없다.

19 다음 중 성격이 유사한 어플리케이션끼리 짝지어지지 않은 것은?

① Uber − 카카오택시 − T맵택시

② 블루리본 − 카카오헤어 − 트립어드바이저

③ CamCard − 리멤버 − BIZ reader

④ Google calendar − Outlook − T cloud

　　✿**TIP**　④ Google calendar(캘린더 서비스) − Outlook(전자메일 서비스) − T cloud(클라우드 서비스)

20 광디스크는 컴퓨터 정보의 저장매체로, 사용하는 레이저의 파장과 홈의 간격에 따라 정보의 용량이 달라진다. 홈을 촘촘히 많이 팔수록 정보를 많이 저장할 수 있는데, 홈이 작아지면 홈에 쏘아 주는 레이저의 파장이 짧아져야 한다. 이러한 광디스크의 종류가 아닌 것은?

① 블루레이 디스크　　　　　　　　② DVD
③ CD　　　　　　　　　　　　　　④ 플래시 메모리

　　✿TIP　④ 플래시 메모리는 전원이 끊긴 뒤에도 정보가 계속 남아 있는 반도체로 광디스크에 해당하지 않는다.

21 다음의 설명이 의미하는 것은?

> 　가전제품, 전자기기뿐만 아니라 헬스케어, 원격검침, 스마트홈, 스마트카 등 다양한 분야에서 사물을 네트워크로 연결해 정보를 공유할 수 있다. 미국 벤처기업 코벤티스가 개발한 심장박동 모니터링 기계, 구글의 구글 글라스, 나이키의 퓨얼 밴드 등도 이 기술을 기반으로 만들어졌다. 특히 심장박동 모니터링 기계는 대표적인 예료, 부정맥을 앓고 있는 환자가 기계를 부착하고 작동시키면 심전도 검사 결과가 자동으로 기록돼 중앙관제센터로 보내진다. 중앙관제센터는 검사 결과를 전문가에게 전송해 임상보고서를 작성하고 이 보고서를 통해 환자가 적합한 의료진이 연결된다.

① IoT(Internet of things)
② 유비쿼터스(Ubiquitous)
③ AR(Augmented reality)
④ 클라우드 컴퓨팅(Cloud computing)

　　✿TIP　제시된 내용은 IoT(Internet of things), 사물인터넷에 대한 설명이다.

22 자신의 데이터베이스를 가지고 있지 않고 다른 검색엔진을 이용하여 정보를 찾는 검색엔진은?

① 메타 검색엔진   ② 주제별 검색엔진

③ 하이브리드 검색엔진   ④ 인덱스 검색엔진

> ✖**TIP** 메타 검색엔진 … 자신의 데이터베이스를 가지고 있지 않고 다른 검색엔진을 이용하여 정보를 찾는 검색엔진

23 아래의 컴퓨터 바이러스 진단 및 방지를 위한 조치 중 가장 적절하지 않은 것은?

① 여러 종류의 백신을 동시에 설치하여 검사하였다.
② USB드라이브의 자동실행기능을 해제하였다.
③ 웹브라우저를 최신버전으로 업데이트 하였다.
④ 비밀번호를 웹사이트마다 다르게 하고, 복잡하게 설정하였다.

> ✖**TIP** ① 여러 종류의 백신을 동시에 설치하여 검사하는 것은 바람직하지 않다.

24 다음 용어에 대한 설명이 올바르게 짝지어지지 않은 것은?

① 블루투스 : 휴대기기를 서로 연결해 정보를 교환하는 근거리 무선 통신 기술 표준
② IoT : Internet of Things의 약자로서 각종 사물에 센서와 통신기능을 내장하여 인터넷에 연결하는 기술
③ RFID : Radio Frequency Identification의 약자로서 IC칩과 무선을 통해서 다양한 개체의 정보를 관리할 수 있는 인식 기술
④ QR코드 : QR은 Quick Recognition의 약자로서 바코드보다 훨씬 많은 양을 담을 수 있는 격자무늬의 2차원 코드

> ✖**TIP** ④ QR코드는 Quick Response Code로, 바코드보다 훨씬 많은 정보를 담을 수 있는 격자무늬의 2차원 코드이다.

ANSWER 〉 20.④ 21.① 22.① 23.① 24.④

25 다음에서 설명하는 데이터 모델에 해당하는 것은?

> 현재 가장 안정적이고 효율적인 데이터베이스로 알려져 있으며, MS-Access 외 여러 상용 DBMS의 기반이 되고 있다. 개체를 테이블로 사용하고 개체들 간의 공통속성을 이용해 서로 연결하는 독립된 형태의 데이터 모델이다.

① 하나의 조직이 여러 구성원으로 이루어지는 형태의 계층형 데이터베이스
② 도로망이나 통신망 같은 네트워크형 데이터베이스
③ 은행의 입출금처럼 데이터 양이 많지만 구조가 간단한 업무에 적합한 관계형 데이터베이스
④ 데이터와 프로그램을 독립적인 객체의 형태로 구성한 객체 지향형 데이터베이스

> ❊**TIP** 관계형 데이터베이스 … 일련의 정형화된 테이블로 구성된 데이터 항목의 집합체로, 데이터베이스 테이블을 재구성하지 않더라도 다양한 방법으로 데이터를 접근하거나 조합할 수 있다. 관계형 데이터베이스는 이용하기가 비교적 쉽고 확장이 용이하다는 장점을 가지고 있다.

26 다음에 설명된 개념을 의미하는 용어가 순서대로 연결된 것은?

> ㉠ 다양한 형태의 문서와 자료를 그 작성부터 폐기에 이르기까지의 모든 과정을 일관성 있게 전자적으로 통합 관리하기 위한 시스템이다.
> ㉡ 기업과 직원간의 전자상거래를 뜻한다.
> ㉢ 기업 내 생산, 물류, 재무, 회계, 영업과 구매, 재고 등 경영 활동 프로세스들을 통합적으로 연계해 관리해 주며, 기업에서 발생하는 정보들을 서로 공유하고 새로운 정보의 생성과 빠른 의사결정을 도와주는 전사적자원관리시스템을 뜻한다.
> ㉣ 온라인 인맥 구축을 목적으로 개설된 커뮤니티형 웹사이트이다.

① ERP − C2B − EDI − INTRANET
② EDI − B2C − ERP − INTRANET
③ EDMS − B2C − EDI − SNS
④ EDMS − B2E − ERP − SNS

27 정보에 대한 위협은 나날이 늘어가고 있으며 허락되지 않은 접근, 수정, 노출, 훼손, 파괴 등 여러 가지 위협으로부터 정보를 지켜나가야 한다. 정보보안의 특성으로 가장 적절하지 않은 것은?

① 허락되지 않은 사용자가 정보의 내용을 알 수 없도록 하는 기밀성 유지
② 허락되지 않은 사용자가 정보를 함부로 수정할 수 없도록 하는 무결성 유지
③ 허락된 사용자가 정보에 접근하려 하고자 할 때 이것이 방해받지 않도록 하는 가용성 유지
④ 허락된 사용자가 정보시스템의 성능을 최대화하기 위해 정보보안을 100% 달성해야 하는 완벽성 유지

❊**TIP** 정보 보안의 주요 목표
㉠ 기밀성(Confidentiality) : 허락되지 않은 사용자 또는 객체가 정보의 내용을 알 수 없도록 하는 것
ㄴ 무결성(Integrity) : 허락되지 않은 사용자 또는 객체가 정보를 함부로 수정할 수 없도록 하는 것
ㄷ 가용성(Availability) : 허락된 사용자 또는 객체가 정보에 접근하려 할 때 이것을 방해받지 않도록 하는 것

ANSWER 〉 25.③ 26.④ 27.④

28 다음은 컴퓨터 범죄에 관한 기사이다. 다음의 기사의 (A), (B), (C)에 들어갈 용어가 순서대로 표시된 것은?

> E시큐리티에 따르면 최근 특정 가상화폐 거래소 이용자를 대상으로 (A) 메일이 다량 배포됐다. 공격자는 국내 유명 비트코인 거래소 중 한 곳을 사칭해 '출금완료 알림' 내용으로 조작한 (A) 메일을 유포했다. 메일 본문에 '새로운 기기에서의 로그인 알림' 내용을 띄웠다. 다른 IP주소에서 수신자 로그인이 발생한 것처럼 보안 안내를 한다. 최근 가상화폐 거래소 해킹이 심해 보안에 신경을 쓰고 있는 대상자 심리를 역으로 이용한 방법이다. 회원이 로그인한 것이 아니라고 의심되면 보안을 위해 계정을 동결하라고 하며 클릭을 강요한다. 해당 URL을 클릭하면 실제와 거의 유사한 가상화폐거래소 화면으로 이동한다. 해당 사이트는 co.kr로 끝나는 정상사이트와 달리 or.kr 도메인을 쓴다. (A)사이트에 연결하면 이메일과 비밀번호 등 계정 정보 입력을 유도한다. 가상화폐 거래소에 접속하는 ID와 비밀번호를 털린다.
>
> (B)도 발생했다. Z거래소 로그인 알림을 위장했다. 문자로 다른 IP에서 로그인됐다며 가짜 거래소 링크를 보내고 ID와 비밀번호 유출을 시도한다.
>
> 가상화폐 거래소 직원을 표적한 (C)도 감지된다. 직원을 해킹하면 기업 내부를 장악할 수 있다. 공격자는 금융감독원, 금융 보안원, 국세청, 공정거래위원회 등으로 위장해 금융관련 규제와 위법 내용을 가상화폐 거래소나 블록체인, 핀테크 기업 직원에게 이메일을 보낸다. 해당 문서를 열면 악성코드가 감염되는 형태다. 개인 PC를 감염시킨 뒤 기업 네트워크로 침입해 고객 정보를 유출한다. 이를 이용해 다시 가상화폐 계좌를 해킹하는 것으로 알려졌다.

① 파밍 – 스미싱 – 피싱

② 파밍 – 스피어피싱 – 스미싱

③ 피싱 – 스피어피싱 – 스미싱

④ 피싱 – 스미싱 – 스피어피싱

✿**TIP** A. 피싱(Phishing) : 개인정보(Private data)와 낚시(Fishing)의 합성어로 개인정보를 낚는다는 의미. 금융기관 또는 공공기관을 가장해 전화나 이메일로 인터넷 사이트에서 보안카드 일련번호와 코드번호 일부 또는 전체를 입력하도록 요구해 금융 정보를 몰래 빼가는 수법

    B. 스미싱(Smishing) : 문자메시지(SMS)와 피싱(Phishing)의 합성어로 '무료쿠폰 제공', '돌잔치 초대장' 등을 내용으로 하는 문자메시지내 인터넷주소 클릭하면 악성코드가 설치되어 피해자가 모르는 사이에 소액결제 피해 발생 또는 개인·금융정보 탈취하는 수법

    C. 스피어피싱(Spear-Phishing) : 불특정 다수의 개인정보를 빼내는 피싱(phishing)과 달리 특정인의 정보를 캐내기 위한 피싱을 말한다. 열대지방 어민이 하는 작살낚시(spearfishing)에 빗댄 표현이다.

29 SD카드(Secure Digital Card)에 대한 설명으로 가장 적절하지 않은 것은?

① 스마트폰, MP3에 주로 사용되는 손톱만한 크기의 SD카드와 디지털카메라에 주로 쓰이는 크기가 더 큰 마이크로SD카드가 있다.

② 디지털기기의 저장공간이 부족할 때 메모리슬롯에 SD카드를 장착하면 저장공간을 확장할 수 있다.

③ 마이크로SD카드를 SD카드 어댑터에 꽂으면 일반SD카드를 쓰는 기기에 사용할 수 있다.

④ 마이크로SD카드와 SD카드에서 클래스는 속도를 의미하며 클래스 숫자가 커질수록 속도가 빨라진다.

⊗**TIP** ① 마이크로SD 카드는 SD 카드의 4분의 1 정도의 크기이다.

30 다음 중 도메인 네임에 대한 설명이 잘못된 것을 모두 고르면?

> 가. com : 상업 회사, 기관
> 나. org : 비영리기관
> 다. net : 연구기관
> 라. mil : 군사기관
> 마. or : 정부기관

① 나, 다, 라   ② 다, 마
③ 다, 라, 마   ④ 나, 라, 마

⊗**TIP** 다. net : 네트워크 관련기관(국제 도메인)
　　　　 마. or : 비영리 법인(국내 도메인)

ANSWER 〉 28.④ 29.① 30.②

31 서로 다른 기업 또는 조직 간에 표준화된 상거래 서식 또는 공공 서식을 서로 합의한 통신표준에 따라 컴퓨터 간에 교환하는 전달방식을 의미하는 용어는?

① EDI

② EDMS

③ ECM

④ EDPS

> ✖**TIP** EDI(Electronic Data Interchange) … 서로 다른 기업 또는 조직 간에 표준화된 상거래 서식 또는 공공 서식을 서로 합의한 통신 표준에 따라 컴퓨터 간에 교환하는 전달방식

32 다음 중 클라우드 서비스에 대한 설명으로 가장 적절한 것은?

① 해외 출장 시에는 클라우드 서비스의 이용이 불가능하다.

② 모바일 기기를 통해서는 파일을 다운로드만 할 수 있다.

③ 클라우드 서비스를 이용하여 문서를 업로드하면 읽기전용 파일로 변환되어 저장된다.

④ 인터넷과 연결된 중앙컴퓨터에 저장해서 인터넷에 접속하기만 하면 언제 어디서든 데이터를 이용할 수 있다.

> ✖**TIP** 클라우드 서비스 … 인터넷으로 연결된 초대형 고성능 컴퓨터(데이터센터)에 소프트웨어와 콘텐츠를 저장해 두고 필요할 때마다 꺼내 쓸 수 있는 서비스

33 인터넷의 WWW는 다음 중 무엇을 줄인 말인가?

① World Webster Word

② World Western Web

③ World Wide Web

④ World Wide Windows

> ✖**TIP** World Wide Web … 인터넷 중 문자·그림·소리 등을 주고받을 수 있는 멀티미디어 서비스로 W3 혹은 간단히 웹(Web)이라고도 한다.

34 다음 중 데이터베이스관리시스템(DBMS)에 대한 설명으로 가장 옳지 않은 것은?

① 데이터의 논리적·물리적 독립성이 보장된다.

② 여러 곳에서 자료 입력이 가능하므로 데이터가 중복된다.

③ 데이터의 실시간 처리로 최신 데이터 유지가 가능하다.

④ 저장된 데이터를 공동으로 이용할 수 있다.

❧**TIP** ② 데이터베이스관리시스템(DBMS)은 중복성과 종속성 문제를 해결하기 위해 만들어졌다.

35 다음 중 전자상거래 모델에 대한 설명으로 가장 올바르지 않은 것은?

① G2B는 정부와 기업 간의 거래에 해당하는 것으로서 대표적인 것이 나라장터이다.

② B2B는 기업과 기업 사이의 거래를 기반으로 한 전자상거래 비즈니스 모델이다.

③ B2C는 기업이 소비자를 상대로 상품을 판매하는 형태를 의미한다.

④ C2B는 소비자가 주체가 되어 기업과 상거래를 하는 것으로 공동 구매를 의미한다.

❧**TIP** ④ 소비자 대 기업 간 인터넷 비즈니스로 인터넷이 등장하면서 생겨난 새로운 거래관계로 소비자가 개인 또는 단체를 구성하여 상품의 공급자나 상품의 생산자에게 가격이나 수량 또는 서비스 등에 관한 조건을 제시하고 구매하는 것을 말한다.

36 인터넷 IP 주소는 한정되어 있으므로 한 기관에서 배정받은 하나의 네트워크 주소를 다시 여러 개의 작은 네트워크로 나누어 사용하는 방법을 무엇이라 하는가?

① Subnetting
② IP Address
③ DNS
④ TCP/IP

❧**TIP** ② 인터넷에 접속한 컴퓨터 식별 번호를 말한다.
③ 인터넷망 통신규약인 TCP/IP 네트워크상에서 사람이 기억하기 쉽게 문자로 만들어진 도메인을 컴퓨터가 처리할 수 있는 숫자로 된 인터넷주소(IP)로 바꾸는 시스템인 Domain Name System을 일컫기도 하고, 이런 역할을 하는 서버컴퓨터 즉 Domain Name Server를 일컫기도 한다.
④ 인터넷 네트워크의 핵심 프로토콜이다.

ANSWER 〉 31.① 32.④ 33.③ 34.② 35.④ 36.①

37 인터넷 기술을 기업 내 정보 시스템에 적용한 것으로 전자우편 시스템, 전자결재 시스템 등을 인터넷 환경으로 통합하여 사용하는 것을 무엇이라고 하는가?

① 인트라넷　　　　　　　　　　② 엑스트라넷

③ 원격접속　　　　　　　　　　④ 블루투스

> ✿**TIP** ② 인터넷 기술을 사용하여 공급자·고객·협력업체 사이의 인트라넷을 연결하는 협력적 네트워크이다.
>
> ③ 자신이 사용권한을 가지고 있는 전제하에 다른 곳에 위치한 컴퓨터를 온라인으로 연결 (TCP/IP체계)하여 사용하는 서비스이다.
>
> ④ 휴대폰, 노트북, 이어폰·헤드폰 등의 휴대기기를 서로 연결해 정보를 교환하는 근거리 무선 기술 표준을 뜻한다.

38 전자상거래 결제 시 신용카드를 대체하는 전자화폐가 등장하고 있다. 전화화폐의 특징으로 가장 적절하지 않은 것은?

① 누가 어떤 상점에서 무엇을 샀는지를 제3자가 알 수 없어야 한다.

② 다른 사람에게 이전이 가능해야 한다.

③ 불법 변조 및 위조가 안 되어야 한다.

④ 한국은행에서 발행하며 현금처럼 사용할 수 있어야 한다.

> ✿**TIP** ④ 전자화폐는 한국은행에서 발행하지 않는다. 전자화폐의 예로 금융결제원에서 발행한 K 캐시(K-cash)가 있다.

39 다음 중 인터넷을 이용한 전자상거래의 효과로 가장 거리가 먼 것은?

① 다양한 정보 습득과 선택의 자유

② 기밀성과 익명성 보장

③ 구매자의 비용절감

④ 물리적 제약 극복

> ✿**TIP** 인터넷을 통한 전자상거래는 익명성의 문제를 내포하고 있다.

40 노트북 저장 공간 부족 문제 해결을 하기 위해 사용하는 방법으로 적절한 것끼리 묶어진 것은?

가. 마이크로 SD   나. DSLR
다. 외장형 하드디스크   라. SSD
마. SNS   바. 클라우드 서비스
사. CD-R   아. IoT

① 다, 라, 마, 사, 아   ② 가, 나, 마, 바, 사
③ 가, 나, 다, 마, 아   ④ 가, 다, 라, 바, 사

❀TIP 노트북 저장 공간 부족은 이동식 디스크를 사용하거나 인터넷으로 연결된 외부서버를 이용하여 정보를 저장하는 클라우드 서비스 등을 활용해 해결할 수 있다.

41 컴퓨터에서 LAN카드를 활용하여 인터넷에 연결하기 위해서는 사용자의 네트워크 환경에 적합하도록 TCP/IP 프로토콜을 설정해야 한다. 일반적인 운영체제에서 TCP/IP를 설정할 때 입력해야 하는 기본 정보로 가장 거리가 먼 것은?

① IP 주소   ② 서브넷 마스크
③ 기본 게이트웨이   ④ MAC 주소

❀TIP MAC 주소는 특정 구역 내 정보통신망인 LAN에 사용되는 네트워크 모델인 이더넷의 물리적인 주소를 말한다.

42 무선공유기에서 제공하는 보안기술에 해당하지 않는 것은?

① WEP   ② WPA
③ WPW   ④ WPA2

❀TIP 무선보안 기술은 WEP → WPA → WPA2 순서로 발전을 했다.

ANSWER 〉 37.① 38.④ 39.② 40.④ 41.④ 42.③

43 인터넷 브라우저에 해당되지 않는 것은?

① 익스플로러 ② 크롬

③ 사파리 ④ 파이널 컷

❀**TIP** 파이널 컷 … 애플사가 개발한 전문 비선형 편집 시스템이다. 독립 영화 제작자들 사이에 널리 쓰이며, 전통적으로 아비드 소프트웨어를 사용하는 헐리우드 영화 편집자들이 먼저 사용하기 시작하였다.

44 SNS에서 특정 단어와 연관된 게시물을 모아 볼 수 있는 기능으로, '#○○○○' 형식으로 표시하는 이것을 무엇이라 하는가?

① 맨션 ② 해시태그

③ QR코드 ④ DM

❀**TIP** 해시태그 … #와 특정 단어를 붙여 쓴 것으로, 해시태그는 트위터, 페이스북 등 소셜 미디어에서 특정 핵심어를 편리하게 검색할 수 있도록 하는 메타데이터의 한 형태이다.

45 차량 내 AI를 이용해 차량 주변 사람 및 사물을 파악하고 어떻게 대처할 지를 결정하며 이를 보행자에게 알리는 시스템은?

① 보행자 토크 ② 보행자 알림

③ 보행자 인지 ④ 보행자 신호

❀**TIP** 보행자 알림 시스템은 무인자동차가 주변 행인에게 음성이나 전광판으로 위험을 알리는 기술로 구글에서 개발했다.

46 다음 중 북한의 도메인에 해당하는 것은?

① kp ② kr

③ ko ④ nk

❀**TIP** 북한의 공식적인 도메인은 북한을 나타내는 최상위 도메인 명인 kp이다.

47 스마트폰, 개인 정보 단말기, 기타 이동 전화 등을 이용한 은행 업무, 지불 업무, 티켓 업무와 같은 서비스를 하는 비즈니스 모델은?

① M 커머스 ② C 커머스
③ P 커머스 ④ A 커머스

TIP M 커머스 … 전자상거래의 일종으로 가정이나 사무실에서 유선으로 인터넷에 연결, 물건을 사고파는 것과 달리 이동 중에 이동전화기나 무선인터넷정보단말기 등을 이용해 거래하는 것을 말한다.

48 인터넷 사이트를 방문하는 사람들의 컴퓨터로부터 사용자 정보를 얻어내기 위해 사용되는 것으로, ID와 비밀번호 등 네티즌 정보를 담은 임시파일을 말한다. 암호화되어 있긴 하나 이를 통해 개인 신상정보가 노출될 위험을 가지고 있는 것은?

① Proxy ② Cookie
③ Cache ④ KSS

TIP ① Proxy : 인터넷상에서 한 번 요청한 데이터를 대용량 디스크에 저장해 두고, 반복하여 요청하는 경우 디스크에 저장된 데이터를 제공해 주는 서버
③ Cache : 컴퓨터의 성능을 향상시키기 위해 사용되는 소형 고속 기억장치
④ KSS : 실시간으로 업데이트된 정보를 제공하는 기술이자 규약

49 네트워크에서 도메인이나 호스트 이름을 숫자로 된 IP주소로 해석해 주는 TCP/IP 네트워크 서비스의 명칭으로 알맞은 것은?

① 라우터 ② 모블로그
③ CGI ④ DNS

TIP ① 라우터 : LAN과 LAN을 연결하거나 LAN과 WAN을 연결하기 위한 인터넷 네트워킹 장비
② 모블로그 : 모바일(mobile)과 블로그(blog)를 합성한 용어로서 이동 통신 서비스의 유비쿼터스 특성이 결부되어 특화된 기능의 블로그
③ CGI : Common Gateway Interface의 약어로, WWW 서버와 서버 상에서 등장하는 다른 프로그램이나 스크립트와의 인터페이스

ANSWER › 43.④ 44.② 45.② 46.① 47.① 48.② 49.④

50 시스템 소프트웨어에 대한 설명을 틀린 것은?

① 응용 소프트웨어의 실행이나 개발을 지원한다.

② 응용 소프트웨어에 의존적이다.

③ 컴퓨터의 운영체계, 컴파일러, 유틸리티 등이 있다.

④ 응용 소프트웨어와 대칭된다.

✖**TIP** ② 시스템 소프트웨어는 응용 소프트웨어에 의존적이지 않은 소프트웨어이다.

51 다음에서 설명하고 있는 개념은 무엇인가?

> 'Intellectual property right'이란 특허권, 실용신안권, 상표권, 디자인권을 총칭하는 개념으로 개개의 권리는 특허법, 실용신안법, 상표법, 디자인보호법, 저작권법, 부정경쟁방지 및 영업비밀보호에 관한 법률, 민법, 상법 등에 의하여 규율되고 보호된다. 우리나라 헌법은 제22조 제2항에 "저작자 · 발명가 · 과학기술자와 예술가의 권리는 법률로써 보호한다."라고 규정함으로써 보호의 근거를 마련하였고, 이에 근거하여 관련 법령이 제정되었다. 특허법 · 실용신안법 · 디자인보호법 · 상표법의 공통된 목적은 '산업 발전'이다. 그래서 위의 4법을 산업재산권법이라고 하는데, 이 중 상표법은 '산업 발전' 외에 '수요자의 이익보호'도 목적으로 하고 있다. '산업재산권'은 'industrial property right'를 번역한 것인데, 제조업이 산업의 대부분을 차지하고 있던 과거에는 '공업소유권'이라고 하다가 현재에는 그 범위를 넓혀 '산업재산권'이라는 용어를 사용하게 되었다.

① 지식문화

② 지식산업

③ 지식경영

④ 지적재산권

✖**TIP** 제시된 내용은 지적재산권에 관한 것이다.

52 다음에서 설명하고 있는 검색엔진의 유형은?

> 사용자가 입력하는 검색어들이 연계된 다른 검색 엔진에게 보내고 이를 통하여 얻어진 검색 결과를 사용자에게 보여주는 방식

① 통합형 검색 방식   ② 주제별 검색 방식

③ 키워드 검색 방식   ④ 메신저 검색 방식

✪TIP 검색엔진 유형
- 키워드 검색 방식 : 찾고자 하는 정보와 관련된 핵심적인 언어인 키워드를 직접 입력하여 이를 검색 엔진에 보내어 검색 엔진이 키워드와 관련된 정보를 찾는 방식
- 주제별 검색 방식 : 인터넷상에 존재하는 웹 문서들을 주제별, 계층별로 정리하여 데이터베이스를 구축한 후 이용하는 방식
- 통합형 검색방식 : 사용자가 입력하는 검색어들이 연계된 다른 검색 엔진에게 보내고 이를 통하여 얻어진 검색 결과를 사용자에게 보여주는 방식

53 다음에서 설명하고 있는 개념은 무엇인가?

> - 각 파일의 중복된 정보를 피하여 정보를 일원화하여 처리를 효율적으로 하기 위해 만든 데이터의 집합
> - 복수 업무에 공통으로 나타나는 데이터를 중심으로 모아서 이들을 상호 유기적으로 결합한 것
> - 어떤 데이터의 집합의 일부 또는 전부이며, 하나의 파일로 이루어지는 데이터 처리 시스템을 만족시키는 것

① 데이터베이스   ② 워드프로세서

③ 스프레드시트   ④ 프레젠테이션

✪TIP ② 문서를 작성, 편집, 저장 및 인쇄할 때 사용하는 하드웨어 또는 소프트웨어
③ 여러 가지 도표 형태의 양식으로 계산하는 사무업무를 자동으로 할 수 있는 표 계산 프로그램
④ 청중을 설득시키기 위한 발표 시 사용하는 자료 문서

ANSWER 〉 50.② 51.④ 52.① 53.①

54 다음에서 설명하고 있는 운영체제의 특징으로 옳지 않은 것은?

> 마이크로소프트에서 개발한 컴퓨터 운영체제다. 키보드로 문자를 일일이 입력해 작업을 수행하는 명령어 인터페이스 대신, 마우스로 아이콘 및 메뉴 등을 클릭해 명령하는 그래픽 사용자 인터페이스를 지원해 멀티태스킹(다중 작업) 능력과 사용자 편의성이 탁월하다.

① OLE(개체 연결 및 포함) 기능을 지원한다.
② 단일 사용자의 다중작업이 가능하다.
③ 사용자가 원하는 대로 특정 기능을 추가할 수 있다.
④ 용도에 따라 크게 개인용, 기업용, 임베디드용으로 나뉜다.

    ✿**TIP** 제시된 내용은 윈도우(Windows)에 대한 설명이다.
            ③은 리눅스(Linux)에 대한 설명이다.

55 다음 중 최초의 전자계산기는 무엇인가?

① EDSAC
② EDVAC
③ ENIAC
④ UNIVAC-I

    ✿**TIP** ① EDSAC : 최초 프로그램 내장방식 채택
         ② EDVAC : 프로그램 내장방식
         ④ UNIVAC-I : 최초의 상업용계산기

56 다음 중 컴퓨터의 기능에 관한 설명으로 옳지 않은 것은?

① 연산기능 : 주기억장치에 저장되어 있는 명령을 해독하여 필요한 장치에 신호를 보내어 자료처리가 이루어지도록 하는 기능이다.
② 기억기능 : 처리대상으로 입력된 자료와 처리결과로 출력된 정보를 기억하는 기능이다.
③ 입력기능 : 자료를 처리하기 위해서 필요한 자료를 받아들이는 기능이다.
④ 출력기능 : 정보를 활용할 수 있도록 나타내 주는 기능이다.

    ✿**TIP** ① 연산기능 : 주기억장치에 저장되어 있는 자료들에 대하여 산술 및 논리연산을 행하는 기능이다.

57 다음 중 RAM의 정보가 틀린 것은?

	DRAM	SRAM
① 가격	고가	저가
② 재충전	재충전 필요	필요없음
③ 속도	느림	빠름
④ 용도	주기억장치	캐시메모리

✿TIP

	DRAM	SRAM
가격	저가	고가
재충전	재충전 필요	필요없음
속도	느림	빠름
용도	주기억장치	캐시메모리
집적도	크다	낮다

58 다음 중 광디스크에 관한 설명으로 옳지 않은 것은?

① CD-ROM : 판독만 가능

② CD-I : 대화식의 교육용 광학기억매체

③ DVD : 17GB, 디지털비디오 재생매체

④ CD-WORM : 반복적인 읽기, 쓰기 가능

✿TIP ④ CD-RW : 반복적인 읽기, 쓰기 가능

59 다음 중 입력장치에 관한 설명으로 옳지 않은 것은?

① 키보드(Keyboard) : 키보드는 타자기와 비슷한 모양의 입력장치로서, 글자판 위의 키를 누르면 해당 문자를 2진 코드로 자동 변환시켜 주며, 사용하기 간편하여 영상표시장치와 함께 가장 널리 이용된다.

② 마우스(Mouse) : 마우스는 설계나 그래픽을 주로 이용하는 분야에서 방향키를 자주 눌러야 하는 불편을 해소하기 위하여 개발된 입력장치로서, 한 손으로 쥐고 바닥에 굴리면 마우스 내의 볼의 움직임이 센서에 감지되어 화면에 나타난다.

③ 스캐너(Scanner) : 지정된 양식의 용지에 연필이나 수성싸인펜으로 표시하고, 카드에 빛을 비추어 반사되는 빛의 강·약에 따라 표시된 위치를 찾아 판독하는 입력장치이다. 주로 회사에서의 급여처리, 대학수학능력평가 등의 시험답안지로 널리 이용되고 있다.

④ 광학문자 판독기(OCR; Optical Character Reader) : 특수한 형태로 기록된 문자에 빛을 비추어 그 반사광을 감지하고, 장치 내에 미리 기억시켜 둔 문자와 형태를 비교하여 글자를 판독하는 입력장치이다.

✿TIP ③ **광학마크 판독기(OMR; Optical Mark Reader)** : 광학마크 카드(OMR 카드)라고 하는 지정된 양식의 용지에 연필이나 수성싸인펜으로 표시하고, 카드에 빛을 비추어 반사되는 빛의 강·약에 따라 표시된 위치를 찾아 판독하는 입력장치이다. 주로 회사에서의 급여처리, 대학수학능력평가 등의 시험답안지로 널리 이용되고 있다.

60 다음에서 설명하고 있는 개념은 무엇인가?

> 중앙처리장치와 주기억장치 사이에 있는 메모리로 중앙처리장치의 동작과 동등한 속도로 접근할 수 있는 고속의 특수 소자로 구성되며, 자주 참조되는 주기억장치의 프로그램과 데이터를 먼저 이곳에 옮겨놓은 후 처리되도록 함으로써 메모리 접근시간을 감소시킨다.

① 캐시기억장치

② 연관기억장치

③ 입력장치

④ 출력장치

> ✖**TIP** ② 기억된 데이터의 내용에 의해 접근하는 기억장치이며, 일명 내용지정메모리(CAM; Contents Addressable Memory)라 하기도 한다.
> ③ 외부로부터 전달되는 정보나 자료를 컴퓨터가 인식하고 처리할 수 있는 2진 코드로 변환시켜 주기억장치로 보내주는 장치
> ④ 컴퓨터로 처리된 결과를 문자, 숫자, 도형 등 사람이 인식할 수 있는 다양한 형태로 변환해 주는 장치

면접

성공취업을 위한 면접의 기본 및 DGB대구은행 면접기출을 수록하여
취업의 마무리까지 깔끔하게 책임집니다.

면접

01 면접의 기본

1 면접의 종류와 의의

(1) 개인 면접

① **개념** … 가장 보편적인 면접의 형태로 면접관 한 명이 지원자 한 명과 개별적으로 질의응답하는 형태와 면접관 여러 명이 지원자 한 명에게 질문하는 형태가 있다.

② **특징** … 주로 간단한 자기소개 및 지원동기, 직업관, 성격 등을 파악하는 과정으로 지원자는 미리 예상질문과 간결한 답변을 준비하는 것이 좋으나 천편일률적인 답변이 되지 않도록 주의하여야 한다.

(2) 집단 면접

① **개념** … 면접관 여러 명이 여러 명의 지원자를 동시에 평가하는 형태이다.

② **특징** … 주로 한 명의 면접관이 모든 응시자에게 하나의 질문을 하는 경우가 많다. 신중하면서도 개성있는 답변을 하는 것이 좋으며 자신의 주장만을 강하게 내세우거나, 발언기회를 놓치거나 한눈을 팔아서는 안된다. 의견을 이야기 할 때에는 면접관 한 명이 아닌 모든 면접관에게 성실하게 답변하고 있다는 느낌을 주도록 해야 한다.

(3) 집단토론 면접

① **개념** … 여러 명의 지원자를 하나의 조로 편성한 후 토론과제를 주고 그 안에서 뛰어난 인재를 발탁하는 형태로 전체 속에서 개인의 리더십, 설득력, 협동성, 상황판단력 등을 평가한다.

② **특징** … 집단 속에서 자신의 의견을 논리적으로 펼치면서 너무 흥분하여 과격해지거나 반대로 위축되는 일이 없어야 하며 자신이 돋보이기 위해 타 지원자에게 면박을 주는 것은 바람직하지 못한 행동이다.

(4) 프레젠테이션 면접

① **개념** … 실무자 중심으로 면접관을 구성한 후 지원자들이 동일한 주제에 대해 찬반토론하는 대신 주어진 여러 가지 주제 중 자신 있는 것을 골라 자신의 주장을 펼치는 형식으로 최근에 많이 채택되고 있다.

② **특징** … 우선 설득할 대상과 면접관의 요구사항을 제대로 파악한다. 자신이 주제를 선택하는 것이므로 내용이 빈약하거나 추상적이어서는 안 된다.

2 면접의 평가기준

(1) 외모에 의한 평가

면접관의 대부분이 첫인상에 영향을 받는다고 대답할 만큼 외모에 의한 평가는 중요하다. 그러나 무조건 비싼 옷이나 화려한 화장으로 치장한 겉모습이 아니라 주로 신체의 건강상태, 올바른 자세, 웃는 얼굴 등의 호감을 줄 수 있는 요소가 중시된다.

(2) 질의응답에 의한 평가

① **상황판단능력** … 면접관은 지원자에게 질문함으로써 그 질문을 얼마나 바로 이해하고 그 문제에 대한 신속하고 정확한 판단을 내리는가를 살피게 된다. 또한 지원자의 답변이 논리정연하고 간단명료한가, 언어 사용은 적절한가 등을 파악한다.

② **직무수행능력** … 업계나 직종에 대한 지식 정도를 파악하여 회사의 신입사원으로서 업무를 잘 수행하고 적응할 수 있는가를 파악한다.

③ **가치관** … 지원자에게 신념이나 존경하는 사람 등을 물음으로써 그 사람이 얼마나 성실한 사람인가, 사회를 보는 시각은 어떠한가 등을 파악한다.

(3) 접수서류에 의한 평가

서류심사에 활용되는 것은 주로 이력서, 자기소개서, 신상조서, 입사지원서 등으로 여기에 기재된 사실을 가지고 평가하며 또한 면접의 기초 자료로 활용되므로 작성할 때에는 절대 거짓이 없어야 하며 모순점이 발견되어서도 안 된다. 성격을 쓸 때에는 추상적으로 부지런하다 등으로 쓰지 말고 예를 들어서 설명하는 것이 좋다. 인사담당자는 이러한 서류를 통해서 지원자가 자기 자신을 얼마나 객관적으로 판단하고 있는지를 확인한다.

3 면접에 대한 궁금증

질문 1 1차 면접, 2차 면접의 질문이 같다면 대답도 똑같아야 하나요?

면접관의 질문이 같다면 일부러 대답을 바꿀 필요는 없다. 1차와 2차의 면접관이 다르다면 더욱 그러하며 면접관이 같더라도 완전히 다른 대답보다는 대답의 방향을 조금 바꾸거나, 예전의 질문에서 더욱 구체적으로 파고드는 대답이 좋다.

질문 2 제조회사의 면접시험에서 지금 사용하고 있는 물건이 어느 회사의 제품인지를 물었을 때, 경쟁회사의 제품을 말해도 괜찮을까요?

타사 특히 경쟁사의 제품을 거론하는 것을 좋아할 만한 면접관은 한 명도 없다. 그러나 그 제품의 장·단점까지 분석할 수 있고 논리적인 설명이 가능하다면 경쟁회사의 제품을 거론해도 무방하다. 만약 면접을 보는 회사의 제품을 거론할 때 장·단점을 설명하지 못하면, 감점요인은 아니지만 좋은 점수를 받기는 힘들다.

질문 3 면접관이 '대답을 미리 준비했군요'라는 말을 하면 어떻게 해야 할까요?

외워서 답변하는 경우에는 면접관의 눈을 똑바로 보고 말하기가 힘들며 잊어버리기 전에 말하고자 하여 말의 속도가 빨라진다. 면접에서는 정답이 표면적으로 드러나 있는 질문 보다는 지원자의 생각을 묻는 질문이 많으므로 면접관의 질문을 새겨듣고 요구하는 바를 파악한 후 천천히 대답한다.

질문 4 부모님의 직업이 나와 무슨 관계가 있습니까?

이는 면접관이 지원자의 부모님 직업이 궁금해서 묻는 것이 아니다. 이 대답을 통해서 지원자가 자식으로서 부모님을 얼마나 이해하고 있는가와 함께 사회인으로서 다른 직장인을 얼마나 이해하고 포용할 수 있는가를 확인하는 것이다. 부모님의 직업만을 이야기하지 말고 그에 따른 자신의 생각을 밝히는 것이 좋다.

질문 5 집단면접에서 면접관이 저에게 아무런 질문도 하지 않았습니다. 그 이유는 무엇인가요?

이력서와 자기소개서는 면접의 기본이 되며 이력서의 내용이 평범하거나 너무 포괄적이라면 면접관은 지원자에게 궁금증이 생기지 않을 수도 있다. 그러므로 이력서는 구체적이면서 개성적으로 자신을 잘 드러낼 수 있는 내용을 강조해서 작성하는 것이 중요하다.

질문 6 면접관에게 좋은 인상을 남기기 위해서는 어떻게 하는 것이 좋을까요?

　　면접관은 성실하고 진지한 지원자를 대할 경우 고개를 끄덕이거나 신중한 표정을 짓는다. 그러므로 지나치게 가벼워 보이거나 잘난 척하는 자세는 바람직하지 않다.

질문 7 질문에 대한 답변을 다 하지 못하였는데 면접관이 다음 질문으로 넘어가 버리면 어떻게 할까요?

　　면접에서는 간단명료하게 자신의 의견을 일관성 있게 밝히는 것이 중요하다. 두괄식으로 주제를 먼저 제시하는데 서론이 길면 지루해져 다음 질문으로 넘어갈 수 있다.

질문 8 면접에서 실패한 경우에, 역전시킬 수 있는 방법이 있나요?

　　지원자 스스로도 면접에서 실패했다고 느끼는 경우가 종종 있다. 이런 경우에는 당황하여 인사를 잊기도 하나 그 때 당황하지 말고 정중하게 인사를 하면 또 다른 인상을 심어줄 수 있다. 면접관은 당신이 면접실에 들어서는 순간부터 나가는 순간까지 당신을 지켜보고 있다는 사실을 기억해야 한다.

4 　복장

　　면접에서는 무엇보다 첫인상이 중요하므로 지나치게 화려하거나 개성이 강한 스타일은 피하고 단정한 이미지를 심어주도록 한다. 면접 시 복장은 지원하는 기업의 사풍이나 지원분야에 따라 달라질 수 있으므로 미리 가서 성향을 파악하는 것도 도움이 된다.

(1) 남성

① 복장
　　㉠ 양복 : 단색으로 하여 넥타이나 셔츠로 포인트를 주는 것이 효과적이며 색상은 감청색이 가장 품위있어 보인다.
　　㉡ 셔츠 : 흰색을 가장 선호하나 자신의 피부색에 맞추는 것이 좋고 푸른색이나 베이지색은 산뜻한 느낌을 준다.
　　㉢ 넥타이 : 남성이 복장에서 가장 포인트를 줄 수 있는 것으로 색과 폭까지 함께 고려하여 우람한 사람이 폭이 가는 넥타이를 매는 일이 없도록 한다.

② 주의사항 … 우리나라의 경우 여름에는 반팔셔츠를 입는 것도 무난하나 외국계 기업일 경우 이는 실례가 된다. 또한 양말을 신을 경우 절대로 흰색은 피한다.

(2) 여성

① 복장

　　㉠ **의상** : 단정한 스커트 정장이나 슬랙스수트 정장도 무난하며 블랙, 베이지나 그레이 계열이 적당하다.

　　㉡ **소품** : 핸드백, 스타킹, 구두 등은 같은 계열로 토탈코디하는 것이 좋으며 구두는 너무 높거나 낮은 굽은 피해 5cm 정도가 적당하다.

　　㉢ **액세서리** : 너무 크거나 화려한 것은 좋지 않으며, 많이 하는 것도 좋은 인상을 주지 못하므로 주의한다.

② 화장 … 자연스럽고 밝은 이미지를 표현하는 것이 좋으며 진한 화장은 인상이 강해보일 수 있으므로 피한다.

(3) 목소리

면접은 주로 면접관과 지원자의 대화로 이루어지므로 음성이 미치는 영향은 상당하다. 답변을 할 때 부드러우면서도 활기차고 생동감 있는 목소리는 상대방에게 호감을 줄 수 있으며 여기에 적당한 제스처가 더해진다면 상승효과를 줄 수 있다. 그러나 적절한 답변을 하였어도 콧소리나 날카로운 목소리는 답변의 신뢰성을 떨어뜨릴 수 있으며 불쾌감을 줄 수 있다.

(4) 사진

이력서용 사진의 경우 최근 3개월 이내에 찍은 증명사진이어야 하며 증명사진이 아닌 일반사진을 오려서 붙이는 것은 예의가 아니다. 요즘 입사원서를 온라인으로 받는 경우가 많아졌는데 이때 주의할 것은 사진을 첨부하는 것이다. 이력서에 사진을 붙이는 것은 기본이며 붙이지 않을 경우 컴퓨터 사용능력이 부족한 것으로 판단될 수 있으므로 꼭 확인하자.

5 **면접의 대비**

(1) 면접대비사항

① 지원회사에 대한 사전지식을 습득한다 … 필기시험에 합격하거나 서류전형을 통과하면 보통 합격 통지 이후 면접시험 날짜가 정해진다. 이때 지원자는 면접시험을 대비해 본인이 지원한 계열사 또는 부서에 대해 다음과 같은 사항 정도는 알고 있는 것이 좋다.

ㄱ 회사의 연혁

ㄴ 회장 또는 사장의 이름, 출신학교, 전공과목 등

ㄷ 회사에서 요구하는 신입사원의 인재상

ㄹ 회사의 사훈, 비전, 경영이념, 창업정신

ㅁ 회사의 대표적 상품과 그 특색

ㅂ 업종별 계열 회사의 수

ㅅ 해외 지사의 수와 그 위치

ㅇ 신제품에 대한 기획 여부

ㅈ 지원자가 평가할 수 있는 회사의 장·단점

ㅊ 회사의 잠재적 능력 개발에 대한 각종 평가

② 충분한 수면을 취해 몸의 상태를 최상으로 유지한다 … 면접 전날에는 긴장하거나 준비가 미흡한 것 같아 잠을 설치게 된다. 이렇게 잠을 잘 자지 못하면 다음날 일어 났을 때 피곤함을 느끼게 되고 몸 상태도 악화된다. 게다가 잠을 못 잘 경우 얼굴이 부스스하거나 목소리에 영향을 미칠 수 있으며 자신도 모르게 멍한 표정을 지을 수도 있다.

③ 아침에 정보를 확인한다 … 아침에 일어나서 뉴스 등을 유의해서 보고 자신의 생각을 정리해 두는 것이 좋다. 또한 면접일과 인접해 있는 국경일이나 행사 등이 있다면 그에 따른 생각을 정리해 두면 좋다.

(2) 면접 시 유의사항

① 첫인상이 중요하다 … 면접에서는 처음 1~2분 동안에 당락의 70% 정도가 결정될 정도로 첫인상이 중요하다고 한다. 그러므로 지원자는 자신감과 의지, 재능 등을 보여주어야 한다. 그리고 면접자와 눈을 맞추고 그가 설명을 하거나 말을 하면 적절한 반응을 보여준다.

② 절대 지각해서는 안 된다 … 우선 면접장소가 결정되면 교통편과 소요시간을 확인하고 가능하다면 미리 방문해보는 것도 좋다. 당일날에는 서둘러서 출발하여 면접 시간 10 ~ 15분 일찍 도착하여 회사를 둘러보고 환경에 익숙해지는 것이 좋다.

③ 면접대기시간의 행동도 평가된다 … 지원자들은 대부분 면접실에서만 평가받는다고 생각하나 절대 그렇지 않다. 면접진행자는 대부분 인사실무자이며 당락에 영향을 준다. 짧은 시간 동안 사람을 판단하는 것은 힘든 일이라 면접자는 지원자에 대한 평가에 대한 확신을 위해 타인의 의견을 듣고자 한다. 이때 면접진행자의 의견을 참고하므로 면접대기시간에도 행동과 말을 조심해야 한다. 또한 면접을 마치고 돌아가는 그 순간까지도 행동과 말에 유의하여야 한다. 황당한 질문에 답변은 잘 했으나 복도에 나와서 흐트러진 모습을 보이거나 욕설을 하는 것도 다 평가되므로 주의한다.

④ 입실한 후에는 공손한 태도를 취한다

　㉠ 본인 차례가 되어 호명되면 대답을 또렷하게 하고 들어간다. 만약 문이 닫혀 있다면 상대에게 소리가 들릴 수 있을 정도로 노크를 두 번 한 후 대답을 듣고 나서 들어간다.

　㉡ 문을 여닫을 때에는 소리가 나지 않게 조용히하며 공손한 자세로 인사한 후 성명과 수험번호를 말하고 면접관의 지시에 따라 자리에 앉는다. 이 경우 자리에 착석하라는 말이 없는데 의자에 앉으면 무례한 사람처럼 보일 수 있으므로 주의한다.

　㉢ 의자에 앉을 때는 끝에 걸터 앉지 말고 안쪽으로 깊숙이 앉아 무릎 위에 양손을 가지런히 얹는 것이 좋다.

⑤ 대답하기 난해한 개방형 질문도 반드시 답변을 해야 한다

　㉠ 면접관의 질문에는 예, 아니오로 답할 수 있는 단답형도 있으나, 정답이 없는 개방형 질문이 있을 수 있다. 단답형 질문의 경우에는 간단명료하면서도 그렇게 생각하는 이유를 밝혀주는 것이 좋다. 그러나 개방형 질문은 평소에 충분히 생각하지 못했던 내용이라면 답변을 하기 힘들 수도 있다. 하지만 반드시 답변을 해야 된다. 자신의 생각이나 입장을 밝히지 않을 경우 소신이 없거나 혹은 분명한 입장이나 가치를 가지고 있지 않은 사람으로 비쳐질 수 있다. 답변이 바로 떠오르지 않는다면, "잠시 생각을 정리할 시간을 주시겠습니까?"하고 요청을 해도 괜찮다.

　㉡ 평소에 잘 알고 있는 문제라면 답변을 잘 할 수 있을 것이다. 그러나 이런 경우 주의할 것은 면접자와 가치 논쟁을 할 필요가 없다는 것이다. 정답이 정해져 있지 않은 경우에는 가치관이나 성장배경에 따라 문제를 받아들이는 태도에서 답변까지 충분히 차이가 있을 수 있다. 그런데 그것을 굳이 지적하여 고치려 드는 것은 좋지 않다.

⑥ **답변은 자신감과 의지가 드러나게 한다** … 면접을 하다 보면 미래를 예측해야 하는 질문이 있다. 이때에는 너무 많은 상황을 고려하지 말고, 자신감 있는 내용으로 긍정문으로 답변하는 것이 좋다.

⑦ **자신의 장·단점을 잘 알고 있어야 한다** … 면접을 하다 보면 나에 대해서 부정적인 말을 해야 될 경우가 있다. 이때에는 자신의 약점을 솔직하게 말하되 너무 자신을 비하하지 말아야 한다. 그리고 가능한 단점은 짧게 말하고 뒤이어 장점을 말하는 것이 좋다.

⑧ **대답은 항상 정직해야 된다** … 면접이라는 것이 아무리 본인의 장점을 부각시키고 단점을 축소시키는 것이라고 해도 절대로 거짓말을 해서는 안 된다. 거짓말을 하게 되면 지원자는 불안하거나 꺼림칙한 마음이 남아 있어 면접에 집중하지 못하게 되고 면접관을 그것을 놓치지 않는다. 거짓말은 그 사람에 대한 신뢰성을 떨어뜨리며 이로 인해 다른 조건이 좋다 하더라도 탈락할 수 있다.

⑨ **지원동기에는 가치관이 반영되어야 한다** … 면접에서 거의 항상 물어보는 질문은 지원동기에 관한 것이다. 어떤 응시자들은 이 질문을 대수롭지 않게 여기거나 중요한 것은 알지만 적당한 내용을 찾지 못해 추상적으로 답변하는 경우가 많다. 이런 경우 면접관들은 응시자의 생각을 알 수 없거나 성의가 없다고 생각하기 쉬우므로 그 내용 안에 자신의 가치관이 내포되도록 답변한다. 이러한 답변은 면접관에게 응시자가 직업을 통해 자신의 가치관을 실현하기 위한 과정이라는 인상을 주게 되므로 적극적인 삶의 자세를 볼 수 있게 한다.

⑩ **경력직일 경우 전의 직장에 대한 험담은 하지 않는다** … 응시자에게 이전 직장에서 무슨 일이 있었는지, 그곳 상사들이 어땠는지는 등은 그다지 면접관이 궁금해하는 사항이 아니다. 전 직장에 대해 험담을 늘어놓는다든가, 동료와 상사들에 대한 악담을 하게 된다면 오히려 부정적인 이미지를 심어 줄 수 있다. 만약 전 직장에 대한 말을 할 필요성이 있다면 가능한 객관적으로 이야기하는 것이 좋다.

⑪ **대답 시 유의사항**

　㉠ 질문이 주어지자 마자 답변하는 것은 미리 예상한 답을 잊어버리기 전에 말하고자 하는 것으로 오인될 수 있으며, 침착하지 못하고 즉흥적으로 비춰지기 쉽다.

　㉡ 질문에 대한 답변을 할 때에는 면접관과의 거리를 생각해서 너무 작게 하는 것은 좋지 않으나 큰 소리로 이야기하면 면접관이 부담을 느끼게 된다. 자신있는 답변이라고 해서 너무 빠르게 많이 말하지 않아야 하며, 자신의 답변이 적당하지 못했다고 느꼈을 경우 머리를 만지거나 혀를 내미는 등의 행동은 좋지 못하다. 그리고 정해진 답변 외에 적절하지 않은 농담은 경망스러워 보이거나 취업에 열의가 없어 보이기도 한다.

　㉢ 가장 중요한 것은 올바른 언어의 구사이다. 존대어와 겸양어를 혼동하기도 하고 채팅어를 자기도 모르게 사용하기도 하는 데 이는 면접 실패의 원인이 될 수 있다.

⑫ **옷매무새를 자주 고치지 마라** … 여성들의 경우 이러한 모습이 특히 두드러지는데 외모에 너무 신경을 쓰거나 너무 긴장하여 머리를 계속 쓸어 올리거나 치마 끝을 만지작 거리는 경우가 있다. 특히 너무 짧은 치마를 입고서 치마를 끌어 내리는 행동은 좋지 못하다.

⑬ **다리를 떨거나 산만한 시선은 금물이다**

    ㉠ 자신도 모르게 다리를 떨거나 손가락을 만지는 등의 행동을 하는 사람들이 많다. 이는 면접관의 주의를 끌 뿐만 아니라 불안하고 산만한 사람이라는 느낌을 주게 된다.

    ㉡ 면접관과 시선을 맞추지 못하고 여기저기 둘러보는 듯한 산만한 시선은 거짓말을 하고 있다고 여기거나 신뢰성이 떨어진다고 생각하기 쉽다.

⑭ **질문의 기회를 활용하자** … 면접관이 "면접을 마치겠네." 혹은 "면접과는 상관없는 것인데…" 하면서 질문을 유도하기도 한다. 이 경우 면접관이 하는 말은 지원자를 안심시켜 마음을 알고자 하는 것으로 거기에 넘어가서는 안 된다. "물어볼 것이 있나?"라는 말은 '우리 회사에서 가장 관심이 있는 것이 무엇이냐'라는 말과 같은 의미이므로 유급휴가나 복리후생에 관한 질문 등을 하게 되면 일보다는 휴가에 관심이 많은 사람이라는 인식을 주게 된다. 이런 내용들은 다른 정보망을 활용하여 미리 파악해 두는 것이 좋으며 업무에 관련된 질문으로 하고자 하는 일의 예를 들면서 합격 시에 하는 일을 구체적으로 설명해 달라고 하거나 업무를 더욱 잘 수행하기 위해서 필요한 능력 등을 물어보는 것이 좋다.

6   자기소개 시 유의사항

면접에서 빠지지 않는 것이 자기소개를 간단히 해보라는 것이다. 이럴 때 꼭 해야 할 말은 무엇이며 피해야 할 말은 무엇인가? 면접관의 모든 질문이 그러하듯 이 질문에 숨겨진 의도만 알아낸다면 쉽게 풀어 갈 수 있다. 자기소개라는 것은 매우 추상적이며 넓은 의미를 포괄한다. 자신의 이름에 얽힌 사연이나 어릴 적의 추억, 고향, 혈액형 등 지원자에 관한 일이라면 모두 자기소개가 될 수 있다. 그러나 이는 면접관이 원하는 대답이 아니다. 면접관은 지원자의 신상명세를 알고 싶은 것이 아니라 지원자가 지금껏 해온 일을 통해 그 사람 됨됨이를 알고자 하는 것이기 때문이다.

(1) 자신의 집안에 대해 자랑하는 사람

자신의 부모나 형제 등 집안사람들이 사회·경제적으로 어떠한 위치에 있는지를 서술하는 유형으로 자신도 대단한 사람이라는 것을 강조하고 싶은 것일지 모르나 면접관에게는 의존적이며 나약한 사람으로 비춰지기 쉽다.

(2) 대답을 하지 못하는 사람

면접관의 질문에는 난이도가 있어서 대답하기 힘든 문제도 분명 있을 것이다. 그러나 이는 어려운 것이지 난처한 문제는 아니다. 그러나 면접관이 당신에게 지금까지 무슨 일을 해왔습니까? 라고 묻는다면 바로 대답을 하지 못하고 머뭇거리게 될 것이다. 평소에 끊임없이 이런 질문을 스스로 던져 자신이 원하는 것을 파악하고 직업도 관련된 쪽으로 구하고자 하면 막힘 없이 대답할 수 있을 것이다.

(3) 자신이 한 일에 대해서 너무 자세하게 이야기하는 사람

면접은 필기시험과 마찬가지로 시간이 정해져 있고 그 시간을 효율적으로 활용하여 자신을 내보이는 것이다. 그러나 이러한 사람들은 그것은 생각하지 않고 적당하지 않은 말까지 많이 하여 시간이 부족하다고 하는 사람들이다. 이들은 자신이 한 일을 열거하면서 모든 일에 열의가 있는 사람이라고 생각해주길 바라지만 단순 나열일 뿐 면접관들에게 강한 인상을 남기지 못한다.

(4) 너무 오래된 추억을 이야기하는 사람

면접에서 초등학교의 시절의 이야기를 하는 사람은 어떻게 비춰질까? 그 이야기가 지금까지도 영향을 미치고 있다면 괜찮지만 단순히 일회성으로 그친다면 너무 동떨어진 이야기가 된다. 가능하면 최근의 이야기를 하는 것이 강렬한 인상을 남길 수 있다.

02 은행권 면접기출

1 DGB대구은행

(1) 간이면접

필기시험을 치룬 후, 3~5분 간 간단한 질문을 받게 되는 면접

① 자기소개

② 대구은행 지원동기

③ 스스로 계획을 세우고 실천했던 경험

④ 약속시간에 늦은 사람을 기다려 본 경험

⑤ 출퇴근에 소요되는 시간 및 거주지와 지점 위치에 대한 생각

⑥ 자신만의 직업 선택 기준

⑦ 대학생활 중 후회되는 사건

⑧ 교우 관계

(2) 합숙 면접(실무자 면접 등)

① PT 면접 … 한 가지 주제를 주고 10분간 준비 후, 4분 정도 발표, 질문을 받는 형식

② 세일즈 면접 … 여러 장의 카드 중 하나를 뽑아 그 상품을 면접관을 상대로 판매하는 방식

③ 1대1 심층면접 … 기억에 남는 사건을 그림으로 그리고 스토리텔링을 하는 방식

(3) 인성 면접

① 시사 면접 … 시사 상식 및 최근 이슈 관련

② 인성 면접 … 자기소개서 기반 질문

(4) 최종 면접

지원자와 면접관이 5 : 3 정도인 다대다 면접으로 진행된다. 자소서 기반의 이력 중심 질문과 대구은행에 관련된 질문이 주를 이룬다.

2 국민은행

(1) 면접

① 아르바이트하면서 인상 깊었던 손님이 있습니까?

② 평소 고객으로서 국민은행에 바라는 점은 무엇인가요?

③ 자신의 장·단점에 대해 말씀해보세요.

④ G20에서 금리를 인상해야 한다는 의견을 발표한 현 상황에서 한국은 콜금리를 인상하는 것이 좋은가?

⑤ 원화 가치 상승 문제에 대해 어떻게 생각하십니까?

⑥ 녹색금융과 관련하여 금융상품을 제안해보세요.

⑦ Y세대를 공략하는 새로운 카드 컨셉과 제휴사를 제안해보세요.

⑧ PB가 되고 싶다고 했는데, KB에서 어떤 PB가 되고 싶은가요?

⑨ 봉사활동을 많이 한 것 같은데, 그 중 가장 기억에 남는 것은 무엇인가요?

⑩ 원래 은행원이 되고 싶은 게 아니라 갑자기 준비한 것 아닌가요?

⑪ 상사에게 부당한 일을 당한 적이 있으면 말씀해보세요.

⑫ 국민은행 하면 떠오르는 것이 무엇입니까?

(2) PT면접

① Y세대를 겨냥한 새로운 제휴처를 생각해 보고 전략을 세워보시오.

② 이색 금융상품 혹은 서비스 아이디어를 제시하시오.

③ 레프킨이 노동의 종말을 예상하였는데 노동의 종말시기가 오면 은행원은 일자리를 잃을 것인가? 아니면 역할이 어떻게 변화될 것인가?

④ 윤리경영/디자인경영/지식경영의 의의와 국민은행에 어떻게 적용시켜 활용할 것인지에 대한 방안을 제시하시오.

3 신한은행

(1) 면접

① 타행에서 인턴이나 근무한 적이 있다면 타행이 신한과 어떤 부분에서 다른지 말씀해보세요.

② 신한이 왜 당신을 뽑아야 하는지를 설명해보세요.

③ 은행원이 가져야 할 품성은 무엇입니까?

④ 신한은행 영업점을 방문해서 느꼈던 점이 무엇입니까?

⑤ 은행관련 전공이 아닌데, 신한은행에 입행하기 위해 어떤 노력을 하였습니까?

⑥ 다른 지원자들과 차별되는 자신만의 장점은 무엇입니까?

⑦ 상사와의 갈등을 어떻게 해결할 것입니까?

⑧ 희망지역이 아닌 다른 지점에 발령받으면 어떻게 할 것입니까?

⑨ 졸업 후 어디에 구직활동을 하였습니까?

⑩ 외국어로 자기소개 또는 본인을 택해야 하는 이유를 이야기해보세요.

(2) PT면접

① 신한은행의 IB전략을 제시하시오.

② 해외기업 고객 유치를 위한 마케팅 전략을 제시하시오.

③ 대면, 비대면 채널 강화를 위한 전략을 제시하시오.

④ 점심시간 고객들의 대기시간을 줄이기 위한 전략을 제시하시오.

⑤ 지점 두 개가 통합됐다. 고객이탈을 방지하기 위한 마케팅 전략을 제시하시오.

⑥ 녹색금융 마케팅 전략을 제시하시오.

4 우리은행

(1) 면접

① 사람들과 친해지는 자신만의 노하우를 말씀해보세요.

② 자산관리사가 되고 싶다고 했는데 PB가 뭐하는지 아나요?

③ 증권 PB와 은행 PB의 차이점에 대해 말씀해보세요.

④ 우리은행의 가치가 무엇입니까?

⑤ 미소금융, 녹색금융상품 중 우리가 파는 상품에 대해 알고 계십니까?

⑥ 다른 은행원에 비해 더 잘할 수 있는 것이 있다면 무엇입니까?

⑦ 은행원으로서 갖춰야할 점이 있다면 무엇이라고 생각하십니까?

⑧ 우리은행에 지원한 동기는 무엇입니까?

⑨ 스트레스를 푸는 자신만의 방법이 있으면 말해보시오.

⑩ 원하는 배우자상에 대해서 말해보시오.

(2) PT면접

① 우리은행의 지속적 발전 방향을 제시하시오.

② 성공적인 인적네트워크를 만드는 방법을 제시하시오.

③ 신입사원의 이직 비율을 낮추는 방안을 제시하시오.

④ 은행과 카드의 시너지 효과 방안을 제시하시오.

⑤ 40대 남성의 포트폴리오 전략을 제시하시오.

⑥ 한류를 이용한 우리은행 해외 현지화 네트워크 구축 방안을 제시하시오.

⑦ SNS를 이용한 우리은행 홍보 방안을 제시하시오.

⑧ 층간소음 문제 해결 방안을 제시하시오.

⑨ 저 출산 문제 극복을 위한 해결 방안을 제시하시오.

⑩ (팀 PT) 지금부터 나눠주는 종이에 적힌 지점별 상황에 대해 각자 맡은 역할별로 해결 방안을 제시하시오.

5 하나은행

(1) 면접

① 타 전공인데 왜 은행에 지원했나요?

② 까다로운 고객에게 어떻게 대처할 것입니까?

③ 입행 후 최종 목표가 무엇입니까?

④ 하나은행에 대한 이미지 하면 떠오르는 것 10초간 말씀해보세요.

⑤ 은행원이 주식을 하는 것에 대한 생각을 말씀해보세요.

⑥ MMF/서브프라임모기지/방카슈랑스/더블딥/BIS에 대해서 설명해보세요.

⑦ 은행에서 가장 필요한 자질이 무엇입니까?

(2) PT면접

① 기업이미지 제고 방안과 효과에 대해 설명하시오.

② 트위터 열풍에 대한 견해와 우리사회에 미칠 영향을 설명하시오.

③ 10억을 준다면 자산구성을 해보시오.

④ 부동산 문제와 향후 대책을 제시하시오.

⑤ 은행 신규 고객 유치 방안을 제시하시오.

⑥ 하나은행의 새로운 수익 창출 방안을 제시하시오.

MEMO

MEMO